KB076985

세계 경제학 필독서 50

일러두기

· 본문에 나오는 각주는 모두 독자들의 이해를 돕기 위해 옮긴이가 달아둔 것이다.
· 국내 출간작들의 경우는 원어 표기를 병기하지 않았으며, 저자 표기는 국내 출판된 저작에 의거했다.

세계 경제학 필독서 50

애덤 스미스부터 피터 드러커까지
경제학 명저 50권을 한 권에

톰 버틀러 보던 지음 | 서정아 옮김

센시오

개정판을 펴내며

경제철학은 끊임없는 격변과 유동성에 휩싸인 세계 경제 안에서 시시각각 검증받고 있다. 조지프 슘페터는 1940년대에 '창조적 파괴'가 '자본주의의 핵심 사항'이라고 밝혔다. 하지만 그 역시 기술이 이 정도로 산업의 판도, 생산과 거래 형태, 화폐 체계를 바꾸리라고는 생각하지 못한 것 같다. 이번 개정판은 이러한 경제상의 변화를 담아내려 했으며, 따라서 5종의 저서가 추가되었다.

먼저 사이페딘 아모스의 《달러는 왜 비트코인을 싫어하는가》다. 본 《세계 경제학 필독서 50》 초판 발간 이후 구글이나 애플 같은 기술 대기업이 우리 생활에 미치는 영향력이 한층 더 확대되었다. 반대로 명목 화폐는 암호 화폐의 출현으로 서서히 영향력을 잃어가고 있다. 정부는 명목 화폐 발행으로 경제활동을 효율적으로 구축하고 통제해왔지만, 이제 블록체인을 기반으로 삼아 개인 간 거래가 가능한 전자 화폐가 탄생했다. 비트코인 발명가는 화폐와 국가가 분리되는 세계를 구상했는데, 아모스는 《달러는 왜 비트코인을 싫어하는가》에서 국가와 화폐가 정말 분리된다면 중세의 정교분리만큼이나 큰 여파가 나타나리라고 주장

4

했다. 아직 초기 단계에 불과하지만, 그 장기적인 추세는 이미 시작되었다.

다음으로 스테파니 켈튼Stephanie Kelton의《적자의 본질The Deficit Myth》이다. 최근 우리는 팬데믹을 맞아 충격적인 경험을 했다. 업무와 소비 패턴, 재화와 서비스 공급 패턴이 변했다. 개인과 정부의 관계를 바라보는 시각도 달라졌다. 강제 휴직 제도, 국민과 기업을 대상으로 한 특별 지원금, 백신 접종 의무화 등으로 '국민의 삶에 국가가 어디까지 개입해야 하는지'에 대한 수백년 된 논쟁이 다시 한번 떠올랐다.

《적자의 본질》은 바로 이 시기에 출간되었다. 정부가 국가 채무에 개의치 않아도 되며, 그저 국민과 기업에게 필요한 것만 제공하면 된다는 근거를 제시한다. 이 책에서 켈튼은 미국, 영국, 일본처럼 통화를 직접 발행하는 나라는 사회적 목표와 경제 안정성 달성에 필요한 조치를 취할 자금을 얼마든지 마련할 수 있다고 주장한다. 하지만 이러한 현대통화 이론은 인플레이션을 감안하지 않는다는 점에서 한계가 있다. 지금 이 글을 쓰고 있는 동안에도 인플레이션 그래프는 치솟고 있다. 하나의 경제 이론이 우리 눈앞에서 검증되고 있는 셈이다.

이와 반대되는 의견을 내세우는 책도 있다. 바로 헨리 해즐릿의《보이는 경제학 안 보이는 경제학》과 머레이 N. 라스바드의《국가의 해부》다.

해즐릿은 민주주의 국가의 선거 주기가 3~5년이기에 정치인들이 경제와 사회의 장기적인 건실성보다는 특정 집단의 이익을 우선시한다고 지적한다. 정부는 유권자의 반발이나 작은 경제 조정마저 피하기 위해 과도한 재정 지출을 감행한다. 그리고 이러한 과정을 통해 저축과 투자 의욕을 꺾는다.

존 메이너드 케인스는 먼 미래에 나타날지도 모르는 부수적 결과에 대한 집착을 "장기적으로 우리는 모두 죽는다"라는 말로 비꼬았다. 그럼에도 국가의 운명을 결정짓는 요소는 장기적인 생산 역량이다. 역사적으로 국가가 정권 유지를 위해 과잉 대응하는 바람에 환율이 떨어지고 인플레이션이 유발된 사례가 넘쳐난다. 이러한 환경에서 국민과 기업이 미래를 계획하기란 어려울 수밖에 없다.

라스바드는 이와 반대로 국가의 정당성을 자유지상주의적 시각으로 풀어낸다. 우리는 정부가 우리 삶 구석구석에 손대는 것에 익숙해져 있으며, 실제로 생계나 경력을 국가에 의지하는 국민이 점점 더 늘어나고 있기에 이제 와서 대안체제를 생각하기란 어렵다는 것이다. 라스바드는 오랜 세월에 걸쳐 법률과 인식을 토대로 자기 위치를 굳건히 하려는 것은 국가의 본능이며, 그 결과 아주 별난 지식인들만 국가의 존재 자체에 의문을 던질 정도라고 지적한다.

라스바드는 중앙은행, 정부의 독점 산업, 명목 화폐와 권한 범위, 국가의 복지제도와 영향력을 즉각 옹호하고 나설 경제학자와 관료는 수없이 많다고 말한다. 그들의 일자리와 지위가 이와 같은 국가 제도에 달려 있기 때문이다. 하지만 리스바드의 주장에 따르면, '고결한 국가'라는 개념은 위험한 허상이며, 우리는 질서와 번영이 폭력에 대한 독점권을 지닌 국가가 아니라 국민 간의 사적인 합의에 의해 이루어지는 세상을 구상해나가야 한다.

마지막으로 정부가 해결책이 아니라 문제 그 자체는 아닌지 탐색하는 토마스 소웰Thomas Sowell의 《차별과 격차 Discrimination and Disparities》다. 소웰에 따르면 사람들은 좌파나 우파나 사회적 장벽이 제거되면 과거의 부당한 행위를 바로잡고, 성공의 불공평한 속성이 사라지리라고 생각한다. 그러나 이는 명백히 착각이다. 아프리카계 미국인인 소웰은 미국 흑인의 가난이 인종주의 탓만은 아니며, 가난이 사회적 부패를 불러오지도 않는다고 주장한다. 소웰은 평등과 차별에만 치중하다 보면, 집중적으로 성공을 연구하고 이념을 초월하여 효과적인 조치를 과감하게 시행해야 할 시간에 서로 원망하는 분위기만 널리 퍼진다고 지적한다.

우크라이나 전쟁으로 드러났듯이, 자유주의적 관점으로 보든 보수주의적 관점으로 보든 우리 사회와 경제는 취약하다. 이것은 중요한 사실이다. 마키아벨리는 국가의 힘을 외세의 침략으로부터 스스로 방어할 수 있을 정도라고 보았다. 반면 애덤 스미스는 국가의 진정한 건실성과 경제력은 국민의 창조적이고 생산적인 역량에서 비롯된다고 주장했다. 권력과 중앙 통제에 집착하는 통치자의 눈에는 개방적인 사회가 혼란의 도가니처럼 보일지도 모른다. 그렇지만 이러한 사회야말로 번영을 이루고, 부가 증가하며, 제도의 점진적 발전을 촉진한다. 이는 오랜 세월에 걸쳐 검증된 사실이다. 단순하고 명확하며 공정한 규칙만 따르고 살아간다면 인간 본연의 야망과 진취적 정신은 억제되고, 인류는 사실상 아무런 성취도 이루지 못할 것이다.

톰 버틀러 보던

학술지의 논문이나 유명한 블로그만 봐도 경제 흐름을 가늠할 수 있는데, 군이 왜 경제학서를 읽어야 하느냐고 묻는 사람이 있을지 모르겠다. 하지만 책은 어떤 사고의 타당성을 가장 정확하게 검증하는 수단이다. 어떤 주장과 이론을 뒷받침할 증거와 사례를 한껏 제공하기 때문이다. 간단한 형식의 글로는 주장하는 바를 충분히 펼칠 수 없다.

본서에 선정된 50개의 저작은 대부분 중요한 내용을 담고 있을 뿐만 아니라 그 자체로도 훌륭하다. 상당수가 오랜 세월에 걸쳐 집필되었는데, 일생의 연구를 담은 역작도 있다. 로버트 J. 고든의 《미국의 성장은 끝났는가》가 대표적이다. 특정 주제에 대한 심도 깊은 연구의 계기를 마련한 기념비적인 저작도 있는데, 마이클 포터의 《국가 경쟁우위》가 그렇다.

난해한 학술 용어 때문에 중요한 통찰을 놓치게 만든다면 현실적으로 발휘하는 영향이 적을 것이다. 하지만 저자가 자신의 통찰을 정성스럽게 쉬운 언어로 풀어냈다면, 훨씬 더 폭넓게 영향을 발휘할 것이다. 경제학서는 금융인들이 선호하는 식으로 극소수만 이해할 수 있는 난해한 비법서가 되어서는 안 된다. 철학자가 철학을 독차지할 수 없듯이 경제학도 경제학자의 전유물이 아니다. 이러한 이유로 여기 뽑은 책 중에는 순수 경제학자 외에도 경영학자, 사회학자, 역사학자, 투자자, 언론인 등이 쓴 것도 포함되어 있다.

모두 필독서로 뽑지 않을 수 없을 정도로 경제학에 활력을 불어넣은, 매우 중요하고 흥미로운 책들이다. 50권 모두 '과학적인' 기준에 의거해 선정한 것은 아니라서 다소 특이한 책도 포함되어 있고 정통이 아닌 '이단'에 속하는 책도 있지만, 평가란 모름지기 시대와 관점에 따라 달라지지 않던가. 언제 어떻게 주류 경제학이 변방으로 밀려날지 모르고, 주변부 이론이 주류 경제학으로 편입될지 모를 일이다. 아무쪼록 이 책이 경제학의 맛보기가 되어서 여러분이 더 넓고 깊은 경제학의 세계로 입문하는 계기가 되기를 바란다.

이에 도움을 주기 위해 각 저작 소개 말미에는 '함께 읽으면 좋은 책'을 소개해두었다. 책의 뒷부분에는 지면의 한계상 소개는 못 했지만 한 번쯤 읽어보면 도움이 될 만한 50권의 경제학 명저를 추가로 수록해놓았다. 아울러 본문의 책 소개가 연대기순이 아니라 이름순(알파벳 기준)으로 되어 있어 흐름을 알 수 있도록 출간순으로도 정리해놓았으며, 범주로 묶어 이해할 수 있도록 주제별 분류도 해두었다.

추가로 이번 개정판에 포함되지 않은 초판의 챕터를 무료로 다운받을 기회를 드리고자 한다. 존 보글의《모든 주식을 소유하라》, 에릭 브린욜프슨과 앤드루 맥아피의《제2의 기계시대》, 폴 크루그먼의《새로운 미래를 말하다》, 토마스 셸링의《미시동기와 거시행동》, 조지프 스티글리츠의《유로》다. 목록은 http://www.butler-bowdon.com/50-economics-classics.html 에서 내려받을 수 있다.

경제학, 인간과 삶을 향하다

기사도의 시대는 가고
궤변가, 경제학자, 회계사의 시대가 도래했다.
_에드먼드 버크

'경제학' 하면 흔히들 현대 세계를 돌아가게 만들고 우리 삶에 영향을 주는 학문이라고들 한다. 그럼에도 우리는 경제학의 주요 이론, 사상가, 저술에 대해 아는 것이 그리 많지 않다.《세계 경제학 필독서 50》은 바로 이러한 부분을 채워주는 책이다. 지난 200여 년간 나온 경제학서 중 대표적이라고 할 만한 저작 50종과 그 안에 담긴 여러 이론을 망라하여 경제학을 알고 싶어 하는 독자들에게 자본주의와 금융, 세계 경제를 제대로 알려주는 길잡이가 되고자 한다. 우리는 이 책을 통해 산업혁명 초기부터 암호 화폐 출현에 이르기까지 생생한 경제학 여행을 떠나게 될 것이다.

영국의 정치사상가 에드먼드 버크는 중세의 중심축이 명예, 기사도, 종교였듯 근현대 문명의 중심축이 경제학, 화폐, 금융이 되리라는 사실을 명확하게 내다보았다. 먼 과거에는 인간의 운명이 출생 당시의 환경에 의해 결정되다시피 했지만, 오늘날 우리가 살아남고 성공하려면 경제 주체가 되어 시장 가치가 있는 재화나 서비스를 생산해내야만 한다. 노벨경제학상 수상자인 폴 A. 새뮤얼슨은 "우리는 요람에 누워서부터 무덤에 들어가기까지 일생 내내 경제학의 무자비한 진실에 맞닥뜨리게 될 것"이라 지적했다.

인간은 근본적으로 잘살고 싶다는 욕망을 타고난다. 돈과 자산이 있는 사람이라면 좀 더 많은 자유와 권력을 제공하는 재화와 서비스를 얻을 수 있다. 이론적으로는 투표권 행사가 자유와 권력을 준다고 하지만, 현실적으로 자신과 가족의 생계를 유지할 수 없는 사람에게 투표는 별 도움이 되지 못한다. 불평등의 확대, 부족한 기반 시설과 교육 시설, 인플레이션이나 디플레이션과 같은 문제는 대개 경제 영역에 속한다. 따라서 개인, 기업, 국가는 경제 성공의 비밀이 무엇인지 알아야 할 필요가 있다. 이 책은 그러한 비밀을 푸는 데 도움이 되는 지식을 제공하고자 한다.

학문으로서의 경제학: 인간을 연구하다

우리는 애덤 스미스가 《국부론》을 펴낸 1776년까지 '경제학'이란 단어가 쓰이지 않았다는 사실을 간과하곤 한다. 스미스의 시대에는 '경제학' 대신 철학의 한 분파인 '정치경제학'이 정부의 세금 징수 및 재정 지출을 다루었다. 비범한 스미스는 정치경제학의 통설을 탈피, 국가가 아니라 민간 경제와 개인의 근면성이 국가의 경제력을 창출한다는 통찰을 선보였다. 그가 책을 쓰는 과정에서 전문화한 학문이 바로 오늘날의 경제학이다.

그런데 사실 우리 삶은 시장의 영향만큼이나 법제도, 정치제도, 사회 규범 등의 영향을 받는다. 실제로 우리는 '경제'가 아니라 정치경제체제 안에서 살아가고 있다. 복지제도를 갖춘 자본주의체제, 사회주의체제, 시장 요소가 가미된 독재체제 등으로 그 형태도 다양하다. 경제를 국가, 사회, 정부와 따로 떼어 분석하기란 불가능하다. 그렇기에 이 책은 좁은 의미의 경제학이 아니라 정치경제학에 초점을 맞추고 있다.

경제학은 실증적인 학문으로 여겨지지만, 이념의 분열 또는 일시적인 유행이나 경향성에 휘둘려왔다. 영국의 경제학자 로널드 코스의 주장대로, 경제학의 가장 큰 문제는 경제 이론과 모형을 실행하는 사람들이 굳이 그 밑바탕이 되는 가설을 검증하고 인정하려 하지 않기 때문에 발생한다. 코스는 '칠판 경제학 blackboard economics'이란 표현을 사용하며, 칠판에 적힌 이론으로는 모든 것이 완벽하게 설명되지만 현실적으로는 그렇지 않다고 주장했다. 경제학의 가장 큰 과오는 이론이라는 마차를 말앞에 가져다 놓는 관행에서 비롯되었다. 현실을 고려하지 않은 이론은 다음과 같다.

· 수요와 공급, 고용과 가격이 자율적으로 조정되는 시장에서는 모든 것이 조화를 이루기에 정부의 개입이 필요 없다. 이는 강력한 패러다임이었지만, 대공황이라는 대형 사건이 터지자마자 결함을 드러냈다. 이 이론은 금본위제나 고용 및 국민의 삶보다 통화 가치를 우선시하는 억압적인 금융정책에 적용되어 오늘날에는 완전한 금융 세계화, 규제 철폐, 민영화 추진 등과 같은 국가 우선 과제와 무관한 정책에 반영되어 있다.

· 중앙계획경제는 국가가 모든 관련 정보를 취합해 국민 모두에게 이로운 방향으로 결정을 내리고 자원을 배분할 수 있다는 가설을 바탕으로 한다. 그러나 중앙계획경제 국가에서는 정상적인 시장이 사라짐으로 인해 가격 정보도 사라졌고, 개인의 이윤 추구 기회를 제거함으로써 혁신이 중단되고 경제가 퇴보했다. 무엇보다 이 체제에서는 국가의 기능 작동을 위해 가혹한 강압이 필요했다.

간단히 말해, 경제학자는 '큼직한 것 하나'만 신봉하느라 새로 나타난 사실에 따라 모형을 수정하거나 보완하려 하지 않으며, 소소하지만 현실을 좀 더 정확히 파악하는 데 필요한 정보를 대량으로 받아들이려 하지 않는 경향이 있다. 이외에도 경제학에 쏟아지는 비판 중 하나는 역사의 교훈을 무시한다는 점이다. 경제학과 학생들이 30년 전의 책이나 논문을 읽는 일은 드물다. 그 대신 현재의 정설을 소개하는 교재를 주로 읽는다. 하지만 2008년 금융 위기만 봐도 우리는 경제의 역사와 금융의 역사가 중요하다는 걸 알 수 있다.

예나 지금이나 우리는 경제의 근본적인 변화 덕분에 투기 열풍, 공황, 시장 폭락 같은 일이 다시는 일어나지 않으리라 믿는다. 하지만 현실은 그렇지 않다. 세계 금융 위기 직후 런던정치경제대학교에서 열린 행사에 모인 경제학자들에게, 영국 여왕 엘리자베스 2세는 "어째서 이런 일이 일어난다는 것을 아무도 알지 못했을까요?"라고 질문했다고 한다. (호주의 경제학자 스티브 킨 Steve Keen이 집계한 바에 따르면) 10여 명의 경제학자만이 금융 위기를 예측했다는 사실만 보더라도 경제학은 객관적이고 신뢰성 있는 예측을 내놓는 학문과는 거리가 멀다.

정확한 예측이 어려운 이유는, 오늘날 경제가 생산의 역학 및 수요 충족뿐만 아니라 심리나 기대 같은 정서적 요소까지 감안해야 할 만큼 매우 복잡해진 탓이다. 이념적 편향 때문에 잘못된 가설을 토대로 모형을 구축한 탓도 있다. 예를 들어, 미국이 시중의 자금 물량을 늘리는 식으로 금융과 주택담보대출에 대한 규제를 완화했을 때 '자산 소유 사회ownership society'가 도래하리란 예상이 있었다. 그러나 규제 완화 덕분에 활개 치게 된 악덕 산업이 무분별한 대출을 남발하면서 부동산 거품, 금융 사기, 시장 폭락이 발생했다.

미국의 경제학자 하이먼 민스키는 자본주의가 제대로 규제되지 않는다면, 극단으로 치닫고 불안정성을 낳을 가능성이 크다고 경고했다. 은행과 기업이 정부를 상대로 '개혁'을 요구하는 로비 활동을 펼칠 때는 누가 이득을 볼지 반드시 확인해야 한다고도 덧붙였다. 민스키는 여기서 더 나아가 "자본주의에 비판적인 경제학자만이 자본주의정책을 성공으로 이끌 수 있다"고까지 주장했다. 경제정책이 특정 집단의 이익에 휘둘리는 수단으로 이용되는 한, 자본주의가 모든 사람의 행복을 증진하기 위한 잠재력을 충분히 발휘하기란 어려울 것이다.

> 정치경제학이나 경제학은 일상적인 업무에 종사하는 인간을 다루는 학문이다. … 한편으로는 부를 다루는 학문이자 좀 더 중요한 측면으로는 인간을 연구하는 학문이다.
> _앨프레드 마셜

'인간을 연구하는 학문'이라는 측면은 오랫동안 덜 중요한 취급을 받아왔지만, 지난 30년간 행동경제학은 인간이 늘 자신의 이익을 위해 행동하는 합리적 존재라는 가설에 이의를 제기해왔다. '자기 극대화self-maximizing'에 대한 이러한 믿음은 시장 경제가 효율적이며, 인간이 자원을 최적으로 분배한다는 착각을 낳았다. 현실적으로 우리는 무엇이 최선책인지 알지 못할 때가 많으며, 비합리적으로 행동하여 행복을 놓치기도 한다. 인지 편향에 휘둘려 잘못된 결론을 내리기도 한다.

경제학이 합리적 선택 이론을 토대로 한다지만, 실제 인간은 '일련의 선호도를 지닌 소비자'일 뿐이다. 영국의 경제학자 앨프레드 마셜은 수백만 명의 개인으로 구성된 사회에서 각각의 구성원은 최고의 효용을 추구하며, 자신이 원하는 재화와 서비스를 구매하기 위해 노동이라는 '비효용disutility'을 견딘다고 지적했다. 한편 정통 경제학에서는 기업이 사람들이 원하는 물건을 공급하기 위해 완전 경쟁 상태로 존재한다고 본다.

케인스는 인간의 심리와 기대가 상당히 작용하며, 그 결과가 우리 삶에 깊고도 지속적으로 영향을 끼친다는 점에서 경제학을 윤리학의 일종으로 보았다. 아무리 편리한 방법이라고 해도 인간의 의사결정을 수학 공식으로 단순화할 수 없다고도 지적했다. 프랑스의 경제학자 토마 피케티는 경제학을 다른 사회과학보다 우위에 놓으려는 경제학자들의 행태를 비판한다. 그는 《21세기 자본》에서 수학에 대한 집착이 "우리가 살고 있는 세계가 던지는 훨씬 더 복잡한 문제에 답을 내놓을 필요 없이, 과학성의 허울을 손쉽게 뒤집어쓸 수 있는 방법"이라고 꼬집는다.

장하준 교수는 "좋은 경제정책에는 좋은 경제학자가 필요하지 않다"고까지 말한다. 대한민국을 비롯해 동아시아의 기적을 일으킨 주체가 법조인, 경제학자, 공학자들이었다는 것이다. 다행히 오늘날의 경제학자 중에는 경제학이 무엇을 달성할 수 있을지 건전한 의문을 품으며, 이념이나 모형에 휘둘리지 않고 경제학과 관련 없는 동기와 사회적으로 협력적인 행동을 연구하는 경제학자들도 다수 존재한다.

그러나 하버드대학교의 대니 로드릭이 말한 대로, 경제학자는 '자기 학파'가 아닌 다른 학파에 배타적인 경향이 있다. 그로 인해 집단 순응 사고와 대형 사건으로 전개될 긴장 상태를 파악하지 못하는 무능력이 나타난다. 경제학자가 자본주의 문화의 지도자로서 인식되는 현실을 생각하면 큰 문제가 아닐 수 없다. 경제학자의 잘못된 예측과 태만은 오늘날뿐만 아니라 미래 세대의 경제에까지 악영향을 미칠 수 있지만, 좋은 아이디어들을 명쾌하게 내세우는 등의 올바른 행동을 할 때는 수십억 명의 생활 수준을 끌어올릴 수도 있다.

풍요로운 세상: 경제학적 사실이 가리키는 것

마지막으로 경제사학자들이 지난 수십 년간 발견한 놀라운 사실을 다시 한번 소개한다. 1800년 이후 2세기 동안 스웨덴이나 대만의 일반인에게 무역을 거쳐 공급된 재화와 서비스는 최저점일 때는 30배, 최정점일 때는 100배로 증가했다. 지난 200년 동안 대풍요의 시대는 과거의 일시적인 풍요와는 비교도 할 수 없을 정도로 엄청나다.

_디드러 낸슨 매클로스키

영국의 앵거스 매디슨을 비롯한 경제사학자들의 지적대로, 산업혁명 이전의 2000년 동안 세계 경제는 미미한 성장률만 보였다. 그러다가 산업혁명과 더불어 경제는 매우 빠른 속도로 성장하기 시작했다. 지난 2세기에 걸쳐 생활 수준은 놀라운 속도로 높아졌다. 그러고 보면 '대풍요 시대'의 규명이 "경제학과 경제사의 중요한 학문적 과제"라고 한 미국의 경제사학자 디드러 낸슨 매클로스키의 말이 적절하다.

지난 200년간 경제사상가들이 쓴 글을 살펴보면 인구 폭발부터 경제 불평등 및 환경 문제에 이르기까지, 미래에 대한 암울한 경고를 끝도 없이 접하게 된다. 그러한 경고가 실현되지 않았다거나 예상만큼 무서운 결과가 초래되지 않았다는 사실은 어떤 이유에서인지 망각되고, 긍정적 사실들은 간과되는 감이 있다.

물론 아직도 10억 명에 가까운 사람들이 빈곤하지만, 세계 인구가 증가하는 와중에도 농업 생산성의 향상으로 기근은 크게 줄어들었다. 전쟁이나 자연재해로 사망할 가능성은 급감하고 생활 수준은 꾸준히 높아지고 있다. 현재의 추정대로라면 100년 내에 모든 국가와 인류가 오늘날의 서구권에 맞먹는 생활 수준을 누릴 것이다. 미국의 경제학자 줄리언 사이먼은 "여전히 많은 사람이 생활환경이 악화되리란 생각과 주장을 이어갈 것"이라고 분석했지만 말이다.

그렇다면 인구 증가로 인한 소비 증가 추세 속에서도 어떻게 세계가 지속적으로 성장하고, 자원이 고갈되지 않을 수 있을까? 일단 자원이 부족해지기 시작하면 창의력이 발휘될 가능성이 높아진다. 채굴 기술 덕분에 고래기름이 원유로 대체된 예를 생각해보자. 조만간 풍력 발전이나 태양광 발전 기술 덕분에 석유의 필요성도 줄어들 것이다. 요점은 자원이 고정되어 있지 않고, 인간의 두뇌 활동으로 새로이 발굴될 수 있다는 것이다. 장기적인 이동 방향은 확실하다. 인구 증가에도 불구하고 세계는 어떠한 척도로 봐도 한층 더 부유해지고 살기 좋아질 것이다.

경제 법칙이 작동하는 방식: 이념을 초월한 원칙 창조

경제 법칙이 대풍요 시대에 기여했을까? 위대한 자유주의 경제학자 루트비히 폰 미제스는 애덤 스미스를 비롯한 고전파 경제학자들이 근대적인 부를 창출하는 환경 조성에 필수적인 역할을 했다고 주장한다. 그들은 '낡아빠진 법, 관습, 기술 진보에 대한 편견'을 비판했으며 "조합의 속박, 정부의 감독, 갖가지 사회적 압력으로부터 개혁가와 혁신가의 재능을 해방시켰다"는 것이다. 미제스는 경제학자들이 "정복자와 약탈자의 위세를 떨어뜨리고 경제활동의 사회적 편익을 입증했다"고 주장했다. 즉 경제 법칙은 권력자의 자만심을 견제하는 역할을 했다. 자유방임 없이는 산업혁명이 일어나지 않았으리란 시각이다.

　반대로 경제사학자인 칼 폴라니는 정부와 국가의 승인 없이는 시장이 존재할 수 없었다고 지적한다. 시장과 시장의 부 창출 기능이 확대되고 발전할 수 있었던 배경에는 정치적 자유가 작용했다는 것이다. 정치적 자유 덕분에 서민들도 자신이 잘 생산할 수 있는 서비스나 재화를 판매함으로써 잠재력을 발휘할 수 있었다.

폴라니와 미제스 중 누구의 생각이 옳을까? 국가가 국민과 정부에 방해가 되는 것일까, 아니면 국가와 국가가 제공하는 정치적 권한이 필요한 것일까? 법과 사회 질서를 유지하기 위한 강제적 장치만을 남겨두고 완전한 자유를 보장하는 최소한의 국가가 이상적일까, 아니면 철저한 규제와 면밀한 계획하에 이윤보다 사회 정의를 우선시하는 체제가 이상적일까? 정답은 '그 중간 어디쯤'일 것이다.

경제학은 효율과 평등 사이의 상충관계를 다루는 학문이다. 우리는 국민으로서 정의를 수호하고, 부자와 가난한 사람의 격차를 줄이고, 모두에게 기본적인 의료 서비스와 교육을 제공하는 사회적 목표를 추구할 권리가 있다. 그럼에도 이 같은 목표를 무리하게 추구하다가는 국가 재정이 고갈되는 한편 어렵게 쌓은 자산마저 재분배되어 개인의 자유가 침해받을 수 있다.

사실 지난 50년간 수많은 사람이 비용을 수반하는 복지제도, 갖가지 규제, 최저 임금법, 국립공원 도입 등의 정책에 찬성표를 던져왔다. 폴 A. 새뮤얼슨은 2009년 세상을 떠나기 전 경제 교과서로 유명한《새뮤얼슨의 경제학》제19판에 '중도주의자 선언'이라는 제목의 서문을 달았다. 새뮤얼슨에 따르면 중도주의는 '엄격한 시장 규율과 정부의 공정한 감독이 결합된 경제'를 지향하는 접근법이라고 한다. 중도주의는 증거만을 중요시한다. 2008년 세계 금융 위기와 같은 대형 사건을 통해 우리는 규제 없는 자본주의 역시 중앙계획경제와 마찬가지로 합리적인 성공 노선이 아니라는 사실을 똑똑히 깨달았다.

1994년에 저명한 경제학자 존 케네스 갤브레이스는 인터뷰 중 정치 노선을 묻는 질문에 이렇게 답했다. "나는 실용적으로 반응한다. 시장이 효과를 발휘할 만한 정책을 지지한다. 나는 '민영화를 지지한다'거나 '정말로 국유화를 지지한다'고 말하는 사람을 마음속 깊이 의심한다. 무엇이 되었든 구체적인 사안별로 효과를 발휘하는 방식을 지지한다."

경제학은 사회과학으로서 이념을 초월하여 '효과적인 것'에 치중할 필요가 있다. 물론 사회주의 속의 삶과 자본주의 속의 삶을 놓고 양자택일을 해야 한다면, 그동안 축적된 증거가 증명하듯이 후자가 개인과 사회에 필요한 것들을 훨씬 더 많이 제공해준다는 사실을 명심해야 한다. 그렇다면 자본주의를 더 자세히 파악하는 편이 합당하다. 게다가 세계 인구의 대부분이 자본주의 체제하에서 살아가고 있다. 그렇기에 이 책《세계 경제학 필독서 50》은 자본주의를 이해하는 데 상당한 분량을 할애하고 있다.

___

차례

💰 Book 01-10

Book 01-10

세계를 뒤흔든 '검은 목요일'은
어떻게 발생했는가

리아콰트 아메드의
《금융의 제왕》

리아콰트 아메드 Liaquat Ahamed

케냐 출신의 미국 경제학자이자 경제역사가다. 케임브리지대학교와 하버드대학교에서 경제학을 공부했고, 25년간 전문 투자 매니저로 일했다. 현재 미국의 사회과학 연구소인 브루킹스연구소의 자문위원이며 싱크탱크인 뉴아메리카에서 활동하고 있다. 《금융의 제왕》은 그의 출세작으로, 첫 출간된 2009년에 각종 서적상을 휩쓸었으며 2010년에는 퓰리처상 역사 부문을 수상했다.

2010년 미국 연방준비제도(연준) 이사회의 벤 버냉키 의장은 금융위기조사위원회Financial Crisis Inquiry Commission로부터 세계 금융 위기 이해에 도움이 될 만한 책을 추천해달라는 요청을 받았다. 이에 버냉키는 딱 한 권을 추천했다. 바로 2009년 출간된 리아콰트 아메드의 《금융의 제왕》이었다. 경제 역사를 다룬 이 책은 2009년 《파이낸셜 타임스》, 《뉴욕타임스》, 아마존닷컴에서 하나같이 '올해의 최고 도서'로 꼽은 화제작으로 2010년에는 퓰리처상 역사 부문까지 수상하며 역작의 반열에 올랐다.

아메드는 1999년 《타임》에 실린 기사 〈세상을 구원할 위원회 The Committee to Save the World〉를 읽고 이 책을 구상하게 되었다고 한다. 해당 기사는 앨런 그린스펀 연준 의장, 클린턴 행정부의 로버트 루빈 재무장관, 로런스 서머스 재무차관 등 당시 경제 관료들이 공공 기금 수십억 달러를 쏟아부으며 세계 경제를 붕괴 직전까지 몰고 간 아시아 외환 위기에 성공적으로 대응한 과정을 다룬 것이었다.

아메드는 1920년대 4대 중앙은행의 수장들, 영란은행의 몬태규 노먼, 연준은행의 벤저민 스트롱, 독일 제국은행의 얄마르 샤흐트, 프랑스 중앙은행의 에밀 모로에 대해서도 비슷한 이야기를 풀어놓을 수 있겠다고 판단했다. 이들은 1990년대와 2000년대의 그린스펀처럼 현인 대접을 받았고, 이들의 한마디 한마디가 주목받았다. 하지만 이 '금융의 제왕'들은 제1차 세계대전이 끝난 뒤 금융계의 재건을 책임지는 동시에 사상 최악의 경기 침체인 대공황이 일어나는 데 일조했다. 평화기에 어떻게 이런 일이 벌어졌을까? 아메드가 보기엔 금본위제가 바로 그 원인이었다.

많은 사람이 2008~2010년 대침체Great Recession의 원인으로 그린스펀의 느슨한 통화정책을 지목했다. 이때 출간된 《금융의 제왕》은 단숨에 시의적절한 책으로 주목받았다. 아메드는 심층적인 연구로 전간기(interwar years, 제1차 세계대전과 제2차 세계대전의 사이 기간)에 펼쳐진 경제 드라마의 주연 배우들을 세세히 묘사하며 무미건조한 경제사에 그쳤을 내용에 생기와 흥미를 불어넣는다. 그럼으로써 사람들이 대표적 개인(은행가)을 지나치게 신봉하고, 은행가가 시대착오적인 이론에 집착하면 크나큰 위험이 닥친다는 교훈을 우리에게 전달한다.

💲 　　　　　황금알을 낳는 거위일까, 미개한 유물일까

전간기의 유명한 경제 인사인 몬태규 노먼은 금본위제가 세계 질서와 번영의 근간이라는 이론에 '신앙에 가까울 정도로 단단한' 믿음을 품었다. 금본위제를 채택한 나라는 국고에 비축된 금만큼만 화폐를 발행할 수 있었으며, 이론상 모든 지폐는 실물 금으로 교환 가능했다. 금본위제하에서 정부가 돈을 찍어내 채무를 갚기란 불가능했고, 금본위제는 재정 규제 장치 역할을 했다.

제1차 세계대전 발발 전, 세계 경제가 한껏 호황일 때는 금본위제가 무역과 성장을 촉진하며 제대로 작동하는 듯 보였다. 그러다 전쟁이 모든 것을 바꿔놓았다. 교전국들은 인류의 비극을 초래한 것은 물론 2천억 달러에 달하는 돈을 차입했다. 파리강화회의는 독일에 막대한 배상금 통지서를 떠안겼는데, 독일이 전쟁 이전에 달성한 국내총생산GDP의 100퍼센트에 가까웠다. 독일이 파산을 면할 방법은 통화 발행뿐이었다. 이는 참혹한 결과를 낳았다. 1923년 독일 화폐인 라이히스마르크는 이미 휴지

조각이나 다름없었고, 물가는 며칠 간격으로 두 배씩 뛰어올랐다. 독일 중산층이 일생 동안 저축한 돈은 가치를 잃었다. 정치 혁명이 프로이센 제국을 뒤집어엎으면서 사회 질서도 무너졌다.

두려움을 느낀 중앙은행 수장들은 세계가 전쟁 이전 같은 안정성과 재정 건정성을 되찾으려면 빨리 금본위제로 돌아가야 한다고 합의했다. 하지만 전쟁 당시에 각국 중앙은행이 산더미처럼 발행한 지폐가 걸림돌이 되었다. 비축된 금의 가치와 총 통화 공급량의 균형을 바로잡을 방법은 사실상 두 가지뿐이었다. 하나는 (시중에 유통되는 통화량을 줄이는) 디플레이션이었고, 다른 하나는 (금 대비 국내 화폐의 가치를 공식적으로 떨어뜨리는) 평가절하였다.

당시 영국의 재무상이던 윈스턴 처칠은 디플레이션을 선택했다. 그러나 금 비축량이 충분하지 못한데다 지나치게 높은 파운드화 가치 때문에 국제 경쟁력이 약화된 탓에 영국 경제는 1920년대 내내 고전을 면치 못했고, 금리와 실업률은 치솟았다. 반면 평가절하를 택한 프랑스는 지속적인 경제 성장을 누렸고, 금 비축량과 해외 수출이 증가했다. 미국은 전쟁 자금 명목으로 몇몇 유럽 강대국에게 막대한 돈을 빌려준 덕분에 부유해지기 시작했다.

모든 나라가 금본위제로 연결된 탓에 한 나라(예를 들어 평가절하를 단행해 영국과 독일에 실업을 수출한 것과 같은 프랑스)가 승승장구하면 다른 나라가 타격을 입었다. 금본위제로의 복귀는 모든 나라의 번영 증진이 아니라 특정 국가가 다른 국가의 희생으로 잘

살게 되는 제로섬 게임을 유발하며 적대감을 부추겼다. 그럼에
도 금본위제를 대놓고 공격한 사람은 극소수에 불과했다. 케인
스는 금본위제를 '미개한 유물'이자 '미신적 숭배'라고 공격했지
만, 금이라는 버팀목 없이도 신용 창출이 가능하다고 영국 정부
를 설득하지는 못했다.

아메드는 금본위제가 '안정성을 보호하는 우산'처럼 보였지
만, 결국 '구속하는 존재'로 판명됐다고 주장한다. 금본위제라는
패러다임은 몇 차례의 통화 위기를 겪고 대공황이 일어난 후에
야 마침내 힘을 잃었다.

⑤   **수렁에 빠진 세계 경제**

영국은 금 비축량이 고갈될 위기에 처한 1931년 마침내 금본위
제를 폐지했다. 영란은행의 평판은 떨어졌으나, 폐지 몇 달 만에
파운드화 가치가 30퍼센트나 하락함에 따라 영국이 교역 경쟁
에서 우위를 되찾을 수 있겠다는 기대감이 생겨났다. 캐나다, 인
도, 북유럽 등 다른 여러 나라의 화폐 가치도 하락했다.

아메드에 따르면 1931년은 세계 각국의 극심한 경기 침체가
대공황으로 전환된 해였다. 금본위제를 고수하면서 발생한 문제
때문에 미국뿐만 아니라 유럽에서도 예금 대량 인출 사태가 일
어났으며, 디플레이션 심리 때문에 소비와 투자가 위축되는 악
순환이 생겼다. 1932년 미국에서는 투자가 절반으로 급감했고,

공업 생산량이 25퍼센트나 감소했다. 물가는 10퍼센트 하락했으나 실업률은 20퍼센트를 찍었다. 주식시장은 41포인트로 바닥을 쳤다. 이는 1929년 기록한 고점에 비해 90퍼센트나 급락한 수준이었다. 과거에도 이런 일이 있었냐는 기자의 질문에 케인스는 "그럼요. 암흑기로 불리는 중세가 400년이나 계속되었죠"라고 답했다.

1933년 초, 프랭클린 루스벨트가 대통령이 되었을 때 《뉴욕 타임스》는 워싱턴이 "전쟁 기간 동안 포위된 수도 같다"고 보도했다. 28개 주가 은행 시스템을 폐쇄했다. 이미 전해 전체 은행의 25퍼센트가 문을 닫은 상황이었다. 급격한 집값 하락에 따라 주택담보대출을 받은 국민 중 절반이 대출을 상환하지 못하고 파산했다. 문을 닫지 않은 제철소는 생산 설비의 12퍼센트만 가동했다. 자동차 공장의 1일 생산 대수도 2만 대에서 2,000대로 급감했다. 아메드는 "세계에서 가장 부유한 나라의 1억 2,000만 국민 가운데 남녀노소를 막론하고 이렇다 할 소득원이 없는 국민이 3,400만 명에 이르렀다"고 전한다. 카를 마르크스는 호황과 불황의 순환이 갈수록 극심해짐에 따라 자본주의가 반드시 무너지리라 예언했는데, 당시 상황을 보면 그 예언이 적중한 것만 같았다.

💲   **권위를 내던지고 번영을 얻은 미국**

루스벨트의 첫 조치 가운데 하나는 닷새 동안 미국 전역의 은행

폐쇄를 선언하고, 금 수출을 전부 중단한 것이었다. 그의 긴급은
행법Emergency Banking Act 덕분에 지급 능력이 있는 은행은 점
차 영업을 재개할 수 있었고, 연준이 공급한 준비금을 예치금으
로 보유할 수 있었다. 게다가 해당 법의 제정과 더불어 달러는 더
이상 정해진 분량의 금으로 뒷받침받을 필요가 없어졌다. 다양
한 자산을 달러로 교환하는 일이 가능해졌다.

　루스벨트가 개혁 조치를 시행하자 은행에 대한 믿음이 단번에
뛰어올랐다. 사람들은 침대 매트리스 밑에 보관하던 현금을 다
시 은행에 넣었고, 주식시장은 반등했다. 루스벨트는 케인스식
부양책에 착수했다. 그는 경제학자 및 금융업자의 조언과는 반
대로 경기 회복의 해결책이 물가 상승이라고 생각했다. 따라서
금본위제를 한시적으로 중단하기 위한 농업조정법Agricultural
Adjustments Act의 개정을 받아들였다. 그 결과, 금의 뒷받침 없
이 30억 달러를 발행하고, 금 대비 달러화 가치를 50퍼센트까지
인하할 수 있는 여지가 생겼다.

　아메드는 "금본위제라는 죽은 손과의 결별이 경제 부흥의 비
결이었다"고 분석한다. 영국, 미국, 프랑스도 각각 1931년, 1933
년, 1935년 금본위제를 폐지했고, 초인플레이션의 여파에서 벗
어나지 못하던 독일도 금본위제를 폐지해 경제를 다시 자기 궤
도에 올려놓았다. 연합국은 독일로부터 모든 배상금을 받아내겠
다는 계획을 사실상 포기하고, 처음 정한 320억 달러가 아닌 40

억 달러 정도만 받았다. 독일 경제는 (상당 부분 재무장 덕분에) 급속
도로 성장했다.

그러나 금본위제가 아무런 장점이 없다 해도 이를 대체할 제
도가 있었을까? 제2차 세계대전이 끝난 후, 케인스는 강력하지
만 강제성 없는 규칙을 바탕으로 한 제도를 창안했다. 각국이 자
국 통화를 '미국 달러화에 고정'하되 '변동 가능한 환율'을 적용
하는 제도였다. 아메드에 따르면 그 목적은 "독일과 영국이 지속
가능하지 못한 화폐 가치를 방어하기 위해 금리를 큰 폭으로 인
상하고 대량 실업을 낳아야만 했던 1920~1930년대 방식의 강
제적인 정책을 다시는 시행하지 않기 위한 것이었다"고 한다. 신
규 제도는 각국에 다시 어느 정도의 통제권을 주되 국제 무역을
활성화하는 방향으로 설계되었다.

⑤ 　　　　　　　　　　　**오늘날의 금본위제는 무엇일까**

믿기 어려운 이야기지만, 당시에는 아무도 금본위제에 이의를
제기하지 않았다. 후버, 처칠, 레닌, 무솔리니 등 모두가 금본위
제를 신봉했기 때문이다. 1920~1930년대에 금본위제는 각국
의 경제를 세계로 잇는 유일한 수단으로서 간주되었다. 그러나
아메드는 고전파 경제학자들이 (금본위제의 가장 강력한 상징으로서)
사랑해 마지않던 자율 통제 시장이 기대처럼 번영과 평화의 토
대가 되기는커녕 각국을 붕괴 위기로 몰아가고, 자유주의에서

전체주의로의 무시무시한 전환을 불러일으켰다고 설명한다. 히틀러의 출현이 대표적이다. 아메드는 제1차 세계대전 후 연합국이 독일에 막대한 국가 채무 상환을 강요한 것이 역효과를 낳았다며, 재정적으로 타당해 보이는 조치가 정치적으로는 매우 어리석은 조치일 수도 있다는 사실을 언급한다.

그렇다면 오늘날의 '금본위제'는 무엇일까? 조지프 스티글리츠는 그의 저서 《유로》에서 유로화가 국가 재정을 구속하는 장치로 작용해 유럽 각국의 경제를 파탄냈다고 주장한다. 유로화가 유로존에 가입하려는 나라에는 특권의 상징이자 유로존을 이탈하려는 나라에는 재난의 상징이 되었다는 것이다. 다가올 미래, 비트코인이 이렇게 될 수도 있다.

함께 읽으면 좋은 책 존 케네스 갤브레이스의 《대충돌》, 존 메이너드 케인스의 《고용, 이자, 화폐의 일반 이론》, 마이클 루이스의 《빅 숏》, 하이먼 민스키의 《불안정한 경제의 안정화》

💲 리아콰트 아메드 더 알아보기

1952년 케냐에서 태어나 어릴 때부터 해외에서 교육을 받았다. 영국에서 사립학교를 졸업한 후 케임브리지대학교와 하버드대학교에서 경제학 학위를 취득했다. 1980년대에 워싱턴DC에 있는 세계은행에서 경제학자로 일하다가 뉴욕에 본사를 둔 피셔 프랜시스 트리스 앤드 와츠Fischer, Francis, Trees & Watts에서 경력을 쌓기 시작해 결국 대표이사까지 자리에 오르는 등 25년간 전문 투자 매니저로 일했다. 아스펜 보험 회사의 이사를 역임했으며, 다양한 투자에 자문을 제공했다. 현재 미국의 사회과학 연구소인 브루킹스연구소의 자문위원이며 싱크탱크인 뉴아메리카에서 활동하고 있다.

Book 02

디지털 시대의 문명은 '건전한' 화폐를 보유할 때 진보한다

사이페딘 아모스의 《달러는 왜 비트코인을 싫어하는가》

사이페딘 아모스 Saifedean Ammous

팔레스타인 출신의 경제학자이자 암호화폐 전문가로 비트코인을 경제학적으로 연구한 최초의 학자다. 현재 레바논에 있는 베이루트아메리칸대학교에서 경제학을 가르치며, 자신의 온라인 학습 플랫폼으로도 경제학 강연을 하고 있다. 그의 대표작《달러는 왜 비트코인을 싫어하는가》는 전 세계 25개국에서 번역, 출간된 초국가적 베스트셀러다.

세계 금융 위기가 한창이던 2008년 11월, '사토시 나카모토'라는 사람이 암호화 이메일 주소록에 있는 사람에게 전자메일을 보냈다. 자신이 개인 대 개인으로 거래되며 탈중앙화된(즉 정부의 통제를 받지 않는) 전자 화폐 시스템을 고안했고 '비트코인'이라 이름 붙였다는 내용이었다. 사토시란 이름은 가명이었고, 그를 직접 만난 이도 없어 그의 정체는 아직도 수수께끼다. 그럼에도 비트코인 시스템은 소수의 추종자를 얻었다. 개인이든 기관이든 아무도 시스템을 통제할 수 없으며, 거래가 '블록체인'이라는 전자 장부로 인증되는 이 화폐는 컴퓨터의 연산능력을 이용해 거래를 인증한 대가로 확보 또는 '채굴'될 수 있지만 그 공급량은 2,100만 개로 고정되어 있었다.

사람들은 2010년부터 비트코인으로 물건을 구매하기 시작했다. 첫 번째 구매 물품은 25달러짜리 피자 두 판으로 1만 비트코인이 치러졌다. 2011년 후반까지는 비트코인의 미래를 확신하는 사람은 드물었다. 경제지 《포브스》는 비트코인이 (오블리비언처럼) 거의 모든 프로그래머가 열렬히 응원해온 "다른 온라인 화폐들의 전철을 밟을 가능성이 크다"는 내용의 기사를 실었다. 그해 초반, 사토시는 비트코인 네트워크만을 위해 개설된 온라인 포럼에서 모습을 완전히 감추었다.

그런데 점차 상황이 달라졌다. 2017년 후반 1비트코인의 가치는 7천 달러에 달했다. 10년도 안 되는 기간에 가치가 그 정도로 상승했으니 연평균 복합 성장률이 573퍼센트였다는 뜻이다. 이후 비트코인의 가치는 몇 배로 상승해, 피자 두 판을 사는 데 사용된 1만 비트코인의 가치는 현재 4억 달러를 넘어섰다. 비트코인은 새로운 투자 수단으로 떠오르는 동시에 투기와 돈세탁의 이미지도 강해졌다.

2018년 출간된 아모스의 《달러는 왜 비트코인을 싫어하는가》는 이러한 오해를 바로잡고자 하는 책이다. 이 책 이전에도 비트코인을 설명한 책과 기사는 많았지만, 경제사적 측면에서 비트코인을 고찰한 것은 아모스의 저서가 최초다. 비록 총 10개의 장 중 비트코인만 다룬 것은 3개 장에 불과하지만, 나머지 장에서 화폐의 역사, 자본주의의 본질, '견고한' 화폐가 자유를 지키고 진보를 촉진한다는 오스트리아 경제학파(카를 멩거, 루트비히 폰 미제스, 프리드리히 A. 하이에크)의 주장을 다루며 비트코인이 가져올 새 시대를 전망한다.

비트코인의 가장 큰 장점은 화폐와 국가를 별개로 간주한다는 점이다. 따라서 비트코인이 글로벌 통화로 채택되면 번영과 평화의 새 시대가 도래할 수 있다. 비트코인은 기업의 의사결정을 왜곡하고 사람들의 저축을 깎아먹는 인플레이션정책, 불평등을 확대하는 중앙은행의 저금리정책, 미국 달러화의 영향력, 달러화의 영향력을 유지하려다가 발생하는 지정학적 경쟁 구도와 불안을 끝장낼 수단이기 때문이다.

💲 　　　　　　　　　견고한 화폐와 취약한 화폐

아모스는 자신이 비트코인 구매를 적극적으로 장려하는 것이 아님을 분명히 한다. 자산으로든 화폐로든 변동성이 극심한 비트코인은 전문 지식이 없는 사람들이 관리하기 쉽지 않기 때문이다. 그럼에도 아모스는 비트코인의 존재 이유와 작동 원리를 아는 것이 중요하다고 말한다. 제대로 이해하는 순간 '명목 화폐'와 케인스식 인플레이션주의의 권위를 인정하는 현대 경제학의 기존 이론을 더 이상 받아들일 수 없기 때문이다.

케인스주의를 필두로 한 화폐경제학에서는 화폐 공급량이 사용자의 수와 거래량에 비례하여 증가한다고 본다. 비트코인은 공급량이 2,100만으로 '고정'되었기 때문에 실험적이고 알 수 없는 디지털 화폐에 그치지 않고 성공을 거두었다(코인은 복잡한 수학 문제를 해결하는 보상으로 제공되며 그러기 위해서는 어마어마한 연산 능력과 전력량이 필요하다). 더욱이 채굴은 수십 년에 걸쳐 이루어진다. 때문에 신규 코인의 물량이 기존 코인 물량에 비해 낮게 유지될 수 있다.

아모스에 따르면 화폐의 물량이 얼마만큼 제한되어 있느냐가 그 가치를 결정짓는다고 한다. 공급량이 한정된 화폐는 '강력'하고 '견고'하다. 가치가 점점 더해지는데, 그 가치를 미래에까지 유지할 수 있기 때문이다. 화폐의 견고함은 (과거에 창출된 총량을 뜻하는) '저량stock'과 (그다음 기간에 창출된 추가 통화 물량인) '유량flow'의 비율을 따질 때 가장 정확하게 파악할 수 있다. 대표적인 사례가 금이다. 캐기 어렵지만 절대 부식되지 않는 금은 그 견고함 때문에 수많은 화폐 시스템의 근간이 되었다. 금의 사용은 문명의 발달과도 같았다. 반면 견고하지 않은 화폐를 사용한 경우 "문명이 쇠퇴하며 사회 붕괴와 때를 같이한 사례가 수없이 많았다".

로마 공화정 시기, 율리우스 카이사르의 지시로 금 8그램을 함유한 '아우레우스aureus' 화폐가 제작되었다. 하지만 로마 제국 시기, 네로 황제 재위 기간(54~68년)에는 그보다 금 함량을 줄인 화폐 변조coin clipping가 성행하며 국고를 흥청망청 낭비한 통치자들의 부담을 줄여주었다. 디오클레티아누스 황제 재위 기간(284~305년)에 이르면 금 함량이 4.5그램에 불과한 '솔디우스 soldius'가 유통되었다. 걷잡을 수 없는 인플레이션 상황에 이르렀고, 생필품의 가격을 억제하려는 시도가 있었다. 물가 상승, 부패, 투기 때문에 폭동이 일어났다. 군대를 유지할 여력이 없었던 로마 제국은 결국 476년 붕괴했다.

세율이 인상되고 인플레이션이 심해지자 돈 있는 사람들은 시골로 피신하여 자급자족용 농장을 지었다. 강력한 화폐제도를 토대로 한때 유럽 전역에서 정교한 무역 시스템과 특화된 시스템을 유지하던 로마 제국은 농민이 현지의 영주를 섬기는 봉건제로 점점 와해되어 갔다. 영주만 금화를 손에 넣을 수 있었고, 그 덕분에 오랫동안 재산을 유지할 수 있었다. 나머지 사람들은 캐기 쉽고 저량의 비율이 유량에 비해 매우 낮아서 가치가 유지되기 어려운 동화만 사용할 수 있었다. 화폐 기준이 사라진 상황에서 무역은 어려워지고, 한때 교역 중심의 사회였던 유럽 대륙은 편협하고 폐쇄적이며 종교에만 치중하는 곳으로 바뀌었다.

아모스는 유럽을 암흑기에서 건져낸 것이 도시국가였다고 분석한다. 도시국가의 출현은 강력한 화폐 덕분이었다. 피렌체의 플로린은 카이사르의 아우레우스 이래 유럽 최초의 주요 화폐로, 유럽 전역에서 표준 화폐로 사용되며 상업을 촉진시켰다. 베네치아는 이를 본떠서 플로린과 금속 함유량이 비슷한 두카트를 주조했다. 시민들은 시간이 흘러도 화폐 가치가 크게 변화하지 않으며 다른 화폐로 교환하거나 유럽 다른 지역에서 물건을 살 때 자기 지역의 화폐를 사용할 수 있다는 인식하에 부를 축적해 나갔다.

시간을 빨리 돌려 유럽 전역이 동일한 금본위제를 채택했던 때로 가보자. 1871년부터 1914년까지 이어진 이 시기는 벨 에 포크Belle Époque[1]로 불릴 만큼 비교적 평화롭고 부유하며 기술이 진보하고 예술이 발달했다. 자유무역이 급속도고 확대되고, 민간 저축이 쌓이면서 산업과 도시에 막대한 자본이 투자되었다. 프랑스의 프랑, 독일의 마르크, 영국의 파운드 스털링을 비롯한 다양한 금화가 탄생했다. 지폐와 어음도 이러한 금화를 기준으로 발행되었다.

이 시기 금본위제는 정부가 실질적인 금 보유량을 초과하는 수준으로 지폐 발행량을 늘릴 수 있다는 문제가 있었다. 정부 입장에서 금은 지출을 억제하는 구속 장치처럼 보였다. 그러나 각국은 (제1차 세계대전이 발발했을 때) 이 같은 제약에서 벗어나기 위해 금본위제를 이탈하기 시작한 이후에도 금 비축을 멈추지 않았다. 그 이유는 무엇일까? 정부가 금본위제를 이탈하여 명목 화폐(전적으로 정부에 의해 창출되는 화폐)를 받아들였다고 해도, 견고한 화폐가 실제로 존재한다는 암묵적인 인식이 있었기 때문이다.

💲   **미래의 이익이 더 중요하다**

루트비히 폰 미제스는 견고한 화폐를 자유시장(사람들)이 승인하고 소유자가 정부의 압수나 간섭 없이 관리할 수 있는 화폐로 정의했다. 반대로 정부가 창출하고 통제하는 화폐는 언제든 가치가 떨어져 소유자가 손해를 볼 수 있다고 보았다.

견고한 화폐는 제 가치를 유지하기 때문에 소유자들이 몇 년 후의 소비와 투자까지 계획할 수 있다. 이들은 좀 더 장기적인 기간을 염두에 두며, '시차 선호'가 낮다. 시차 선호란 '미래의 이익에 비해 현재의 이익을 더 좋아하는 것'을 뜻한다. 시차 선호가 낮은 사람은 현재 자신에게 필요한 것보다 미래에 자신에게 필요한 것을 우선시한다. 낮은 시차 선호는 문명 출현의 필수 요건이다. 시차 선호가 높은 사람은 인플레이션 때문에 화폐 가치가 떨어진다는 사실을 인식하고는 지금 가진 돈을 어떻게든 사용하려고 한다.

케인스는 저축이 대단한 미덕이던 빅토리아 시대의 영국의 낮은 시차 선호를 부정적으로 평가했다. 지출을 포함한 '총수요'만이 경제에서 중요하다고 보았기 때문이다. 이런 케인스의 주장은 자본주의가 낭비를 초래한다는 오해를 낳았다. 아모스는 자본주의가 자본 '축적'이라는 사실을 일깨워준다. 그에 따르면 자본 축적은 미래를 대비한 투자를 위해 즉각적인 충족을 미루는 행위에서 비롯된다. 소비는 번영의 원인이 아니라 장기간에 걸친 지연 소비deferred consumption의 결과일 뿐이다.

아모스는 '예술 융성'이라는 소제목이 달린 대목에서 시차 선호가 문화에 끼친 영향을 고찰한다. 르네상스 시대의 부유한 가문은 예술품이나 건축물을 의뢰해놓고 기꺼이 수십 년을 기다렸다. 그 시대 예술가들은 제작에 착수하기 전에 오랜 훈련을 거쳐야 했다. 아모스는 이와 대조적으로 현대의 예술이 대부분 '영리'하거나 재치 있을 뿐이라고 불평한다. 그는 "바흐가 작곡한 브란덴부르크 합주곡의 돈줄은 견고한 화폐였던 반면에 '마일리 사이러스의 트워크 춤'의 돈줄은 취약한 화폐였다"고 지적한다.

💲   **화폐와 국가, 최악의 관계**

현시대는 중앙은행 총재들이 경제처럼 복잡한 것을 '관리'하거나 '통제'할 수 있다는 자만에 빠져들면서 견고한 화폐체제로부터 이탈하고 말았다. 중앙은행식 관리의 주요 수단은 금리다. 폰미제스에 따르면 정부가 금리를 인위적으로 낮게 유지하고 화폐 가치를 '하찮은' 수준으로 떨어뜨릴 때 경제와 사회 전반에서 '과오투자malinvestment'[2]가 이루어진다고 한다.

정부가 금리를 조작하면 물가가 왜곡된다. 물가 신호가 더 이상 작동하지 않으면 공급 부족이나 과잉 공급이 발생한다. 금리 조절은 현재 우리가 당연시하는 식의 경기 호황과 불황 주기를 만들어낸다.

케인스는 경기 호황과 침체가 인간의 '야성적 충동' 때문이라는 불가사의한 해석을 내놓았다. 하지만 아모스는 중앙은행의 금리 조작 때문이라고 주장한다. 금리가 인하되면 자산 가격이 상승해 호황이 찾아오고, 금리가 인상되면 자산 가격이 하락해 불황이 닥친다는 것이다.

아모스의 주장에 따르면 경기 호황과 불황을 유발하는 요소는 자본주의가 아니라 정부의 개입이다. 근대 최고의 번영기인 19세기 후반에는 각국에 중앙은행이 존재하지 않거나 중앙은행의 권한이 지금처럼 막강하지 않았다. 경기 호황과 불황이 발생하긴 했지만, 시장이 곧바로 자율적인 정화 기능을 발휘했다.

아모스는 케인스식 정책, 명목 화폐, 전쟁 사이에 연관성이 있다고 말한다. 기이하게도 군비 지출이 총수요로 잡히는 탓이다. 20세기가 '역사상 가장 치명적인 시대'인 것은 견고하지 못한 불건전 화폐 때문이다. 스탈린, 마오쩌둥, 폴 포트, 김정일을 비롯한 독재자들은 불건전 화폐체제를 토대로 활약했다. 불건전 화폐는 독재자들에게 잔악한 정권 유지를 위한 백지 수표 역할을 한다. 건전 화폐체제에 있는 국가는 전쟁에 지출할 수 있는 자금에 한계가 있다(국고의 돈만 지출할 수 있고 화폐를 '찍어낼' 수는 없다).
따라서 더 평화로운 세상이 가능하다.

국가는 교육제도를 통제하는 만큼 국민에게 경제학의 법칙을
이해 못 해도 되며, 지출이 이롭다는 의식을 주입한다. 아모스는
이러한 패러다임이 "정부의 권력을 찬양하고 전체주의적인 통
제를 가하는 사람들에게 하늘이 내린 선물"이라고 지적한다.

1984년, 하이에크는 다음과 같이 주장했다.

나는 우리가 정부의 손에서 빼앗지 못하는 한 결코 제대로 된 화
폐를 가질 수 없다고 생각한다. 즉, 정부로부터 화폐를 강제로 빼
앗을 수 없기에 우리가 할 수 있는 일이라고는 다소 교활하고 우
회적인 방법으로 정부가 통제하지 못하는 화폐를 도입하는 것뿐
이다.

이는 이로부터 25년 후 탄생한 비트코인을 연상시킨다.

❺   **성공한 후에 쏟아진 비난**

건전 화폐의 구성 요소는 시간의 흐름에 따라 변화하며, 기술 현
황에 따라 달라지기도 한다. 아날로그 시대에는 금이 최고의 화
폐 형태였을지 몰라도, 금전적 가치가 대부분 디지털 방식으로
전송되는 현시대에는 그렇지 않다.

아모스가 이 책을 집필할 당시 유통 중이던 전체 비트코인의 총가치는 미국 달러화로 환산하면 1천억 달러에 못 미쳤다. 현재는 그 가치가 7천억 달러를 넘어섰다. 금 대신 비트코인을 선택한 사람이 늘어남에 따라 금값이 더 이상 오르지 않은 것으로 보인다. 2025년에 이르면 비트코인의 저량/유량 비율이 금의 저량/유량 비율보다 두 배 더 높아질 것으로 추정된다. 시간이 흐를수록 비트코인이 금보다 더 적합한 가치 저장 수단이 되리란 이야기다.

반대 진영에서는 변동성을 이유로 비트코인이 건전 화폐가 될 수 없다고 지적한다. 다른 원자재의 경우에는 수요 증대가 공급 증대로 이어지면서 물가가 안정되지만, 공급량이 고정된 비트코인에는 이러한 완화 효과가 적용되지 않는다는 것이다. 어찌 되었든 비트코인의 시가 총액이 증가할수록 그 변동성은 줄어들 가능성이 크다.

비트코인은 범죄자들이 정부의 힘이 닿지 않는 영역에서 부를 유통하고 저장하게 돕는다는 이유로 비난을 받는다. 그렇지만 익명으로 이뤄진 거래라도 추적은 가능하다. 게다가 비트코인뿐만 아니라 법정 화폐 역시 불법 취득 수익 은닉에 쓰이기도 한다. 비트코인은 다른 화폐와 마찬가지로 중립적이며, 좋은 일에도 나쁜 일에도 사용될 수 있다. 어쨌든 비트코인은 분산 네트워크에서 채굴되고 거래되므로 완전히 금지하기가 어려운 화폐다.

따라서 시민에게 비트코인을 토대로 한 혁신 기술을 개발하도록 허용하는 편이 정부 입장에서는 이득이다. 산업화가 그러했듯이 비트코인 기반의 혁신은 각국에 전략적으로 중요한 역할을 하게 될 것이다.

⑤ 화폐와 자유

아모스는 제임스 데일 데이비슨James Dale Davidson과 윌리엄 리스 모그William Rees-Mogg가 함께 쓴《주체적 개인Sovereign Individual》에 나오는 내용을 인용해 현대 민족국가가 중세 교회와 매우 흡사하다고 주장한다. 붕괴할 시기가 머지않았다는 뜻이다. 인쇄술과 문해율이 교회 권력을 타파했듯이 "디지털 혁명으로 민족국가는 시민에 대한 권력을 잃을 것이고 … 개인은 유례없는 권한과 주체성을 누리며 자기 삶을 살아가게 될 것이다".

비트코인은 중앙 집권적인 화폐제도를 운영하며 케인스주의 경제학이 장악한 민족국가의 대안을 상징한다. '우연히 자기 영토에서 태어난 생산적 개인을 착취함으로써 존속하는 현대 국가의 해악을 간단하게 바로잡을 수 있는 기술'로 국가 경제처럼 복잡한 시스템을 제어할 수 있다는 정부의 자만심이 과대망상임을 폭로한다.

아모스는 지적한다. "오늘날 모든 국가의 정부가 1930년대와 같은 이유로 케인스주의 경제학을 추앙한다. 정부가 더 많은 권한과 돈을 확보하는 데 필요한 궤변과 구실을 제공하기 때문이다." 정부는 폭력에 대한 보호와 재산권을 보장하는 법제도를 제공하는 본연의 역할에서 벗어나 '소원을 빌면 들어주는 정령'이 되었다. 불건전 화폐에 힘입은 바가 크다. 돈을 찍어낼 수 있기에 "정부는 국민에게 청구서를 들이밀 필요 없이 호응을 얻을 만한 목표를 달성함으로써 충성심과 인기를 살 수 있다"는 말이다. 그렇다면 네로나 디오클레티아누스 시대와 크게 다를 게 있을까.

그렇지만 시간이 흐름에 따라 채무 때문에 경제적 자유가 줄어들고 있으며, 국가를 유지하기 위해 생산적 주체에 세금을 매기는 식의 자유 억압 조치도 증가하고 있다. 화폐는 자유를 지키는 수단으로 여겨지지만, 불건전 화폐는 정반대로 자유를 앗아간다.

이러한 상황에서 비트코인은 '절제'를 북돋운다. 수많은 사람이 순전히 돈을 벌고 싶어서 비트코인에 이끌렸다가 국가와 개인의 관계며 화폐 고유의 본질을 터득하는 중이다. 비트코인은 "인간이 주도하는 화폐정책을 그보다 우월하고 완전한 예측이 가능한 알고리즘으로 대체한다". 실수하기 쉬운 중앙은행 관계자, 근시안적인 정치인, 편협한 경제학자 자리를 수학이 차지하고 있는 셈이다.

비트코인 '강경파'는 결국 모든 정부가 노선을 수정해 비트코인을 도입할 수밖에 없으리라 믿는다. 그렇게 되면 새로운 문명과 평화의 시대가 올 것이라고 주장한다. 비트코인이 매우 합리적이란 사실을 떼놓고 본다면 이념의 투영처럼 보이는 주장이다.

함께 읽으면 좋은 책 리아콰트 아메드의 《금융의 제왕》, 프리드리히 A. 하이에크의 〈사회지식의 활용The Use of Knowledge in Society〉, 루트비히 폰 미제스의 《인간 행동 Human Action》, 머레이 N. 라스바드의 《국가의 해부》

사이페딘 아모스 더 알아보기

1980년 팔레스타인에서 태어나 팔레스타인의 임시 행정 수도인 라말라에서 자랐다. 2003년에 레바논의 베이루트아메리칸대학교 기계공학과를 졸업하고 베이루트에서 기자로 일하다가 2004년에 런던정치경제대학교에 입학, 개발학으로 석사학위를 받았다. 계속해서 동 대학교에서 지속 가능한 개발을 주제로 석사 과정을 밟던 중 미국으로 이주했다.

2007년 컬럼비아대학교에 입학, 에너지와 환경 측면에서의 생체 연료 정책을 주제로 박사과정을 밟았다. 그의 박사 지도 위원회에는 《달러를 왜 비트코인을 싫어하는가》의 서문을 써준 세계적 명사 나심 니콜라스 탈레브도 포함되어 있었다.

2011년부터 베이루트아메리칸대학교에서 경제학 교수로 일하고 있으며, 컬럼비아대학교에서도 강의하고 있다. 2021년 명목 화폐를 심충적으로 탐구한 《명목 화폐의 표준: 인류 문명의 채무 노예제 대안Fiat Standard: the Debt Slavery Alternative to Human Civilization》라는 두 번째 책을 출간했다.

Book 03

기업가 정신에 대한
진지한 경제학적 연구

윌리엄 보몰의
《혁신적인 기업가
정신의 미시 이론》

윌리엄 J. 보몰 William J. Baumol

현대 미국의 경제학자로 경제학 분야 지식 교류 촉진 협력체인 IDEAS/RePEc에서 꼽은 세계에서 가장 영향력 있는 경제학자 중 한 명이다. 80권이 넘는 저서와 수백 편의 칼럼을 남긴 다작 작가이기도 하다. 2003년과 2014년에 노벨경제학상 후보로 거론되었다. 그의 기업가 정신 이론은 경제학에 유용한 공헌을 했다고 평가받는다.

조지 W. 부시가 미국 대통령이던 시절, 당시 그는 영국 총리인 토니 블레어에게 의미심장한 말을 했다. "프랑스인의 문제는 기업가entrepreneur라는 단어를 쓰지 않는다는 것입니다."

대체 무슨 뜻일까? 우선 기업가라는 단어의 탄생부터 살펴보자. 영어로 된 초기 경제학 저서를 보면 어떤 제품이나 서비스를 시장에 내놓기 위해 위험을 감수하는 이들을 가리켜 '모험가adventurer' 또는 '실행자undertaker'라고 했다. 이를 프랑스의 경제학자인 리샤르 캉티용_{Richard Cantillon}이 번역하는 과정에서 entrepreneur라는 단어를 만들어냈다. 직역하자면 '창업가'에 가깝지만 그 속뜻은 모험가와 실행자의 면모를 모두 담고 있다. 캉티용은 기업가를 도전적이고 모험적인 성향으로 정의했다. 장 바티스트 세도 생산자 사슬에서 기업가를 언급했는데, 생산자 사슬이란 원자재의 쓰임새를 발견하고 발명품을 내놓는 과학자, 이를 유용한 제품이나 서비스로 전환하는 기업가, 이를 완제품을 제조하는 근로자로 이루어진다. 여기에서 기업가 정신이 유래되었다.

이때까지만 해도 기업가 정신이 언급만 되었을 뿐 이론으로까지는 정립되지 않았다. 그러다가 20세기 들어 조지프 슘페터가 기업가 정신에 대한 명확한 개념을 최초로 제시하면서, 기업가 이론의 제1주자로 부상했다. 슘페터는 기업가란 혁신의 주체며, 이러한 혁신을 이끄는 기업가 정신이 자본주의를 이끄는 힘이라고 주장했다. 하지만 윌리엄 보몰이 보기에는 슘페터의 이론도 뭔가 부족했다. 결국 그는 1968년《아메리칸 이코노믹 리뷰》에 실린 기념비적인 논문 〈경제학 이론의 기업가 정신 Entrepreneurship in Economic Theory〉에서 주류 경제학이 기업가 정신을 무시하고 넘어간다는 불만을 토로하기에 이르렀다. 그는 기업가 정신을 염두에 두지 않고는 시대별, 지역별로 경제적 성과가 천양지차인 까닭이 무엇인지 규명할 수 없다고 지적했다.

중국과 미국을 보자. 과거 중국은 관료를 최고로 여겼기에 발명에 뛰어난 재능을 보이는 인재들이 공업과 상업 대신 관직을 택했다. 하지만 오늘날 중국은 달라졌다. 과거의 종이나 화약 같은 위대한 첨단 기술은 더 이상 발명하지 못했지만, 기업가 정신이 성장의 원동력임을 인정한 까닭에 경제 대국으로 발돋움했다. 미국은 전통적으로 발명가와 혁신가를 우대해왔다. 그것이 미국의 성장 동력이었다.

2010년에 출간된 《혁신적인 기업가 정신의 미시 이론The Microtheory of Innovative Entrepreneurship》은 보몰이 수십 년에 걸쳐 연구한 기업가 정신의 경제 이론을 집대성한 책으로, 그동안 주류 경제학에서 외면당한 기업가 정신을 진지하게 다루고 있다. 이는 경제학적으로도 매우 의미 있는 작업으로 "새로운 종류의 미시 이론 토대를 마련했다"는 평가를 받았다.

⑤   **기업가는 다르다**

보몰은 기업가와 경영인manager을 구분 짓는다. 경영인은 기존 절차를 좀 더 효율적인 형태로 만들고 기업이 생산력을 온전히 발휘하도록 감독하는 역할을 한다. 경영인은 경험과 분석, 판단이 상당 수준이지만 새로운 것을 내놓는 일은 거의 없다. 경영인의 업무는 점진적으로 이루어진다.

보몰은 기업가도 두 가지 유형으로 구분한다. 흔히 기업가는 사업을 시작하는 사람으로 정의되지만, 이미 수행 중인 사업에 착수하는 사람들도 기업가로 불린다. 보몰은 후자의 유형을 '모방형replicative' 기업가라 하는데, 그가 보다 큰 흥미를 가지는 유형은 슘페터가 찬양한 '혁신 기업가'다. 공식적인 지위와 상관없이 시장 선도를 한다면 혁신 기업가로 불릴 자격이 있다. 경제에 '혁명적인 성장'을 담당할 수 있는 사람도 혁신 기업가뿐이다. 보몰은 발명품 공급자도 혁신 기업가로 본다. 발명가는 대부분 어떻게 자신의 아이디어나 제품을 폭넓게 활용할 수 있을지까지는 알지 못한다. 이에 기회를 포착하고 시장에 상품을 내놓는 데 시간이 걸린다. 대표적인 사례가 맥도날드 형제다. 이들은 완벽한 시스템(한정된 메뉴, 빠른 서비스, 청결)을 고안했지만, 정작 이 시스템을 미국 전역으로 확산한 사람은 레이 크록이었다.

전통적인 기업 이론은 무미건조한 의사결정 과정을 상정했다. 산출과 이윤의 극대화를 꾀하는 '극단적인 자동화 신봉가automation maximalizer'가 이 과정에 개입한다. 보몰은 그러면서 "슬기로운 전략과 기발한 계획, 멋진 혁신 기술, 카리스마 같은 탁월한 기업가 정신을 구성하는 요소 대부분이 완전히 배제된다"고 지적했다.

경제학 이론에서는 토지, 노동력, 자본에 이어 기업가 정신을 네 번째 '생산 요소'로 본다. 하지만 개인의 '머리'에서 창출되기 때문에, 다른 생산 요소와 달리 일반적인 방식으로는 기업가 행위를 측정하고 계량화하기 어렵다. 따라서 기업가 정신은 경제학 연구에서 배제되었다. 게다가 주류 경제학은 변화의 가능성을 최소화하거나 원천 차단하는 균형 모형을 선호하는 경향이 있다. 기업가의 존재 가치는 기존 산업에서 틈을 찾아내고 활용함으로써 그 균형을 '뒤엎는' 데 있다. 기업가는 변화를 꾀한다. 따라서 기업가 행위는 대개 기업 설립에 '선행'하며, 이 경우 기업 이론이 무의미해진다. 이 역시 주류 경제학이 기업가 정신을 간과하는 이유다.

⑤ 　　　　　　　　**기업가 정신과 혁신 그리고 국가의 부**

전통적인 경제학은 성장을 저해하는 '시장 실패' 요소에 초점을 둔다. 독점, 부정적인 외부 효과(환경 오염 및 지구 온난화 등), 열악한 공공시설 등이 포함된다. 그러나 다양한 연구를 통해 이 같은 비효율적인 요소가 경제 성장에 미치는 영향은 미미하며, 완전 경쟁 상태를 만들기 위해 이런 요소를 제거해도 GDP가 기껏해야 1퍼센트 정도 증가한다는 결론이 도출되고 있다. 보몰에 따르면 효율성 확보와 시장 실패 요소의 수정만으로는 1900년부터 2000년까지의 어마어마한 국민 소득 성장(예를 들어 미국, 일본, 독일이 각각 583퍼센트, 1653퍼센트, 528퍼센트 성장한 현상)이 이루어지지 못했을 것이라고 한다. 보몰은 기업가에 의한 생산적 혁신이야말로 분명 소득 성장의 주요 원인이라고 주장한다. 생산적 혁신이 삶의 모든 측면에서 복지를 증진했다는 것이다(예를 들어 기대 수명이 두 배로 늘어나고, 기근과 빈곤이 퇴치되었다).

슘페터는 대기업이 혁신 기능을 장악하고 혁신을 일상 업무로 전환하는 추세 때문에 기업가 혼자 혁신을 이루는 시대는 끝나간다고 생각했다. 보몰은 대기업은 혁신 초기 단계에서 힘을 쓰지 못한다면서 슘페터의 생각에 이의를 제기한다. 일반적으로 혁신 초기 단계는 끝을 가늠할 수 없는 창의력, 맹목적인 믿음, 얼핏 유망하지 않은 아이디어에 비이성적으로 낭비되는 시간 등을 특징으로 한다.

보몰은 항공기, FM 라디오, 개인용 컴퓨터, 헬리콥터, 심장 박동기와 같이 '우리 경제에서 엄청나게 중요한 역할을 하는' 발명품이 소규모 혁신가의 작품이라고 이야기한다. 미국 중소기업청 Small Business Administration은 2003년에 진행한 연구에서 대기업 특허보다는 중소기업 특허가 시장에 혁신을 몰고 올 "상위 1퍼센트의 혁신 기술에 포함될 가능성이 더 크다"는 결과를 내놓았다. 사실 중소기업은 사회 발전에 도움이 되는 혁신의 대부분을 고안해내지만, 그 혁신을 사회 전반에 보급할 자원을 지니지 못한 경우가 많다. 그러므로 대기업이 중소기업의 혁신 아이디어를 사들이거나 사용권을 확보한 다음에 그러한 아이디어를 상용화와 유통에 적합한 형태로 개발하는 경향이 있다.

보몰에 따르면, 정부는 혁신 창출에 중요한 역할을 담당한다.

소극적 측면으로는 재산권 보호, 계약의 강제성, 특허 보호, 새로운 기업의 설립을 저해하지 않는 법규 제정과 같은 역할이 필요하다. 적극적 측면으로는 기본적인 연구에 대한 재정 지원이 요구된다. 민간 부분에만 맡겨두면 이루어질 수 없는 일이다.

⑤ 생산적인 기업가 정신, 비생산적인 기업가 정신

슘페터는 기업가 정신이 기술 혁신에 국한되지 않고 다음을 포함한다고 주장했다.

· 신제품 도입 또는 새로운 품질 기준 도입
· 기존 제품에 대한 새로운 생산 기법 도입
· 신시장 개척
· 원자재나 반제품의 신규 공급원 확보
· 독점 창출이나 기존 독점 해체를 통한 산업 구조 개편

보몰은 1990년 〈생산적·비생산적·파괴적 기업가 정신Entre-preneurship: Productive, Unproductive, Destructive〉이라는 논문에서 '기업가가 이러한 행위의 특정 조합에 집중하거나 가장 가능성이 커 보이는 한 가지 행위를 선택하는 데에는 무엇이 작용하는가?'라는 질문을 던졌다. 보몰은 기업가 정신이 어떠한 형태를 취하느냐에 관심을 가졌다. 그에 따르면 기업가 정신은 건설적인 형

태로든 혁신적인 형태로든 경제를 망가뜨리는 형태로든 사회에 늘 존재하며 그 형태는 '게임의 법칙'에 따라 달라진다. 다시 말해 사회가 잠재적인 기업가에게 제공하는 보상, 유인, 이익의 체계가 기업가 정신의 유형을 결정짓는다.

보몰은 기업가가 단순히 '자신의 재산과 권력, 명예를 증대할 방법을 찾는 일에만 기발하고 창의적인 사람'으로 인식되는 사회에서는 기업가의 사회 기여도가 높지 않을 가능성이 크다고 분석한다. 이러한 사회에서는 기업가가 남들보다 앞서 임대료를 뜯어낼 기회를 만들어낸다거나 범죄 네트워크를 구축하는 식의 '비생산적 기업가' 행위에 관여할 수 있기 때문이다.

기업가와 사회 모두에 득이 되지만 법규 또는 사회적 낙인 때문에 실행되지 못하는 A 행위가 있다면, 당연하게도 기업가는 사회적 위신을 유지하고 법을 위반하지 않기 위해 사회에 덜 유익하더라도 B 행위에 노력을 집중한다. 자원이 B로 전환됨에 따라 사회는 손실을 입는다. 단순히 그 기업가의 행동에 그치지 않고 차세대 기업가 전체가 그의 선례를 따르거나 기업가로서의 행위를 완전히 중단하기 때문이다.

이 같은 '게임의 법칙'은 시간과 지역에 따라 천차만별이며, 완전히 다른 결과를 불러올 수 있다. 보몰은 깨지지 않는 유리를 발명한 후 이를 티베리우스 황제에게 바친 로마인 이야기를 소개한다. 이 로마인의 목은 발명품 헌상 직후 잘리어 땅바닥에 나뒹

굴었다. 이 발명품이 '금값을 떨어뜨린다'는 이유였다. 아무리 사회에 큰 이득이 되더라도 그 전파가 통치자의 기분에 따라 좌우된다면 혁신을 일으킬 동기가 부족해진다.

중세 중국에서는 높은 사회적 지위를 얻으려면 과거 시험을 봐야 했다. 사회적 보상은 공업과 상업에 종사하는 혁신가가 아니라 시험을 통과한 사대부들에게 주어졌다. 따라서 우수한 인재라도 백성을 강제로 소작 붙이는 지주로 변질될 공산이 컸다. 중국은 1280년까지 종이, 수차, 정교한 물시계, 화약을 발명했으나 국가에 비하면 개인의 법적 권한이 약했다. 따라서 개인 기업이나 기업가 정신이 출현할 여지가 부족했다. 관리들은 민간의 벼락부자라면 무조건 적대시했고, 이런 상황에서 이들이 재산이나 발명품을 몰수당해도 저지할 수단이 없었다. 상행위가 천대받았을 뿐만 아니라 소작료 걷기에 방해가 될 만한 사업은 탄압당했다. 관리들은 국가 수입을 늘리기 위해 혁신 기술을 국가 소유로 만들어버렸다.

중세 초기, 프랑스 파리의 센강 유역에는 물방앗간이 68개 있었다. 여기에서 맥주용 곡물 사료 갈기부터 무기 제련까지 온갖 작업이 이루어졌다. 그러다 14세기에 들어서면서 상황이 바뀌었다. 왜일까? 기온이 떨어지고 흑사병이 창궐했으며 100년 전쟁이 발발했기 때문이다. 더하여 가톨릭교회는 새로운 아이디어와 과학적 사고방식을 탄압했다. 즉, 생산적인 혁신에 대한 의욕이 꺾인 것이다.

산업혁명이 일어나고, 자유시장의 신조와 아이디어에 대한 열린 태도가 자리 잡은 다음에야 사업하는 사람들에게 부의 축적이 허용되었다. 보몰은 기업가 정신이 존경의 대상이 됨에 따라 엄청난 경제 성장이 이루어졌다는 사실에 주목하며, 이것이야말로 "기업가 정신의 확산이 경제의 활성과 혁신성에 실질적인 영향을 끼친다는 확실한 증거"라고 주장한다. 혁신과 기업가 정신은 언제든 억압받을 수 있으며, 게임의 법칙은 권력에 유리한 방향으로 순식간에 바뀔 수 있다. 보몰에 따르면 역사상 가장 급격한 성장은 자유시장 경제체제에서 나타났으며, 이는 절대 우연이 아니다.

자유시장 경제체제가 어떻게 다른 형태의 경제체제보다 훨씬 더 큰 성장을 이루어냈을까? 이를 규명하고자 하는 것이 보몰의 '경합 가능 시장' 이론이다. 자유시장 경제체제에서는 완전 경쟁 상태가 아니라 해도(예를 들어 시장이 소수 기업이 장악한 과점 상태라 해도), 진입과 이탈 장벽이 너무 높지 않고 잠재적인 진입자가 최신 기술을 입수하더라도 생산성 증진과 소비자 물가 하락 측면에서 유익한 성과를 거둘 수 있다. "과점 기업의 중요한 무기는 물가가 아니라 발명으로서, 발명이야말로 과점 기업의 생사를 판가름한다"며 보몰은 그 이유를 인터뷰에서 밝혔다. "발명 경쟁은 과점 기업이 각각 새로운 시도를 하고 다른 기업이 자사보다 앞서 혁신하지 못하도록 저지하는 원동력이 된다."

혁신이 늘 좋은 결과만 가져오는 것은 아니다. 경제 성장으로 인한 소비 촉진이 환경에 끼친 영향을 생각해보라. 전통적인 경제학은 이 같은 실패에 초점을 맞추지만, 보몰은 혁신을 통해 이 문제 또한 해결할 수 있다고 본다. 기술 혁신 덕분에 고래기름 대신에 원유가 전 세계 에너지 자원으로 사용되었듯이, 새로운 에너지 기술로 이윤을 창출하려는 기업가들 덕분에 세계가 차츰 더 청정해질 가능성이 크다고 그는 주장한다.

함께읽으면좋은책 게리 베커의 《인적 자본》, 피터 F. 드러커의 《미래사회를 이끌어가는 기업가 정신》, 로버트 J. 고든의 《미국의 성장은 끝났는가》, 디드러 낸슨 매클로스키의 《부르주아의 평등Bourgeois Equality》, 조지프 슘페터의 《자본주의 사회주의 민주주의》

윌리엄 J. 보몰 더 알아보기

1922년 미국 뉴욕 사우스 브롱크스에서 동유럽 이민자 출신 부모 밑에서 태어났다. 1942년 뉴욕시립대학교를 졸업했으며, 졸업 이후 미국 농무부에서 근무하다 제2차 세계대전 당시 미 육군으로 프랑스에서 복무했다. 1947년 런던정치경제대학교에 입학, 박사과정을 밟았다. 1949년 박사학위 취득 후 프린스턴대학교에 교수로 임용되어 43년간 경제학을 가르쳤다. 2017년 세상을 떠날 때까지 뉴욕대학교의 기업가정신 교수를 지냈다.

Book 04

인간에 대한 투자가
가장 큰 배당 수익을 낸다

게리 베커의
《인적 자본》

게리 베커 Gary Becker

현대 미국의 경제학자로 밀턴 프리드먼의 제자이며 자유시장 경제 원칙을 강조한 시카고학파의 대부다. 인간은 비용과 편익에 따라 이익을 극대화하는 방향으로 움직인다는 경제학적 사고를 기반으로 사회학적 영역인 결혼, 출산, 범죄, 인종 차별 등을 설명해 경제학의 범위를 넓혔다는 평가를 받고 있다. 1992년 노벨경제학상을 수상했으며, 2007년 미국 대통령으로부터 자유 훈장을 받았다.

현대 시장 경제체제에서는 물적 자원만큼이나 '인적 자본'도 중요하다. 인적 자본이란 인간의 지식, 기술, 경험, 창의성 등의 능력을 경제적으로 가치 있는 자본으로 파악하는 개념으로 1950년대 말 미국의 경제학자이자 시어도어 슐츠로부터 비롯되었다. 하지만 이 말이 지금과 같은 경제 용어로 자리 잡은 것은 게리 베커가 1964년에 출간한《인적 자본Human Capital》덕분이다.

베커는 인간의 모든 행위에 경제학적 분석을 시도했다. 이혼

해야 할 이유는 무엇일까? 백인 근로자만 고용하면 회사가 어려워질까? 벌금을 감수하고서라도 불법 주차를 할까? 내가 어린 자식들에게 시간과 돈을 투자하면 나중에 자식들이 늙은 나를 돌봐줄까? 이 같은 범상치 않은 질문들로 베커는 결혼, 인종 차별, 범죄, 가족 관계 등을 경제학적으로 연구했다. 베커의 이러한 통찰은 노벨경제학상 수상으로 이어졌고, 경제학뿐만 아니라 다른 사회과학 분야는 물론이고 말콤 글래드웰과 같은 유명 대중 작가에게도 큰 영향을 끼쳤다.

그중 베커가 가장 주목한 것은 교육이었다. 대학에 진학하지 않아서 절약되는 비용과 대학에 진학할 때의 시간 대비 이득을 따지는, 비용의 편인 분석이 과연 의미가 있을지 궁금해했다.

1950~1960년대에는 시카고대학교의 경제학자들이 선도하는 교육경제학이 인기를 끌었고, 심지어 하나의 유행 현상이 되기까지 했다. 1993년 미 대선 당시 빌 클린턴 후보와 조지 부시 후보 둘 다 '인적 자본 투자'를 내세웠고, 대학 교육과 직장 내 훈련에 대해 떠들어댔다. 논란의 여지가 있었지만 '인적 자본'은 이제 누구나 아는 용어가 되었고, 경제 성장의 수수께끼를 푸는 열쇠로 간주된다.

1970년대 대졸자들의 소득 성장이 둔화됐을 때만 해도 '너무 많은 교육을 받은 미국인'에 대한 논의가 활발했다. 하지만 1980년대 들어서 대졸자들의 소득 수준이 그 어느 때보다 높은 수준을 기록하자 상황이 달라졌다. 오늘날 대학 교육의 이득은 더욱 크다. 2014년에 워싱턴경제정책연구소가 미국 노동부 데이터를 분석한 결과 4년제 대학 학위를 받은 미국인의 시간당 임금은 학위가 없는 미국인보다 98퍼센트나 더 높았다. 1980년대 초반만 해도 대졸자의 시간당 임금 프리미엄은 64퍼센트에 불과했는데 말이다.

베커는 제2차 세계대전 종식 이후 한국과 일본이 거둔 경제적 성과를 보라고 지적한다. 한국과 일본은 천연자원이 부족해 원자재와 에너지를 수입해야 했지만, 교육과 인재 훈련, 기술에 엄청나게 투자한 덕에 눈부신 성공을 거두었다. 가속화되는 '지식 근로자' 시대에는 인적 자본이 더욱 큰 역량을 발휘할 것이고, 기업들도 이에 발맞추어 인적 자본 투자를 강화하고 있다. 이를 감안한다면 가장 훌륭한 투자는 인간에 대한 투자이지 않을까.

💲 인적 자본이란

《인적 자본》은 "모든 자본 가운데 가장 귀중한 것은 인간에 투자된 자본이다"라는 말로 시작한다. 앨프레드 마셜의 《경제학 원리》에 나오는 말이다. 하지만 베커의 지적대로 '인적 자본'이란 개념을 탐탁지 않게 여기는 사람들도 있다. 인간이 노예나 기계도 아닌데 어떻게 교육과 기량에 따라 경제학적 가치를 어떻게 매길 수 있느냐는 것이다.

베커는 노벨경제학상 수상 기념 연설에서 "1950~1960년대에는 학교 교육을 문화적 체험이 아닌 투자로 간주하는 접근법이 냉혹하고도 편협한 방식으로 간주되었다"라고 말했다. '내가 남들보다 인적 자원이 풍부하다고 해서(즉, 더 많은 교육과 훈련을 받고 사회성 등의 기량을 더 많이 쌓았다고 해서) 자본가가 근로자를 착취하듯이 남을 착취해도 되는 걸까?', '인적 자본을 풍부하게 보유한 계층과 그렇지 못한 계층 간에 갈등이 유발되지 않을까' 하는 의문을 제기한 것이다.

베커 입장에서는 다행하게도 대부분의 사람이 '인적 자본'이란 말을 단순히 사람한테 투자한다는 뜻으로 이해했다. 사람에 대한 투자에는 학교 교육, 컴퓨터 강좌 및 자기계발 강좌 개설, 의료비 지원 등 소득 증대나 건강 증진, 생활 수준 향상에 기여하는 모든 행위가 포함된다. 인적 자본은 개인에게 영구적으로 귀속되고 운이 따르면 일생에 걸쳐 성장한다는 점에서 은행 예금이나 주식, 철강공장 등과는 다르다.

⑤   **대학 진학의 편익**

베커가 《인적 자본》 초판을 집필하던 당시(3판까지 나왔다) 경제학계에서는 소득 성장의 실질적 원인이 물적 자본의 증가가 아니라는 인식에 동의하고 있었다. 다시 말해, 소득은 기계와 토지에 대한 투자보다 더 빠르게 늘고 있었다. 이러한 격차를 가장 명확히 설명해주는 요소가 교육이었다. 고등 교육을 받은 사람은 문제를 다른 시각에서 조명할 수 있고 자원을 제대로 활용할 수 있을 뿐만 아니라 실제로 새로운 자원을 창출할 수 있다.

베커는 개인의 소득과 교육 사이에 어떠한 연결고리가 있는지 알아내기 위해 인구 조사 보고서를 검토했다. 그 결과, 백인 남성이 대학 교육을 받을 때 얻는 재정적 수익률이 (학비 공제 후) 11~13퍼센트라는 사실을 밝혀냈다.

대학 교육은 과거 흑인 남성에 비해 더 많은 기회가 열린 백인 남성에게 더 큰 이득이 되었다. 1950년대에 흑인 남성의 대학 입학률이 크게 증가함에 따라 흑인 남성도 분명 혜택을 입었으며, 더 많은 기회가 열리자 더 많은 흑인 남성이 대학에 진학했다. 이들은 더 이상 성직자나 법조인의 길만을 택하지 않았다. 주류 직업 시장에 진출할 수 있게 된 것이다.

1940년 이후 대졸자의 숫자가 증가했지만, 연구 개발과 군사 기술, 서비스에 많은 지출이 이루어짐에 따라 대졸자에 대한 수요는 더욱 급증했다. 사회 관습이 변화하면서 남성이 더 이상 의료계, 법조계, 경영계를 장악하지 않는 풍조가 형성되자 여성의 교육 투자도 '그만한 가치'를 발휘하게 되었다.

베커는 대학 교육의 이득이 명확할 때는 대학 진학자가 증가하는 반면, 불투명할 때는 줄어든다고 분석했다. 대한 진학 붐은 고졸자가 대학에 가야만 보다 쉽게 성공할 수 있다는 사실을 본능적으로 깨달았기 때문이라는 것이다.

대졸자가 고용주에게 한층 더 가치 있는 까닭은 정확히 무엇일까? 베커는 대학 교육이 지식과 기술뿐 아니라 '문제 분석 방법'을 제공하기 때문이라고 주장한다. 문제 분석 능력은 중요하며 유용하게 써먹을 수 있는 자원이다. 반대로 대학 교육이 순전히 고용주가 우수한 인재를 가려내는 데 드는 시간을 줄여주기 때문이라는 시각도 있다. 이러한 시각에 따르면 대졸자의 소득이 더 높은 까닭은 '대학 교육으로 생산성이 개선되기 때문이 아니라 이미 생산성이 높은 학생들이 대학에 진학하기 때문'이다.

애초에 생산성이 뛰어난 학생들이 대학에 진학한다는 주장이 사실이라고 해도 대학 교육으로 이들의 생산성과 지식, 기량, 판단력이 더 향상된다는 것만큼은 분명하다. 모두 고용주들이 필요로 하는 능력이며, 특히 기술 발달 시대에 더 큰 주목받는 자질들이다.

❺   시간의 흐름에 따른 인적 자본의 가치

베커의 고찰 가운데 하나는 인적 자본의 투자 수익률이 다른 자본 유형과는 달리 시간이 흐름에 따라 증가한다는 것이다. 이를테면 대학 교육으로 보상을 얻을 수 있는 기간은 매우 길어질 수 있으므로 초기 투자는 헐값이나 다름없어진다. 수명이 증가할수록 더욱 그렇다.

베커는 교육 투자가 다른 투자보다 더 우월한 효과를 내는지, 아니면 더 못한 효과를 내는지도 분석했다. 대학 교육이라는 투자에는 상당한 리스크가 따른다(경제에서는 예기치 못한 일이 발생할 수 있으며, 특히 우리의 건강이 나빠지거나 기량과 지식이 쓸모없는 구식이 될 수도 있다). 게다가 (교육을 개인과 분리하여 판매하는 것은 불가능하므로) 대학 교육은 유동성이 없는 투자다. 따라서 리스크가 있는 비유동적인 투자와 비교해야 적절한 답을 얻을 수 있다.

베커는 제조 자본에 대한 장기 투자가 (베커가 대학 교육의 투자 수익률로 도출한 11~13퍼센트보다 한참 낮은) 7퍼센트대의 평균 수익률을 낸다는 조지 스티글러의 연구 결과를 언급한다. 상속 재산으로는 집이나 공장 같은 자본을 구매하기가 어렵기 때문에 대신 (교육과 훈련 같은 형태로) 인적 자본에 투입한다는 것이다.

인적 자본이 다른 자산보다 더 큰 수익을 낸다는 사실을 직감하기 때문에 먼저 인적 자본에 투자하는 경향이 있다는 이야기다. 대학 졸업의 결과물인 좋은 직장은 수십 년간 돈벌이의 수단이 되어줄 뿐만 아니라 정신적 만족감을 비롯한 여러 혜택을 안겨준다. 자가 주택을 마련하고 주식 투자를 하며 연금을 적립할 수 있는 수입도 제공한다.

그러나 교육이나 훈련에 투자되는 실질적 화폐 자본은 총투자의 일부에 불과하다. 총투자의 대부분은 교육이나 훈련에 들어가는 시간의 기회비용이 차지한다. 교육의 양이 증가할수록 개인의 시간이 지닌 가치는 상승한다. 따라서 그 이상의 교육을 받느라 비용을 들이는 행위는 경제성 측면에서 타당하지 않을 가능성이 있다. 인적 자본 투자 결정에서 중요한 요소는 돈이 아니라 그만한 시간을 들일 가치가 있는지의 여부다. 고등학교 졸업과 학사학위 취득은 좋은 직장을 얻기 위한 필요 요소겠지만 5년을 더 들여 박사학위를 받는 것이 근로소득을 포기할 정도의 가치가 있을까?

베커는 "추가 교육의 한계 가치와 한계 편익은 교육이 한 단위씩 추가될 때마다 감소한다"고 설명한다. 특히 박사학위까지 받고 나면 직장생활을 할 수 있는 기간이 얼마 되지 않는단 현실 인식에 감소 폭은 더욱 커진다. 베커는 사람들이 당연히 이러한 계산을 하게 마련이며, 대부분 제대로 된 선택을 한다고 본다.

베커는 대학 교육이 강력한 타당성을 지니는 것은 개인의 소득 데이터와 GDP 데이터를 통해 대학 교육의 긍정적 효과가 드러나기 때문이라고 조심스레 말한다. 그는 대학 등록금이 터무니없는 수준으로 치솟는다거나 직장 내 교육이 학사학위보다 더 큰 가치를 인정받는 등 대학 교육의 이득이 더 이상 명확히 드러나지 않으면 사람들은 인적 자본에 대한 투자를 합리적으로 재분배하게 마련이라고 지적한다. 이러한 진단은 현재 미국을 비롯한 여러 국가에서 대학 교육 비용이 치솟음에 따라 일어나고 있는 논의를 예측한 셈이 되었다.

애덤 스미스는《국부론》에서 "가장 판이한 인물들, 예를 들어 철학자와 거리의 평범한 짐꾼의 차이는 천성보다는 습관, 관습, 교육에서 비롯된다"고 말했다. 모든 사람에게 인적 자본을 발휘할 수 있는 잠재력이 동일하게 내재되어 있다는 것이다. 베커의 생각도 이와 비슷하다. 그렇다고 해서 같은 양의 교육을 받고도 남들보다 더 큰 효과를 거두고, 그 결과 더 많은 소득을 얻는 사람이 있다는 사실을 애써 숨기지 않는다.

학교 교육의 품질이 균일하지 않은 곳(예를 들어 인종별로 교육이 나뉘었던 미국 남부)에서는 매우 불평등한 소득 분포가 나타난다. 교육이 주는 이득이 시간이 흐를수록 증가하기 때문이다. 이와 대조적으로 (스위스처럼) 거의 모든 학생이 비슷한 수준의 공립학교에 다니는 곳에서는 소득 평등도가 높게 나타난다.

베커는 환경의 차이가 교육 기회를 결정 짓는 주요한 요소라는 사실도 인정하며, 더 나아가 그러한 격차를 바꿀 수 있다고 본다. 그의 시각에서 불평등 비판론자들이 소득 불평등보다 기회의 불평등에 초점을 맞추는 것은 적절하다.

함께 읽으면 좋은 책 함께 읽으면 좋은 책: 스티브 레빗과 스티븐 더브너의《괴짜 경제학》, 소스타인 베블런의《유한계급론》

$ㅣ. 게리 베커 더 알아보기

1930년 미국 펜실베이니아에서 태어나 뉴욕 브루클린에서 자랐다. 1951년 프린스턴대학교 경제학과를 졸업한 후에 1955년 시카고대학교에서 박사학위를 받았다. 박사학위 논문 주제는 '인종 차별의 경제학'이었다. 그의 지도 교수 중에는 밀턴 프리드먼과 조지 스티글러가 있었는데, 프리드먼을 "내 인생 가장 위대한 선생님"이라고 불렀다. 박사학위 취득 후 시카고대학교에서 조교수로 일하며 연구를 하다가 1957년 컬럼비아대학교 교수로 자리를 옮겼다. 1970년에 시카고대학교로 복귀, 2014년 세상을 떠날 때까지 적을 두었다.

1967년에 중요한 업적을 세운 40세 미만 경제학자에게 주는 존 베이츠 클라크 메달을 받았으며, 1992년 노벨경제학상을 수상했다. 2000년에는 미국 과학 훈장을 받았고, 2004년에는 수학자 존 폰 노이만의 이름을 딴 폰 노이만상을 수상했으며, 2007년에는 미국 대통령으로부터 미국 최고 시민상인 자유 훈장을 받았다. 1985년부터 2004년까지 경제지 《비즈니스위크》에 칼럼을 기고했으며, 대니얼 카너먼, 스티븐 레빗과 함께 컨설팅 회사인 TGG 그룹을 설립하기도 했다.

주요 논문으로는 〈시간 배분의 이론A Theory of the Allocation of Time〉, 〈범죄와 처벌에 대한 경제학적 접근Crime and Punishment: an Economic Approach〉, 〈결혼 이론A Theory of Marriage〉, 〈인적 자본, 노력, 노동의 성적 분업Human Capital, Effort, and the Sexual Division of Labor〉 등이 있으며 저서로는 《차별의 경제학The Economics of Discrimination》, 《가족론A Treatise on the Family》, 역사학자인 아내 구이티 나샤트Guity Nashat와 함께 쓴 《생활의 경제학The Economics of Life》 등이 있다.

Book 05

우리가 아는 자본주의는 '진짜' 자본주의가 맞을까?

장하준의 《그들이 말하지 않는 23가지》

장하준 Chang Ha-Joon

한국 출신의 경제학자로 영국 케임브리지대학교 경제학과 교수다. 신고전학파에 반대하는 비주류 경제학자며, 영국에서 활동하는 학자답게 모든 논문과 저작을 영어로 집필한다. 2003년 《사다리 걷어차기》로 뮈르달상을 수상하고, 2005년 레온티에프상 최연소 수상자가 되면서 세계적인 명성을 얻었다. 2014년 영국의 정치 평론지 《프로스펙트PROSPECT》가 매년 선정하는 '올해의 사상가 50인' 중 9위에 올랐다.

이념으로부터 사실을 분리하는 것만큼 학문의 발전에 중요한 것은 없다. 그런데 숫자를 기반으로 하는 학문치고는 놀라우리만큼 경제학 종사자 중에는 이데올로기 신봉자들이 많다. 특히 자유시장 자본주의는 효율적이고 정의롭다는 신념을 가진 사람들이 많다. 국민과 기업이 자기 뜻에 따라 자원을 최적의 방식으로 배분하기에 효율적이며, 생산적인 사람일수록 더욱 풍족하게 살 수 있는 조건을 제공하므로 정의롭다는 것이다.

이러한 신념으로 말미암아 국유 및 공공 기업의 민영화, 금융 및 산업의 규제 완화, 무역 자유화, 소득세 인하, 복지 지출의 삭감 등이 이루어졌다. 이 같은 정책에 따라 전반적으로 일부 집단이 '조정'되는 결과가 나타났지만, 결과적으로 모두에게 혜택이 돌아간다는 주장에 우리는 그러려니 해왔다.

장하준 교수는 실제로 이와 정반대의 상황이 일어났다고 지적한다. 이 같은 정책을 도입한 부자 나라가 대부분 불평등의 확대, 성장 둔화, 정치·경제의 불안정성 등을 경험했다는 것이다. 개발도상국의 경우는 더 심각하다.

장하준은 세계 금융 위기 직후인 2011년에 이를 겨냥한 저서를 내놓았다. 바로《그들이 말하지 않는 23가지》다. 장하준은 이 책을 통해 지난 30여 년간 세계를 지배해온 자유시장 자본주의가 과연 자본주의체제를 지탱하는 유일한 최선의 방법인지 진단하며 더 나은 자본주의로 나아갈 수 있는 방향을 제시한다. 사실 알고 보면 대다수 국가가 프리드먼 같은 자유시장 경제학자들이 사회주의정책으로 간주하는 산업 보호, 외국인 직접 투자 제한, 국유 기업 운영 등을 통해 경제적 독립으로 향하는 길에 올라서지 않았는가.

장하준은 역사적 사실과 주변 사례 23가지로 우리가 지금껏 알고 있던 자유주의 경제체제의 이면을 짚어내며, 지금의 잘못된 자본주의가 아닌 '진짜' 자본주의에 대해 이야기한다. 따라서

자신의 책이 '반자본주의 선언서'가 아니라고 주장한다. 그는 이
윤 추구가 주는 동기의 힘을 믿으며, 시장이 사회적·경제적 목
표 달성에 '극도의 효율'을 발휘하는 기관이라고 본다. 하지만 자
유시장 자본주의란 이념은 자본주의의 한 형태일 뿐이고 지난
30년간 자유시장 자본주의가 성장을 저해하고, 불평등을 확대했
으며, 금융 붕괴의 빈도를 늘렸다는 증거가 충분하다고도 역설
한다. 이에 자유시장주의가 그동안 끼친 폐해를 바로 잡기 위해
서는 "정부가 한층 더 커지고 적극적으로 행동해야 한다"는 놀라
운 결론을 도출하며 스칸디나비아 국가를 그 모델로 제시한다.

장하준에 따르면 큰 성공을 거둔 국가와 정부, 기업의 경우에
는 자본주의를 대하는 태도가 전통적인 관점과는 미묘하게 다
르다. 이념적이기보다 실용적이다. 그는 인간과 기업을 이기심
으로만 움직이는 존재로 간주하는 모든 경제 이론이 장기적으로
더 성공적인 사회가 이룩되는 데 기여하는 신뢰, 협동, 정직, 연
대 의식의 중요성을 놓치고 있다고 지적한다. '시장 국가'에서 살
고 싶은가, 아니면 시장이 존재하는 국가의 시민이 되고 싶은가?
그것이 이 책을 관통하는 질문이다.

⑤   시장은 '자유'롭거나 '자연'스럽지 않다

장하준은 '자유' 시장 같은 것은 없다고 단언한다. 모든 시장은 인
위적으로 창출되며 규칙과 조건이 따라붙는다. 시장을 구성하는

요소는 항상 '정치'적으로 규정된다. 더욱이 정부 개입에 반대하는 사람들은 대부분 시장을 자기에게 유리한 방향으로 왜곡하려는 은밀한 동기를 숨기고 있다.

1819년 영국은 면화공장규제법Cotton Factory Regulation Act 을 도입했다. 어린이 노동자의 노동 시간을 하루 12시간 이내로 제한하고, 9세 이하는 공장에서 일하는 것을 금지하는 법안이었다. 그러자 극심한 반대가 잇따랐다. 해당 법이 계약의 자유와 노동의 자유에 위배된다는 것이었다. 물론 현재는 그러한 보호 조치가 당연시되며 시장 지형의 한 부분으로 간주된다.

장하준은 "오랜 기간에 걸쳐 '자유'시장 규정에 필요한 요소를 결정하는 주체는 우리 시민"이라고 주장한다. 그는 자유시장이 자연적으로 생겨나며 사회나 정부의 영향을 받지 않는다는 생각이 허구라고 본다. 장하준에 따르면, 시장은 시간이 흐름에 따라 겉으로 드러나지 않게 된 규칙으로 채워져 있다.

증권 거래소의 경우 까다로운 규제를 받으며, 대다수 나라에서 생산물 배상 책임, 제품 표시, 사업장 관련 토지 이용 제한 등과 같은 상거래 관련 규제를 광범위하게 시행해왔다. 임금도 시장에서 결정된다는 통념과 달리 실제적으로는 정치적으로 결정된다. 고전파 경제학에서는 시장의 자금 수요에 따라 금리가 오르내린다고 보지만, 실제로는 정치적 창조물인 중앙은행이 금리를 결정한다. 이처럼 임금, 금리, 더 나아가 가격도 상당 부분 정치적 요소에 따라 결정된다면, 우리가 자유시장 경제체제에서 살고 있다는 생각은 허구에 지나지 않게 된다.

⑤   자유시장정책으로 빈국이 부국이 될 수는 없다

영국 최초의 산업인 모직물 제조는 대표적인 '유치산업'으로 저지대 국가²의 기술을 본뜨면서 시작되었다. 18세기에 모직물 산업이 발돋움할 수 있었던 까닭은 순전히 수입품에 대한 보호 관세와 정부 보조금 덕분이었다. 산업 성장기인 1720~1850년대에만 해도 영국은 가장 강력한 보호주의 국가였다. 영국은 자국 산업이 세계를 제패한 1860년대에 이르러야 자유무역주의를 택했다.

19세기의 미국 역시 수입 관세가 40~55퍼센트에 달할 정도로 강력한 보호주의 국가였다. '노예 노동에 의존하던 2류 농업 국가가 세계 최고의 산업 강국으로 탈바꿈'한 데에는 강력한 산업 보호 조치가 있었기 때문이라는 것이 장하준의 주장이다.

현대 중국은 수십 년간 강력한 보호주의를 유지해왔음에도 경제 초강대국이 되었다. 아직도 외국인 투자와 국경 간 자본 이동을 상당 부분 제한하는 조치가 시행 중이며, 대기업은 대부분 국가 소유다. 일본의 자동차 산업 성장에는 40년간의 보호주의와 정부 보조금이 주효했다고 장하준은 말한다.

학계의 권위자들은 그러한 조치가 실수이며, 자유시장정책으로 전환할 때만이 각국이 발전을 이룰 수 있다고 주장하지만 이러한 주장은 영국, 미국, 중국, 일본의 경우에는 들어맞지 않는다. 그러니 오늘날의 개발도상국이 자유시장정책을 도입해야 할 필요가 있을까? 장하준은 개발도상국의 경제 성적이 더 좋았던 시기(즉, 꾸준한 성장과 고용이 지속되던 시기)는 시장 주도의 개혁이 아니라 국가 주도의 개발이 이루어진 때라는 놀라운 사실을 밝혀냈다.

사하라 이남의 아프리카 국가들은 신자유주의적인 '구조 조정'이 진행 중이던 1980년부터 2009년까지 1인당 소득 기준으로 0.2퍼센트에 불과한 누적 성장률을 보였다. 이와 대조적으로 그 이전 시기인 1960~1970년대에는 1인당 소득 기준으로 누적 성장률이 1.6퍼센트였다. 중남미는 1960~1970년대에 3.1퍼센트의 성장률을 보였으나, 1980~2009년에는 1.1퍼센트에 불과했다.

개발도상국이 유치산업을 보호하는 조치는 합당하다. 어느 나라나 개발 초기 단계에는 기반 시설이 취약하고 시장이 작아 발전이 더딜 수 있기 때문이다. 게다가 탄탄한 민간 기업이 아직 없으므로 정부가 산업을 개시하고 대규모로 자본을 투입해야 할 때가 많다. 그런데 선진국이 개발도상국에게 원조와 차관을 제공할 때에는 보호주의정책을 철폐하라고 요구한다. 요는 '내 행동은 기대하지 말고 내 말만 따라서 하라'는 것이다.

요즘과 같은 지식 기반 사회에서 제조업은 더 이상 과거만큼 중요하지 않다는 생각이 널리 퍼져 있다. 개발도상국도 발전하기 위해서는 제조업을 건너뛰고 서비스 기반의 경제로 직진해야 한다는 것이다. 인도가 제조업을 포기하고 중국이 '세계의 공장'이 되었듯이 '세계의 사무실'로 변모해야 한다는 주장이 한 예다.

하지만 장하준은 제조업 없이는 본격적인 서비스 경제를 개발하기 어렵다고 지적한다. 서비스 소비자는 대부분 서비스가 창출된 지역에 산다(머리를 다듬으러 해외에 가는 사람은 없지 않은가). 따라서 수출 범위가 좁다. 게다가 수출 소득 없이는 외국에서 기술을 사올 수도 없다. 결국 제조업이 서비스 산업보다 생산성 향상 여지가 훨씬 높다.

그럼에도 여전히 많은 사람이 탈산업화가 바람직하다고 믿는다. 실제로 (중국 같은 나라에서 저비용으로 이뤄지는) 실물 제조업이 금융, 컨설팅, 연구 개발, 디자인, 연산 서비스 등의 고급 서비스 사업으로 대체되고 있는 조짐이 보인다. 그렇지만 영국의 경우 그러한 고급 서비스 산업 수출로 발생하는 무역 흑자가 GDP의 4퍼센트에도 미치지 못한다. 미국의 서비스 산업 무역 흑자는 GDP의 1퍼센트에 불과하다. 두 국가 모두 서비스 산업 무역 흑자로는 4퍼센트에 이르는 공산품 무역 적자를 메우기 부족한 수준이다. 장하준은 세이셸처럼 관광에 의존하는 극소수 지역을 제외하면 "서비스 산업에만 매달려서 괜찮은 생활 수준을 유지하는 나라는 지금까지도 없었고 앞으로도 존재하지 않을 것"이라고 단언한다.

💲   정부의 판단력이 기업보다 나을 때가 많다
자유시장 이론에서는 정부가 신생 산업을 지원할 능력이 부족하다고 본다. 그러나 장하준은 정부가 유망 산업을 성공적으로 골라낸 사례가 많고, 그중 경이로운 성공을 거둔 것도 있다고 말한다. 물론 저소득 국가의 수많은 고속도로, 제철소, 번드르르한 시설물 등이 '하얀 코끼리white elephant'⁴로 판명된 것은 사실이다. 하지만 국가 산업 경제 구축이라는 목표 달성에 기여한 국가 사업도 많았다.

한국 정부는 1970~1990년대에 민간 기업의 신사업 진출을 독려했다. 이때 높은 수입 관세나 보조금 등의 장려책을 제시하면서도 국유 은행의 대출 제공을 중단하겠다는 위협도 가했다. LG그룹은 섬유업에 진출하고 싶었지만 정부의 강요로 전선업에 진출해야 했다. 이 같은 개입으로 탄생한 전선 회사는 현재 세계적으로 유명한 LG전자의 모태가 되었다. 박정희 대통령은 현대그룹에 조선업에 진출할 것을 요구했다. 그렇게 해서 탄생한 현대조선은 현재 세계 최대 규모의 조선 회사로 손꼽히는 현대중공업이 되었다. 자유시장 이론대로라면 이 같은 일들은 절대

일어날 수 없다. (시장에 밀착된) 기업은 투자처 결정에 최적화되어 있는 반면에 정부는 그렇지 못하니까 말이다.

대부분의 자본주의 국가에서 정부는 경제 '계획'을 세우는 주체로 간주되지 않는다. 그러나 자본주의체제에서도 국가는 특정 경제 분야에서 큰 역할을 담당한다. 선진국 정부가 직간접적으로 지원하는 연구 개발 비용이 전체의 20~50퍼센트를 차지한다. 더욱이 자유시장주의자들이라면 인정하고 싶지 않겠지만, 미국이 기술적으로 주도하는 분야는 대부분 미 정부의 넉넉한 연구 개발 지원과 군비 지출에 힘입은 바가 크다. 싱가포르의 경우 잘 나가는 국유 기업이 GDP에서 차지하는 비중이 20퍼센트에 이른다. 프랑스 정부는 여전히 '전략' 산업의 지분을 상당량 소유하고 있다. 전략 산업은 기술 매입이나 개발을 위해 주기적인 자본 투입과 많은 인력 고용이 필요한 분야다.

장하준은 정부가 유망 산업 선택에 실패한 사례도 많다는 사실을 부정하진 않는다. 그렇다고 정부가 유망 산업을 제대로 골라낸 사례가 많은 것과 민간 기업이 돌이킬 수 없는 실수를 많이 저질렀다는 사실이 없어지지는 않는다고 말한다. 그가 강조하는 바는 "정부는 악하고 기업은 선하다"고 주장하는 자유시장 이념 때문에 국가가 경제 발전에 유리한 여러 선택지를 외면할 수도 있다는 것이다.

⑤   규제는 우리를 우리 자신으로부터 보호한다

20세기 가장 위대한 사상가로 꼽히는 허버트 사이먼은 조직에 대한 통찰을 제시하며 개인의 합리성에 한계가 있다는 사실을 일깨워줬다. 인간은 불확실성과 복잡성에 직면하면 데이터를 신속하게 처리하여 최적의 해결책을 내놓는 컴퓨터처럼 행동하지 않는다. 대신 움츠러들고 자발적으로 선택의 폭을 줄인다. 이는 영리한 행동이며, 정부의 금융 규제 모형의 바탕이 된다.

2008년 금융 위기 직후 당시 연준 의장이던 그린스펀은 의회 청문회에서 "은행을 비롯한 기업 조직의 이기심이 … 주주와 기업 자본금의 보호에 최선의 방책이 되리라는 내 추측이 실수였다"고 인정했다. 가장 똑똑하다고 여겨지는 사람들도 자기가 하는 일을 정확히 이해하지 못하는 마당에 우리가 이기심을 통해 최적의 결과를 낼 수 있다고 믿을 이유가 있을까?

장하준은 규제가 통하는 까닭이 정부가 더 많은 정보를 알고 있는 척해서가 아니라, 사이먼의 이론대로 정부가 '알려지지 않은 미지수unknown unknowns'를 줄이기 때문이라고 지적한다. 여기서 미지수란 결과를 생각지 않고 이기심을 추구하는 개인이나 기업 때문에 발생하는 경제 위기다.

금융 상품에 대한 엄격한 규제나 금지가 지나친 간섭처럼 보일 수는 있다. 하지만 의약품, 자동차 안전, 항공 안전, 전자제품 등에는 정부가 늘 그러한 조치를 적용해오지 않았던가. 국가가

번영하려면 기업과 기반 시설에 꾸준한 투자가 이루어져야 한다. 오늘날 금융계의 단기 이익 추구는 그처럼 인내심 있는 투자 행위를 방해하고 있다.

⑤   교육은 답이 아니다

선진국에는 다른 나라에 비해 교육받은 사람이 많다. 그런데 선진국이 잘사는 이유가 단순히 국민의 높은 교육 수준 때문일까? 오늘날 같은 '지식 경제' 시대에도 그 상관관계를 입증할 근거는 놀라울 만큼 부족하다. 장하준은 교육이 동아시아 국가들이 이룬 경제 기적의 비결이 아니라고 말한다. 이를테면 대만은 문맹률이 더 낮던 필리핀보다 훨씬 더 빨리 발전했다. 스위스는 부자 나라지만, 선진국 중 대학 진학률이 가장 낮다.

장하준에 따르면, 높은 교육 수준이 실생활에서는 아무런 '쓸모'가 없으며 실용적으로 보이는 물리나 수학 같은 과목도 직장에서 그리 많이 활용되지 못하는 것이 현실이라고 한다. 그는 직장 내 교육이 한층 더 중요하다고 하면서도 직장 내 교육을 시행하는 기존 기업이 드물고, 이를 뒷받침할 법규와 제도가 마련되어 있지 않으면 경제 성장으로 이어지기가 어렵다고 본다. 그보다는 '기술적·조직적·제도적 지식의 구사 능력'과 국민이 '생산성이 뛰어난 기업'의 일원으로 조직화되어 있는지의 여부가 국가의 부와 발전을 결정짓는다고 설명한다.

함께읽으면좋은책 존 메이너드 케인스의《고용, 이자, 화폐에 관한 일반 이론》, 나오미 클라인의《자본주의는 어떻게 재난을 먹고 괴물이 되는가》, 카를 마르크스의《자본론》, 하이먼 민스키의《불안정한 경제의 안정화》, 토마 피케티의《21세기 자본》, 칼 폴라니의《거대한 전환》, 대니 로드릭의《자본주의 새 판 짜기》

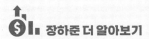

장하준 더 알아보기

1963년 서울에서 태어났다. 1982년 제1회 학력고사에서 차석을 차지하고 서울대학교 경제학과에 입학했다. 1991년 케임브리지대학교에서 산업정책으로 박사학위를 받았다. 그 전해인 1990년에 한국인 최초로 케임브리지대학교에 임용되어 현재까지 교수로 재직 중이다. 워싱턴에 있는 미국 경제정책연구소의 선임 연구원이기도 하다. 다수의 UN 산하 조직, 세계은행, 아시아개발은행 등 세계 기구를 비롯해 영국, 캐나다, 남아프리카 공화국, 에콰도르, 베네수엘라, 멕시코, 인도네시아, 싱가포르 등 각국 정부 기관에 자문을 해왔다. 그 영향으로 에콰도르의 라파엘 코레아 대통령은 재임 시절 경제 성장을 달성하며 사회 복지 지출을 늘렸다.

저서로는《장하준의 경제학 강의》,《나쁜 사마리아인들》,《사다리 걷어차기》(1995) 등이 있다.

Book 06

거래 비용 개념을
경제학에 도입한 혁명적인 책

로널드 코스의
《기업과 시장
그리고 법률》

로널드 해리 코스Ronald Harry Coase

20세기 영국의 경제학자. '거래 비용' 개념을 도입해 기업의 존재 이유를 설명한 것으
로 유명하다. 민간 경제의 주체들이 자원 배분 과정에서 아무런 비용을 치르지 않고 협
상할 수 있다면 정부 개입이 불필요하다는 '코스의 정리'로 1991년 노벨경제학상을 수
상했다. 이 이론으로부터 제도를 개인의 무한한 이기적 행동에 제약을 가하는 것으로
인식하는 신제도학파가 유래했다.

로널드 코스만큼 세상에 큰 영향을 끼친 경제학자도 없다. 그는
경제학에서 가장 많이 인용되고 가장 영향력 있는 논문을 두 편
이나 발표했다. 하나는 겨우 스물여섯에 발표한 〈기업의 본질〉
(1937)이고, 다른 하나는 쉰에 발표한 〈사회적 비용의 문제점〉
(1960)이다. 그의 논문은 모두 짧으며 수학적 내용을 담고 있지
않아 일반인도 쉽게 이해할 수 있다. 그는 경제학의 모든 가설에
거리낌 없이 의문을 제기했으며, 경제학이 수학으로 변신하려고

기를 쓰는 현상에 우려를 표했다.

코스는 조지 스티글러가 그의 이름을 따서 붙인 '코스의 정리 Coase Theorem'로 유명하다. 이 이론으로 여든이던 1991년 노벨 경제학상을 수상했다. 코스의 정리에 따르면, 시장 시스템에서 재산권은 매우 중요한 역할을 하며 재산을 어떤 용도로 활용할 지 최종적으로 결정하는 주체는 시장이다. 그는 사회적 자원을 최적으로 분배하는 것은 과세나 보조금 같은 복잡한 공식이나 정치인 또는 판사의 지혜보다는 기업 간이나 개인 간의 협상을 통해서 가능하다고 주장한다.

실제로 코스의 정리는 "거래 비용이 0일 때는 협상을 통해 부를 극대화하는 합의가 이루어진다"는 내용을 골자로 하며, 부의 창 출 과정에 정부가 필요하지 않다고 본다. 코스가 말한 협상의 대 표적인 사례로는 호주 북부의 광산업체와 원주민 공동체의 타결 을 들 수 있다. 그 지역의 본래 소유주인 원주민들은 광산 이용을 허락하는 대가로 사용료, 일자리, 훈련 기회, 기반 시설을 얻었다.

코스는 경제학에 '제도적'으로 접근했다. 개인과 기업의 실패 는 기존의 법적·정치적 환경 때문이다. 그는 규제와 법원 판결 을 '거래 비용'으로 간주했고, 경제를 이해하고 경제 잠재력을 파 악하는 방법은 그러한 거래 비용을 규명하는 것뿐이라고 말했 다. 코스가 전 생애에 걸쳐 내놓은 연구의 일관된 주제도 바로 이 거래 비용이다.

코스는 좌우 어느 진영으로도 치우치지 않았고 특정 이념을 신봉하는 사람도 아니었으나, 이러한 코스의 이론은 1980년대에 일어난 규제 완화 혁명의 도화선이 되었다. 지금까지도 환경 정책을 비롯한 여러 분야에 영향을 미치고 있다.

이러한 코스의 생각과 이론을 제대로 볼 수 있는 책이 바로 1988년에 출간된 《기업과 시장 그리고 법률The Firm, the Market, and the Law》이다. 이 책에는 코스의 가장 중요한 논문과 그 논문에 대한 코스 자신의 고찰이 담겨 있으며, 코스의 이론에 반대하는 사람들에 대한 답변이 포함되어 있다. 간결한 문체와 강력한 논리 구조를 갖추고 있다는 면에서 경제학자의 글이라기보다는 어쩌다 경제활동에 주목하게 된 철학자의 글에 더 가깝다.

❺   **시장의 목적은 무엇일까**

코스는 시장이 교환을 도울 뿐만 아니라 '교환 거래의 실행에 들어가는 비용을 줄이기 위해' 존재한다고 지적했다.

영국에서는 국왕의 승낙을 받은 사람만이 시장을 세우거나 장을 열 수 있었다. 단, 장터의 안전을 위한 경비대를 조직해야 한다는 조건이 붙었다. 오늘날에는 시장의 안전이 법률에 의해 어느 정도 유지된다. 하지만 물건을 안전하게 사고파는 데는 거래 비용이 필요한데, 체계적으로 조직된 시장에서는 거래 비용이 줄어든다.

코스는 완전 시장(이나 그에 가까운 시장)과 완전 경쟁에는 엄격하고 촘촘한 법규가 필요하다고 말한다. 흔히 경제학자들은 규제가 늘어나면 불완전 경쟁이 나타난다고 본다. 그러나 사실 대부분의 규제는 거래 비용 '절감'을 위해 설계되며, 거래 비용의 절감이야말로 시장의 진짜 목적이라는 것이 코스의 생각이다. 애덤 스미스는 경쟁을 제한하는('시장을 좁히는') 것이 판매자에게 이득이 된다고 말했지만, 코스는 시장을 '확대'하는 규제도 판매자에게 유리하다고 보았다.

⑤   **시장이 존재하는 이유는 무엇일까**

제대로 운영되는 시장에 물건을 거래하려는 사람들이 몰려들고, 가격 메커니즘 때문에 시장에 나오는 모든 물건이 그 즉시 적정한 가격에 판매되거나 구매될 때, 사람들이 섬처럼 '작은 계획 사회(small planned society, 기업)'를 구축하고 자체적인 내부 규정을 만들어 시장으로부터 보호받으려는 까닭은 무엇일까? 코스가 보기에, '기업의 존재 이유가 무엇이냐' 하는 질문은 경제학의 가장 근본적인 질문이었다.

전통적인 경제학 이론에서 보는 기업은 단순히 '투입을 산출로 전환하는 조직'일 뿐이며, 시장의 가격 메커니즘을 활용해 생산할 제품과 수량을 결정한다. 그러나 기업 내에서는 가격 메커니즘이 적용되지 않는다. 실제로 코스에 따르면 "기업의 뚜렷한 특징은 가격 메커니즘을 억제하는 것"이라고 한다.

기업이 시장 자체와 시장의 끊임없는 가격 발견 및 가격 책정 행위로부터 어느 정도 거리를 두는 이유는 무엇일까? 공개 시장에서 이뤄지는 거래에는 항상 비용이 든다. 이론적으로는 탈중앙화된 방식으로 계약을 맺은 개인이나 기업가를 통해 생산이 발생한다. 그러나 현실에서는 공개 시장에서 물건을 생산할 때보다 거래 비용을 덜 들이기 위해서 조직(기업)이 발생한다.

코스는 기업이 존재하는 일차적 이유가 사업 비용을 낮추기 위해서라는 사실을 인식했다. 어떤 기업의 거래 비용을 파악하면 그 기업이 (직원 수 측면에서) 얼마나 큰 규모로 성장할지 손쉽게 가늠할 수 있다는 의견을 밝혔다. 그에 따르면, 기업은 '자체' 생산으로도 비용과 시간을 더 이상 절감할 수 없는 지점에 도달하면 생산을 공개 시장에 맡긴다고 한다.

오늘날의 기술 대기업이 놀라운 점 중에 하나가 막대한 시가 총액과, 엄청난 사용자와 고객에 비해 직원 수가 많지 않다는 것이다. 그들은 방대한 사용자 데이터와 피드백을 바탕으로 주력 제품을 정하고 중요한 의사결정을 내린다. 21세기에 들어서 기업의 존재 이유에 대한 코스의 질문은 한층 더 큰 주목을 받고 있다. 현재 기업은 어떤 일을 하고 있을까? 세분화되어 있으며 기술 덕분에 거래 비용이 낮거나 0에 가까운 공개 시장에서 결코 수행할 수 없는 일일 것이다.

⑤ 　　　　　　　　　　　사회적 비용과 사회적 편익은 무엇인가

코스는 영국의 경제학자 아서 세실 피구가 외부 효과라고도 부른 '사회적 비용'에 대해 놀라운 연구 결과를 내놓았다. 그는 이웃한 교외에 매연을 뿜어대는 공장과 같이 '타인에게 유해한 영향을 끼치는 기업의 행위'로 사회적 비용의 문제를 정의했다. 경제학의 통념은 기업의 소유주에게 매연 때문에 발생한 주민의 건강 문제를 책임지게 하거나, 공장의 매연 배출에 대한 세금을 부과해 공동체의 손상된 건강에 대해 간접적인 배상금을 치르게 해야 한다는 것이다. 법률에 따라 사람들이 거주하는 지역 바로 옆에 이 같은 유형의 공장을 짓지 못하도록 금지할 수 있다고도 본다.

　코스가 보기에 이 같은 방식의 사회적 비용 처리에 문제가 있다. 공장이 지역 공동체에 해를 '끼친다'는 것이 잘못된 가정이기 때문이다. 반대로 공장 주변의 주거 지역이 공장 소유주에게, 더 나아가 사회 자체에 해를 끼친다고 말할 수는 없을까? 어쨌든 공장이 필요한 지역에 공장 설립을 허용하지 않는다면 최소한 매연만큼 유해한 사회적 비용은 발생하지 않을까?

　우리는 어딘가에서 제품과 서비스가 생산 중인 사회에 사는 대가를 치러야 한다. 그뿐만 아니라 사람은 누구나 자신의 자산이나 재산을 향유할 수 있는 권리가 있다는 사실을 받아들여야 한다. 코스는 '누군가에게 해를 끼치는 행위를 무조건 반대하는

것'만큼 '반사회적'인 행위도 없다고 지적한다. 그에 따르면 기차역 주변 사는 사람은 어느 정도의 소음과 그을음, 진동을 감수해야 한다. 공항 근처에 집을 산 사람이 소음에 항의해서는 안 되는 것이다.

코스는 하나의 예를 소개한다. 사탕 공장의 소음과 진동이 이웃한 병원의 진료에 영향을 끼친다면, 사탕 공장은 폐업해야 할까? 그래야 할 수도 있다. 그런데 환자를 돌보는 의사의 실력과 사탕 공장의 생산력 중 무엇이 더 중요하다고 똑부러지게 말할 수 있는 사람이 과연 있을까? 사회에는 두 가지 모두 필요하다.

코스는 경제에 문제가 생길 때마다 정부가 나서서 개입해야 한다고 말한 피구를 비판한다. 정부 소유의 기업, 법률, 제도는 대부분 그 자체로 사회적 비용을 유발하지만, 정부 스스로는 그러한 것들이 사회적 편익을 가져다준다고 믿는 경향이 있다. 코스는 일반적으로 규제와 법원의 판결이 국가의 생산 능력에 과도한 비용을 유발하며, 법원은 판결이 경제에 미칠 파장을 내다보지 못한다고 주장한다. 코스가 보기에 법원의 판결은 땅콩을 깨는 망치와도 같다. 기업, 개인, 조직이 자발적인 합의를 통해 자원의 가치를 적절하게 매길 수 있는 상황에서 법정 소송은 높은 거래 비용을 유발하고, 그 결과 경제 생산력은 떨어진다. 그러나 법원이 최종적인 결정권자일 경우에는 정부가 그에 앞서 재산권을 명확히 규정할 책임이 있다.

사회적 비용은 생산의 유해한 부산물일 뿐만 아니라 실직과 임금 하락으로 발생하는 손실이기도 하다. 조세제도가 너무도 완벽하고 판사가 지극히 현명해 비용과 편익을 적재적소에 배분할 가능성은 거의 없다. 그보다는 개별 기업과 그 기업의 생산으로 영향을 받는 주민이나 공동체가 각자에게 발생하는 비용과 편익을 명확히 파악하여 (정부나 법의 테두리 밖에서) 어느 정도의 합의에 도달할 가능성이 더 크다. 그 같은 합의는 모두에게 이득이 되게 마련 마련이고, 더 나아가 공동체나 나라 전체를 더 부유하게 만들 수 있다.

1959년 코스는 법률·경제 전문 학술지 《법 경제학 저널 Journal of Law and Economics》에 〈연방통신위원회Federal Communications Commission〉라는 논문을 실었다. 현재까지도 회자되는 이 논문은 정부 산하 기관인 연방통신위원회가 '공공에 이익'이 된다고 간주하는 기업이나 조직에 주파수를 할당하는 관행을 주제로 삼았다. 코스는 그 과정을 시장에 맡기는 것이 최선이라고 주장했다. 가장 높은 가격을 부른 기업에 주파수를 판매해야 한다는 코스의 주장은 매우 급진적인 것이었다. 따라서 전문가와 방송 관계자, 국회의원들이 반발하고 나서거나 조롱했다. 프리드먼조차도 그의 일부 주장에 이의를 제기했다. 그처럼 확고한 이권은 1990년대에야 꺾였고, 오늘날에는 경쟁 입찰이 주파

수 할당에 가장 적합한 수단으로 간주된다.

코스가 농담 삼아 한 말이 있다. 남은 생애에 필요한 소득을 모두 벌어들일 정도로 번뜩이는 아이디어를 지닌 경제학자만이 제안이나 전망을 통해 연간 1억 달러가 소모되는 정부 사업을 일주일이라도 연기할 수 있다는 것이다.

함께 읽으면 좋은 책 밀턴 프리드먼의 《밀턴 프리드먼 자본주의와 자유》, 앨버트 허시먼의 《떠날 것인가, 남을 것인가》, 엘리너 오스트롬의 《엘리너 오스트롬, 공유의 비극을 넘어》, 마이클 포터의 《국가 경쟁우위》

📈 로널드 코스 더 알아보기

1910년 영국 런던 근교에서 전신기사였던 부모 밑에서 태어났다. 어릴 때 다리가 약했던 관계로 보행 보조 장치를 착용해야 했고, '늦된' 아이들을 위한 현지 학교에 입학했지만, 뛰어난 머리 덕분에 일류 공립학교에 다니게 되었다. 런던정치경제대학교 입학 후 해외 유학 장학금을 받고 미국 시카고대학교에서 공부했다. 미국에서 공부하던 시기 기업과 공장을 찾아다니며 그 조직이 어떤 이유로 탄생했고, 어떻게 구성되었는지 연구했다. 대학 졸업 후 스코틀랜드, 리버풀, 런던 등지에서 가르치는 일을 하다가 제2차 세계대전이 발발하자 영국 정부의 통계 분석 업무에 투입되기도 했다. 이후 런던정치경제대학교로 복귀해 학생들을 가르쳤으며, 영국 우체국 등을 비롯한 공공 기업과 방송 규제를 연구했다.

40대 때 미국으로 이주해 버지니아대학교에 재직했다. 강의가 없을 때는 미국의 연방통신위원회에 대해 연구했다. 1964년에 시카고대학교의 교수가 되었다. 1991년 노벨경제학상을 수상했다. 2012년 중국의 왕닝Wang Ning과 공동으로 《중국은 어떻게 해서 자본주의 국가가 되었나How China Became Capitalist》를 출간했다. 2013년 세상을 떠났다.

Book 07

GDP는 어떻게 경제 성장의 측정 지표가 되었는가

다이앤 코일의 《GDP 사용설명서》

다이앤 코일 Diane Coyle

현대 영국의 경제학자로 현재 케임브리지대학교의 공공정책학과 교수이자 영국 통계청 선임 연구원이다. 경제학의 여러 쟁점을 일반 독자들에게 소개하는 저술 활동을 활발히 펼쳐왔다. 2009년 대영제국 훈장을 받았으며, 2013년 BBC 선정 '100인의 여성'에 들었다. 2017년 동료 교수인 조나단 하스켈과 함께 GDP 연구로 제1회 인디고상을 수상했고, 2018년 다시 한번 대영제국 훈장을 받았다.

GDP는 수십 년에 걸쳐 국가의 경제 성장을 측정하는 표준 지표로 활용되어왔다. 미국 상무부는 GDP를 두고 "20세기 최고의 발명 중 하나"라고 일컫기도 했다. 그리고 이러한 GDP의 역사와 현재, 그리고 앞으로의 과제를 다뤄 화제를 모은 책이 있다. 바로 다이앤 코일의《GPD 사용설명서》다.

2014년에 출간된《GPD 사용설명서》는 출간 즉시 화제를 모으며 그해 최고의 책으로 등극했다. 각종 경제지와 도서 비평 사이트에서 앞다투어 '올해의 책'으로 선정했으며, 2015년 액시엄 비즈니스 북 어워드에서 동메달을 수상했다. 코일은 자신의 저서가 문고판으로도 출간되자 그 서문에서 GDP라는 주제가 그토록 많은 사람의 관심을 끌리라고는 상상하지 못했다고 밝혔다. 하지만 그 사실 자체가 GDP가 많은 비판을 받고 있음에도 여전히 경제력을 나타내는 상징으로 유효함을 인식할 수 있다고 덧붙였다.

코일은 GDP가 가진 한계에 대해 저서의 상당 부분을 할애하고 있다. 그러나 원서의 부제인 '간략하지만 애정을 담아 쓴 역사 A Brief but Affectionate History'에서 볼 수 있듯이 GDP의 긍정적인 면을 강조하기도 한다. 코일은 책을 통해 GDP라는 지표가 경제학의 큰 발전을 입증하는 산물이고, 개선이 가능하며, 사회에 중요한 재화를 공급하는 경제 성장을 측정하는 지표로서 의미를 지닌다고 설명한다.

💲 **통계의 출현**

코일은 GDP가 제2차 세계대전의 산물이지만, 그 기원은 훨씬 더 오래되었다고 말한다. 1660년대에 영국의 관료이자 초기 경제학자였던 윌리엄 페티는 국가의 소득, 지출, 인구, 토지, 자산을 측정하라는 지시를 받았다. 측정 목적은 영국의 세금 수입으로 전쟁 비용을 댈 수 있을지 알아보기 위한 것이었다. 페티의 측정을 통해 국가 통계 시스템이 시작되었다(실제로 영어로 통계를 뜻하는 statistics와 국가를 뜻하는 state는 어원이 같다). 덕분에 영국은 프랑스보다 100년이나 앞서 통계를 수집할 수 있었다.

애덤 스미스는《국부론》(1776)에서 국가가 소유한 물리적 자산에서 채무를 차감하기만 하면 국가 소득을 가늠할 수 있다고 보았다. 스미스는 노동을 생산적 노동(가치 있는 물건을 만들기 때문에 투자로 간주될 수 있는 노동)과 비생산적 노동(하인의 일처럼 주인의 노동을 대신할 뿐 비용만 들고 가치를 만들어내지 못하는 노동)으로 구분했다. 1세기 후에 활동한 앨프레드 마셜은 스미스만큼 깐깐하게 따지지 않고, 서비스 노동도 모두 국가의 소득으로 잡혀야 한다고 주장했다.

1920~1930년대 영국에서는 국가 회계가 그 어느 때보다도 정교하게 발달해 1년에 네 번씩 국가의 수입, 지출, 재정 상황을 포함한 보고서가 나왔다. 대공황이 닥치자 상세한 통계 자료의 필요성이 한층 더 커졌다. 각국 정부가 급변하는 상황에 최선으로 대응할 수 있는 방법을 찾아나섰기 때문이다.

미국에서는 사이먼 쿠즈네츠가 미국 경제조사국National Bureau of Economic Research과 함께 일종의 통계 혁명을 이루어냈다. 루스벨트 대통령은 대공황기의 경제 총생산을 자세하게 파악하고자 했는데, 쿠즈네츠가 낸 첫 번째 보고서를 통해 1929년부터 1932년까지 미국 경제가 반토막 났음을 알게 되었다. 놀랍게도 쿠즈네츠의 보고서는 베스트셀러가 되었고, 그 덕분에 루스벨트 대통령은 미국 경제를 수렁에서 구출하는 데 필요한 대규모 정책 사업을 추진할 수 있었다.

그 당시 청년 경제학자였던 케인스는 영국의 전쟁 준비를 도 와달라는 요청에 새로 출범한 정부 통계 기관과 함께 통계 자료 를 개선하기 시작했다. 코일은 영국이 국가 통계 덕택에 전쟁에 대비하고 승리했다고 해도 과언이 아니라고 말한다. 제2차 세계 대전 이후에는 미국이 국민계정제도System of National Accounts 라는 국제 표준을 개발해 자국의 수입과 지출을 측정했고, 해당 제도는 마셜 플랜[5]의 대상이 된 유럽 각국에 어느 정도 원조가 필요한지 측정하는 일에 도움을 주었다.

전후에 정부 개입 확대를 골자로 하는 케인스주의가 경제학 을 주도하면서 국가 회계는 한층 더 발전해나갔다. 실제로 정부 가 국가에 무슨 일이 일어났는지 현실적으로 파악하고 있으면 경 제 수요를 현명하게 조절할 수 있게 된다. 정교한 계량경제 모형 이 만들어진 덕분에 정책 수립자들은 지출의 증가나 감소가 경제 에 미치는 영향을 가늠할 수 있었다. 이를테면 세금 감면으로 발 생한 여유 자금이 지출될지 저축될지를 예측해 세금 감면 여부를 결정하는 것이다. 심지어 영국의 경제학자 빌 필립스는 색깔이 제각각인 액체의 흐름으로 소득과 부의 흐름을 보여주는 경제 모 형-소프트웨어도 아니고 실물이 있는 기계 장치-을 개발했다.

GDP 측정은 최대한 단순화한다 해도 간단하지 않다. 예를 들어 어떤 항목을 비용으로 볼지, 소득으로 볼지, 아니면 투자 범위에 넣을지는 주관적인 영역이다. 게다가 GDP 측정은 국민총소득, 국민총지출, 국민총생산 등을 포함한 세 가지 이상의 방식으로 가능하다. 무엇보다도 GDP는 경제활동의 '순환'적인 특성을 나타낸다는 점에서 흥미롭다. 코일의 설명대로 '어느 소비자의 지출은 어느 기업의 매출이며, 이를 합산해 경제 전체로 확대하면 그 두 가지 흐름이 동등하게 맞아떨어져야' 한다. 다시 말해, 총소득은 총지출과 금액 면에서 일치해야 한다.

국가가 대표적인 재화의 구성 요소에 가중치를 부여하는 방식만 바꿔도 실질적인 GDP 수치가 크게 달라지기도 한다. 예를 들어, 케냐는 다른 부문에 비해 고속 성장 중인 이동통신 기술 부문에 더 큰 가중치를 부여함으로써 단기간 내에 GDP 수치를 25퍼센트나 끌어올릴 수 있었다. 이처럼 GDP가 수정되면 경제에 아무런 변화가 일어나지 않아도 그 국가에 대한 인식이 크게 달라질 수 있다. 가나가 2010년에 비슷한 방식으로 가중치를 변경했을 때도 GDP가 60퍼센트나 급등해 단숨에 저소득 국가에서 '중소득 국가'로 도약할 수 있었다.

💲 ## GDP는 만능 지표가 아니다

코일은 GDP가 객관적인 지표가 아니며 정치적·사회적 편견을 수반한다고 주장한다. 다시 말해, 정부와 국민이 무엇에 가장 큰 가치를 두느냐가 GDP에 반영된다는 것이다. 다음은 GDP의 단점이다.

- GDP로는 하천과 호수의 청정도, 대기와 삼림의 오염도, 토양 품질, 해수면 상승 여부, 기온의 안정성 등의 환경적 가치를 측정할 수 없다. 이처럼 GDP가 천연자원의 상태를 측정하지 못한다면, 무엇을 참고해 천연자원 보호 및 개선을 위한 정책을 수립할 수 있을까.
- GDP는 혁신 정도를 제대로 측정하지 못한다. GDP만 보고는 위험한 수지 양초와 등유 랜턴에서 환하면서도 안전하고 값싼 전구로의 발전이나, 값비싼 중앙집중형 컴퓨터에서 강력하면서도 저렴한 일반인용 랩톱과 스마트폰으로의 전환을 예측할 수 없다는 뜻이다. GDP는 장기간에 걸친 제품 가격의 변화를 측정할 뿐 품질 개선과 종류의 증가를 측정하지는 않는다. 그러나 오늘날 수많은 제품에 적용되어 폐기물을 줄여주는 맞춤화의 정도를 측정하지 못하는 것은 두말할 필요도 없다.
- GDP는 가격 있는 물건을 사고파는 시장에서 이루어지는 행위만 측정할 뿐 국민의 행복도나 사회 복지 수준에 대해서는 이렇다 할 정보를 제공하지 않는다. 예를 들어, 내가 먹을 채소를 직접 재배하면 당연히 내게 도움이 되지만, 국민 계정은 그러한 행위를 채소 재배업자나 마트의 손실로 간주할 뿐이다. 게다가 남의 집에 세 들어 살지 않고 집을 살 때의 가치를 정확히 측정할 방법이 있을까.

- GDP는 '물건의 대량 생산'을 측정하는 데는 유용하지만 서비스 경제는 제대로 측정하지 못한다. 한 예로 GDP 통계에는 우버 등의 차량 공유 서비스나 에어비앤비 같은 숙박 공유 서비스를 비롯한 '공유 경제'가 거의 잡히지 않는다.

- GDP는 집안일처럼 무상으로 이뤄지는 경제 행위는 측정하지 않는다. 이에 대해 경제학자들은 "아내를 여윈 남자가 자기 집의 가사 도우미와 재혼하면 더 이상 가사 도우미의 임금을 지급하지 않아도 되므로 결과적으로 GDP가 줄어들게 된다"는 예시를 자주 든다. 더욱이 GDP는 자녀 양육 역시 측정하지 않는다. 양육되는 아이들은 분명 나중에 경제에 기여할 것임에도 양육을 경제활동으로 취급하지 않는 것이다.

- GDP로는 경제의 지속 가능성을 알 수 없다. 예를 들어, 경제에 거품이 끼어 조만간 붕괴할 양상을 보이는지 가늠하기 어렵다. GDP는 모든 금융 서비스를 경제에 기여하는 행위로 간주하지만, 사실 2007~2008년에 나타났듯이 금융 상품 상당수는 실질 성장률을 깎아 먹고 경제의 불안정성을 가중시킨다.

- GDP는 제품과 서비스의 공급량과 소비량을 측정할 뿐 소비의 이유는 들여다보지 않는다. 이를테면 허리케인 카트리나처럼 끔찍한 자연재해라도 소비 측면에서 경제에 기여하는 면이 있다. 수천 개의 주택을 다시 지어야 하고, 값비싼 홍수 대비 제방을 쌓아야 하기 때문이다.

- GDP는 분배가 다양한 사람이나 집단 사이에 어느 정도로 이루어졌는지 보여주지 못한다. 그런 만큼 GDP로는 불평등이 증가하는지 감소하는지

를 알 수 없다.

· 불법 행위를 비롯해 비공식적이고 현금을 기반으로 하는 경제활동은 GDP의 큰 부분을 차지할 수 있지만, GDP에 포함되지 않기 때문에 어떤 나라가 자국의 성매매와 마약 거래 실태를 정확히 파악하려고 해도 자세한 통계를 내기가 어려울 수밖에 없다.

· 인적 자본(교육과 훈련의 품질)과 사회 자본(정치나 법체계 같은 국가 제도의 수준)은 경제 성장에 반드시 필요한 요소지만 GDP로는 측정이 쉽지 않다.

《자유로서의 발전》을 쓴 아마르티아 센은 GDP에 비판적인 경제학자로서 국가의 GDP 수치가 국민의 (식량, 의료 서비스, 교육을 포함한) 자원 접근성, 도로와 전기를 포함한 기반 시설의 존재, 여성의 권리와 민주주의를 비롯한 정치적 자유의 존재 같은 요소보다는 중요성이 떨어진다고 본다.

파키스탄의 개발경제학자인 마붑 울 하크Mahbub Ul Haq는 UN의 인간개발지수(Human Development Index, HDI)를 고안하여 빈곤과 복지 측정에 기여했다. 코일은 GDP와 HDI로 국가의 순위를 매겨보면 꽤 비슷한 순위가 나오지만 완전히 같지는 않은데, 그 까닭은 저소득국 입장에서는 GDP 성장률보다는 국민에게 주거, 식량, 교육을 잘 제공할 수 있는지가 더 중요하기 때문이다. 흥미롭게도 고소득국과 저소득국의 격차는 확대되고 있지만, 기

대 수명과 영아 사망률 같은 지표의 격차는 줄어드는 추세라고
한다. 이것만 보더라도 GDP 수치가 만능은 아님을 알 수 있다.

🟡 GDP의 대안은 있는가

각국이 GDP 대신에 (부탄처럼) '국내총행복Gross National
Happiness'을 측정해야 한다고 주장하는 사람이 많다. 코일은 그
러한 주장이 다소 터무니없다고 지적한다. GDP 성장률은 무한
히 상승할 수 있는 반면에 행복은 놀라울 정도로 좁은 범위 내에
서 상승하고 하락하는 경향이 있다는 이유에서다. 이보다 더 중
요한 사실은, 우리가 경기 침체 때문에 일자리를 잃을 때 불행해
질 수 있다는 점이다. 그와 반대로 오랫동안 경기 호황이 이어져
서 연봉 인상과 주택 구매가 가능해지면 우리는 더 행복해지게
마련이다. 이러한 시각으로 본다면, 반대파들은 인정하고 싶지
않겠지만 GDP는 공식적인 생산 지표일 뿐만 아니라 행복의 척
도로서 꽤 중요한 역할을 한다.

코일이 보기에 GDP의 합리적인 대안으로는 '계기판dash-
board' 접근법이 있다. 국가가 행복과 번영의 여러 지표를 계기
판 형태로 보여주는 방식이다. 그럼에도 이러한 대안이 GDP를
대체할 조짐은 보이지 않는다고 코일은 진단한다. 혁신, 품질, 무
형 서비스, 생산성 개선 등과 관련해서는 최적화된 척도는 아니
지만, 아직까지는 경제 변화를 측정하기에 이만한 것은 없기 때

문이다. 다시 말해 GDP는 경제가 발전 중인지, 침체돼 있는지, 퇴보하고 있는지를 알려준다.

더욱이 GDP는 '큰 숫자 하나'로 표현되기에 언론이 국가의 경제 상황과 복지를 보도하는 데 사용하기 유용하다. 다양한 사회적 재화를 공급하고 정치제도 유지에 반드시 필요한 것이 경제성장이다. 장기 침체에 빠진 국가들을 보면 사회적 재화가 고갈되고 정치제도가 무너지기 쉽다.

함께읽으면좋은책 로버트 고든의 《미국의 성장은 끝났는가》, 존 메이너드 케인스의 《고용, 이자, 화폐의 일반 이론》, E. F. 슈마허의 《작은 것이 아름답다》, 줄리언 사이먼의 《궁극적 자원 2》

다이앤 코일 더 알아보기

1961년 영국 랭커셔에서 태어나고 자랐다. 공립고등학교 졸업 후 옥스퍼드대학교에서 정치학과 철학, 경제학을 공부하고 하버드대학교에서 석사 및 박사 학위를 받았다. 1985~1986년에 영국 재무부 자문을 지냈고, 1990년대에는 금융지 《인베스터스 크로니클Investors Chronicle》의 유럽 편집위원과 일간지 《인디펜던트 The Independent》 경제 편집위원을 지냈다. 케임브리지대학교 공공정책학과 교수이자 영국 통계청 선임 연구원으로 일하고 있으며, 컨설팅 회사 인라이튼먼트 이코노믹스Enlightenment Economics를 운영하고 있다. 영국 공영 방송사 BBC 트러스트의 위원이자 부위원장으로 두 번의 임기를 지냈다.
2009년에 경제학에서 세운 공로를 인정받아 영국 여왕으로부터 대영제국 훈장(OBE)을 받았다. 2013년에는 BBC 선정 '100인의 여성'에 뽑혔으며, 2017년에는 동료 교수인 조나단 하스켈과 함께 GDP 연구로 제1회 인디고상을 수상했다. 2018년 다시 한번 대영제국 훈장(CBE)을 받았다.

Book 08

역사상 가장 영향력 있는
경영 사상가가 남긴 비즈니스 고전

피터 F. 드러커의
《미래사회를 이끌어가는
기업가 정신》

피터 퍼디낸드 드러커 Peter Ferdinand Drucker

오스트리아 출신의 20세기 미국 경영학자로 현대 경영학을 창시했다고 평가받으며 역사상 가장 영향력 있는 경영 사상가로 꼽힌다. '마케팅'이란 개념의 창시자이자 '지식 노동자'란 말을 처음 사용했다. 민영화에 대한 화두를 던진 것으로도 유명하다. 그가 남긴 저서들은 지금도 수많은 사람이 앞다투어 읽는 베스트셀러이자 스테디셀러가 되었다.

1985년에 출간된 피터 F. 드러커의《미래사회를 이끌어가는 기업가 정신》은 한 가지 의문점으로 시작한다. 1965년부터 1985년까지 미국은 인플레이션과 석유 파동, 경기 침체, 특정 산업과 정부의 주요 일자리 감소를 겪었다. 그럼에도 일자리는 대폭 증가했다. 어째서일까? 이 중 4,000만 개의 일자리는 대기업이나 정부가 아닌 중소기업에서 창출되었다. 대부분의 사람은 '첨단 기술'이라는 말로 이를 설명했다.

그런데 알고 보면 신규 일자리 가운데 기술 분야는 500만~ 600만 개에 불과했다. 드러커에 따르면 일자리 증가를 주도한 '기술'은 첨단 부품이나 장치가 아니라 기업가의 경영 management이라고 한다. 드러커는 경영이 일을 더욱 잘해내는 방법으로써, 경영을 공학이나 의학같이 중요한 '사회적 기술'로 인정해야 한다고 주장했다.

이 책은 출간된 지 35년이 넘었지만, 여전히 기념비적인 경영학 서적으로 평가받는다. 실제로 드러커 이전에 경영은 거의 분석되지 않은 주제였다. 드러커는 자기 분야에서 항상 남들보다 최소 몇 년은 앞서 있었던 사람으로, 《미래사회를 이끌어가는 기업가 정신》은 '경영'이라는 주제를 체계적이고 냉철하게 다룬 최초의 책이다.

드러커는 1950년대 중반부터 혁신과 기업가 정신을 강의하기 시작했다. 이 책에는 그가 30년에 걸쳐 검증한 생각들이 담겨 있다. 경영계의 구루로서는 특이하게도 그는 노조, 걸스카우트, 과학 실험실, 교회, 대학, 구호단체와 같은 온갖 조직의 관계자들과 일한 경험이 있다. 드러커가 한 주장의 핵심은 어느 조직에서 활동하든 일하는 방식을 바꿔 크나큰 변화를 일으킬 수 있는 여지가 어마어마하다는 것이다.

다만 1873년 세계 대공황에서 태어난 복지국가에 대해서는 그 수명이 다했다고 진단을 내린다. 그러면서 기업가 사회가 복지국가의 유력한 대안으로 떠오르고 있다며 우리가 진정 기업가 사회로 나아갈 수 있을지 질문을 던진다. 오늘날 세계 각국에서 기업가주의는 단순히 일시적인 풍조에 그치지 않으며, 차세대 부 창출 기업을 만드는 데 초점을 맞춘 대학 강의 및 재단, 정책이 존재하기에 이르렀다. 게다가 경영학은 독자적인 영역을 구축했다.

드러커는 2005년에 세상을 떠났지만 미래를 정확히 내다봤다. 다른 정치·경제 이론과는 달리 혁신 경영과 기업가 정신을 중점적으로 다룬 그는 자본주의에 근본적으로 창조와 파괴의 속성이 있다는 조지프 슘페터의 통찰을 구체화하여 제시했다.

❺   **태초에 기업가가 있었다**

프랑스 경제학자 장 바티스트 세는 1800년 '생산성이 낮은 영역에 있던 경제 자원을 생산성이 높고 생산량이 많은 영역으로 전환하는 사람'이란 의미로 '기업가'라는 표현을 썼다. 이것이 기업가의 본래 정의며, 드러커의 주장에 따르면 최고의 정의다. 기업가 정신은 '성격적 특성'이 아니라 사람이나 기관의 행위에서 관찰되는 특징이다. 의료, 교육, 상업 분야의 기업가들은 기본적으로 모두 같은 방식으로 일한다. 본질적으로 그들은 일을 더 잘해내는 데 그치지 않고 '다르게' 한다.

고전파 경제학자들은 경제가 평형 상태로 이동하는 경향이 있다고 본다. 경제가 '최적화' 상태에 이르고, 그 결과 오랫동안 점진적으로 성장한다는 주장이다. 그러나 기업가의 본질은 '판을 뒤흔들고 해체하는' 것이다.

　기업가는 예측을 불허하는 사람으로 슘페터가 말한 '창조적 파괴' 과정을 통해 부를 창출한다. 불확실성과 미지수를 처리하고, 변화를 활용하며, 변화에 똑똑하게 대응하는 능력을 갖춘다. 드러커는 '새 사업을 시작하는 사람이면 무조건 기업가'라는 생각은 착각에 불과하다고 주장한다. 예를 들어, 가게를 차리거나 가맹점을 여는 일은 일종의 모험이기는 하지만, 새로운 것을 창조하고 고객에게 새로운 가치를 창출하는 행위가 아니다.

$ 　　　　　　　　　　　　　　**위험하다는 허구**

드러커는 순전히 생산량이 적은 분야에서 많은 분야로 자원을 옮기는 것을 목표로 하는 기업가 정신이 어째서 매우 위험하다는 인식을 얻었는지 모르겠다고 말한다. 실제로 기업가 정신은 단순히 '같은 일을 더 잘하는' 것보다 덜 위험하다. 기업가 정신을 위험하다고 보는 인식을 좇다가는 새로운 기회를 전부 놓치고 알아차릴 새도 없이 사업을 망가트리기 십상이다. 변화를 받아들이고 다른 일을 꾸준히 시도하는 방법이야말로 자원 투자의 최선책이다.

　드러커는 끊임없는 혁신으로 놀라운 성공을 거둔 첨단 기술

기업-벨연구소, IBM, 3M(오늘날로 치면 애플이나 구글)-을 보면 자신의 말이 사실임을 알 수 있다고 말한다. 드러커는 기업가 정신은 소위 기업가라고 하는 사람들이 '기본적이고 잘 알려진 규칙을 위반'할 때만 위험하며, 체계적이고 절제되고 목적의식이 있는 기업가 정신은 위험할 일이 없다고 고찰한다.

　드러커에 따르면 기업가 정신은 대규모 조직에도 존재할 수 있으며, 실제로 큰 조직이 미래에도 오랫동안 존속하려면 기업가 정신을 갖추어야 한다고 말한다. 미국의 제조업체 제너럴일렉트릭과 영국의 유통업체 막스앤스펜서는 대기업이며, 새로운 가치를 창출해온 탄탄한 이력이 있다.

⑤　　　　　　　　　　　　　　　　　　　혁신가가 되는 방법

드러커가 보는 혁신은 '무엇이든 기존 자원에 내재된 부 창출 역량을 변화시키는 행위'다. 최고의 혁신은 놀랄 만큼 단순하기도 하며, 기술이나 발명품과 관련이 없는 경우도 많다. 예를 들어, 화물차에서 내리기 쉽고 선박에 싣기 편리한 금속 컨테이너의 제조에는 신기한 기술이 사용되지 않지만, 해외 운송의 표준 '시스템'이 된 컨테이너 선적의 출현은 세계 교역량을 네 배나 뛰어오르게 한 혁신이었다.

　보험, 현대식 병원, 분할 납부, 교과서 등 위대한 혁신의 산물은 대부분 어떤 종류든 사회적 가치를 창출한다. 드러커는 과학

과 기술이 사실상 가장 유망하지 못한 혁신의 원천이라고 주장한다. 일반적으로 편익을 실현하기까지 가장 오래 걸리고, 가장 많은 비용을 초래한다는 이유에서다. 실제로 사회나 시장의 예기치 못한 변화를 활용하는 분야는 더 빠르고 용이하게 성공을 이룰 가능성이 크다. 기업가는 혁신의 원천으로 다음과 같은 요소를 주시해야 한다.

- 예측 불가능한 일: 예기치 못한 성공과 실패, 사건
- 불일치incongruities: 당연히 그래야 한다고 기대하는 모습과 실제 모습과의 괴리
- 기존 프로세스로는 해결책을 제시할 수 없는 문제
- 모두를 놀라게 하는 산업이나 시장의 변화
- 인구 구조의 변화
- 인식, 기분, 의미의 변화

❺   **예기치 못한 성공**

드러커는 '예기치 못한 성공'에 대해 몇 가지 흥미로운 예시를 들고, 기업가가 그러한 성공을 어느 정도까지 활용할 수 있는지 제시한다.

- 뉴욕의 메이시백화점은 몇 년 동안 부진을 겪었다. 자사를 패션 전문 백

화점으로 간주한 나머지 가전제품의 매출이 수익 구조에서 점점 더 큰 비중을 차지하고 있다는 사실을 간과했기 때문이다. 메이시의 경영진에게 가전제품 매출 증가는 '민망한 성과'였다. 얼마 후, 메이시는 가전제품 매출을 자사 이미지와 성장에 중요한 부분으로 받아들였다. 그러고 나서야 다시 승승장구할 수 있었다.

· IBM과 유니박Univac의 컴퓨터는 원래 과학계를 대상으로 한 것이었다. 두 회사 모두 기업 사용자들의 관심에 놀랐지만, IBM만이 기업 시장에 판매하기로 '몸을 낮춤'으로써 앞서 나갈 수 있었다.

· 미국의 철강 대기업들은 막대한 투자가 필요한 거대 생산단지에 익숙해져 있었고, 자금과 이윤을 날리면서도 새로 등장한 미니밀mini mill(소규모 제철 시설)에 투자하지 않았다. '원래 하는 방법이 아니'라는 이유에서다.

예기치 못한 성공을 위해 방향을 전환하려면 겸손함이 필요하다. 자사 제품군 중에서 더 저렴하고 덜 화려한 제품이 잘 팔리는데도 고급 제품 한 가지에 매달리는 회사는 저렴한 제품을 위협으로 간주하는 경향이 있다. 드러커의 말대로 '예기치 못한 성공은 경영진의 판단을 거스르는 것'이기 때문이다.

드러커는 클레이턴 크리스텐슨의 '파괴적 혁신'을 예언이라도 한 듯이, 산업이 변화하는 까닭은 신규 진입자와 외부자, 이류 기업들이 신제품 개발에 적극적이거나 시장을 점유한 기존 제품을 바꾸는 일에 거리낌이 없기 때문이라고 진단한다. 이들은 기존 산업 주자들이 관심 없어 하거나 시장 잠재력이 없다고 판단한 틈새를 찾아낸다.

⑤ 　　　　　　　　　　　　　　　　　　　　고객이 최우선이다

사람들은 대부분 혁신이라고 하면 지퍼나 볼펜처럼 '반짝반짝한 아이디어'를 떠올린다. 그러나 드러커에 따르면 그처럼 '반짝반짝한 아이디어'로 개발 비용을 뽑을 확률은 500분의 1이다. 그는 기업가 경영이라는 매개체를 통해 혁신이 시장과 만나야만 크게 가치 있는 제품을 창출해낼 수 있다고 말한다.

예를 들어, 여객용 제트기를 최초로 개발한 곳은 영국의 더하빌랜드de Havilland였지만, 업계 선두를 차지한 곳은 보잉과 더글러스였다. 그 이유는 항공사들에게 값비싼 제트기 구매 비용을 마련할 방법을 제시했기 때문이다. 듀폰은 나일론을 개발했을 뿐만 아니라 여성용 스타킹과 속옷, 자동차 타이어를 제조하기 시작함으로써 나일론 시장을 새롭게 개척했다. 혁신 기업은 자사 제품을 판매할 시장과 유통 시스템을 파악하고 찾아내야 한다. 그렇지 않으면 시장을 넘겨줄 수밖에 없다.

새로운 혁신을 받아들이는 것은 통념과 들어맞지 않는 경우가 많다. 프로이센의 국왕은 철도가 실패할 것이라 단언했다. "말을 타면 공짜로 하루 만에 베를린에서 포츠담까지 갈 수 있는데 그

많은 돈을 들여 기차를 탈 사람이 없다"는 이유로 말이다. 시장 조사를 한다고 해도, 원래 없었던 제품이나 서비스에 대해 사람들이 어떻게 반응할지는 쉽게 알아낼 수 없다.

그런 면에서 혁신은 항상 위험을 수반한다. 그렇더라도 혁신가는 자기의 혁신을 누가 어떻게 사용하더라도 개의치 않겠단 생각을 유지해야 한다. 그러기만 한다면 위험은 줄어들게 마련이다.

드러커는 훌륭한 혁신의 산물은 초점이 제대로 잡혀 있다고 설명한다. 한꺼번에 여러 가지를 다루려고 하지 않고, 한 가지 일만 완벽하게 하려고 한다는 것이다. 지나치게 고차원적이지 않고, 일반인들이 사용하기에 무리가 없으며, "어째서 전에는 이렇게 하지 않았을까?" 같은 반응을 이끌어내는 제품이나 서비스이기도 하다.

데이비드 리카도는 "이윤은 남다른 현명함이 아니라 남다른 어리석음에서 나오는 법"이라고 말한 바 있다. 성공하는 제품이나 서비스는 직관적이기 때문에 사용자의 노력과 돈, 시간을 줄여준다. 그 좋은 사례가 킹 질레트가 개발한 일회용 면도기다. 그때까지만 해도 면도는 시간이 걸리고 까다로운 작업이어서 형편만 된다면 이발사에게 맡기는 게 최선이었다. 사람들은 제품에 돈을 치르는 게 아니다. 그보다는 제품이 자신들에게 주는 효용을 보고 대가를 지불한다.

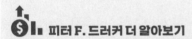 **함께 읽으면 좋은 책** 윌리엄 보몰의《혁신적인 기업가 정신의 미시 이론》, 조지프 슘페터의《자본주의 사회주의 민주주의》

$⑪│ 피터 F. 드러커 더 알아보기

1909년 오스트리아 빈에서 오스트리아-헝가리 제국의 공무원 아버지 아래 태어나 고등학교를 졸업하고 독일로 유학을 떠나 함부르크대학교에서 법학으로 학사 학위를, 프랑크푸르트대학교에서 공법과 국제법으로 박사학위를 받았다. 그 후 런던에서 언론인으로 일하다가 1937년에 미국으로 이주했고, 1943년에 미국 국적을 취득했다.

1950년부터 1971년까지 뉴욕대학교에서 경영학 교수를 지냈고, 1971년 캘리포니아의 클레이몬트경영대학원으로 자리를 옮겨 세상을 떠날 때까지 그곳에서 사회과학/경영학 교수를 지냈다. 90세를 훌쩍 넘은 2002년에 부시 대통령으로부터 자유 훈장을 받았다.

총 39권의 저서를 남겼고, 1975년부터 1995년까지《월스트리트 저널》의 칼럼니스트로도 활동했다. 1946년에 출간한《기업의 개념》은 제너럴모터스의 내부 활동에 대한 분석을 토대로 한 책으로서 그에게 유명세를 가져다주었다. 또 다른 저서로는《경영의 실제》,《피터 드러커의 자기 경영 노트》,《자본주의 이후의 사회》등이다.

Book 09

끊임없이 진화해온
세계 금융의 역사를 담아내다

니얼 퍼거슨의
《금융의 지배》

니얼 캠벨 더글러스 퍼거슨 Niall Campbell Douglas Ferguson
현대 영국의 역사학자로 금융경제사가 전문 분야다. 21세기 최고의 경제사학자로 평
가받고 있으며, 폴 크루그먼과 조지 프리드먼의 최대 경쟁자로 꼽힌다. '차이메리카
Chimerica'의 주창자다. 2004년 《타임》 선정 '가장 영향력 있는 100인'에 뽑혔다. 대
표작 《금융의 지배》는 6부작 TV 다큐멘터리로 각색되었으며, 이 다큐멘터리 시리즈
는 2009년 에미상을 수상했다.

2007년 골드만삭스의 수장을 맡고 있던 로이드 블랭크페인은
연봉, 상여금, 자사주 배당금을 포함해 6,800만 달러의 보수를
받았다. 같은 해 미국인 평균 소득은 3만 4,000달러였다. 골드만
삭스가 그해 기록한 매출 460억 달러는 100여 개국의 GDP를
웃도는 금액이었다. 이것만 봐도 '금융 행성'이 지구 행성의 실물
경제보다 몇 배는 더 크며, 제품과 서비스의 생산만큼이나 금융
이 중요하다는 사실을 알 수 있다고 말한 사람이 있다. 바로 하버

드대학교 역사학과 교수인 니얼 퍼거슨이다.

역사를 통틀어 사람들은 금융업자를 경멸해왔다. 농업과 제조업 같은 '실물' 경제에 붙어사는 기생충 같다는 이유에서다. 게다가 금융 위기가 너무나 잦았던 탓에 금융계는 빈곤의 주범으로 인식되어왔다. 따라서 금융이 인류의 적이라는 결론이 쉽게 내려진다. 하지만 퍼거슨은 그의 저서 《금융의 지배》에서 이 같은 결론은 잘못되었다고 지적한다.

이 책의 원제인 '돈의 부상The Ascent of Money'은 영국의 수학가이자 과학역사가인 제이콥 브로노프스키가 각색하고 집필한 '인간의 부상The Ascent of Man'이라는 책 제목에서 유래했다. 브로노프스키는 화폐 출현, 채권과 채무 등의 금융 혁신이 없었다면 문명이 발전할 수 없었으리라고 보았다. 이탈리아의 르네상스는 발달된 은행업과 채권시장 덕분에 촉진되었다. 한편 금융 기업은 네덜란드와 대영제국의 원동력이 되었다. 미국이 20세기에 발전을 거듭한 데에는 보험, 주택담보대출, 금융, 소비자 대출의 역할이 컸다. 퍼거슨은 "역사적인 대현상 뒤에는 항상 금융이라는 비법이 숨어 있었다"고 말한다.

퍼거슨이 《금융의 지배》를 완성한 때는 2008년 4월이었다. 세계 금융 위기가 거세게 몰아치고, 경기 침체가 예고되던 시기였다. 그런 만큼 금융이 문명 발전의 원동력이 되었다는 이 책의 주제가 다소 희석된 감이 없잖아 있다. 그렇지만 퍼거슨은 대규모의 금융 위기가 왔어도 금융 혁신이 만들어낸 장점이 사라지는 것은 아니라고 본다.

(퍼거슨이 자라난) 글래스고의 이스트엔드 같은 지역에서는 수많은 사람이 제대로 된 은행 업무를 볼 수 없고 대출 받기도 어려워 악질 사채업자 손아귀에 넘어가곤 한다(더 나아가 터무니없는 고금리를 물리는 인터넷 단기 대출업체에서 돈을 빌리는 사람도 늘어나는 추세다). 빈곤한 지역은 대부분 금융 기관과 서비스가 '부재'한 곳이다. 이것이 퍼거슨의 결론이다.

⑤ 　　　　　　　　　　　　　　　 채권을 통한 공공사업

중세 초기, 이탈리아의 최대 혁신 중 하나는 채권이었다. 채권은 이탈리아 도시국가 간의 전쟁 자금으로 사용되었다. 퍼거슨에 따르면 "금융의 역사에서 채권의 탄생은 은행의 신용 대출 고안에 이어 두 번째로 중요한 혁신이었다." 정부가 발행하는 채권은, 간단히 말해 시민에게 돈을 빌려주고 그 대가로 얼마간의 이자를 받는 것이다. 그렇게 형성된 자금은 도로, 학교, 병원을 짓는 등의 생산적인 일이나 군부대 창설 및 전쟁 같은 군사 행위에 사용된다.

19세기 가장 큰 은행을 운영했던 로스차일드 가문은 채권시장에 뛰어들어 각국의 전쟁 자금을 지원함으로써 성공을 거두었다. 로스차일드 가문의 출현과 더불어 토지와 귀족제도를 기반

으로 한 부가 채권처럼 좀 더 새롭고 높은 수익을 내며 유동성 있는 형태의 부로 전환되었다. 채권은 종이 형태의 자산이었기 때문에 채권을 보유한 사람은 어디서든 자신이 원하는 곳에서 구매할 수 있었고, 그 결과 도시로 부유층이 모여들면서 도시의 중요성이 커졌다. 화폐와 지물을 기반으로 한 이 신종 자산으로 인해 기존 엘리트 계층은 힘을 잃었고 새로운 사회 질서가 수립되었다.

채권시장은 막강한 영향력을 갖추게 되었다. 채권시장에서 국가의 신용도가 판가름 났고, 정부가 투자자에게 치러야 할 이자율은 물론 신용 비용이 결정되었다. 정부가 돈을 더 많이 찍어내는 식으로 화폐 가치를 떨어뜨리면 (바이마르 공화국 시대에 독일이 채무를 갚기 위해 그러했듯이) 이자 상환액이 가치를 잃기 때문에 정부 채권은 휴지 조각이나 다름없어진다. 그렇게 되면 (1920년대의 독일 부유층이 경험했듯이) 모든 채권 소유자의 소득과 재산이 증발해버릴 가능성이 생긴다. 채권 소유자는 정부가 외부 채권자들을 상대로 발행한 국채를 상환하지 못하는 경우에도 손실을 입을 수 있다. 한 예로 러시아와 아르헨티나가 각각 1998년과 2001년에 채무불이행을 선언한 바 있다.

그러나 그처럼 위험한 사태가 발생할 수 있음에도 채권의 인기는 줄어들 줄 모른다. 특히 어디든 자금을 투자해야만 하는 대규모 연기금은 주식보다 안전해 보이는 채권에 투자하는 일이 많다. 채권은 (대부분의 경우에) 모든 사람에게 이득이 된다는 측면에서 훌륭한 금융 혁신 가운데 하나로 꼽힌다. 정부는 (채권을 이용한 차입과 세금 수입을 통해) 공공 건설 사업과 재정 지출에 필요한 자금을 마련할 수 있다. 게다가 국민은 불확실한 세상에서도 고정된 소득을 얻을 수 있다.

💲   국가 경제의 일부가 될 기회

현대적인 유한 책임 주식회사는 은행과 채권시장에 이어 탄생했으며, 마찬가지로 금융 지배를 촉발한 요인이었다. 주식회사 덕분에 수많은 사람이 규모가 크고 위험한 모험사업에 동참할 수 있었다(예를 들어 향신료를 구하기 위해 네덜란드령 동인도로 향한 선단의 항해 비용도 주식회사 설립으로 마련되었다). 그러면서도 어느 한도 이상으로는 손실을 입지 않았다. 회사가 파산하더라도 자신이 투자한 지분만을 날릴 뿐 집과 같은 개인 재산에는 영향을 주지 않았다.

주식시장의 출현과 더불어 사람들은 여러 회사에 골고루 투자할 수 있게 되었다. 따라서 한 회사의 수장이 잘못된 결정을 내리거나 사업이 실패하더라도 재산을 전부 날릴 위험이 감소했다. 주식시장에서는 개인이 신생 사업의 성과 일부를 나눠 받을 수 있으며, 더 나아가 광범위한 국가 경제활동에서 한몫을 담당할 수 있다. 주식 투자와 채권 투자에는 차이가 있을 수밖에 없다.

주식에 투자하면 영리 기업의 지분을 얻는 반면에 채권 투자는 정부가 채무 상환 능력을 유지하느냐와 물가 상승률이 낮게 유지되느냐에 좌우된다. 물론 주식 투자에는 위험이 따르지만(그런 만큼 주가에는 자본 위험 프리미엄equity risk premium[6]이 반영되어 있지만) 채권보다 훨씬 더 큰 수익 가능성을 제공한다.

물론 장기간에 걸친 기업 파산이나 주식 거품, 붕괴를 감안해야 한다. 이와 관련해 퍼거슨은 18세기 미시시피 부동산 거품 사건, 1929년 주식시장 붕괴, 2007년 세계 금융 위기를 상세하게 다룬다.

⑤ 신분의 징표이던 보험

보험 역시 금융 역사상 크나큰 혁신의 산물 중 하나다. 퍼거슨은 보험에 대해서도 흥미진진한 이야기를 들려준다. 초창기의 보험은 도박과 다를 바 없었지만, 확률 이론과 보험계리학을 비롯한 리스크 과학은 발전을 거듭했다.

최초의 현대식 보험을 만든 사람은 스코틀랜드 장로교의 목사인 로버트 월리스와 알렉산더 웹스터, 수학자인 콜린 매클로린이다. 이들은 어느 젊은 목사가 세상을 떠나고 남은 가족들이 어렵게 사는 것을 보고는 성직자의 유가족을 도울 궁리를 하게 되었다. 그렇게 해서 '스코틀랜드 성직자 과부 기금Scottish Ministers' Widows' Fund'을 만들어 생존한 성직자들에게서 보험료를 받아 이를 투자하고, 기금의 수익은 사망한 성직자 유가족에게 연금 형태로 지급하겠다는 구상을 세웠다. 이렇게 해서 탄생한 '스코티시 위도우즈'는 (오늘날에도 1,000억 파운드가 넘는 자금을 운영하는 생명보험 회사로) 갑작스러운 죽음에 대비하는 생명보험 기금의 모델이 되었다.

이후 수십 년간 영국과 미국에서 비슷한 기금이 우후죽순으로 생겨났다. 1815년에는 전사 후 남겨진 가족들이 궁핍해지는 일이 없도록, 군인들도 생명보험에 가입할 수 있게 되었다. 보험 가입은 안정된 중산층이라는 표식이 되었다.

그렇지만 선거권이 더 넓은 범위의 인구 집단으로 확대됨에 따라 경제적 여유가 있는 이만 보험에 가입할 수 있는 현실에 불만을 품은 사람들이 늘어났고, 정부는 질병과 실업에 대비할 수 있는 저비용 보험을 내놓으라는 요구에 직면했다. 최초의 사회보험법은 1880년대 독일의 오토 폰 비스마르크 총리에 의해 제정되었고, 그에 따라 국가 노령 연금이 지급되었다.

영국도 1908년 독일의 연금을 토대로 자산 조사 방식means-tested[7]의 노령 연금을 개발하여 70세 이상의 국민에게 지급하기 시작했다. 이어서 1911년에는 국민건강보험법을 제정했다. 1942년에 제출된 〈베버리지 보고서〉[8]에는 질병과 실업이 더 이상 공포와 치욕을 유발하는 일이 없도록 국가 차원의 의무 가입 사회보험제도가 수립되어야 한다는 조언이 실려 있었다. 베버리지가 국가 보험이 필요하다고 본 이유는, 민간 보험사는 무수한 리스크를 떠안으려 하지 않고, 국민 의무 가입 제도를 수립하면 광고 및 홍보에 들어가는 비용을 대폭 줄일 수 있는 데다 수많은 가입자로 규모의 경제를 활용할 수 있기 때문이었다.

시간이 흐름에 따라 복지제도는 비용이 얼마나 들든 국민이 당연시하는 권리가 되었다. 오늘날 전 세계 여러 나라가 빠른 인구 고령화와 연금 및 건강보험 자금 부족에 시달리고 있다. 그래도 (민간 보험이든 국가 보험이든) 보험 덕분에 우리는 어려움이 생기더라도 빅토리아 시대의 사람들처럼 강제 노역소에 가든지, 빚쟁이를 위한 채무자 감옥debtor's prison에 가든지 하는 식의 끔찍한 선택은 피할 수 있게 되었다.

💲   '더할 나위 없이 안전한' 자산

현재와 같은 주택담보대출은 정말로 최신의 혁신 산물이다. 예를 들어, 1920년대 미국에서만 하더라도 주택담보대출을 받는 일은 희귀했고, 받더라도 4~5년 내에는 상환해야 했다. 다달이 이자만 내다가 만기 때 원금 전부를 일시에 갚는 방식이었다. 대공황이 닥쳤을 때 은행 대다수가 대출을 모조리 회수하면서 주택 압류가 하루에 1,000건씩 발생했다.

루스벨트 대통령의 뉴딜정책에는 주택 공급 확대도 포함되었는데, 이는 사회주의자들의 선거 승리를 저지하기 위한 목적이

컸다. 그는 주택담보대출의 재융자를 수행할 주택소유자대출공사Home Owners' Loan Corporation를 설립했고, 대출 기간을 최대 15년으로 연장했다. 그의 장려로 저축대부조합이 활성화됨에 따라 사람들은 부동산 사다리에 올라탈 수 있었다. 더 나아가 루스벨트는 국민의 예금을 보호하기 위해 연방예금보험공사를 설립했다.

이처럼 미국 정부가 주택담보대출 시장을 부양함에 따라 주택 건설 및 소유가 급격히 늘어났다. 특히 제2차 세계대전 이후에 그러한 경향이 두드러졌다. 그렇지만 모든 국민이 그 혜택을 입지는 못했다. 대부업체들은 '흑인'이 많이 사는 지역은 신용 없는 곳으로 간주해 주택담보대출을 잘 내주지 않았다. 설사 주택담보대출을 받은 흑인이 있다고 하더라도 같은 도시에 사는 백인보다 8퍼센트나 더 높은 이자를 내야 했다. 1968년에 추가로 (지니메Ginnie Mae와 프레디맥Freddie Mac 같은) 연방주택담보대출공사가 설립되면서 가난한 백인과 참전 용사들도 집을 살 수 있게 되었다. 연방공사는 대부분 성과를 거두었다.

퍼거슨은 영어권 사람들이 유별나게 부동산에 대한 욕심이 커서 영국, 미국, 호주, 캐나다 같은 나라들이 부동산 소유를 선호하는 진짜 민주주의 국가가 되었다고 주장한다. 하지만 상황이 바뀌었다. 퍼거슨이 책을 펴낸 2008년에는 미국의 주택 소유 비율이 68퍼센트였으나 2016년에는 63퍼센트로 떨어졌다. 영국의 경우는 2008년에 73퍼센트였다가 현재는 64퍼센트로 떨어진 상태다.

　이 같은 하락세에도 불구하고 부동산 소유가 인류 역사 대부분에서 귀족 등의 상류 계층의 전유물이었음을 상기할 필요가 있다. 대부분 직업을 얻고 저축하며 가족의 지원을 받으면 집을 살 수 있다는 사실은 인류 역사의 실질적인 진보라고 할 수 있다. 그러한 점에서 우리는 현대적인 주택담보대출 금융을 매우 고맙게 생각해야 한다.

함께 읽으면 좋은 책 존 케네스 갤브레이스의 《대폭락 1929》, 벤저민 그레이엄의 《현명한 투자자》, 마이클 루이스의 《빅 숏》, 로버트 쉴러의 《비이성적 과열》

⬆️⑤ 니얼 퍼거슨 더 알아보기

1964년 스코틀랜드 글래스고에서 태어났다. 사립학교인 글래스고아카데미를 졸업한 후에 옥스퍼드대학교의 모들린 칼리지에 장학생으로 입학했다. 1985년에 석사학위를, 1989년에 박사학위를 취득했다.
현재 하버드대학교 교수이자 동 대학교 벨퍼연구소의 선임 연구원을 맡고 있으며, 스탠퍼드대학교 후버연구소에서도 선임 연구원을 맡고 있다. 저서로는 《전설의 금융 가문 로스차일드》, 《현금의 지배》, 《니얼 퍼거슨의 시빌라이제이션》, 《니얼 퍼거슨의 위대한 퇴보》, 《하이 파이낸셜》, 《둠 재앙의 정치학》 등이 있다.
그의 아내는 소말리아 태생의 활동가이자 작가이며, 네덜란드의 정치인이었던 아얀 히르시 알리다.

Book 10

케인스학파에 맞선
20세기의 가장 중요한 경제학 고전

밀턴 프리드먼의
《밀턴 프리드먼
자본주의와 자유》

밀턴 프리드먼 Milton Friedman

20세기 미국의 경제학자로, 자유시장 경제 원칙을 강조한 시카고학파의 거두다. 1930년대 이후 정부의 적극적인 개입을 지지하는 케인스학파가 득세하던 시점에서 자유방임주의와 시장제도를 통한 자유로운 경제활동을 주장했으며, 통화정책의 중요성을 설파하며 '통화주의'를 창시했다. 1951년 40세 이하의 경제학자에게만 주어지는 존 베이츠 클라크 메달을 받았으며, 1976년 노벨경제학상을 수상했다.

1962년에 출간된 《밀턴 프리드먼 자본주의와 자유》는 20세기 경제학과 정치철학 분야에서 매우 중요한 위치를 차지하는 책이다. 밀턴 프리드먼은 이 책에서 시장이야말로 민주적 표현의 진정한 영역이라 주장하며, 이후 미시 경제학과 보수주의 및 자유주의에 큰 영향을 끼쳤다.

프리드먼은 "국가가 당신을 위해 무엇을 해줄 수 있는지 묻지 말고, 당신이 국가를 위해 무엇을 할 수 있을지 물어보십시오"

란 존 F. 케네디 대통령 취임 연설의 발언이 자유시장에서의 개인의 역할을 과소평가한다며 다소 논란의 여지가 있는 내용으로 책을 시작한다. 그는 정부가 개인의 후원자가 되어서도 안 되고, 개인이 스스로를 정부의 시중꾼으로 간주해서도 안 된다고 말한다. 진정한 민주주의 국가에서는 국가가 국민의 의지를 구현하기 위해 존재할 뿐이며, 정부는 목적 달성을 위한 수단에 불과하다는 것이다.

《밀턴 프리드먼 자본주의와 자유》는 경제학의 아버지로 불리는 애덤 스미스의 주장과 이론을 풀어낸다. 스미스는 사람들이 자기 의지대로 움직이고 정부의 과도한 통제를 받지 않을 때만 번영을 누리고 문명화된 공동체를 구축할 수 있다고 보았다. 20세기 서구 각국에서 다양한 사회적 실험이 진행되고 국가의 개입이 증가하고 있는 상황에서 프리드먼의 경고는 시의적절한 것이었다. 프리드먼은 경제적 자유와 정치적 자유 사이의 명확한 연관성을 도출함으로써 자유시장이 호사품이 아니라 개인의 자유와 정치적 자유의 근간이라는 사실을 보여준다.

$ 자유시장의 보호 기능

역사적으로 정치적 자유는 자유시장과 자본주의 등장에 이어서 나타났다. 프리드먼에 따르면, 그 이유는 건전한 민간 경제가 자연스럽게 국가의 권력을 견제하기 때문이다.

독점과 무역 제한 조치가 만연한 곳에서는 특정한 사회, 인종, 종교 집단이 다른 집단에 비해 특혜를 받는 일도 많다. 그러한 나라에서는 '사람들이 제 본분을 지키면서 사는' 분위기가 유지될 수 있다. 정말로 자유로운 시장에서는 경제적 효율이 피부색이나 신앙처럼 무관한 특성과 별개로 취급된다. 프리드먼은 "빵을 사는 사람은 그 빵의 재료가 된 밀을 경작한 사람이 백인인지 흑인인지, 기독교인인지 유대인인지 알지 못한다"고 말한다. 더군다나 특정 집단을 편애하는 사업가는 그렇지 않은 사업가에 비해 시장에서 불이익을 받을 가능성이 크며, 공급업자 차이에 신경 쓰지 않는 사업가는 더 다양한 구매 선택지가 있기에 비용을 절감하게 마련이다.

조지프 매카시 상원의원이 주도한 반공주의 마녀사냥으로 인해 할리우드에서 블랙리스트가 작성되던 시절에도 가명으로 업계에 남아 배우와 각본가 활동을 이어간 사람들이 많았다. 프리드먼은 공평무사한 시장에서 서비스 수요가 창출되지 않았더라면 이들 모두는 생계 수단을 잃었을 것이 분명하다고 말하면서, 공산주의 사회에서는 국가가 모든 일자리를 통제하기 때문에 위와 같은 일이 불가능하다고 지적한다. 프리드먼 주장의 요점은 (재화, 노동력, 정보를 사고파는) 자유 공개 시장에서 움직이는 '보이지 않는 손'이 어떤 식으로든 개인의 자유를 훨씬 더 제대로 보호하는 수단을 제공한다는 사실을 정부가 간파하지 못한 채 시민을 온갖 위험에서 보호하려고 애쓴다는 것이다.

자유시장이 이룬 업적은 지식인들이 20세기 전반에 걸쳐서 한 발언과는 정반대였다. 지식인들은 개인이 기업의 권력 앞에서 무력하며 정부의 보호를 받아야 한다고 말했다. 이러한 견해는 시장의 처참한 실패작으로 간주된 대공황을 기점으로 쏟아져 나오기 시작했다.

⑤ 대공황과 시장 개입

'완전 고용'과 '경제 성장'은 정부가 경제를 더 단단히 통제해야 한다는 근거로 제시되어왔다. 사람들은 너나 할 것 없이 대공황이야말로 자유시장에 내재된 불안정성을 입증하는 증거임에 틀림없다고 주장한다.

프리드먼은 대공황이 정부의 실책에서 비롯되었다고 지적한다. 그는 안나 슈워츠와 함께 집필한 《1867~1960년 미국의 통화 역사A Monetary History of the United States》에서 미국의 연준이 통화 시스템이라는 지렛대를 제대로 활용-구체적으로 은행 붕괴 직후에 통화 공급을 늘리지 않아서-하지 못했기에 1~2년 동안의 경기 위축으로 끝났을 상황이 대재앙으로 악화되었다는 주장을 펼쳤다. '몇 명의 실수'가 수백만 명에게 유례없는 불행을 안겼다는 것이다. 프리드먼은 안정된 통화제도를 창출하는 것이 정부의 몫임을 인정하면서도 그러한 책임이 남용될 소지가 있으므로 극도로 제한되어야 한다고 주장한다.

프리드먼은 재정정책을 다룬 장에서 장기적으로든 단기적으로든 침체된 시장을 활성화하기 위해 정부가 케인스식 지출을 단행하는 방법이 실증적인 연구로는 입증되지 않은 '경제 신화'에 불과하다고 고찰한다. 그러면서 100달러를 지출할 때마다 100달러씩 효과가 발생할 수는 있지만, 실질적인 결과는 정부 지출의 증가일 뿐이라며, 아무리 선의에서 비롯되었다고 해도 늘어난 부담은 대부분 비효율적으로 배분된다고 단언한다.

⑤   **정부가 아닌 국민에 의한 발전**

정부가 시장의 폐해나 사회악을 바로잡는 일에 개입해야 할 '합당한 이유'는 찾아보면 얼마든지 있다. 선의의 결과로 바람직한 성과가 나올 때도 있다. 예를 들어, 프리드먼은 미국 고속도로 시스템, 대형 댐, 공립학교 시스템, 일부 공공 의료 정책을 긍정적으로 평가한다. 그러나 미국 국민의 생활 수준 향상은 대부분 국민의 능력 덕분이며 정부와는 아무런 상관도 없다고 주장한다. 더 나아가 미국의 번영이 법률과 '국책 사업'에도 불구하고 창출된 것이지, 이 두 가지 요소 덕에 창출된 것은 아니라고 지적한다. 일반적으로 과도한 규제가 존재하면 "국민은 국가 전반의 이익이라고 하는 목표를 추진하느라 즉각적인 이익에 반하는 행동을 할 수밖에 없다"고도 말한다.

국가 정책은 대부분 듣기에 그럴싸하며 이론적으로 필요해 보이지만, 실제로는 애초에 의도한 목표와 정반대의 결과를 내는 경우가 많다는 것이 프리드먼의 주장이다. 한 예로, 최저 소득 도입의 한 가지 목표는 미국 흑인의 빈곤을 경감하는 것이었지만, 실제로 일어난 일은 10대 흑인 청소년의 실업률 급등이었다. 공공 주택 보급 역시 빈곤 완화가 목표였지만, 소외 지역에 빈곤이 집중되는 결과로 이어졌다. 프리드먼은 '사회보장' 정책이 처음 목표대로 일할 수 없는 이들에게 안전망 역할을 하기는커녕 사회보장이 없었다면 경제활동에 참여했을 수급자들만 양산했다고 비판한다.

프리드먼의 확고한 결론은 다음과 같다. "권력 집중은 선의에서 이루어졌다는 이유로 유해하지 않은 것으로 간주된다." 프리드먼은 실제로 사회가 경제활동을 조직할 수 있는 방법은 권력을 중앙으로 집중하고 강제 조치를 취하거나, 재화와 서비스가 거래되는 시장을 적극 지원하는 길뿐이라고 분석한다. 그러면서 제2차 세계대전 종전 후 미국이 중앙 집권을 추진하고 군비 지출을 확대할 수밖에 없었던 것은 소련 때문이라고 인정한다. 그러나 소련의 위협에 대응한다는 이유로 미국 정부가 은밀하게 지출과 통제력을 대폭 확장해왔다고도 지적한다. 프리드먼은 소련보다 더 큰 위협은 '국가'의 권한 확대 때문에 국민의 자유와 자유로운 관습이 침해받는 상황이라고 말한다.

💲 　　　　　　　　　　　　　　　　자유가 평등보다 우선이다

프리드먼은 자본주의 국가의 불평등이 덜 심각한 법이라고 주장
하지만, 많은 사람이 하루 소득 1만 달러인 기업 중역과 1년 소
득 2만 달러인 매장 점원의 크나큰 소득 격차를 보라면서 그의
의견에 동의하지 않는다. 그러나 프리드먼에 따르면, 자본주의
국가에서는 소득이 낮은 사람조차 100년 전의 특권층보다 더 잘
산다. 자본주의 국가에서는 성과가 좋지 않은 사람이라도 여러
혜택을 누린다는 것이다. 반면에 사회 계층이 뚜렷이 나뉜 곳과
사회주의체제에서는 '맛난 과자'가 항상 상층부에 있는 사람들
에게만 돌아간다고 지적한다.

　프리드먼에 따르면, 자유주의 철학의 근간은 국민의 평등한
권리와 기회의 균등이다. 자본주의체제에서 모든 사람의 부가
확대되는 것은 자유의 긍정적인 부산물일 뿐 그 자체가 자유의
목표는 아니다. 자유시장체제의 목표는 개인의 자유다.

💲 　　　　　　　　　　　　　　　　자유를 얻어야 번영할 수 있다

이 책을 읽고 나면 경제적 도덕성에 대한 생각이 바뀔지도 모른
다. 물론 국민을 '돕기' 위해서 많이 개입하는 정부가 도덕적으로
우월하다고 생각하는 독자도 있을 것이다. 그러나 프리드먼을
통해 우리는 자유로운 정치·경제체제가 생각지도 못한 여러 방
식으로 개인의 존엄성을 지켜준다는 사실을 알게 되었다.

이론적으로 보면, 스미스와 프리드먼의 견해를 따른 나라들에서는 이기적인 컨슈머리즘consumerism[9]이 판쳐야 할 것이다. 하지만 프리드먼의 지적대로 사람들은 그저 부자가 되고 싶어서 자유를 원할 뿐만 아니라 뿌리 깊은 가치관에 따라 살아가기 위해서도 자유를 원한다. 번영은 돈 벌 때뿐만 아니라 자신이 원하는 대로 살아갈 자유를 얻을 때 비로소 이루어진다.

《이코노미스트》는 프리드먼을 두고 "20세기 후반을 넘어 … 시대를 통틀어 가장 영향력 있는 경제학자"라고 평했다. 그의 영향력은 그가 말한 내용에서만 비롯된 것이 아니다. 경제학자가 아닌 사람들에게까지 자기 의견을 전달할 수 있었기에 그처럼 큰 영향력을 떨칠 수 있었던 것이다. 2006년 프리드먼이 세상을 떠났을 때, 《밀턴 프리드먼 자본주의와 자유》가 출판된 당시에는 이 책을 애써 무시했던 주류 언론 매체조차 찬사를 쏟아냈다.

반면에 좌파 진영에서는 프리드먼을 악마 취급했다. 그가 시장은 항상 선하며 정부는 항상 악하다고 믿는 해로운 이념주의자라는 이유에서다. 이들은 프리드먼이 불평등 심화, 꼭 필요한 분야의 정부 규제 완화, 전후 수십 년간에 비하면 둔화된 성장률 등 바람직하지 못한 유산을 남겼다고 주장한다. 그 대표 주자인 폴 크루그먼은 많은 사람이 사회주의가 미국의 미래라고 믿었던 대공황기에 시장주의와 자본주의를 널리 홍보한 프리드먼의 용기에는 찬사를 보냈다. 하지만 크루그먼의 생각에 프리드먼은 시장과 국가의 최고 장점을 겸비한 나라가 곧 성공한 국가라는 사실을 받아들이지 못한 전제주의자였다.

함께읽으면좋은책 로널드 코스의 《기업과 시장 그리고 법률》, 프리드리히 A. 하이에크의 〈사회지식의 활용〉, 나오미 클라인의 《자본주의는 어떻게 재난을 먹고 괴물이 되는가》, 루트비히 폰 미제스의 《인간 행동》, 아인 랜드의 《자본주의의 이상》, 애덤 스미스의 《국부론》

밀턴 프리드먼 더 알아보기

1912년 미국 뉴욕의 브루클린에서 우크라이나 출신 유대계 이민자 가족의 막내로 태어났다. 그가 아직 아기일 때 가족은 뉴저지로 이사해 의류 공장을 운영했다(그는 이 공장을 '노동 착취의 현장'이라고 했다). 열다섯 살에 고등학교를 졸업하고 럿거스대학교 경제학과에 장학생으로 입학했다. 석사학위는 시카고대학교에서 받았다. 시카고대 재학 시절 훗날 아내이자 협력자가 될 로즈 디렉터(로즈 프리드먼)를 만났다.

대공황 시절 교수 자리를 얻지 못해 루스벨트 행정부에서 일했다. 제2차 세계대전 중 컬럼비아대학교 전쟁연구학과에서 근무했으며, 1946년에 박사학위를 받았다. 같은 해에 시카고대 교수로 임용되어 이후 30년간 자유주의 시장 경제의 기반인 '시카고학파'의 중추적인 존재가 되었다.

1964년에 당시 미국 대선 주자였던 베리 골드워터의 경제 고문을 맡았고, 그 후 닉슨 대통령의 고문으로도 일했으며, 미국이 달러의 자유변동 환율제를 채택하는 데 결정적 영향을 미쳤다. 1966년부터 1984년까지 《뉴스위크》에 정기 칼럼을 기고했으며, 동명의 책으로도 발간된 TV 다큐멘터리 시리즈 〈선택할 자유〉에 출연, 대중들에게도 널리 이름을 알렸다. 1976년에는 노벨경제학상을, 1988년에는 레이건 대통령으로부터 자유 훈장을 받았다.

대표 저서로는 안나 슈워츠와 공동으로 저술한 《1867~1960년 미국의 통화 역사》, 로즈 프리드먼과 공동 집필한 《선택할 자유》가 있다.

Book 11-20

Book 11

금융 역사상 가장 최악의 사건을 다룬 경제 역사서

존 케네스 갤브레이스의 《대폭락 1929》

존 케네스 갤브레이스 John Kenneth Galbraith

캐나다 출신의 미국 경제학자로 20세기를 대표하는 진보적 경제학자 중 한 명이다. 케네디 대통령 때는 인도 대사를 지냈으며, 루스벨트 때부터 클린턴 때까지 대통령 자문역을 맡는 등 미국 민주당 지도자들의 사고와 노선에도 큰 영향을 미쳤다. 케네디 대통령의 '브레인', 클린턴 대통령의 '경제 교사'라고도 불리었다. 미국 대통령 자유 훈장을 두 번이나 받았다.

2008년 세계 금융 위기가 터지고 나서 수없이 많은 책이 출간되었다. 그중 몇 권이나 10~20년 뒤에도 읽히는 책으로 남을까. 한 가지 확실할 것은 존 케네스 갤브레이스의 《대폭락 1929》가 그 본이 될 수 있다는 것이다. 1955년에 나온 이 책은 출간되자마자 베스트셀러가 되었으며, 이후에도 몇 번이나 개정판이 나오며 반세기가 넘는 동안 많은 사람이 애독하는 스테디셀러가 되었다. 2005년에는 《포춘》의 '우리가 아는 가장 스마트한 책

75'에 선정되기도 했다. 앞으로 금융 위기에 참고할 만한 책을 하나 꼽으라면 이 책이 가장 선두에 자리하게 될 것이다.

갤브레이스가 이 책을 쓰고 있던 1954년의 여름과 가을쯤, 미국의 주식시장은 작게나마 투자 열풍이 조성된 상황이었다. 이때 그에게 모든 금융 열풍의 공통된 특징이 떠올랐다. 바로 '행운, 무너질 수 없는 시스템, 신의 편애, 내부 정보 확보, 금융 방면의 이례적인 재능 덕분에 일하지 않고도 부자가 될 운명이라는' 사람들의 믿음이었다. 그리고 믿음은 반복되는 투기 경향을 낳았다. 갤브레이스는 이러한 탐욕이 경제에 심각한 문제를 야기한다고 보았다.

케인스주의 성향의 갤브레이스는 정부가 규제와 통화정책을 통해 경제 전반에 해로운 거품을 예방할 의무가 있다고 생각했지만, 그가 보기에 정부는 그 같은 의무를 실천하지 않고 거품이 끓어서 넘쳐날 때까지 내버려두었다. 그렇기에 사람들의 생활과 생계에 처참한 결과가 야기된 것이다.

갤브레이스는 1929년에 일어난 사건에 대해 잘 아는 것이 이 같은 사건의 재발을 방지할 수 있다고 믿었다. 그는 이 책에서 다른 것보다 1929년 주식시장 붕괴에 초점을 맞추고 있는데, 증시 안정을 위한 제도가 정비된다면 증시가 붕괴하더라도 대공황과 같은 사태는 일어나지 않으리라고 보았다.

망상에 가까운 낙관론

1920년대 주식시장 상승에는 그럴 만한 이유가 있었다. 기업의 이익이 불어났고, 그 이익에 비하면 주가는 합리적인 수준으로 보였다. 생산성과 고용률이 이미 높았을 뿐만 아니라 계속해서 상승하는 추세였고, 소비자 물가는 안정적인 데다 제조업의 산출량이 급증했다. 주가는 탄탄한 기업 이익을 반영해 1927년부터 꾸준히 상승하기 시작했으나 1928년 초에 들어서 기저 가치와 따로 놀기 시작했으며 '환상으로의 대대적인 도피'가 일어났다는 것이 갤브레이스의 설명이다.

통념상으론 저금리가 시장 거품의 원인이다. 미국의 통화 당국은 금리를 낮게 유지해야 한다는 책임감을 느꼈다. 유럽 각국의 산더미 같은 금이 높은 금리를 노리고 자국을 떠나 미국으로 몰려들던 시기였기 때문이다. 이처럼 미국이 저금리를 유지함에 따라 미국인들은 싼값에 빌린 증거금으로 주식에 투자해 높은 수익을 거둘 수 있었다는 것이 통설이다. 갤브레이스는 "이전에도 오랫동안 신용이 풍부하고, 심지어 1927~1929년보다 훨씬 더 저렴했던 시기가 있었으나 그런 시기에도 투기는 무시할 만한 수준이었다"면서 통설을 받아들이지 않았다.

그보다는 수많은 백만장자의 탄생을 보면서 수많은 사람이 자신도 부자가 되어야 한다는 사고방식을 갖게 된 것이 더 중요한 원인이었다. 은행을 비롯한 금융 회사가 맹목적인 신뢰를 받았다. 이들은 당시의 주가가 합당한 수준이며, 계속해서 상승하리라는 확신을 끊임없이 심어주었다. 이외에도 금융 회사가 개인에게 제공한 대출도 광풍을 부추긴 요소였다. 1929년에 이르기까지 그러한 대출이 매달 4억 달러씩 증가했다.

1928년 여름, 웨스팅하우스와 제너럴일렉트릭 같은 대형주 상당수가 30~40퍼센트씩 급등했고, 뉴욕증권거래소뿐만 아니라 전 세계 소규모 증권 거래소조차도 호황을 누렸다. 1929년에 들어서 (풀 워버그 같은 금융인이 시장 폭락을 예측하는 등) 일부가 우려를 표시했지만, 주가가 지속적으로 상승함에 따라 그러한 목소리는 '미국적이지 못하며' 반자본주의적이라는 비난을 받았다. 모두가 자금을 주식에 쏟아붓지는 않았지만(실제로 미국 인구 1억 2,000만 중에 주식 계좌를 개설한 사람은 100만~200만 정도였다) 주식 광풍은 사람들의 망상을 불러일으켰다. 수많은 여성이 생애 처음으로 주식을 샀고, 다른 때였다면 돈과 관계된 대화를 금기시했을 문화계와 예술계에서도 주식 이야기가 대세였다. 일해서 버는 돈보다 주식 투자로 버는 돈이 훨씬 많은 사람도 상당수였다.

내부자 거래를 금지하는 법이 사실상 존재하지 않았던 시대, 시장 조작과 주가 조작이 일상적으로 이루어졌다. 갤브레이스에 따르면, 사람들이 그처럼 쉽게 돈을 버는 상황 속에서 시장은 "더 이상 기업 전망을 장기적으로 반영한 장부가 아니라 점점 더 교묘한 속임수의 산물로 인식되기에 이르렀다."

설상가상으로 '20세기 후반에 가장 눈에 띄게 투기적인 조직'
인 투자신탁의 숫자가 1927년 초를 기점으로 11배나 불어났다.
뮤추얼펀드의 조상 격인 투자신탁은 사람들에게 어떤 주식 종목
을 고를지 고민할 필요 없이 손쉽게 시장에 참여할 수 있는 길을
열어주었다. 하지만 규제가 없었기에 위험할 정도의 차입금 투
자를 부추겼고, 본격적인 투자 상품이라기보다는 피라미드 사기
같을 때가 많았다.

💲 **대폭락과 그 직후**

마침내 닥친 붕괴는 하루에 끝나지 않고 몇 주에 걸쳐 일어났다.
1920년대의 엄청난 상승장이 1929년 9월 3일에 종말을 맞이했
지만, 증권사가 제공한 대출은 계속해서 늘어났으며 주가가 하
락하는 중에도 사람들은 자신들이 저평가된 주식을 낚아챘다고
믿었다. 10월 21일 월요일 오전에는 주가가 급락했지만 오후에
는 안정세를 되찾았다. 그 주 목요일, 일명 '검은 목요일'이 되자
오전 장에 '앞다퉈 주식을 내다 팔려는 막무가내 움직임'이 나타
나면서 심리적인 측면의 진정한 붕괴가 일어나기 시작했다. 그
럼에도 같은 날 저명한 금융인들이 시장 안정화를 위해 모이자
공포는 기쁨으로 바뀌었다. 심지어 일부 주식의 종가는 개시 가
격보다 더 높았다. 그다음 날과 주말에도 낙관적인 전망이 이어
질 듯 보였다.

그러나 그다음 주 월요일, '진정한 재앙이 시작'되었다. 이틀 동안 대대적인 투매가 이루어지면서 미국은 충격에 빠졌다. 희한하게도 수요일과 목요일에는 주가가 다시 상승했는데, 자신이 주식을 사들이고 있다는 존 D. 록펠러의 성명서 때문이었던 것으로 보인다. 제너럴모터스의 수장이던 앨프레드 슬론 역시 "사업이 탄탄하다"면서 맞장구쳤다. 포드는 자동차 가격을 인하했다. 시장은 다시 평형 상태로 진입한 듯 보였다.

하지만 그 후 사흘간 뉴욕증권거래소가 안정을 되찾기 위해 문을 닫았을 때 다시 매도 주문이 쌓여갔다. 투자신탁이 가장 큰 타격을 입으면서 투자자들은 폰지사기에 가까운 손해를 보았다. 투자신탁 주식이 휴지 조각이나 다름없다는 사실을 깨달은 사람들이 우량 증권까지 팔아치우자 시장은 한층 더 침체되었다. 한편 투자신탁 소유자들은 자사 주식을 사들여 충격을 완화하려고 했다. 갤브레이스는 "금융에 천재적인 사람이라면 자신의 천재성에 대한 믿음을 단숨에 저버리지 못한다"고 분석한다.

사람들은 폭풍이 하루빨리 사그라들고 경제의 다른 부분에 타격을 주지 않기를 바랐지만, 주식시장은 반등하기는커녕 향후 2년 동안 계속해서 하락했다. 남해포말사건South Sea Bubble[10] 이후로 1920년대의 주가 폭등처럼 투기성이 강한 사건은 없었다. 그렇지만 갤브레이스는 주가 폭등만큼이나 "무지막지한 주식 청산 역시 그 자체로 놀라운 사건"이라고 지적한다.

후버 대통령은 경제가 회복되고 있다고 수도 없이 발표했지만, 그때마다 경제는 더 나빠질 뿐이었다. 1932년의 미국 GDP는 1929년의 3분의 1 수준이었으며, 몇 년이 지나고 나서야 1929년 수준에 근접했다. 대폭락 이후에 찾아온 대공황은 대략 10년이나 계속되었다.

$ **주식 광풍의 원인과 결과**

1928년과 1929년, 주식시장이 어째서 그러한 광풍에 휩싸였는지 정확히는 알 수 없다. 갤브레이스는 마찬가지로 대공황이 그토록 오래 이어진 까닭 역시 확실하지 않다고 말한다. 다만 미국 경제의 구조적인 약점 때문에 대폭락이 더 파괴적인 악영향을 끼쳤다고 분석한다.

그의 주장에 따르면 극심한 소득 불평등이 큰 영향을 끼쳤다. 1929년 미국의 개인 소득 합계에서 5퍼센트의 고소득자들이 번 돈이 차지하는 비중이 3분의 1에 달했다. 경제의 건전성은 고소득자들의 막대한 투자와 소비지출에 좌우되었다. 그러나 대폭락이 닥치자 그러한 투자와 지출이 급감했다.

이뿐만이 아니다. 갤브레이스는 잘못된 은행 시스템도 원인으로 지목한다. 은행 한 곳이 파산하면 다른 은행의 자산이 동결되는 구조였기 때문에 사람들이 거래 은행에서 예금을 인출하는 현상이 발생했다. 공황을 일으키고 경제에 필요한 자금 인출을 유발하기에 최적화된 시스템이었다. 이후에 도입된 연방예금자 보호법은 미국의 금융 안정성을 위해 반드시 필요했다.

갤브레이스는 '형편없는 경제 지식'도 원인으로 꼽았다. 정상적인 상황에서라면 흑자 예산에 대한 의지가 타당했겠지만, 대폭락 직후에는 그 때문에 실업률 감소와 전반적인 빈곤 완화에 필요한 정부의 추가 지출에 제동이 걸렸다. 사람들은 인플레이션을 두려워했지만, 인플레이션보다 더 큰 문제가 있었다. 바로 미국의 대외 수지였다. 제1차 세계대전이 끝나고 미국의 무역 흑자는 엄청났다. 유럽이 전쟁을 치르면서 미국에 진 채무도 엄청났다. 유럽이 무역 대금 결제와 채무 상환에 금을 사용하면서 유럽에서 금이 자취를 감추기 시작했다. 미국은 수입을 늘리는 방식으로 대처했지만, 수출 감소는 경기 침체를 유발했고 농가에 타격을 입혔다.

마지막으로 부실한 기업 구조가 수상쩍은 투자신탁과 지주회사가 득세하는 상황이 펼쳐지게 만들었다. 차입금을 과도하게 끌어다 쓴 이들은 투자보다는 배당금 지급에 역점을 두었다. 체면을 지키기 위해서였다. 그 같은 금융 회사들은 주가에 조금이라도 타격을 입으면 파산하거나 갑작스러운 지출 삭감을 감행해야 했다. 그 결과 디플레이션 악순환까지 더해졌다.

갤브레이스는 "경제활동의 규제는 의심의 여지 없이 가장 세련되지 못하며 보람 없는 공적 조치"라면서도 대폭락과 대공황이 생긴 데에는 정부의 태만이 어느 정도 작용했다고 분석한다. 자본주의체제에서 정부의 지렛대를 제어하는 이들은 호황을 끊어 흥을 깨는 사람으로 비치고 싶어 하지 않는다. 혹은 직접적인 이해 충돌이 발생하는 위치에 있기도 하다. 예를 들어, 쿨리지 대통령 시절에 재무부 장관을 지낸 앤드류 멜론은 1920년대의 호황이 지속되는 편이 이득이었기 때문에 '무대응의 열렬한 옹호자'였다. 실제로 쿨리지 행정부와 후버 행정부는 당시의 금융 거물이나 대규모 금융 회사와의 밀접한 관계를 은폐할 시도조차 하지 않았다. 시간이 흐른 지금은 달라졌을까? 오늘날에는 금융이 더 많은 규제를 받지만, 로비활동 때문에 규제가 뒤집히거나 희석되는 경우도 많다.

갤브레이스는 금융 부문에 대한 정부의 무대응이 (그의 시대에 훨씬 더 무서운 위협으로 여겨졌던) 공산주의만큼이나 자본주의에 큰 위협이 된다는 경고로 책을 마무리한다.

⑤   기억은 오래 남지만 또 쉽게 잊힌다

갤브레이스의 연구가 시대를 초월해 인정받는 까닭은 역사적 기억에 대한 그의 통찰 때문이다. 폭락과 공황은 사람들의 심리에 큰 타격을 가할 수 있으며, 그 여파는 기억이 잊힐 때까지 오래 지속된다. 갤브레이스의 주장에 따르면, 1934년에 제정된 증권거래법은 대폭락의 원인이 된 금융 사기를 방지한다는 목적을 띠었지만, 결과적으로 대폭락의 재발을 막은 것은 그때의 끔찍한 기억이었다. "기억은 금융과 관련된 망상이나 광기를 방지하는 보호책으로서 법률보다 더 효과적"이라는 것이다.

하지만 사람들은 쉽게 잊는다. 1960년대 초반 이후로 나쁜 관행이 상당수 부활했으며 글래머 주식(glamor stock, 대단히 매력적인 우량주)이 나타났다. 사람들은 이 주식엔 경제 법칙이 적용되지 않는다는 듯이 '새 시대'의 징표로 떠받들었다.

갤브레이스의 아들이자 경제학자로도 유명한 제임스는《대폭락 1929》의 2009년 판본 서문에서 1929년과 2007년에 중요한 공통점이 있다고 지적했다. 1929년에나 2007년에나 "미국 정부는 어떤 조치가 필요한지 잘 알았지만 조치를 취하지 않았다". 1929년에 정부가 금리를 대폭 인상하고, 월가의 불법 관행을 처벌하고, 증거금 대출을 단속하는 등의 조치를 취했다면 대폭락을 피하고 실물 경제의 추락을 막을 수 있었을 것이다. 2007년에는 금융시장을 내버려두자는 '그린스펀 원칙'을 고수한 데다가 부시 행정부가 (수십 년 동안 주택 시스템의 안정을 유지한) 주택 및 주택담보대출 규제를 철폐하면서 부동산 거품이 팽창했다.

2007년의 금융 위기 이후 경제학의 교훈 자체를 다시 생각해봐야 한다며 경제사를 커리큘럼에 포함해야 한다는 합당한 요구가 있었다. 갤브레이스는 최고의 스승은 경제 이론이 아니라 경험이라는 사실을 잘 알고 있었다.

함께 읽으면 좋은 책 리아콰트 아메드의《금융의 제왕》, 마이클 루이스의《빅 숏》, 하이먼 민스키의《불안정한 경제의 안정화》, 로버트 쉴러의《비이성적 과열》

$\mathbf{i}$. 존 케네스 갤브레이스 더 알아보기

1908년 캐나다 온타리오주 농가에서 태어나 자라났다. 온타리오농과대학에서 축산학을 전공했으며 농업경제학에도 관심을 가졌다. 이후 캘리포니아대학교 버클리 캠퍼스의 장학생으로 들어가 농업경제학 석사학위와 박사학위를 받았다. 대학 졸업 후 하버드대학교 및 프리스턴대학교 등에서 간간이 가르치는 일을 했으며, 1934년에는 몇 달간 미국 농무부에서 근무하기도 했다. 1937년 미국 시민권을 획득했다. 제2차 세계대전 당시 미국 물가관리국의 부국장으로 일하며 물가를 안정시키고 인플레이션을 막는 데 힘썼다. 이러한 공로를 인정받아 1946년 트루먼 대통령으로부터 자유 훈장을 받았다. 언론사 소유주인 헨리 루스의 제안으로 《포춘》에 존 메이너드 케인스의 이론을 알리는 글을 기고하기도 했다.

1947년 엘리너 루스벨트 및 라인홀드 니부어 등과 함께 '민주 행동을 위한 미국인 Americans for Democratic Action'이라는 연구소를 창설해 진보적인 정책을 홍보했다. 1949년 하버드대학교 경제학 교수로 임명되었다. 1961년 케네디 대통령으로부터 인도 주재 미국 대사로 임명되어 3년간 일했다. 그는 케네디에게 베트남과 전쟁하지 말 것을 조언했다. 1972년 미국 대선 때에는 닉슨의 경쟁 상대였던 맥거번의 선거운동을 도왔다.

그이 또 다른 명저로는 1958년에 출간한《풍요한 사회》가 있다. 이 책은 공공 편의 시설과 기반 시설에 적절한 투자가 이뤄지지 않아 미국의 민간 부문에 부가 집중되었다는 내용을 담고 있다. 1967년에 출간한《새로운 산업 국가The New Industrial State》에서는 미국 기업이 정통 경제학파의 주장만큼 경쟁력이 뛰어나지 않으며, 소비와 물가가 대기업에 의해 형성된다고 주장했다. 2000년에 다시 한번 클린턴 대통령으로부터 자유 훈장을 받았다. 자유 훈장 2회 수상은 극히 이례적인 일이었다. 2006년 아흔일곱의 나이로 세상을 떠났다.

Book 12

부의 불평등은 토지 때문이다, 토지가치세를 주장한 혁명적인 책

헨리 조지의 《진보와 빈곤》

헨리 조지 Henry George

19세기 미국의 정치가이자 경제학자다. 단일세로서의 토지가치세를 주창했으며, 그의 이름을 딴 조지주의(Georgism, 지공주의)라고 불리는 경제학파를 형성하는 데 영향을 끼쳤다. 자본은 개인 소유지만 토지는 공유해야 한다고 주장해 자본과 토지를 구분하지 않는 마르크스주의와는 대척점을 이루었다. 이는 진보주의에는 물론이고 버나드 쇼와 톨스토이 등 소설가들에게도 큰 영향을 주었다.

헨리 조지는 대학 문턱에도 가본 적이 없지만 수백만 명의 생각을 바꾼, 당대 가장 유명한 경제 사상가였다. 그의 사상은 미국의 정치제도에 기여했으며, 조지 버나드 쇼와 레오 톨스토이 등 문인들의 찬사를 받기도 했다. 미국, 영국, 유럽, 호주 등 세계 곳곳에서 그의 사상을 실천하기 위해 움직였다.

조지는 애덤 스미스, 토머스 맬서스, 존 스튜어트 밀의 책을 탐독하며 경제학 이론에 대한 기초 지식을 습득했는데, 그에게 가장 영향을 준 것은 '토지는 모두의 소유이므로 개인이 사유 재산으로 독점해서는 안 된다'는 리카도의 이론이었다. 1871년 그는 〈우리의 토지와 토지정책〉이라는 소논문을 발표했는데, 전혀 반응이 없자 자신의 생각을 확장해 책으로 소개하기로 결심하고 《진보와 빈곤》을 썼다. 1879년 출간된 이 책은 출간되자마자 큰 인기를 끌며 인기 소설의 판매량을 넘어서는가 하면, 신문에 연재되기도 하고 여러 국가의 언어로 번역, 출판되었다.

그런데 왜 오늘날에는 그가 생전만큼 잘 알려지지 않은 것일까? 공교롭게도 그의 저서 《진보와 빈곤》에 그 답이 숨어 있다. 조지는 토지세가 거의 시행되지 않은 이유로 지주 계층이 정부에 행사하는 영향력 때문이라고 주장했다. 이에 따라 경제학의 지배적인 패러다임이 된 신고전파 경제학은 국민이 아니라 금권 집단의 이해관계를 대변하기에 이르렀다.

하지만 조지의 주장이 다시 각광받을 날도 멀지 않은 듯하다. 아직 토지만이 과세 대상인 단일세는 시도된 적이 한 번도 없지만, '토지가치세'는 현재 많은 나라에서 시행 중이다. 현재 OECD는 단일세에 호의적인 입장이며, 일부 경제학자는 단일세야말로 불평등을 해소하는 열쇠가 되리라고 본다. 다만 높은 세율이 도입에 장애가 되고 있다. 단일세를 시행하면 (그 외의 세금을 모두 폐지해야 하므로) 높은 세율을 적용할 수밖에 없는데, 그랬다가는 일해서 번 과세 소득으로 땅을 사서 지대를 받던 사람들이 격분할 것이다. 고가의 주택을 소유했지만 해마다 과중한 세금을 낼 여력이 없는 사람들도 마찬가지다.

확실한 것은 도시가 점점 더 성장의 발판이 되어가면서 토지의 중요성이 점점 더 커지고 있다는 점이다. 이에 따른 소득 불평등이 정치권의 최우선 과제로 떠오른 상황에서 미래에는 조지의 바람대로 가치 있는 부동산의 세율이 인상되고, 임금과 기업 이윤의 세율이 인하될 가능성도 있을 것이다.

💲　　　　　　　　높은 물결에 올라타지 못하는 배도 있다

조지는 20대에 여러 신문사에서 기자 및 편집자로 일했다. 그는 제2의 고향인 샌프란시스코가 도시로 발전해나가는 과정을 지켜보았다. 그러다 뉴욕에 갔을 때 극심한 빈부 격차에 충격을 받았다. 어째서 뉴욕의 빈민이 샌프란시스코의 빈민보다 훨씬 더 힘들게 사는지 의문이 들었다.

조지는 책의 도입부에서 자기 시대에 일어난 기술의 진보가 경이롭다고 말한다. 그러고는 기술의 진보로 인해 노동력이 절감되면서 일을 덜해도 더 많은 부가 축적되는 황금기가 새로이 도래할 것으로 예상됐지만 실제로는 경기 침체, 공장 휴업, 실업, 불평등의 심화가 나타났다고 지적한다. 자선 단체의 배급으로 먹고사는 빈곤층이 수없이 많았고, 새로 생긴 큰 건물, 교회, 박물관 사이에는 "걸인들이 행인을 기다리고 있었다". 그는 경제

발전으로 가난이 덜해지기는커녕 오히려 더 심해진다는 사실만 보더라도 자본주의의 발전 또는 '진보' 과정에 문제가 있다고 보았다. 경제의 물결이 고조될 때 모든 배가 물결을 타지 못한다면 무엇인가 잘못되었기 때문이라고 그는 분석했다.

조지는 "물질적 진보는 가난을 완화하지 못할뿐더러 오히려 가난을 만들어낸다"는 충격적인 결론을 내린다. 마을이 소도시가 되고 대도시로 발전하면서 가난은 부와 나란히 증가한다는 것이다. 그는 가난과 진보 사이의 이 같은 연결고리가 "우리 시대의 수수께끼"라면서 이것이 존재하는 한 "진보는 진정한 발전이 될 수 없으며 영원히 지속되지도 못한다"고 말한다. 그에 따르면, 가난과 진보가 어깨를 나란히 하는 상황에서 혁명이 발발할 가능성이 큰 사회가 만들어진다. 이론적으로는 모든 사람이 평등하다고 하지만 실제로는 평등해질 기회를 거의 제공하지 않는, 이론과 현실의 괴리가 큰 정치체제 때문이다. 이는 사회가 '허풍선이나 선동가에 휘둘리도록' 취약하게 만든다. 그러나 조지는 정치경제학이 해결책을 제공하지 못한다고 생각했다.

⑤
 ## 모든 것에 우선하는 토지

조지는 식량 공급량보다 인구가 더 빠르게 증가한다는 토머스 맬서스의 주장에 동의하지 않았다. 대신 인구가 증가하면 토지의 가치가 높아진다고 보았다. 토지의 생산성이 올라가서가 아니라, 장소가 있으면 사람들이 다른 제품이나 서비스에 더 손쉽게 접근해 손수 생산한 물건과 교환할 수 있다는 이유에서였다. 사람들이 산업 시설, 시장, 일자리에 더 가까워지는 것이다.

조지의 주장에 따르면, 인구가 밀집할 때 토지에는 '원래의 비옥도를 수천 배 늘리는 것과 맞먹는' 생산성이 생겨난다. 지대도 그에 따라 증가한다. 그에 의하면 지대는 인구 증가에 의해 추가된 토지 생산성과 사용 중인 토지 중에서 가장 비옥하지 못한 토지의 생산성 사이에서 발생하는 차이를 측정해 결정된다. 경운기와 전신기부터 재봉틀에 이르기까지, 노동력을 절감하는 혁신 기술과 발명품이 나타나면 그 기반이 되는 토지 가격은 한층 더 상승한다. 낡은 생산 수단을 사용할 때보다 더 많은 부가 창출될 수 있기 때문이다.

문제는 그처럼 증가한 생산성의 대가 중 대부분이 '불로 지대'의 형태로 지주에게 돌아간다는 점이다(그저 그 땅이 적기에 적소에 있었기 때문이다). 근로자와 자본의 몫은 적다. 이런 식으로 부가 창출된다. 바로 이러한 상황 때문에 "노동력을 줄여주는 기계가 노동자에게 혜택을 주지 못하는 놀라운 현실이 만들어"지는 것이다. 국가의 생산성이 올라간다고 임금이나 금리가 나란히 올라가진 않지만, 지대만큼은 확실히 오르기 때문이다.

조지는 미국 같은 신생 국가의 소득 평등도가 유럽보다 높은 이유, 샌프란시스코처럼 후생 도시의 소득 평등도가 뉴욕처럼 오래된 도시보다 높은 이유가 모두 토지 때문이라고 보았다. 새로 개발된 지역의 땅값은 좀 더 저렴한 경향이 있으며, 지주가 차지하는 부분이 적을수록 근로자와 자본에 돌아가는 부분이 커진다는 것이다.

애덤 스미스는 노동 분업을 국부 창출의 원동력으로 보았으나, 조지는 회의적이었다. 노동 분업이 부를 창출하는 것은 사실이지만, 노동 분업에 참여하는 근로자 개인은 "생산자와 소비자를 잇는 거대한 사슬의 한 연결고리로 전락해 사슬에서 떨어져 나오지도 못하고, 생산자와 소비자가 움직일 때를 제외하면 스스로 움직이지도 못할 정도로 무기력한 존재가 된다".

⑤   **단일세로서의 토지가치세**

조지는 역사가 한 집단이 다른 집단을 착취하기 위해 토지를 독점하고, 근로자의 희생을 바탕으로 토지의 독점적 소유권을 보호하기 위한 제도가 출현하는 과정으로 이루어진다고 보았다. 가장 극명한 사례가 노예제도다. 영국 귀족들이 고지대 주민을 강제로 퇴거시키고 공유지에 울타리를 쳐 사유화한 악행들도 있다.

그렇다면 토지 선용을 위해서는 토지 사유제가 반드시 필요할까? 모든 토지를 공유지로 전환하면 사회와 경제가 무질서한 상태로 돌아갈까? 이런 통념은 옳은 것일까?

토지의 소유권이 개인에 있는지 공동체에 있는지는 중요하지 않고, 토지의 개선 여부가 정말 중요하다는 것이 조지의 생각이다. 그의 주장은 다음과 같다. 소유권이 있다는 이유만으로 어떤 사람이 토지를 경작하거나 개선하겠다는 의욕을 품지는 않는다. 그보다는 자신이 쏟아부은 노동력의 성과가 결과적으로 자기 몫이 된다는 확신이 들어야 한다. 토지 개선의 혜택을 보장해주는 제도가 있다면 토지 사유제는 불필요해질 것이다. 토지를 개인 소유로 놓아두면 노동력이 접근할 수 없기에 땅의 상당 부분이 개발되지도 개선되지도 못하고 방치되게 마련이다.

이러한 논리를 토대로 조지는 토지의 생산물이 아니라 토지의 가치에 세금을 부과하자는 명쾌한 해결책을 내놓았다. 다른 세금은 모조리 없애고 그저 땅이 모든 사람의 공동 재산임을 명시하는 토지세만 징수하여 모두가 토지 소유권의 편익을 누릴 수 있도록 하자는 주장이다. 그렇게 하면 노동력과 자본에는 더 이상 세금이 부과되지 않기 때문에 부담을 던 노동과 자본의 생산성이 개선된다. 게다가 이러한 제도가 시행된다고 해서 토지의 소유권이 바뀌거나 재분배될 일도 없다.

토지에 세금이 매겨지면 토지는 다시 모든 사람의 공동 재산이 된다. 기업, 자본, 노동력에 세금을 매기면 생산량이 감소하지만, 그 모든 세금을 폐지하고 토지세만 징수하면 경제가 큰 활력소를 얻는 동시에 근로자는 (소득세나 부가가치세를 부담할 필요가 없으므로) 상당히 여유로워진다. 토지세는 징수가 용이하단 장점도 있다. 조지는 "토지를 숨기거나 다른 곳으로 옮길 수 없기에 그 가치를 곧바로 평가할 수 있으며, 평가가 끝나는 즉시 징수원 한 명이 토지세를 거둬들일 수 있다"고 주장한다. 반대로 다른 세금은 징수의 어려움이 있으며 부정부패가 개입될 여지가 많다.

⑤ 토지의 시설은 개인이 구축한 것이 아니다

'핸리 조지 정리Henry George Theorem'라는 것이 있다. 조지의 가장 핵심적인 주장으로, 개인이 토지 소유를 통해 혜택을 얻고 이득을 볼 수 있는 것은 순전히 공적 투자 덕택이라는 내용이다. 따라서 사유 재산의 가치가 커지면 공동체 전반이 이득을 얻게 마련이다. 예를 들어, 정부가 철도를 건설하거나 건설 비용을 지원해 가까이 있는 개인 소유지의 가치가 올라간다면 그 토지 소유자뿐만 아니라 공동체 일원 모두에게 이익이 되지 않을까. 마찬가지로 토지세가 징수되면 국가가 기반 시설을 개발할 때 개발업체나 투기꾼뿐만 아니라 모든 국민이 혜택을 누리게 된다. 오히려 투기꾼에게 돌아가는 이익은 줄어든다. 투기가 사라지면 땅값은 하락하게 마련이고, 토지 독점은 더 이상 이득이 되지 않는다.

조지는 해결책의 핵심이 무엇보다 불평등의 완화라고 주장한다. 불평등이 완화되면 '토지 소유로 자연스럽게 제공되는 독점권'이 종말을 맞이한다는 것이다. 시간이 흐를수록 소수가 자원을 독점하는 현상이 자리 잡기 때문에 사회는 전보다 더 불평등해지는 경향이 있다. 토지세는 그러한 현상을 바로잡을 수단이다. 새로운 세대에게 경제적인 평등의 기회를 제공하기 때문이다. 사회가 얻는 소득 중에서 지대와 소유권으로 얻는 소득의 비중이 줄어들고 실질적인 생산과 노동으로 얻는 소득의 비중이 늘어나게 된다. 극소수의 토지와 재산 독점으로 고착된 불평등 때문에 사회의 진보와 발전이 더뎌지고, 사회가 정체되는 일이 많다. 그런 의미에서 조지의 주장은 다시금 새겨볼 만하다.

함께읽으면좋은책 제인 제이콥스의《도시의 경제The Economy of Cities》, 토머스 맬서스의《인구론》, 카를 마르크스의《자본론》, 엘리너 오스트롬의《엘리너 오스트롬, 공유의 비극을 넘어》, 토마 피케티의《21세기 자본》

$ㅣ 헨리 조지 더 알아보기

1839년 미국 필라델피아에서 태어나 엄격한 성공회 가정에서 자라났다. 열네 살 때 학업을 그만두고 호주와 인도로 가는 항해선의 선원이 되었다. 몇 년 후 미국으로 돌아와 샌프란시스코에서 조판공으로 일했다. 결혼 후 기자로 전직했고, 20대 후반에《샌프란시스코 타임스》의 편집장이 되었다. 1871년《샌프란시스코 데일리 이브닝 포스트》를 창간, 1975년까지 운영했다.
《진보와 빈곤》이 크게 성공하면서 유명세를 얻었다. 이후 가족과 함께 뉴욕으로 이주해 연설가이자 지식인으로 인기를 누리며 뉴욕 시장 선거에도 출마했다. 비록 선거에는 패배했지만, 그의 정책 제안은 영향력을 발휘했다. 그가 제안한 정책으로는 지대를 통한 모든 시민의 기본 소득 제공, 대중교통에 대한 공적 투자 확대, 여성 참정권, 부정부패 청산, 지적 재산권 제한 등이 있다. 자유무역을 적극적으로 옹호하기도 했으며, 이에 관한 저서《보호인가 자유무역인가Protection or Free Trade》를 펴내기도 했다. 1897년 세상을 떠났다.

Book 13

100년간의 유례없던 경제 성장이
앞으로도 지속될 것인가?

로버트 J. 고든의
《미국의 성장은
끝났는가》

로버트 제임스 고든 Robert James Gordon

미국의 경제학자 및 경제사학자로 현재 노스웨스턴대학교의 스탠리 G. 해리슨 석좌
교수로 재직 중이다. 인플레이션, 실업 및 장기 경제 성장에 관한 세계 최고의 전문가
중 한 명으로 평가받고 있다. 2013년 《블룸버그》 선정 '가장 영향력 있는 사상가 10인'
에 꼽혔으며, 2016년에는 《블룸버그》 선정 '올해 가장 영향력 있는 50인'에 뽑혔다.

로버트 J. 고든은 2016년에 펴낸 《미국의 성장은 끝났는가》에서
흥미로운 주장을 펼친다. 1970년 이후의 기술 발전은 전기, 전
신, 실내 배관, 현대 의학, 대중교통으로 압축되는 1870~1970년
의 기술 발전에 비하면 그리 대단하지 않다고 말이다. 1970년 이
후의 혁신은 대부분 통신, 정보 처리, 연예 분야에서 일어났을 뿐
우리 삶을 획기적으로 개선한 분야와는 관련이 없다는 것이다.

이러한 주장은 "우리는 비행하는 자동차를 원했지만 실제

로 얻은 건 140자(로 쓸 수 있는 트위터)뿐"이라고 했던 벤처 자본가 피터 틸의 유명한 발언과 일맥상통한다. 스마트폰과 인터넷은 매우 경이로운 기술의 산물이지만, 생활 수준의 급격한 향상이라는 측면에서는 상하수도나 대량 생산되는 자동차의 상대가 되지 못한다. 결과적으로 지난 45년 동안의 경제 성장률은 1920~1970년에 이뤄진 경제 성장률의 절반에도 못 미친다.

고든이 한 주장의 핵심을 살펴보면 이렇다. '일부 발명은 다른 발명보다 한층 더 중요'하며, 미국이 남북전쟁 이후 한 세기 동안 고속 성장이 가능했던 것은 그처럼 '위대한 발명'이 유례없이 동시다발적으로 이뤄졌고, 대부분이 1920년부터 강력한 영향력을 발휘했기 때문이다. 고든은 "1870~1970년의 경제 혁명을 가리켜 인류 역사에 다시 없을 이례적인 사건이라고 하는 까닭은 혁명의 성과 대부분이 한 번만 가능한 것이었기 때문"이라 주장한다.

《미국의 성장은 끝났는가》는 미국의 경제 성장의 원인을 규명한 저서 중에서 가장 돋보인다. 748쪽(한국어판 1,040쪽)에 달하는 묵직한 이 책은 출간된 해 모든 매체에서 앞다투어 '올해의 책'으로 선정하고 수많은 학자가 찬사를 보내는 등 화제가 되었다. 미국 아마존에서 책 소개 페이지에 들어가면 추천사 보는 데에만 스크롤을 한참 내려야 한다. 그만큼 상세하고 의미 있는 내용을 담고 있다. 영세한 잡화점의 시대에서 슈퍼마켓 시대로의 전환,

(오늘날 아마존 격인) 시어스 카탈로그의 혁명성, 1920~1930년대의 라디오 전성기, 미국 주요 도시의 에어컨 보급, 1950~1970년의 고속도로 건설과 그에 따른 생산성 급증, 텔레비전과 세탁기 등의 가전제품의 품질 향상과 가격 인하, 급속도로 발전한 컴퓨터의 사양과 가격 인하, 복사기와 자동 입출금기 및 전자 매표기 등장에 따른 편의성과 효율성 증대 등.

다소 비관적인 제목과는 달리 이 책은 산업 발전을 긍정적으로 평가한다. 고든은 이 책을 쓸 때 미시간의 한 여인숙에서 우연히 발견한 오토 베트먼의 저서《고난의 옛 시절: 참혹한 과거의 삶The Bad Old Days: They Were Really Terrible》으로부터 부분적으로 영감을 받았다. 나치를 피해 미국으로 망명한 독일 출신의 사진작가가 19세기 미국의 생활상을 고찰한 이 책은 과거에 대한 낭만적인 시각을 현실적으로 검증함으로써 미국의 생활 수준이 불과 수십 년 만에 얼마만큼 개선되었는지를 일깨워준다.

⑤   생활 수준의 향상: 순식간에 개선된 삶

1870~1940년을 다룬 제1부에서는 위대한 발명이 어떻게 해서 일상생활에 변화를 몰고 왔는지 상세하게 다룬다. 고든의 주장에 따르면, 혁신적인 기업가는 경제의 능률을 끌어올리는 데 그치지 않고 대변혁과 발전을 일으킨다.

고든에 따르면 1부는 '삶과 일이 위험했고 따분했으며 지루하고 위태로웠던 과거사를 회고'한다. "1820년에 태어난 신생아는 중세나 다름없는 세상으로 나왔다. 촛불로 밝힌 어둠침침한 세상에서 민간요법이 질병 치료에 쓰였고, 도보나 항해보다 더 빠른 이동 수단은 존재하지 않았다." 무엇보다 중요한 점은 기대 수명이 '20세기 전반에 20세기 후반의 두 배 속도로' 올라갔다는 사실이다. 고든은 "영아 사망률의 급격한 감소가 미국 경제사에서 가장 중요한 단일 요소 중 하나"라고 말한다. 수백만 신생아가 온전하고 생산적인 삶을 살게 됨으로써 미국이 경제 대국으로 탈바꿈했다는 것이다.

고든은 "그 한 세기를 전무후무하다고 하는 까닭은 전환의 규모 때문만이 아니다. 전환이 완성된 속도 때문이다"라고 말한다. 삶은 한층 더 길어지고 안전해졌다. 건강해진 데다 덜 위험해졌다. 이 모든 개선이 불과 수십 년 만에 이루어졌다.

⑤ **20세기 중반의 기적: 특별했던 반세기**

고든은 그처럼 '특별했던 한 세기(1870~1970)' 가운데서도 왜 1920~1970년의 반세기가 한층 더 특별한지 설명한다. 이 기간 동안 총요소생산성은 1970년 이후와 비교할 때 세 배로 개선되었다. 어째서일까? 혁신과 기술 발전이 초고속으로 이루어졌는데, 이 이전이나 이 이후에나 그처럼 '거대한 물결'은 일어나지 않았다. 전기는 1880년대에 처음 사용되었지만, 그로부터 한참 후인 1920~1950년 사이에 제조업에 큰 변화를 몰고 왔다. 내연기관 역시 비슷한 영향을 끼쳤다. 1930년대는 대공황을 겪었음에도 혁신의 시대였다. 플라스틱 산업의 출현과 미국 연방표준국의 설립은 산업 효율성을 전에 없는 수준으로 끌어올렸다.

- 항생제, 엑스레이, 현대적인 암 치료법은 수백만 명의 생명을 구했다. 폐렴, 류머티즘열, 류머티즘 심막염으로 인한 사망률이 1940~1960년 사이에 90퍼센트나 하락했다. 소아마비 백신의 보급으로 소아마비 바이러스는 이미 1960년대 후반에 미국에서 근절된 상태였다.
- 도시의 대기질이 크게 개선되고 흡연율이 대폭 하락했다.
- 교통사고 사망 건수가 대폭 줄어들었으며, 항공기 탑승이 도로 횡단보다 안전해졌다.
- 과거에는 가족용 피아노나 축음기만 놓여 있던 거실에 라디오가 자리를 잡아 공짜 오락거리와 뉴스를 생방송으로 끊임없이 제공했다(희극배우였던 조지 번스가 자서전에서 "그 시대를 살아보지 않은 사람에게 라디오가 세상에 끼친 영향을 설명하기란 불가능하다"라고 말할 정도였다).
- 만국 우편 서비스의 탄생으로 미국의 가장 외딴 지역이라고 해도 다른 지역은 물론이고 다른 국가와도 날마다 우편을 주고받게 되었다.
- 도처에 보급된 전화는 사람의 생명을 살렸다. 신속한 구조 요청이 가능해졌기 때문이다. 더욱이 전화 덕분에 사교적으로나 사업적으로나 교류할 수 있게 되었다.

· 유성영화의 등장으로 대규모의 산업이 형성되었다. 1930~1950년간 미
국인 가운데 60~70퍼센트가 매주 극장을 방문해 〈바람과 함께 사라지
다〉, 〈오즈의 마법사〉, 〈시민 케인〉, 〈카사블랑카〉 같은 고전 영화를 관
람했다. 1939~1940년에 뉴욕세계박람회에서 첫선을 보인 텔레비전 역
시 자리를 잡았다.

이 시대의 생산성에 박차를 가한 것은 예고 없이 찾아온 대격
변, 바로 대공황과 제2차 세계대전이었다. 대공황이 몰고 온 빈
곤 때문에 시행된 뉴딜정책은 노조 설립을 가속화했고, 그에 따
라 근로자들의 생산성이 개선되었다. 근로 시간이 단축되었기에
자본가들은 근로자들에게서 더 많은 것을 뽑아내기 위해 더 똑
똑한 방법을 써야 했다.

전쟁 준비 상황에서 압박을 받은 제조업은 더욱 효율적으로
돌아가야 했다. 한편 미국 연방정부는 전쟁이 아니었다면 탄생
할 수 없었던 신생 사업에 자금을 지원했다. 1940~945년간 미
국의 기계 장비 숫자가 두 배로 증가했다. 고든은 전쟁이 "오랜
정체에 빠져 있던 미국 경제를 구원했다"고 주장한다. 전쟁 덕분
에 자본량이 1950년대와 그 후까지 경제 성장 유지에 필요한 모
든 조치를 시행할 수 있는 수준으로 대폭 축적되었다는 것이다.
전국 고속도로 건설 같은 조치로 생산성이 크게 향상된 것이 자
본 축적에 한몫했다.

오늘날의 혁신이 혁명으로 이어질까?

컴퓨터의 보급으로 1996년부터 2004년까지 10년이 채 못 되는 기간에 생산성이 급격하게 개선되었다. 다만 전력 보급에 힘입은 생산성 향상이 수십 년간 지속되었던 것에 비해 컴퓨터 기술로 인한 생산성 향상은 불과 8년 정도에 그쳤다. 고든에 따르면, 경제는 디지털화로 말미암은 편익의 대부분을 이미 다 받았다. 2000~2014년간은 미국 역사상 생산성 향상이 가장 둔화된 시기였다. 기업, 상점, 병원, 학교, 대학, 금융 부문에 '변화보다 지속성'이 존재했던 기간이다. 고든은 "요약하자면 인터넷 혁명이 창출한 변화는 전면적이었지만, 상당 부분 2005년 전에 완료된 상태였다"고 설명한다.

　슈퍼컴퓨터, 인공지능, 로봇공학이 다시 한번 1920~1970년에 일어났던 식의 연속적인 성장을 이끌어낼 수 있을까? 고든은 향후 10~20년간 첨단 의학, 소형 로봇, 3D 프린팅, 빅데이터, 자율 주행 자동차처럼 놀라운 신기술 덕에 생산성이 비약적으로 향상되리란 '기술 낙관론자'들의 예측을 일축한다. 고든의 생각은 다음과 같다.

· 의학은 지속적으로 발전하겠지만, 과도한 규제에 발목이 잡혀 점진적인 발전만 이룰 것이다.
· 소형 로봇 같은 장비가 인간의 노동력을 본격적으로 대체하고 있다면,

오늘날 실업률이 25퍼센트나 50퍼센트로 치솟지 않고 5퍼센트에 머무는 이유가 무엇인가? 기계 장비는 노동력을 보완할 뿐 대체하는 것이 아니다. 아마존 최첨단 창고에서는 로봇이 재고를 찾기 쉽게 정리하지만, 아직도 제품을 고르고 상자에 담는 일은 인간의 몫이다.

· 3D 프린팅은 신제품 디자이너와 기업가들이 새로운 상품을 낮은 비용으로 개발하는 데 분명 도움이 되겠지만, 대량 생산과 일반 제품의 생산에 큰 영향을 미치지는 못할 것이다.

· 현재까지 빅데이터와 인공지능의 발전이 생산성의 도약을 불러오지는 못했다. 생산성 향상이나 고객의 편의성 측면에서 알고리즘은 대량 생산 조립 라인은 물론이고 마트의 셀프 계산대만도 못하다.

· 자동차 자체의 발명이나 1950년 이후로 주행 거리 1마일(약 1.6킬로미터)당 사망률을 10배 낮춘 안전성 기술에 비하면 자율 주행 자동차의 장점은 미미할 뿐이다. 즉, 물건을 사러 가거나 출근하러 가는 길에 운전하지 않고 자동차 안에 앉아 있을 수 있다는 장점은 상대적으로 크지 않다.

우리는 우리 시대에 위대한 혁신이 물밀 듯 일어났다고 생각하지만 그러한 혁신을 상하수도, 전기, 가스, 전화를 갖춘 1940년대의 '네트워크화된 가정'에 비교할 수 있을까? 오늘날의 가정을 보면 TV용 통신 회선과 인터넷 전용 와이파이 말고는 실질적인 진보가 이뤄지지 않았음을 알 수 있다. 더욱이 통신 회선이나 와이파이는 배수관, 전기, 중앙 집중식 난방 시설처럼 꼭 필요한 것도 아니다. 고든은 항공권 가격은 대폭 떨어졌지만 "최초의 제트기가 선보인 이후로 거의 60년 동안 제트기의 속도나 안락함은 전혀 개선되지 않았다"고 지적한다.

고든의 동료인 조엘 모키어는 "과거는 늘 미래의 형편없는 안내자며, 경제사학자는 미래 예측을 삼가야 한다"고 주장한다. DNA 염기서열 분석부터 슈퍼컴퓨터, 나노화학, 유전공학에 이르기까지 다양한 신기술이 쏟아져 나오는 중이지만 완전한 상용화 전까지는 그러한 신기술이 우리의 삶의 질을 얼마나 급격하게 끌어올리지는 미지수다. 어쨌든 고든은 그 모든 기술이 획기적 산물이라기보다는 점진적 산물이라고 본다. 결과적으로 미래에도 1994~2004년보다는 2000~2014년과 비슷한 점진적인 성장이 일어나리라는 것이 고든의 분석이다.

⑤ **성장을 방해하는 '4대 역풍'**

고든은 1970~2014년의 생산성 향상이 1920~1970년의 수준으로 강력했다면, 미국의 1인당 실질 GDP는 집필 시점을 기준으로 5만 달러가 아니라 10만 달러에 이르렀을 것이라고 추산한다. 그가 보기에 인구 구조와 정치 문제를 비롯한 네 가지 요소가 미국이 재빨리 고속 성장 경로로 재진입하는 것을 방해한다. 이를 두고 고든은 '4대 역풍four headwinds'이라고 부르며, 그 네 가지는 다음과 같다.

- 불평등: 1970년대 후반 이후 미국 국민 소득이 상위 1퍼센트에게 돌아가는 비중이 꾸준히 늘고 있다. 나머지 99퍼센트에게 돌아가는 몫이 줄었다는 뜻이다.
- 교육: 교육 수준이 높은 사람이 증가하고 있지만, 사회 전반의 생산성 개선으로는 이어지지 않고 있다.
- 인구 구조: 25~53세 생산 연령 인구의 노동시장 참여율이 2000년부터 하락세다. 근로자가 줄어들면 국가 전반의 생산성이 떨어진다.
- 재정 문제: 사회보장과 세금 감면 혜택이 현재 수준을 유지한다면, 2015년부터 2035년까지 미국의 GDP 대비 연방정부의 채무 비중이 꾸준히 증가할 것이다. 그 때문에 세율이 인상되거나 세금 감면 혜택이 감소될 가능성이 있고, 이 중 하나가 일어날 경우 가처분 소득이 감소해 경제가 타격을 입을 것이다.

고든은 이러한 4대 역풍으로 말미암아 국민 대부분의 가처분 소득이 향후 20년간 제자리걸음이리라고 내다본다. 성장률을 끌어올리려는 조치는 '어려움'에 부딪히거나 '논란'을 불러일으키거나 둘 다일 수 있다. 고든이 2016년 런던정치경제대학교에서 강연했을 때, 나는 그에게 경제 성장률이 중요한 이유가 무엇이냐고 물었다. 4퍼센트 말고 1~2퍼센트 성장으로도 만족해도 되지 않느냐고 말이다. 고든은 탄탄한 경제 성장 없이는 사회가 복지 서비스와 공공 시설 등의 공익 유지에 필요한 돈을 충분히 창출해내지 못한다고 대답했다. 복지 서비스와 공공 시설 등은 일부가 아니라 대다수에게 편익이 되는 방향으로 사회의 발전을 이끌어간다고도 했다. 그의 대답을 요약하자면, 성공한 사회는 건강하게 성장하는 사회인 것이다.

💲 실패? 아니 성장이 둔화된 것

책 후기에서 고든은 제목 때문에 이 책이 성장과 그에 이은 실패의 이야기로 비칠 수도 있겠지만, 자기 의도는 전혀 다르다고 말한다. 미국이 몰락했다는 것이 아니라 (오히려 미국은 지난 100년 동안이나 현재의 고소득국 중에서도 생산성 부문 최강국이며) 특정한 기간 (1920~1970년) 동안 미국의 성장 속도가 놀라울 정도로 빨랐다는 것이 그가 밝힌 책의 주제다. 고든은 이러한 초고속 성장세가 둔화된 까닭은 "발명가들이 총기를 잃거나 참신한 아이디어가 고갈되어서가 아니라 다양한 방면에서 현대적 생활 수준을 결정짓는 기본 구성 요소가 이미 다 완성되었기 때문"이라고 분석한다. 중국이나 인도가 8~10퍼센트의 성장률을 유지하리라 예상하는 것이 무리이듯, 고소득 국가가 1920~1970년대의 속도로 성장하리라 기대해서는 안 되는 것이다.

앞으로 수십 년에 걸쳐 경제 성장 속도가 훨씬 더 느려진다고 해도, 기술 확산과 비용 인하 덕분에 생활 수준은 향상될 수밖에 없다. 실제로 고든의 핵심 주장 중 하나는 실질 GDP 같은 공식 지표가 일상생활 측면에서 "1870년 이후 일어난 혁명적 변화의 양상 대부분을 반영하지 못한다"는 것이다. 오늘날 성장은 둔화되는 추세지만 우리는 과거 어느 왕족도 누리지 못한 발전된 의학의 혜택을 누리고 있고, 옛사람들이 보면 마법처럼 느낄 만한 각종 정보와 오락거리를 향유하며, 놀라울 만큼 안전한 교통시설을 이용하고 있다. 책에 사인을 부탁하자 고든은 미래에 대한 암울한 경고 대신에 의미심장하게도 다음과 같은 문구를 써주었다. "역사 발전의 행진을 향유하십시오. R.J. 고든."

함께 읽으면 좋은 책 윌리엄 보몰의 《혁신적인 기업가 정신의 미시 이론》, 다이앤 코일의 《GDP 사용설명서》, 피터 F. 드러커의 《미래사회를 이끌어가는 기업가 정신》, 토마 피케티의 《21세기 자본》

로버트 J. 고든 더 알아보기

1940년 미국 보스턴에서 태어났다. 캘리포니아대학교 경제학과 교수인 부모와 함께 캘리포니아 버클리에서 유년 시절을 보냈다. 하버드대학교 경제학과를 졸업한 후 마셜장학금을 받고 옥스퍼드대학교에서 석사학위를 취득했다. 1967년 매사추세츠공과대학교에서 경제학 박사학위를 받았다. 하버드대학교와 시카고대학교에서 학생들을 가르치다가 1973년부터 현재까지 노스웨스턴대학교 경제학과 교수로 재직 중이다. 미국 소비자 물가 지수의 정확성에 대해 자문하는 보스킨위원회의 위원으로 지내는 등, 정부의 고문 역할도 했다. 미국경제학회와 미국예술과학아카데미의 최고위 연구원이기도 하다.

Book 14

워런 버핏이 '최고의 투자서'라고
극찬한 투자서의 고전

벤저민 그레이엄의
《현명한 투자자》

벤저민 그레이엄 Benjamin Graham

영국 출생의 20세기 미국의 투자가이자 경제학자로 증권 분석의 창시자이자 가치 투자의 아버지로 널리 알려져 있다. 워런 버핏, 월터 슐로스, 톰 냅, 빌 루엔 등 미국 금융 시장을 좌지우지하는 큰손들의 스승으로도 유명하다. 스무 살에 컬럼비아대학교를 졸업하고 월가에서 경력을 쌓아 서른한 살에 그레이엄-뉴먼 투자 회사를 설립, 이후 30년간 연평균 17퍼센트의 수익을 기록했다.

스무 살의 벤저민 그레이엄이 월가에서 일하기 시작한 1914년에는 투자 상품 대부분이 철도 채권이었다. 현재와 같은 형태의 기업 주식과 지분은 일반 대중이 아니라 기업 내부인을 대상으로 발행되었으며, 채권에 비하면 매우 위험한 투자 수단으로 간주되었다. 이 같은 인식은 1929년의 대폭락과 뒤이은 대공황으로 한층 더 강화되었다. 이러한 상황에서 그레이엄은 기업 가치에 초점을 맞춤으로써 일반 국민에게 시장의 광기에 휩싸이지 않고 현명하게 투자할 수 있다는 것을 보여주었다. 그가 '월가의 주임 사제', '가치 투자의 아버지'로 불리는 까닭은 이 때문이다.

그레이엄의 명성은 지난 40년간 더욱 높아졌다. 억만장자인 투자자 워런 버핏이 컬럼비아대학교에서 그레이엄으로부터 가르침을 받았으며, 이후 그레이엄이 뉴먼과 세운 투자 회사에서 일했다는 사실 때문이다. 버핏은 1949년 그레이엄이 출간한 《현명한 투자자》에도 "이제까지 나온 투자서 가운데 단연코 최고"라고 찬사를 아끼지 않았다.

그레이엄은 제2차 세계대전 이후 온갖 정치적 격변이 일어나던 시대에 이 책을 썼다. 그런 만큼 사회·정치적 변화나 시장의 요동과는 상관없이 움직이는 투자 원칙을 중점적으로 소개할 필요가 있다고 여겼다. 따라서 이 책은 근본적으로 투자와 투기가 어떻게 다른지 그 차이를 다루는 것은 물론, 기업의 주가와 '내재 가치'를 따져 현명하게 투자할 수 있는 방향을 제시한다. 그레이엄이 소개한 '가치 투자'는 기업의 진정한 가치를 따져 손해 보지 않고 투자하는 것이다. 그러기 위해서는 장기적으로 보는 안목과 소문에 휘둘리지 않고 안전 마진을 추구하는 자세가 필요하다.

⑤   투기꾼이 아닌 투자자가 되라

그레이엄은 이 책에서 말하는 '현명함'이 투자자의 지능이나 기량보다는 성격과 관련되어 있다고 강조한다. 다시 말해 단기 이익을 노리지 않고 장기적인 관점으로 자기 자본을 지키는 일에 신경 쓰는 사람이자 감정적으로 돌아가는 시장에서 자기 투자 원칙을 확고히 고수하는 사람이 '현명한 투자자'라는 것이다.

앞서 출간된 또 다른 명저 《증권분석》에서도 밝힌 투자와 투기의 차이점을 이 책에서도 강조한다. "철저한 분석 이후에 투자해야 원금의 안전과 만족스러운 수익률이 보장된다." 그레이엄은 투기나 '매매'로 이익이나 손실을 보겠지만, 대부분 엄청난 손실로 이어진다고 지적한다. 이와 대조적으로 투자자는 스스로를 큰 기업의 주주 중 하나로 생각하며 경영진의 성과와 실력에 주목한다. 그레이엄에 따르면 현명한 투기 같은 것은 없다. 무엇보다 실제로는 투기 행위에 관여하면서 자신이 하는 일이 투자라고 생각하는 것은 한층 더 위험하다. 이를테면 '멋진 기회를 놓치고 싶지 않아서' 재빨리 주식을 매수하는 행위야말로 시장 심리에 휩싸여 하는 투기다.

투자자가 시장의 상승과 하락에 주의해야 할 때는 자신이 예전부터 눈여겨본 주식의 가격이 떨어진 하락장 국면에서 그 주식을 낮은 가격에 매수하려고 할 때뿐이다. 투자자가 '투기 물결에 휩쓸리기' 시작하면, (특히 수익 내기가 쉬워 보이는 상승장 국면에서는) 자신이 투자하는 기업의 현황은 간과하고 그저 주식의 가격에만 치중하기 쉽다.

◉ 　　　　　　　　　　　　　　　　　가치를 찾는 방법

그레이엄은 기업의 장기 전망을 알려면 다양한 정보를 취합하여 추측하는 수밖에 없다고 말한다. 명확한 전망은 이미 그 기업의 주가에 반영되어 있게 마련이므로. '성장' 주식이 대체로 비싼 이유와 모두가 선호하는 '매력적인' 기업 중에서 훌륭한 가치를 지닌 곳이 드문 이유도 그 때문이다.

　그레이엄은 휘황찬란한 예측이 따라붙지 않는 기업이나 남들이 주목하지 않으며 저평가된 '지루한' 기업에 투자하는 편이 유리하다고 본다. 어떤 기업이 시장 전반의 신뢰를 잃으면, 투기꾼들은 해당 기업의 주식에 대해 비관적인 전망을 퍼뜨리고 그 주식을 가망 없는 것으로 치부해버린다. 그러나 현명한 투자자는 이를 과잉 반응으로 간주한다. 기업이 계속해서 매출을 올리고 시장 지분을 점유하고 있으면 상황이 호전되리라 여기는 것이다.

　그레이엄은 주식시장에서 진정한 수익을 얻으려면 주식을 매수하거나 매도할 것이 아니라, 매수한 주식을 오래 보유할 정도의 자제력을 키우고 배당금을 받으며 기업의 추정 가치가 현실에 부합할 때까지 기다려야 한다고 주장한다. 이를 위해서는 당연히 어느 정도 강인한 정신력을 갖춰야 하며, 실제로도 그레이엄은 "현명한 투자는 기법보다는 정신적인 접근법에 좌우된다"고 강조한다.

💲   **성공의 비결은 안전 마진**

그레이엄에 따르면, 투자 성공의 비결은 '안전 마진'이라는 단어로 요약된다. 기술적인 의미에서 이 용어는 기업의 이익이 채무의 이자 비용을 웃돈다는 뜻이다. 특히 매출이나 주가가 크게 하락한 상황에서도 안전 마진이 유지되는지가 중요하다. 현명한 투자자는 반드시 안전 마진이라는 완충 장치를 염두에 둔다. 그렇게 하면 기업의 미래에 대해 정확한 추정치를 산출할 필요가 없기 때문이다. 투기꾼은 안전 마진을 중요하게 생각하지 않지만, 투자자에게는 안전 마진이 좋은 주식을 골라내는 시금석이다.

　그레이엄은 투자에 두 가지 방법이 있다고 본다. 우선 경영진, 제품, 서비스 등을 감안해 그 기업이 시장 내에서 얼마만큼의 성과를 올릴 수 있는지 예측하는 접근법이 있다. 그다음으로는 방어적인 접근법이 있는데, 판매 가격과 이익의 상관관계라든가 배당금 지급 등의 기업 통계에만 집중하는 방법이다. 가치 투자자는 '낙관론이 아니라 숫자'를 기반으로 하는 두 번째 접근법을 선호한다.

💲   **두 가지 유형의 투자자**

그레이엄은 가치와 안전성을 골자로 하는 큰 틀 안에서 투자자가 방어적으로 또는 적극적으로 투자할 여지가 있다고 말한다.

　방어적인 투자자에게는 자금을 대략 절반으로 나누어 각각 우량 채권(또는 그에 맞먹는 이율을 제공하는 저축 예금)과 규모가 크고 유명하며 재무적으로 보수적인 기업에 투자하라고 조언한다. 여기서 재무적으로 보수적인 기업이란 배당금을 지속적으로 지급해온 역사가 있으며 주가가 연간 주당 순이익의 25배를 넘지 않는 기업을 말한다(이 기준을 적용하면 당연히 성장주는 제외된다). 시장이 위험할 정도로 상승 국면에 있는 것으로 보이면 보통주 보유 비율을 50퍼센트 미만으로 낮출 수 있다. 반대로 하락장에서는 보통주 보유 비율을 50퍼센트 이상 늘리고, 가격은 낮지만 괜찮은 주식을 골라야 한다. 이 같은 공식을 따르는 투자자는 시장의 광기에 휘말리지 않을 뿐만 아니라 동시에 더 높은 잠재 수익률을 얻을 수 있는 기회를 잡을 수 있다. 시장이 하락해도 이 같은 투자자는 과감하게도 주식시장에 크게 들어간 투자자들과는 달리 마음을 놓을 수 있다.

하이 리스크 하이 리턴이라는 말이 있다. 하지만 그레이엄은 높은 수익이 반드시 리스크와 연관되어 있지는 않으며, 그보다는 투자에 더 많은 시간과 노력을 투입하는 것이 중요하다고 반박한다. 그레이엄은 좀 더 공격적이고 진취적이지만 안전 마진을 추구하려는 투자자에게는 다음과 같이 조언한다.

- 25년 이상 배당금을 정기적으로 지급한 이력이 있는 기업을 찾으라.
- 주가수익비율(price to earning ratio, PER)이 10배를 초과하는 기업에는

투자하지 말라.

· 기업의 연례 보고서를 검토할 때는 경상 손익과 비경상 손익, '일회성' 손익을 분리하여 보라.

· '업종'을 보고 투자하지 말고 '기업'에 투자하라. 예를 들어, 제2차 세계대전이 끝나고 1950년대까지 거액의 자금이 항공 분야에 투자되었지만, 여러 원인이 작용하여 항공산업 전반의 재무 실적은 형편없었다.

그레이엄은 제3자에게 자금 운용을 맡길 때는 매우 보수적으로 운용하도록 투자 행위를 제한하거나 자금을 운용할 "사람과 관련하여 최대한도로 내밀하고 호의적인 정보를 입수하라"고 조언한다. 어마어마한 수익률을 장담하는 사람의 조언도 따르지 말아야 한다. 친구나 친척의 조언도 가려서 들어야 한다. "나쁜 조언은 대부분 공짜다."

💲   사무적 투자가 가장 현명하다

그레이엄은 책의 말미에서 "가장 사무적으로 하는 투자가 가장 현명한 투자"라고 말한다. 버핏은 이 문장이 투자와 관련해 가장 통찰력 있는 문장이라고 보았다. 그레이엄은 금융계 사람들이 투자의 기본 원리, 즉 투자가 기업과 관련된 행위이며 주식 매수가 '특정한 사업체'의 일부를 소유하는 것임을 너무나 쉽사리 망각한다는 뜻에서 이 말을 했다. 기업의 영업 이익을 웃도는 주식

수익을 얻으려고 하다가는 손해의 위험이 크다.

그레이엄은 오랜 시간에 걸쳐 검증된 투자 원칙이 있는지 고찰한 끝에 특정 유형에 관한 투자 원칙은 대부분 더 이상 통하지 않는다고 지적한다(한 예로 '채권이 증권보다 안전한 투자 수단'이라는 것). 반면에 "(전문가를 포함해) 대다수가 비관적일 때 사고 대다수가 적극적이고 낙관적일 때 팔아라"와 같이 인간 본성과 관련된 원칙은 시간이 지나도 변함이 없다고 본다. 기업, 규제, 경제 상황을 비롯한 모든 것이 변하게 마련이지만, 사람은 변하지 않으며, 사람이야말로 시장을 움직이는 존재다.

함께 읽으면 좋은 책 니얼 퍼거슨의《금융의 지배》, 로버트 쉴러의《비이성적 과열》

💲 벤저민 그레이엄 더 알아보기

1894년 영국 런던에서 태어났지만, 아직 어릴 때 부모를 따라 미국으로 이주했다. 월반할 정도로 우수한 학생이어서 이른 나이에 뉴욕의 컬럼비아대학교에 입학했다.

스무 살에 대학을 졸업하고 곧바로 월가에서 일하기 시작했다. 스물다섯 살 때 60만 달러의 연봉을 받아 세간의 이목을 집중시켰으며, 서른한 살 때 그 유명한 그레이엄-뉴먼 투자 회사를 설립했다. 이후 30년간 높은 수익률을 기록하며 회사를 경영해오다 1957년 버핏에게 넘기고 은퇴했다. 1928년부터 은퇴할 때까지 컬럼비아대학교 경영대학원에서 학생들을 가르치기도 했다. 다른 주요 저서로는《현명한 투자자의 재무제표 읽는 법》등이 있으며, 1976년 세상을 떠났다.

Book 15

계획경제에 반박하는, 현대 경제에서
가장 중요한 학술적 논문

프리드리히 A.
하이에크의
〈사회지식의 활용〉

프리드리히 아우구스트 폰 하이에크 Friedrich August von Hayek

오스트리아 출신의 20세기 영국의 정치철학자이자 경제학자로 법학과 경제학 두 분
야에서 학위를 취득했다. 시장 경제를 옹호한 오스트리아학파의 일원으로 제2차 세
계대전 이후 득세한 케인스주의에 맞서 자유주의 이념을 강력히 주장했다. 1980년대
신자유주의 출현에 영향을 주어 '신자유주의의 아버지'로도 불린다. 1974년 노벨경제
학상을 수상했다.

몇 년씩 집필한 두꺼운 책으로 기억되는 경제학자가 있는가 하
면, 짧은 학술 논문으로 기억되는 경제학자도 있다. 프리드리히
A. 하이에크는 양쪽 모두 해당된다. 다양한 저술 활동을 펼친 하
이에크는 인상 깊은 경제학 서적도, 유의미한 학술 논문도 남겼
다. 하이에크가 저술가로서 이름을 날린 것은《화폐 이론과 무역
순환 주기Monetary Theory and the Trade Cycle》와《순수 자본 이
론The Pure Theory of Capital》 등의 중요한 경제 저서들을 펴내고

나서다.《노예의 길》같은 정치 도서는 하이에크의 대표작으로, 그에게 큰 명성을 안겨주었다.《노예의 길》에서 하이에크는 "경제가 정부에 의해 계획되거나 통제되면 자원이 비효율적으로 배분될 뿐만 아니라 국가가 지정한 목표 때문에 개인의 삶의 선택지가 극도로 줄어든다"고 주장했다. 그렇기에 진정한 민주주의 국가는 자유시장 경제를 근본으로 삼아야 한다는 것이다.

《노예의 길》출간 이듬해 하이에크는 다시 한번 역사에 길이 남을 논문을 하나 발표한다. 5,000단어로 된 이 논문은《아메리칸 이코노믹 리뷰》라는 학술지에 실렸다. 이 논문에서 하이에크는 경제학자를 넘어 사회과학자에 가까운 주장을 펼친다. '사회 지식의 활용'이라는 제목의 이 논문은 단순해 보이는 의문에서 출발한다. 어떻게 하면 합리적인 경제 질서를 구축할 수 있을까?

하이에크는 경제 시스템이 정보 접근성에 좌우된다고 보았다. 최적의 자원 배분 방법을 정보 접근성으로 판단할 수 있다는 것이다. 문제는 훌륭한 해결책과 의사결정에 필요한 정보를 한 사람이 모두 손에 넣을 수 없다는 점이다. 정보는 사회 곳곳에 분산되어 있다. 출처도 수천 개에 달하며, 수백만 개인의 머릿속에 있을 수도 있다. 따라서 모두에게 적합한 최적의 해결책이 한 가지뿐이라고는 볼 수 없다. 당시 사람들은 이러한 하이에크의 생각을 황당무계하게 받아들였다. 사회주의 국가가 그토록 빠르게 성장한 까닭은 어쨌든 중앙 집권적 체제와 5개년 계획 같은 효율적인 제도의 작동 덕분이 아닌가.

오스트리아학파의 일원이자 하이에크의 스승인 루트비히 폰 미제스도 1920년 〈사회주의 국가의 경제 계산Economic Calculation in the Socialist State〉이란 논문으로 반향을 일으켰다. 이 논문에서 미제스는 시장이 가격을 결정하고 이윤 추구가 완전히 자유로운 체제만 합리적으로 돌아간다면서, "투자가 헛되지 않으려면 가격 정보가 필수 불가결한 요소기 때문"이라고 주장했다. 직후에 나온 '사회주의 계산 논쟁'에서는 오스카르 랑게와 아바 러너 같은 경제학자들이 '시장 사회주의'를 옹호하고 나섰다. 수백 개의 국유 기업에 이윤 추구를 맡기되, 일정한 성과 보장을 위해 가격을 계속 국가가 설정해야 한다는 것이었다.

당시에는 이들의 주장이 그럴듯해 보였지만, 시간이 흐르며 미제스와 하이에크가 옳았음이 입증되었다. 소련의 사례에서 보듯이 국유제도와 국가의 가격 결정은 공급 부족 혹은 공급 과잉으로 이어졌다. 국가가 정보를 충분히 입수하지 못해 제대로 된 계획도 세우지 못했기 때문이다. 리스크를 감수할 기업가가 설 자리가 없었고, 새로운 아이디어나 제품으로 부자가 될 기회도 없어서 혁신이 지체되었다.

⑤   **비조직적인 지식의 장점**

모든 사회와 그 구성원은 미래를 계획하는 일에 관여한다. 문제는 계획을 '누가' 세워야 가장 효율적인가 하는 것이다. 단일한 중앙계획위원회가 주체일 때 가장 효율적일까? 아니면 최고의 아이디어, 제품, 서비스가 떠오를 수 있게 경쟁체제여야 할까? 하이에크에 따르면, 기존 정보와 지식을 최대한 활용할 능력이 되는 사람이 의사결정을 하는 시스템이 가장 효율적이다. 그렇다면 합리적으로 전문가에게 맡겨야 할까? 아니면 일반 대중의 결정을 신뢰해야 할까? 하이에크는 현실적으로 단일한 중앙 주체가 관리할 수 있을 정도로 과학적이고 객관적인 지식은 극히 일부에 지나지 않으며, 수많은 지식이 개인적이고 지엽적이지만 과학적이고 객관적인 지식과 비교하더라도 사회적으로 유용성이 떨어지지 않는다고 말한다. 하이에크의 주장을 살펴보자.

평소 같으면 텅텅 비거나 반만 차는 부정기 화물선을 활용해 돈을 버는 선적 업자나, 지금 당장의 기회에 국한된 정보만 지닌 부동산 중개인이나, 원자재 가격의 지역별 차이를 통해 수익을 얻는 차익 거래인은 남들이 알지 못하는 일시적인 상황을 구체적으로 꿰고 있는 덕분에 대단히 유익한 기능을 발휘할 수 있다.

이러한 유형의 비조직적인 지식은 이론적이고 기술적이며 과학적인 지식과 비교하면 제대로 된 대접을 받지 못하지만, 사회가 자원을 최적으로 활용하기 위해서는 조직적인 지식만큼이나 반드시 필요한 지식이다. 장기적인 중앙 계획의 문제는 시간이 흘러도 상황이 크게 변하지 않으리라는 전제를 깔고 있다는 점이다. 그러나 상황은 계속 달라진다. 분권화되고 개인적인 의사 결정의 큰 장점은 변화를 바로 눈앞에서 관찰할 수 있기에 변화에 시시각각으로 대응할 수 있다는 점이다. 예를 들어 기업과 산업에서 생산의 큰 변수는 비용인데, 지속적으로 비용 절감 기회를 포착하고 이윤을 보장할 수 있는 존재는 현장 관리자뿐이다.

현장의 관리자가 얻는 정보는 대개 양적 정보가 아니라 질적 정보며, 통계 수치로 전환할 수 없기 때문에 중앙 기구에 통계 형태로 제공될 수 없다. 하이에크는 "사회의 경제적 문제는 시간과 장소 같은 특정 상황의 변화에 재빨리 적응하느냐의 문제이기 때문에" 현장 상황에 가장 가까이 있는 사람들이 자신의 손에 있는 자원을 활용해 적응 태세에 돌입하기에 가장 적합한 위치에 있다고 분석한다. 모든 관련 정보가 중앙 계획 기구에 처음으로 전달된다면 해당 조직이 올바른 결정을 내린다 하더라도, 결정을 내리기도 전에 기회가 사라져버리고 말 것이라고 주장한다.

'현장의 인물'에게 전체적인 생산 공정과 경제 전반에서 일어나는 일을 광범위하게 파악할 능력이 있겠느냐는 의문이 들 수도 있다. 하이에크는 관리자나 실무자가 원자재의 공급 부족이나 그 외 재료의 원가 상승의 원인까지 알 필요는 없다고 말한다. 그저 공장에 필요한 원자재를 입수하는 방법이 무엇인지, 시장이 변화할 때 자기 공장에서 생산되는 제품 수요가 늘어날지 줄어들지 같은 문제만 파악하면 된다는 것이다. 그는 관리자가 시장 가격만 알아두면 "처음부터 큰 문제를 해결하거나 나중에라도 그러한 문제에서 파생되는 영향들을 즉시 검토할 필요 없이 상황을 정리할 수 있다"고 본다. 이와 같은 식으로 가격 체계가 있으면 중앙 기구가 없이도, 아니면 개인이 모든 상황을 파악하지 않더라도 사회의 자원 활용이 적절히 조율된다.

$ 경이로운 가격 메커니즘

하이에크는 가격 메커니즘이 '경이'롭다고 표현했다. 가격 메커니즘과 관련해 가장 중요한 사실은 '지식의 경제성'이라면서 "다시 말해 가격 메커니즘이 있으면 개별 참여자들은 적은 정보만으로도 제대로 된 행동을 취할 수 있다"고 말한다. 그는 시장 가격이 경제에서 실제로 일어나는 변화의 상징물이라고 본다. 여느 상징물이나 마찬가지로 가격 역시 명쾌하고 강력한 정보를 제공한다. 그 때문에 어떤 중앙 기구가 가격을 '책정'하거나 가격이 어떤 이유로든 고정되면 중요한 자원 관련 정보가 모조리 소실되거나 잘못 전달된다. 그 결과, 자원이 잘못 배분되거나 경제가 최적화와는 거리가 먼 상태로 돌아간다.

"가격 메커니즘을 단 한 사람이 설계할 수 있다면 인간 지성의 가장 큰 업적으로 간주되었으리라는 것"이 하이에크의 주장이지만, 실제로는 그렇지 않았다. 가격 메커니즘이 유기체처럼 자율 관리 시스템으로 진화했다는 사실 때문에 안타깝게도 '의도적인 지휘'가 더 효율적 결과를 낸다고 속단하는 사람이 많다. 그러나 하이에크는 '구체적인 지시 없이 개개인에게 바람직한 일을 하도록 유도'하는 측면에서 그 어떠한 정부나 중앙 기구도 가격만큼의 효율성은 발휘할 수 없다고 주장한다.

하이에크에 따르면, 가격 메커니즘은 경제학뿐만 아니라 사회 전반에도 중요한 의미를 지닌다. 그는 "생각하지 않고도 수행할 수 있는 중요한 작업의 개수가 늘어날 때 문명은 진보한다"는 앨프리드 노스 화이트헤드의 통찰을 되새긴다. 진정한 진보는 원인을 생각할 필요 없이 올바른 방향으로 안내하는 신호, 표시, 경험의 법칙을 따라가기만 하면 될 때 이루어진다는 것이다.

하이에크는 (미제스가 처음으로 주장한) "시장의 가격 결정이 좌파적 정치 성향을 지닌 이들 사이에서 '왁자지껄한 조롱'을 불러일으켰지만, 결국 복잡한 사회를 운영하는 원칙으로 수용된 동시에 개인에게 직업과 인생 경로를 선택할 자유를 보장해주었다"고 지적한다. 정치적인 진영 논리를 초월했다는 사실만으로도, 가격 메커니즘이 보편적인 진리에 가깝다고 주장한다. 하이에크에 따르면 트로츠키조차 "시장 관계 없이는 경제 계산을 생각할 수 없다"고 인정한 바 있다. 하이에크는 중앙 기구나 한 사람이 모든 정보를 확보해 최적의 결정을 내릴 수 있다는 가정은 시간 낭비라고 주장한다. 그보다 한 사람의 지식이 불완전하다는 걸 당연하게 받아들이고, 그에 따라 '지식을 지속적으로 소통하고 확보하는 절차의 필요적인 필요성'을 인정해야 한다고 지적한다.

사회적 속성이 있는 지식

가격 시스템을 통해 자원을 최적으로 분배하는 것은 경제학의 문제처럼 보이지만, 하이에크는 이 논문을 통해 지식의 사회적 속성까지 다루고자 했다. 다시 말해, 수백만 명이 스스로에게 최적이라고 생각하는 결정을 내릴 때 지식이 진보하고, 이때 부분의 합보다 더 큰 결과가 나올 수 있다는 내용을 담은 것이다.

1980년대 미국의 대학생 지미 웨일스는 하이에크의 논문을 읽고는 개인의 한정된 지식과 한데 모인 지식이 발휘할 수 있는 힘이 다르다는 사실에 흥미를 느꼈다. 이미 오픈 소스 소프트웨어 운동을 통해 대중 협업의 힘이 입증된 바 있었다. 1990년대에 들어서 '위키wiki'라는 개방형 편집 도구가 개발되자 웨일스와 그의 동업자는 실험적인 웹사이트 위키피디아를 출범시켰다. 위키피디아는 누구에게나 백과사전의 제작에 참여하고 편집할 수 있는 권한을 부여했다. 이런 면에서 볼 때 하이에크가 오늘날 '군중의 지혜'를 입증하는 지식 플랫폼과 지역 사회 펀딩 플랫폼 등에 이론적 근거를 제공했다고도 볼 수 있다.

하이에크의 논문이 발표될 때만 해도 이처럼 비조직적이고 상향식인 의사결정 방식은 전혀 직관적이지 못하다는 평가를 받았다. 제2차 세계대전 당시에 연합국의 작전이 중앙 지휘부의 계획에 따라 펼쳐졌고, 초중앙집권주의를 채택한 소련이 초대강국으로 부상하던 시기였으니 그럴 만도 했다. 지금 돌이켜보면 "정부가 최고로 잘 안다"는 인식은 터무니없이 순진한 생각이었다.

함께읽으면좋은책 밀턴 프리드먼의《밀턴 프리드먼 자본주의와 자유》, 루트비히 폰 미제스의《인간 행동》, 아인 랜드의《자본주의의 이상》

📈⑤ 프리드리히 A. 하이에크 더 알아보기

1899년 오스트리아 빈에서 태어났다. 제1차 세계대전 발발 후 오스트리아-헝가리 제국군에 입대, 이탈리아 전선에 투입되었다. 이후 빈대학교에 입학해 철학·심리학·경제학 등을 공부했으며, 이때 오스트리아학파의 경제학자인 카를 멩거와 프리드리히 폰 바이저, 루트비히 폰 미제스로부터 큰 영향을 받았다. 졸업 후 오스트리아 정부가 의뢰한 연구를 진행 중이던 폰 미제스 밑에서 일하기도 했다. 1927년 폰 미제스와 함께 오늘날 오스트리아경제연구소로 불리는 미제스연구소를 설립했다. 1931년 라이오넬 로빈스 교수의 초빙으로 런던정치경제대학교의 교수가 되었다. 1947년 칼 포퍼, 밀턴 프리드먼, 폰 미제스와 함께 자유시장과 열린 사회를 옹호하는 몽페를랭협회를 설립했다. 1950년 시카고대학교의 교수로 임용되어 경제학과 정치철학, 과학철학 등을 가르쳤다. 1962~1969년에는 독일의 프라이부르크대학교의 교수를 지냈다. 1974년 자유주의의 이론적 기초를 확립한 공로로 노벨경제학상을 받았다. 1984년 마거릿 대처의 추천에 의해 엘리자베스 영국 여왕으로부터 명예훈장을 받았고, 1991년에 조지 부시 미국 대통령으로부터 자유 훈장을 받았다. 1992년 세상을 떠났다.

Book 16

경제를 몰라도 쉽게 읽히는
100만 부 판매의 기초 경제 이론서
헨리 해즐릿의
《보이는 경제학
안 보이는 경제학》

헨리 해즐릿 Henry Hazlitt

20세기 미국의 철학자이자 경제학자다. 경제지 기자 및 편집자, 문학지 편집자로도 오래 활동해 '금융 저널리즘의 거장'이라는 수식어를 얻었으며, '글 잘 쓰는 경제학자'로도 꼽힌다. 이를 바탕으로 다양한 저술 활동을 펼쳤다. 특히 루트비히 폰 미제스와 프리드리히 하이에크 등의 오스트리아학파와 사상적 궤를 같이하며, 이들의 사상을 지지하고 소개하는 데 중점을 뒀다.

경제학은 복잡한 학문이다. 그런 만큼 경제학을 독학하고《월스 트리트 저널》,《뉴스위크》,《뉴욕타임스》 등의 기자로 활동한 헨리 해즐릿의《보이는 경제학, 안 보이는 경제학》은 제목부터가 눈길을 끈다. 이 책의 원제는 '경제학의 한 가지 교훈Economics in One Lesson'이다. 그야말로 대담하다는 인상을 준다.

이 대담함에 반해서일까? 이 책은 현재 경제 이론서의 고전이 되었다. 1946년 출간된 이 책은 80년 가까이 수많은 독자에게 사랑받으며 베스트셀러를 넘어 스테디셀러가 되었다. 여기에는 해즐릿의 글쓰기 솜씨도 한몫한다. '글 잘 쓰는 경제학자'로 꼽히는 만큼 해즐릿은 누구나 이해하기 쉽게 글을 쓴다. 하이에크도 이 책을 두고 "경제학을 몰라도 짧은 시간에 경제학 기본 원리를 배울 수 있다"며 극찬했다.

사실 전체 분량이 200쪽 조금 넘는(한국어판 264쪽) 이 책은 한 가지 교훈만 전달하지도, 제목처럼 객관적인 시각을 취하지도 않는다. 이 책에서 해즐릿은 오스트리아학파의 이론을 짤막하게 다루면서 제2차 세계대전 이후 합치점이 된 케인스식 경제 처방을 대놓고 비판한다. 이 책이 처음 출간될 당시 소련은 마르크스의 이론을 대규모로 실험하고 있었고 서구권은 케인스 이론을 실행에 옮기는 중이었다. 소련은 정부의 완전 경제 소유를 옹호했고, 케인스학파는 정부가 적극적으로 개입하는 혼합된 자본주의 모델을 내세웠다. 해즐릿은 이 두 가지 경제 모델의 공통적인 결함을 지적한다. 한마디로 근시안적이라는 것이다.

민주주의 국가에서는 3~5년에 한 번씩 선거가 치러진다. 따라서 '정치적'으로 중요하게 여겨지는 기간은 초기에서 중기까지다. 정부가 단기간의 이익을 추구하면 장기간의 손해로 이어지는 사건이 연이어 터진다. 특정 집단에 단기간에 이익을 가져다주는 정책은 장기적으로 보면 사회에 순손실을 초래할 가능성이 있다. 해즐릿은 "인간에게 눈앞의 이익 때문에 미래를 생각하지 못하고 어떤 정책이 전체가 아닌 특정 집단에 끼치는 영향에만 치중하는 성향이 있다"면서 이를 '이차적인 결과를 간과하는 오류'로 표현한다.

잘 알려진 대로 케인스는 "장기적으로 우리는 모두 죽는다"로 말로 이차적이고 먼 미래에 발생하는 결과에 집착하는 사람을 비웃었다. 해즐릿은 미래가 항상 순식간에 닥친다는 말로 반박한다. 경제정책은 농사와 마찬가지라서 뿌린 대로 거둔다는 것이다.

$ 공공사업에는 세금이 들어간다

현대적인 '재분배 국가'는 과도한 과세, 정부 지출, 정부 지원 대출, 최저 임금, 화폐 발행에 의한 통화 가치 절하 등의 다섯 가지 주춧돌을 토대로 한다. 해즐릿은 정부 지출에 대한 믿음이 종교를 초월하며 '세상에서 가장 강력한 신앙'이라고 말한다. 정부가 돈을 지출하기만 하면 마법처럼 대부분의 경제 문제를 없앨 수 있다는 믿음이 팽배하다는 것이다. 그러나 해즐릿은 "공공사업에는 세금이 들어간다"는 사실을 일깨운다.

과세는 국민의 구매력을 위축시키고 정부의 구매력을 끌어올린다. 일해서 돈을 번 사람과 그 돈에서 세금을 거둬들인 정부 중에서 누가 더 낭비할 가능성이 클까? 선거는 누가 더 두드러지는지 경쟁하는 대회나 다름없다. 정치인들이 눈에 띄고 티가 나는 공공사업에 혈세를 투입하려 드는 것도 당연하다. 공공사업의 문제점이 처음에 잘 드러나지 않고 서서히 축적된다면 '선거'에 별 영향을 끼치지 않으므로 간과되게 마련이지만, 돈 버는 사람에게는 자신의 재산이 장기간에 걸쳐 유지되고 더 불어날 수 있는지가 더 큰 관심사다.

정부가 세금으로 1,000만 달러를 걷어서 교량을 건설한다고 가정해보자. 교량 건설로 창출되는 고용 및 경제 효과가 한눈에 드러나게 마련이다. 이는 정부의 성장 창출 사례로 제시될 것이다. 그러나 국민은 1,000만 달러만큼 가난해진다. 어째서일까? 세금을 내지 않았다면 그 돈으로 투자나 소비를 했을 테니까. 새 옷, 새 차, 새집을 사거나, 사업체를 세우거나 수익을 재투자하고, 주식 투자를 하는 등의. 하지만 돈이 세금으로 나가는 바람에 그 같은 경제활동은 이뤄지지 않았다. 정부가 교량 건설 사업으로 일자리를 창출하면서 의류 및 자동차 업체는 일자리가 줄어들었다. 정부는 결코 새로운 성장을 창출하지 못했다. 그저 특정 산업을 성장시키지 않고 다른 산업을 성장시켰을 뿐이다.

해즐릿은 애덤 스미스와 마찬가지로 기본적인 공공 서비스를 유지하려면 어느 정도 과세가 필요하다는 점을 인정한다. 경찰관, 환경 미화원, 판사가 있어야 민간 기업이 "법률, 질서, 자유, 평화의 분위기 속에서 제 기능을 할 수 있기" 때문이다. 그러나 과도한 과세는 경제 성장을 저해한다고 지적한다.

💲 불건전 화폐와 취약한 국가

해즐릿은 오늘날의 화폐 이론가와는 반대로, 정부가 자금을 조달하려면 세금을 걷거나 돈을 찍어내는 두 가지 방법밖에 없다고 주장한다(스테파니 켈튼의《적자의 본질》과는 반대되는 주장이다). 차입을 감행할 수 있지만, 그렇다고 해도 결국에는 두 방법 중 하나로 차입금을 상환해야 한다.

국민은 납세의 부담감을 직접적으로 체감하며 투표할 때 그 부담감을 되새기는 경향이 있다. 그러므로 돈을 찍어내는 방법이 정치적으로 한층 더 편리한 해결책이다. 최근에 미국 연준이 정부의 코로나19 팬데믹 대응을 지원하기 위해 수조 달러를 찍어낸 것이 대표적이다. 이렇게 주조된 화폐는 경제로 흘러 들어갔다. 그러나 제품과 서비스는 지폐와는 달리 아무것도 없는 상태에서 찍어낼 수 없다. 자본, 노동, 기계 등이 필요한데 이들은 한정되어 있으며 개발에 시간이 걸린다. 경제에 순환되는 돈이 증가하면 제품과 서비스의 수요가 늘어난다. 그 결과 가격이 전부 인상되며 인플레이션이 발생한다.

해즐릿은 1979년 쓴 글에서 통화량이 1947~1978년간 세 배 이상으로 대폭 증가한 사실을 우려한다. 오늘날 통화 공급량의 폭발적인 증가 때문에 (자산 가격은 물론이고 제품과 서비스의 가격까지 증가하는 등) 심각한 인플레이션이 발생하고 있다며 경악을 금치 못한다.

이제까지 각국의 중앙은행은 적당한 인플레이션을 한동안 유도하는 정책을 시행해왔다. 그래야 '경제 활력이 유지'되고 디플레이션과 장기 침체를 방지할 수 있다는 이유에서였다. 그러나 인플레이션은 항상 비용과 가격을 왜곡하고, 그 결과 사업 관련 의사결정까지 잘못된 방향으로 이끌 수 있다. 물론 이러한 일은 '건전' 화폐를 기반으로 한 경제(다시 말해 금처럼 실질 가치를 지닌 것을 기반으로 하는 경제)에서는 발생하지 않는다. 건전 화폐 기반의 경제에서는 기업들이 돈의 가치가 미래에도 동일하게 유지된다는 인식을 바탕으로 투자 결정을 내리기 때문이다. 인플레이션은 소비를 조장할 가능성이 크지만, 이때 소비되는 제품이나 서비스가 과연 장기적으로 탄탄한 경제 구축에 기여할까?

해즐릿은 인플레이션이 '인민의 아편'이라고 말한다. 인플레이션이 발생하면 (임금과 부동산 가격이 상승하므로) 돈이 늘어난 것처럼 여겨지기 때문이다. 사실은 많은 제품과 서비스의 실질 가격이 계속 상승할 뿐이지만. 꼭 인플레이션을 유도할 필요는 없다. 인플레이션은 항상 정부의 개입을 통해 발생하므로 인플레이션 경제를 원하지 않는다면 우리는 국민으로서 목소리를 낼 수 있다.

⑤   정부가 '조장'하는 경제 왜곡

정부는 종종 혈세로 대출과 구제금융을 제공하며 어려운 기업에

보조금을 지급한다. 정부의 도움을 받은 기업들은 사람을 고용하고 GDP에 기여한다. 그 때문에 정치인들은 세금이 좋은 목적으로 사용된다고 주장한다. 정말 그럴까? 해즐릿은 정부가 '자선단체 같은 정신 상태'를 갖췄다는 점에서 민간 대출업체와는 다르다고 말한다.

민간 대출업체들은 자비를 베풀 의도로 대출을 제공하지 않는다. 이들은 (비유동성 자산인) 채무자의 능력을 평가해 (유동성이 더 큰 자산인) 현금을 내준다. 대출업체가 조심하지 않고 현명한 판단을 내리지 못하면 예금을 예치한 고객의 신뢰-그리고 고객이 맡겨둔 돈-를 잃을 것이다. 민간 대출업체는 전액 상환된 우량 대출만을 내주었다는 이력을 쌓아야 성장할 수 있다. 그러나 정부 관료들은 대출을 내준 이유를 설득력 있게 제시하고, 대출 미상환이 자신의 잘못이 아닌 이유가 무엇인지를 그럴듯하게 정당화할 수 있기만 하면 승진에 지장을 받지 않는다.

그렇다면 정부가 어떤 기업에 돈을 빌려주어야 하는 이유는 무엇일까? 그 기업이 민간 대출업체로부터 돈을 끌어올 수 없기 때문이다. 결국 정부가 성공한 기업에서 거둬들인 세금으로 시원찮은 기업을 지원해주는 셈이다. 성공한 사업은 세금을 내느라 사업 확장과 직원 채용에 차질을 빚는다. 성공하지 못한 기업은 정부의 지원 덕에 자원을 얻고, 노동력과 자본이 막히는 사업에 투입할 수 있게 된다.

해즐릿은 오늘날 계속해서 치열한 논쟁의 대상이 되고 있는 사안에 대해서도 명쾌한 의견을 제시한다. 최저임금법 옹호자들은 장시간 일하는 근로자들이 식품, 주거, 의료, 교육 등의 필수 지출에 어려움을 겪어서는 안 된다고 주장한다. 해즐릿은 최저임금법은 원칙상 숭고하지만 현실적으로는 해롭다고 말한다.

무엇보다도 최저임금법 때문에 저숙련 근로자들이 취업하지 못할 공산이 크다. 근로자에게 시간당 20달러 미만의 임금을 제공하는 것이 불법으로 규정되면 시간당 20달러만큼의 가치를 제공할 능력이 없는 근로자는 결코 고용되지 못할 것이다. 고용주가 시간당 10달러만큼의 가치만 제공하는 근로자를 고용한다면, 그 때문에 시간당 10달러의 손실을 입게 된다.

해즐릿은 최저임금법이 사람들에게서 자신의 능력을 활용해 돈 벌 기회를 빼앗는다고 지적한다. 사회 역시 숙련도가 낮은 사람이 달성할 수 있는 적당한 성과를 놓치게 되며, 결과적으로 최저임금법이 취지와는 달리 숙련도가 낮은 사람에게 피해를 준다는 것이다.

근로자의 생산성이 오르면 임금 역시 올라야 한다. 장비를 확충하고 경영 관행을 효율적으로 끌어올리며 근로자의 직업 윤리를 키우면 생산성은 오르게 마련이다. 이 모든 조치는 직원 교육과 설비에 대한 투자가 이뤄져야 시행될 수 있다. 따라서 정부가 진심으로 임금을 인상하고 싶거든 기업이 더 큰 몫을 챙길 수 있도록 허용해줘야 한다. 자본을 축적한 기업은 근로자에게 투자할 여력이 생긴다. 근로자가 새로운 기량을 개발하면, 기업은 개선된 생산성을 반영해 임금을 올릴 것이다.

💲 이윤에 대한 옹호

해즐릿은 모험적인 정부 지출, 인플레이션, 국내 산업을 '보호'하기 위해 수입품에 매기는 관세, 최저임금법에는 반대하지만 (1) 자유시장의 제품과 서비스 가격 결정, (2) 개인이 인플레이션의 잠식으로부터 자신의 소득을 지킬 권리, (3) 기업이 이윤을 창출한 권리에는 찬성한다.

생산자가 터무니없는 가격을 요구하는 일을 막기 위해 때때로 정부가 일부 제품과 서비스의 가격을 책정하기도 한다. 해즐릿은 정부가 이런 식으로 가격을 고정하면 경제가 생산과 소비를 제대로 조절하지 못하게 된다면서, 흥미로운 예시를 들어 설명한다.

로빈슨 크루소가 무인도에 표류했을 때 그에게는 주의력, 시간, 노동력이 필요한 일이 많았다. 머무를 곳을 지어야 했고, 음식을 마련해야 했으며, 물을 찾아야 했고, 맹수로부터 몸을 지켜야 했으며, 휴식할 수 있는 침대도 만들어야 했다. 이외에도 할 일이 많았다. 어떤 욕구를 충족하려면 한동안은 다른 욕구를 포기해야 했다. 크루소는 경제 규모가 큰 나라들과 마찬가지로 노동력 부족이라는 문제에 직면했다. 한정된 노동력이 무엇을 어떻게 얼마만큼 생산해야 할지 판단해야 했다. 어떤 작업을 당장 수행하고, 어떤 작업을 나중으로 미룰지 결정해야 했다. 자유시장의 가격 체계는 이 같은 문제를 해결해준다. 사람들의 시급한 요구를 감지하고 생산자에게 무슨 제품을 얼마만큼 생산할지 신호를 보낸다.

그러나 정부가 제품 가격을 시장 수준 미만으로 고정해버리면 생산이 방해를 받는다. 이윤에 타격을 받으니 공급량이 줄어든다. 사람들은 생각보다 낮은 가격으로 제품을 살 수 있으면 그걸 더 많이 사들인다. 그렇게 해서 수요가 폭등하면 공급이 부족이 뒤따른다. 가격 고정은 생산자의 이윤 제한에서부터 비롯된다. 그러나 이윤은 건강한 경제에 반드시 필요한 구성 요소다. 기업은 자사 근로자의 기량을 끌어올리고 끊임없이 혁신을 감행해 신제품을 출시하는 식으로 이윤을 낸다. 이윤이 발생해야 새로운 공장과 사무실을 짓고 연구 개발을 진행할 수 있다. 이윤은 특정 산업에 수익을 낼 기회가 존재함을 외부 세계에 전달하는 신호다. 이윤이 발생하는 곳에 경쟁이 유발되면 소비자 가격이 낮아진다.

이윤은 여러모로 중요하지만 GDP에서 큰 비중을 차지하지 않는다. 1971~1975년 미국 기업의 이윤은 GDP의 6퍼센트 미만이었다. 그럼에도 이윤은 죄악시되었다. 심지어 이윤 추구자를 조롱하는 '부당 이득 수령자profiteer'라는 단어까지 생겨났다. 해즐릿은 임금을 소득원으로 삼는 사람을 비난하는 '부당 임금 수령자wageer'라는 단어는 없지만, 임금 근로자들의 생계가 결국에는 이윤을 내는 사람들에게 달려 있다는 사실을 상기시킨다.

⑤　　　　　　　　　　　　　　　　　　　　　　　　**기술과 고용**

기계는 예나 지금이나 실업을 유발한다는 두려움을 산다. 19세기에는 직공들이 기계가 자기 자리를 빼앗으리라는 생각에 직조기를 파괴했다. 오늘날에도 로봇 기술 등이 우리에게 '일자리가 사라진 미래'를 경고한다. 시대는 바뀌어도 기계가 인간의 노동력을 대체하리란 두려움은 그대로 남아 있다.

해즐릿은 이 모든 우려가 오해에서 비롯된다고 주장한다. 모든 국가와 개인의 가장 큰 목표는 '최소한의 노력으로 최대한의 성과를 얻는 것'이다. 따라서 기계가 인간 대신 노동하는 것이야말로 긍정적인 발전상이라고 말한다.

인류가 특정 수준의 기술 성장에 머무르면 결과는 항상 나빴다. 1760년 면화 방적기가 발명됐을 때, 영국의 면직산업에 고용된 근로자의 수는 8,000명이 못 되었다. 이들은 일자리를 뺏길까 봐 두려운 마음에 새로운 기계를 거부했지만, 27년이 흘렀을 때 같은 면직산업에 고용된 근로자의 수는 30만 명을 넘어섰다. 4,000퍼센트가 넘는 증가 폭이다.

　일부 근로자가 밀려난다고 해도 새로운 기계 덕분에 생산 공정이 더 빨라지거나 생산 비용이 저렴해지며, 두 가지 효과가 동시에 나타나기도 한다. 시간과 비용의 절감은 사업주나 소비자에게나 이득이 된다. 절약한 돈으로 투자나 소비를 확대할 수 있다. 250달러이던 양복이 자동화 덕분에 150달러로 인하된다면 소비자는 나머지 100달러를 다른 용도로 쓸 수 있다. 양복의 대량 생산으로 일자리가 사라지더라도 소비자가 절약한 돈 100달러를 소비하기로 결정할 때마다 새로운 일자리가 생겨날 것이다.

$ 　　　　　　　　**중요한 것은 장기적인 생산 능력이다**

해즐릿이 신문과 잡지에 기고한 칼럼을 읽은 미국인들은 경제학을 한층 더 잘 이해할 수 있었다. 해즐릿은 (로널드 레이건을 비롯한) 미국 대통령들과 (밀턴 프리드먼을 비롯한) 노벨경제학상 수상자들에게 영향을 끼쳤다. 그럼에도 《보이는 경제학 안 보이는 경제학》의 단순 명쾌한 교훈은 아직까지 대부분 실행되지 않고 있다. 정치인들 입장에서는 여전히 지출 삭감보다는 돈을 찍어내고 세금을 인상하는 것이 더 편리하다. 특수 이익 집단은 여전히 관세로 보호받는다. 정부의 조치가 실패하면 아직도 '자유' 시장이 그 원흉으로 지목된다.

　해즐릿의 강조점 가운데 일부는 현실에서 검증되었다기보다 이념적인 주장으로 남아 있다. 그는 최저임금법에 반대했지만, 최근에 노벨경제학상 수상자이자 캘리포니아대학교의 교수인 데이비드 키드가 (미국에서 최저임금법을 도입한 주와 그렇지 않은 주를 비교한) 연구를 진행한 바에 따르면 실제로는 최저임금법이 일자리 감소로 이어지지는 않았다고 한다.

현대통화 이론으로 말미암아 정부의 모든 지출이 세금으로 마련되며, 따라서 예산 균형이 유지되어야 한다는 주장이 반박당했다. 실제로는 통화 주권을 지닌 정부가 돈을 찍어내면 세금 수입을 감소시키지 않고도 사회정책 비용을 마련할 수 있다는 것이다. 그러나 이는 인플레이션 유발이라는 문제점이 있다.

마지막으로 이 책은 (근대 영국과 미국부터 현대 중국과 한국에 이르기까지) 산업 기반을 개발하기 위해 관세를 부과해 자국 경제를 보호한 여러 나라의 상황을 다루지 않는다. 보호 장벽 없이도 과연 그만큼 발전할 수 있었을지는 의문의 여지가 있다.

그럼에도 해즐릿의 중요한 주장, 즉 정부가 지나치게 단기적인 사고방식을 지녔으며 정책의 결과를 충분히 고려하지 않는다는 주장은 여전히 유효하다. 해즐릿이 세상을 떠난 1993년 이후로 그가 비판한 제도의 대부분이 한층 더 고착화되거나 확대되었다. 정부는 유권자의 반발을 두려워해서든 소규모 경제 조정을 기피해서든 너무 많은 지출을 감행하며, 그 과정에서 저축과 투자의 의욕을 떨어뜨린다. 단기적으로는 상황이 더 나아진 듯 보이지만, 국가의 운명을 결정짓는 것은 경제의 장기적인 생산 능력이다.

함께읽으면좋은책 밀턴 프리드먼의 《밀턴 프리드먼 자본주의와 자유》, 프리드리히 A. 하이에크의 〈사회지식의 활용〉, 루트비히 폰 미제스의 《인간 행동》, 머레이 N. 라스바드의 《국가의 해부》

헨리 해즐릿 더 알아보기

1894년 미국 필라델피아에서 태어나 뉴욕 브루클린에서 자랐다. 태어난 지 얼마 되지 않아 아버지를 잃었다. 뉴욕시립대학교에 입학했지만, 의붓아버지가 세상을 떠나자 학교를 중퇴하고 가족들을 부양했다. 10대 때 《월스트리트 저널》의 기자로 일하면서 경제학이라는 학문에 흥미를 느꼈다. 불과 스물한 살 때 첫 번째 저서인 《과학으로 생각하기Thinking as a Science》를 펴냈다. 철학자인 버트런드 러셀에게 관심이 있어 러셀의 전기를 쓰려고 오랫동안 그를 인터뷰했지만, 러셀이 직접 자서전을 쓰겠다고 하는 바람에 완성하지는 못했다.

《뉴욕타임스》 《뉴스위크》 《LA타임스》 등 다양한 신문과 잡지에 글을 기고했는데, 명쾌한 사고방식과 문체가 돋보였다. 문화 평론가이며 해즐릿과 동시대 사람인 헨리 멩킨은 "인류 역사상 글을 잘 쓴 극소수 경제학자의 한 명"이라는 말로 극찬했다. 말년에는 라디오와 TV 방송에 출연, 저명한 정치인과 토론 등을 펼쳤다.

1959년 케인스의 대표작 《고용, 이자, 화폐에 관한 일반 이론》을 비판한 《신경제학의 실패The Failure of the New Economics》를 출간했다. 다른 저서로는 철학적인 내용을 다룬 《도덕성의 토대The Foundations of Morality》, 《인간 대 복지국가 Man vs The Welfare State》, 《빈곤의 정복The Conquest of Poverty》, 사회주의 이상향을 배경으로 한 소설 《시간의 역류Time Will Run Back》 등이 나왔다.

1993년 98세의 나이로 세상을 떠났다.

Book 17

조직이 합리적으로 행동한다는 가설을
반박한 행동경제학의 원조

앨버트 O. 허시먼의
《떠날 것인가,
남을 것인가》

앨버트 오토 허시먼 Albert Otto Hirschman

현대 독일의 경제학자이자 정치학자로 좌우 모두에서 인정받는 세계적인 석학이다.
경제 발전의 동력으로 분배의 기능에 주목한 '터널 이론'을 주창하고, 쇠퇴하는 조직에
서 발생하는 이탈, 저항, 충성심의 행동 유형을 분석하는 등 현대 경제학사의 주요 틀
을 제시했다. 미국 사회과학연구위원회에서 그의 이름을 딴 앨버트 O. 허시먼 상을 제
정, 매년 뛰어난 공을 세운 학자에게 수여하고 있다.

정통 경제학에서는 기업이 경쟁, 소비자 선호도 변동, 공급과 수
요 변화에 직면한다면 정상 궤도를 유지하기 위해 합리적으로
계획을 수정하게 마련이라고 가정한다. 기업의 실패는 대개 그
럴듯한 근거로 정당화된다. 어떤 기업이 자원을 효율적으로 배
치하지 않았고, 그 덕분에 다른 기업이 그 자리를 차지해 같은 자
원을 한층 더 효율적으로 재배치한다는 식이다. 시장자본주의의
능률을 강조한 시각이다.

앨버트 허시먼은 1970년에 펴낸《떠날 것인가, 남을 것인가》에서 이와 다른 시각을 펼친다. 자본주의 국가 대부분에 독과점이 존재하기 때문에 최적의 자원 재배분이란 있을 수 없는 일이고, '비효율과 방치가 거의 영속되는 지역'이 남는다는 사실을 기억하면 그처럼 긍정적인 시각이 더 이상 타당하지 않음을 알 수 있다고 말이다. 허시먼이 보기에 현대 자본주의는 슘페터가 말한 '파괴적 혁신'의 과정이라기보다 인간의 비이성적인 면과 매우 불완전한 정보를 감안할 때 난국 타개의 과정에 가깝다. 그는 고전 경제학자들이 상정한 완전 경쟁이 아니라, 다른 메커니즘 덕분에 기업, 조직, 국가의 쇠퇴로 발생하는 사회적 손실이 제한된다고 주장한다. 바로 '이탈', '항의', '충성심'이다.

조직이 맘에 안 들면 그만두거나 상황 개선을 위한 의견을 개진할 수 있다. 불만 있는 고객은 다른 곳에서 쇼핑하거나 관리자를 부를 수 있다. 정치적으로 억압받는 국민은 이주하거나 이의를 제기할 수 있다. 그렇다면 이러한 선택은 어떻게 일어나는 것일까? 전통적으로 '이탈'은 경제학에서, '항의'는 정치학의 영역이었다. 허시먼은 이 두 학문을 조합해 바라본다.

박식하기로 유명한 허시먼은 '노벨상을 받지 못했지만 최고의 경제학자'라고 불린다. 그는 이 책을 통해 개인, 기업, 국가가 합리적으로 행동한다는 가설에 반박하고 나선다. 그런 점에서 행동경제학의 원조라고 할 수 있다.

💲　　　　　　　　　　　　**자연적으로 최적화된 경제는 없다**

허시먼은 제품을 생산하는 기업이나 특정 서비스 및 공공재를 제공하는 조직의 생산량이 감소하는 상황을 가정한다. 그의 의견에 따르면 기존 제품이나 서비스 품질에 실망하는 사람들의 반응은 크게 두 가지다.

· 이탈: 그 기업의 제품을 더 이상 구매하지 않거나 회원 수가 감소한다.
· 항의: 기존 제품이나 서비스에 대한 불만을 제기하고 변화를 요구한다.

표준 경제학에서는 이 두 가지 사례가 일어날 경우, 경영진이 피드백을 수용하여 제품이나 서비스를 바꾸거나 개선하는 것으로 변화를 도모한다고 본다. 경제는 착착 돌아가는 기계 같아서 계속적으로 자원을 효율적으로 배분한다고 보는 것이다. 그러나 허시먼은 더 많은 이윤을 얻기 위해 조직은 지속적인 최적화를 꾀하기보다는 기존 위치 유지에 필요한 일만 수행한다고 주장한다.

간단히 말해, 경제는 미시 경제학의 느슨함을 특징으로 한다. 허시먼은 외부 조건과 상관없이 기업은 종종 판단 착오(수정 가능한 과오)를 일으키거나 완전히 '영향력을 상실'하며, 시장에 치열한 경쟁이 벌어지지 않거나 사람들이 굳이 항의하지 않으면 최적 상태에 못 미치는 상태를 유지한다고 지적한다.

실제로 허시먼은 인류 역사의 특징 가운데 하나가 '악화에 대한 관용latitude for deterioration'이라고 말한다. 즉, 사람들은 사회 시스템 때문에 소수의 상류층이 창출한 초과 이익이 다수에게 분배되지 않거나 모든 사람의 생활 수준이 개선되지 못하더라도 기꺼이 감내한다는 것이다. 반대 세력의 활동으로 사회의 건강이 복구되고 새로운 활력이 생길 때만이 악화와 방만에 제동이 걸린다. 이러한 역학은 정통 경제학에서 경제의 원동력으로 보는 '경쟁을 통한 자원의 최적 배분'과는 거리가 멀다.

$ 이탈은 향상뿐만 아니라 퇴보도 불러올 수 있다

경제학자는 항의보다 이탈로 소비자와 시장이 어떻게 움직이는지 설명하는 것을 선호한다. 사람들이 기대치에 못 미치는 물건을 더 이상 구매하지 않으면 매출은 하락하고, 기업은 제품을 재평가할 가능성이 크다. 1960년대에 허시먼은 이 같은 통념에 이의를 제기할 기회를 포착했다.

그는 개발경제학자로서 현장 연구를 진행할 때, 나이지리아의 국유 철도 시스템에 특이한 점이 있다는 사실을 발견했다. 철도가 화물과 사람을 대량으로 수송해야 마땅했지만, 화물은 도로로 운송되었고 사람들은 버스를 탔다. 표면적으로는 철도가 훨씬 더 합리적인 수송 수단이었음에도 왜 이런 일이 벌어졌을까? 철도가 도로와 경쟁이 되지 않던 이유는 무엇일까?

허시먼에 따르면, 나이지리아 철도 시스템이 국영 산업일 뿐 독점 산업은 아니었기 때문이다. 독점 산업이 아니다 보니 퇴보할 여지가 충분했다. 독점 산업이었다면 이용 기업과 승객의 숫자가 증가하고, 개선하라는 요구를 받았을 것이다(다시 말해 '항의'를 받았을 공산이 크다). 그러나 실제로는 항상 트럭과 버스라는 다른 선택지가 있었고, 도로 교통은 충분히 효율적이었다. 따라서 사람들은 굳이 철도 교통을 이용하지도 않고, 항의도 하지 않았다.

한편 철도는 그대로 운행되었다. 나이지리아 철도공사가 내심 적자를 국고로 막을 수 있으리라고 기대하고 있었기 때문이다. 이 같은 상황에서는 '이탈'도 '항의'도 철도산업의 퇴보와 종말을 막지 못했다.

❺   **불변의 영향력을 지닌 항의**

통념에 따르면, 민주주의는 국민의 대부분이 적극적으로 정치활동에 참여할 때만 영향력을 발휘한다. 하지만 유권자 행태와 참여를 연구한 결과만 보더라도 허시먼은 무관심이 더 일반적이라고 지적한다. 이탈하지 않고 퇴보와 맞서 싸우려고 마음먹는 결단에는 시간과 에너지가 필요하며, 실제로 "이탈이라는 대안이 존재하면 … 항의라는 전략의 발달이 위축된다"는 것이 허시먼의 주장이다.

이탈은 소비자의 결정 중 하나에 불과하지만, 항의의 행사는 국민의 창의적인 행동으로써 자기 자신만을 위한 선택이 아니다. 국민 전반에 일어날 수 있는 일을 염두에 둔 선택이다. 실제로 막강한 영향력을 지닌 사람은 무슨 이유로든 이탈이 '불가능'하기 때문에 부당함을 폭로하기 위해 항의를 택한다. 대상 기업이나 조직에 이렇게 뚜렷한 동기가 있는 사람은 조용히 가입을 철회하거나 충성심을 버리는 사람보다 훨씬 더 위험하다.

예를 들어, 어느 공화당원이 공화당의 노선에 큰 불만을 품고 있지만 민주당에 투표하는 것은 상상조차 못한다고 치자. 그 사람은 '당내 저항 세력'이 되어 자신이 원하는 노선이 채택되도록 소리 높여 선동할 수 있다. 당을 이탈하기보다 생각이 같은 사람들의 의견을 모아 전달하려 애쓸 것이다. 이탈이 불가능하면 항의는 막강한 잠재력을 발휘하게 마련이다.

허시먼은 경제활동과 '이탈', 정치활동과 '항의' 사이에 자연스러운 연관성이 있기는 하지만, 이탈과 항의라는 메커니즘은 규범과 반대되는 방향으로 사용될 때 더 큰 영향력을 발휘한다고 주장한다. 한 예로 미국의 시민 운동가 랠프 네이더가 주도한 소비자 혁명은 안전하지 못한 자동차에 대한 문제 제기에 그치지 않았다. 미국인들이 흔히 '이탈'을 당연시하던 상황에서 '항의'가 경제 영역의 잘못된 점을 바로잡는 수단이라는 사실을 널리 알렸다.

허시먼의 결론은 조직이 퇴보와 싸우기 위해서는 (구성원의 일반적인 반응이 이탈의 형태로 이루어지면) 항의의 목소리를 듣거나 (경로를 유지하기 위한 구성원의 일반적인 대응 방식이 이탈인 경우에는) 구성원이 자신의 의견을 손쉽게 표명할 수 있는 형태로 구조를 개혁해야 한다는 것이다.

⑤   충성심은 퇴보를 막을 뿐만 아니라 조장하기도 한다

자기 조직에 충성심이 있는 구성원은 이탈 대신 조직이 어떤 방향으로 나갔으면 좋겠다는 의견을 밝히는 경향이 있다. 실제로 그러한 구성원은 조직이 퇴보해 자신의 충성심이 흔들릴 지경에 이르는 것을 원하지 않는다. 허시먼은 충성심이 "비이성적인 감정이기는커녕 퇴보를 막는다는 사회적으로 유익한 목표의 달성에 도움을 준다"고 주장한다. 조직에 개혁이나 개선의 여지를 부여한다는 것이다.

항의는 창의적인 활동으로 노력이 필요한데, 충성심은 그렇게 노력하도록 구성원의 의욕을 자극한다. 허시먼은 이혼 절차가 매우 복잡한 까닭도 바로 이 때문이라고 한다. 절차가 복잡하면 사람들은 마지막으로 행동하기 전에 자신이 포기하려던 충성심을 다시 한번 돌아보게 마련이다. 충성심은 사회적으로 다른 기능도 수행한다. 충성심과 애국심은 사회를 결속하는 접착제 역할을 한다. 충성심이나 애국심 없이는 단순히 이기적인 소비자로 구성된 집합체에 그치고 만다.

우리는 세계 각국에서 이탈, 항의, 충성심이 각각 어떠한 양상으로 전개되는지 보아왔다. 사람들에게 항의의 자유를 부여하면 이탈하지 않고 머물면서 상황 개혁에 대한 의욕을 품을 것이다. 발언의 자유가 없으면 사람들은 거기 살기를 포기하고 다른 곳으로 옮겨가므로 문제가 해결되지 못한다.

1970~1980년대 소련의 국민은 이탈을 허용받지 못했다. 정치적 개혁을 원하는 사람들은 자국에 머무르며 개혁의 날이 오기를 기다릴 수밖에 없었다. 소련 해체 후, 오늘날 러시아에서는 사람들이 자유롭게 이동할 수 있다. 그러면서 '이탈'이 엄청난 영향력을 발휘했다. 일자리를 찾지 못하거나 학문적인 만족감을 느끼지 못한 사람들의 '두뇌 유출'이 일어난 것이다. 허시먼은 두뇌 유출 가능성이 큰 나라에서는 충성심이나 애국심만이 사람들의 이탈을 막고, 되돌아오게 할 유일한 수단이라고 고찰한다.

⑤   부정적인 피드백이 중요한 이유

퇴보를 막으려면 이탈과 항의, 둘 다 필요하다는 허시먼의 주장을 입증할 사례는 차고 넘친다. 영리한 기업은 초기 단계에서 손쉽게 항의 표명이나 이의 제기가 가능한 환경을 조성하면 사람들이 스스로 존중받는다는 느낌에 충성심을 유지할 가능성이 훨씬 더 크다는 사실을 알고 있다. 부정적인 피드백은 제품이나 서비스의 공급업체에 필수 불가결한 요소이며, 기업은 부정적인 피드백을 귀하게 여겨야 한다. 사업에 독이 되는 존재는 결함과 문제점을 소리 내 지적하는 소비자가 아니라, 아무 말 없이 제품 구매를 중단하는 소비자다.

허시먼의 사상은 사람들이 실망스러워진 제품을 더 이상 구매하지 않기보다 SNS에 모여서 기업이 본래 모습으로 돌아가야 한다고 항의 캠페인을 벌이는 이 시대에 특히나 큰 반향을 불러 일으키고 있다. 상업 영역에서 '항의'를 표현하기가 쉬울 때는 항의가 '이탈'만큼이나 중요한 피드백 수단이 된다.

이와 대조적으로 정치계에서는 '항의'가 무시되고 '이탈'이 선호되는 경향이 있다. 허시먼에 따르면, 미국은 "수백만 명이 항의보다 이탈을 택하기로 결정한 덕분에 탄생하고 성장할 수 있었다". 미국인의 조상 대부분은 구세계의 박해나 가난을 피해서 온 사람들이었다. 질질 끌어야 하는 고통스러운 항의보다 깔끔한 이탈을 선호한 사례는 미국 역사에서도 종종 찾아볼 수 있다.

유럽연합의 탈퇴를 놓고 실시한 영국의 국민 투표도 이탈을 택한 사례. 이탈 쪽은 유럽연합의 '간섭'에서 자유로워지면 영국이 온전한 주권국가로서 번영하리라고 주장하고, 잔류 쪽은 그대로 남아 내부에서 유럽연합의 제도를 개혁하면 영국의 사정이 훨씬 나아지리라고 주장했다. 두 진영 중 어느 쪽이 승리했는지는 이미 다 알 것이다.

함께 읽으면 좋은 책 게리 베커의 《인적 자본》, 스티븐 레빗과 스티븐 더브너의 《괴짜 경제학》, 리처드 H. 탈러의 《행동경제학》

⑤. 앨버트 O. 허시먼 더 알아보기

1915년 오스트리아 빈의 유대계 부모 밑에서 태어났는데, 부모의 뜻에 따라 루터파 교회에서 세례를 받았다. 히틀러가 정권을 장악한 직후 베를린대학교에 입학했다. 나치에 반대했기에 파리로 도피했고, 거기에서 경제학 학위를 받은 후에 런던 정치경제대학교에서 학업을 이어갔다. 스페인 내전에 참전해 공화국 군대 편에 서서 싸웠다. 1938년 트리에스테대학교에서 경제학 박사학위를 받았다. 제2차 세계대전 당시에는 프랑스 육군에 입대했으나 전투에 참여하기보다는 마르세유에서 한나 아렌트, 마르셀 뒤샹, 마르크 샤갈을 비롯한 수많은 유대인과 지식인 및 예술인을 을 미국으로 무사히 도주시키는 일에 관여했다.

미국으로 이주하여 캘리포니아대학교 버클리 캠퍼스에서 연구원으로 일했으며, 이후 CIA의 전신인 정보국에 합류해 연합국이 주최한 최초의 전범재판에서 독일 장군들의 통역을 맡았다. 1946~1952년에는 워싱턴DC의 연준에서 일하며 마셜 플랜의 수립을 도왔다. 그 후 몇 년 동안 콜롬비아 정부의 경제 고문으로 일하면서 개발경제학자로서의 명성을 얻었다. 예일, 컬럼비아, 하버드, 프리스턴 대학교 등에서 교수를 지냈다.

주요 저서로는 《경제발전의 전략Strategy of Economic Development》과 보수주의의 이념을 다룬 《반동의 수사Rhetoric of Reaction》, 자본주의가 어떻게 초기에 도덕적 가치관을 전복시켰는지 다룬 《정념과 이해관계Passions and the Interests》 등이 있다. 2012년 아흔일곱에 세상을 떠났다.

Book 18

도시는 어떻게 부와 발전의
중요한 동력이 되었는가
제인 제이콥스의
《도시의 경제》

제인 제이콥스 Jane Jacobs

20세기 북미의 언론가이자 사회운동가, 도시계획가다. 1950년대의 미국 도시 재생 정책을 '도시 약탈'이라고 날카롭게 비평한 《미국 대도시의 죽음과 삶》(1961)으로 유명해졌으며, 도시의 다양성과 생명력을 살리는 일에 평생을 바쳤다. 2009년 도시계획 뉴스를 전하는 웹사이트 플레니티즌이 선정한 '100명의 위대한 도시 사상가' 1위에 뽑혔다.

도시 거주자의 비율이 계속 상승하는 추세다. 1960년에는 전 세계 인구의 34퍼센트가 도시에 살았는데, 지금은 절반 이상(55퍼센트)이 산다. 이러한 특징은 도시의 장점이 뚜렷한 개발도상국에서 더 두드러진다. 하지만 런던, 뉴욕, 시드니 같은 고소득 국가의 대도시도 국가 경제에서 이전보다 더 중요한 비중을 차지함에 따라 나날이 성장하고 있다. 인터넷의 등장으로 인구 집중의 필요성이 줄어들 것처럼 보였으나 사실상 정반대의 현상이 나타났다.

오늘날 도시에 기반을 둔 기업은 지식 네트워크의 일부가 되어 비슷한 기업과 가까이서 교류하며 적당한 직원을 채용하기 쉽다는 장점이 있다. 실리콘밸리 같은 지역에서는 이러한 지식 근로자들이 다른 지식 근로자의 아이디어를 확보하고 각자 연구에 참고, 자신의 지적 자본을 활용해 신생 기업을 창업하기가 쉽다.

이러한 '도시의 승리'는 제인 제이콥스가 예측한 현상이었다. 제이콥스는 자신에게 명성을 안겨다준 문제작,《미국 대도시의 죽음과 삶》에서 당시 유행하던 대규모 도시 재생 계획이 공동체를 파괴한다는 사실을 전 미국인에게 알렸다. 그리고 7년 후인 1968년,《도시의 경제The Economy of Cities》에서 새로운 주장으로 다시 한번 기존 통념을 뒤집었다. 도시가 기존 지역을 기반으로 확장되는 것이 아니라, 도시는 도시만의 자생력이 있다는 것이다.

❺   **모든 길은 도시로 통한다**

《도시의 경제》를 쓰려고 자료 조사를 시작할 때, 제이콥스는 도시가 농촌을 기반으로 탄생한다는 기존 이론을 반박하지 않았다. 마을이 도심과 도시로 성장해 농경 공동체의 행정 중심지가 되고 한층 더 복잡해진다는 것을 당연한 상식으로 받아들였다. 당시에는 도시가 시골의 소작농을 보호하고 그 대가로 땅을 차지한 전사 계층의 본거지로부터 발생했다는 주장도 있었다. 어떤 이론이든 주변 토지에서 생산된 식량을 초기 도시 생존에 필수 불가결한 요소로 보았다.

그럼에도 제이콥스는 기존 이론과 정반대되는 결론에 도달했다. 농촌 경제가 "도시 경제와 도시 노동을 밑바탕으로 구축된다"는 것이었다. 농촌이 우위라는 근본적인 착오가 신조로 고착됨에 따라 우리는 도시를 제대로 이해하지 못했다. 도시는 독자적인 현상이 아니라 단순히 더 크고 복잡한 도심으로 간주되어 왔다. 이러한 논리는 국가의 경제 개발과 계획에 결정적으로 영향을 미쳤고, 대개 처참한 결과로 이어졌다.

제이콥스의 생각을 바꾼 것은 농업 생산성의 급상승이 도시의 성장에 뒤이어 일어난다는 사실이었다(애덤 스미스가 주목한 사실이기도 하다). "가장 철두철미하게 농업적인 국가의 농업 생산성이 가장 떨어진다. 반면에 가장 철두철미하게 도시화된 국가가 식량을 가장 많이 생산해낸다."

원시 시대에는 농업경제가 존재하지 않았다. 식량 생산은 도시에서 개발되었고, 나머지 지역에서는 단순히 수렵과 채집으로만 식량을 마련했다. 제이콥스는 나중에야 농업이 "농촌의 직업이 되었다"면서 (곡물 재배보다 더 많은 토지를 필요로 하는) 육류와 모직 생산이 그보다 한참 후에 도시를 떠나 농촌에서 이루어졌다고 말한다. 주요 도시가 전쟁으로 파괴되면서 주위 마을들은 고아 신세가 되어 자급자족으로 돌아갔으며, 더 이상 도시로부터 발전된 기술과 농법을 제공받지 못하게 되었다. 이러한 일은 비일비재하게 일어났다.

 일본은 수백 년에 걸쳐 자국 농민이 재배한 쌀로 근근이 버티며 식량의 25퍼센트를 수입했다. 상황은 1950년대 바뀌었다. 당시 도시에서 개발된 비료, 농기계, 냉장 기법, 동식물 연구 정보가 속속들이 등장하면서 농업 생산성이 급상승한 것이다. 일본은 인구 폭증에도 쌀을 자급자족할 수 있게 되었을 뿐만 아니라 달걀, 가금류, 과일, 채소의 생산량 증가로 한층 더 다채롭고 풍성한 식생활을 누리게 되었다. 제이콥스에 따르면, 일본이 국가 발전과 성장을 위해 잉여 농산물의 발생을 기다렸다면 "아직까지 기다리기만 했을 것"이라고 한다.

 이외에도 제이콥스는 농촌이 우위라는 패러다임에 뒤집는 미국의 사례를 다양하게 언급한다. 맥코믹의 말이 끄는 수확기를 비롯한 첨단 농기계 개발은 도시에서 공업용 금속 생산 기술이 발달했기에 가능한 일이었다. 캘리포니아의 대규모 과채류 산업은 기존의 밀 경작지나 동물용 목초지를 토대로 '진화'한 것이 아니라 샌프란시스코에 있는 보존 식품 공장과 통조림 제조 업체의 필요에 의해 탄생했다. 이들은 인근에서 수확된 농산물을 상품화해 도시에서 판매하거나 수출함으로써 이익을 얻을 수 있었다. 제이콥스는 도시가 농촌에 의존하는 것이 아니라 농촌과 농촌 인구가 도시의 필요성과 수요 변화에 의존하며, 실제로 도시의 요구에 부응하는 것만이 농촌의 유일한 발전 방법이라고 보았다.

⑤ 　　　　　　　　　　　　　　　　　　　　도시의 성장 재료와 조건

사람들은 기존 지역이 확장되면서 도시가 된다고 생각하는 경향이 있지만, 도시는 도심과 달라서 점진적으로 성장하지 않는다. 그보다는 훨씬 폭발적 또는 기하급수적으로 이루어진다. 표면적으로는 수출 산업 창출에 따라 폭발적 성장이 이뤄지는 것처럼 보이지만 로마 제국 초기나 13세기 파리, 셰익스피어 시대의 런던, 20세기 뉴욕의 경제는 그렇게 설명할 수가 없다. 이 같은 폭발적인 성장은 수입 교체 산업의 호황, 즉 수입되던 제품과 서비스가 현지에서 생산되며 가능해졌다.

　제이콥스는 일본의 자전거 사업을 예로 든다. 일본 현지의 자전거 수리점은 원래 수입산의 수리만 했으나, 얼마 안 지나서 수입산에 비해 저렴한 부품을 생산하더니 그다음에는 자전거 완제품을 만들어내기 시작했다. 이렇게 탄생한 자전거 회사는 더 광범위한 기술 생태계에 편입되어 결국에는 도요타 및 소니 같은 대기업의 협력 업체가 되었다. 제이콥스에 따르면, 도시가 수입교체 산업에 관여하기 시작하면 새로운 일자리와 재료 및 자재가 필요해지므로 일자리 창출이 급속도로 늘고 농촌 산업이 발달한다. 뿐만 아니라 이런 요소들이 시너지를 일으킴에 따라 경제활동의 총합이 급속도로 확대된다.

　제이콥스의 '수입 교체import replacement'는 경제학 교과서에서 말하는 수입 대체import replacement와 같은 뜻으로 보이지만,

후자는 정부의 '국가 건설' 사업의 일환으로 이뤄지는 것을 뜻하는 데 반해 제이콥스의 개념은 도시의 자유시장에서 일어나는 유기적인 과정으로서 기업가들과 거래자들이 조건에 반응하는 수백만 개의 통찰력과 의사결정의 결과다.

제이콥스는 위치나 다른 자원으로 도시가 성공하는 원인을 규명하지는 못한다면서, 그보다는 "도시로서의 존재감과 성장 자원은 도시 자체의 절차와 성장 체계에서 비롯된다"고 주장한다. 도심이 세계에서 가장 아름다운 항구에 위치하는지, 정부에 의해 중요한 교역 지점이나 세수 거점으로 지정되는지는 중요하지 않다. 성장 생태계와 경제학자들이 '지식 파급' 네트워크로 부르는 것이 없다면 도시는 번성할 수 없다. 로스엔젤레스와 도쿄는 교역 장소로 그리 바람직한 장소는 아니지만, 어찌 되었든 번성했다. 뉴욕이 (5대호와 대서양을 잇는) 이리 운하와 연결된 직후부터 번성하기 시작했다고 주장하는 사람이 많지만, 역시나 이리 운하와 인접한 저지시티는 소규모 도시다. 뉴욕이 운하를 십분 활용할 수 있었던 것은 다양한 산업이 발달한 도시였기 때문이다.

⑤   **대도시의 '가치 있는 비효율성'**

제이콥스는 "경제에서 이미 달성된 노동 분업의 개수와 다양성이 클수록 더 다양한 제품과 서비스를 추가할 수 있는 경제의 근본적인 역량도 향상한다"고 주장한다. 도시는 '오래된' 직업과 산업을 통해 축적된 노동력, 지식, 자본이 새로운 제품과 서비스 창출에 적용될 때 재탄생하고 여러 차례 호황을 누린다는 것이다. 제이콥스는 책을 쓰던 시점에 뉴욕의 퇴보를 목격했다. 다른 나라의 값싼 노동력 때문에 뉴욕의 의류산업이 쇠퇴한 것이다. 그렇지만 의류 디자인과 유통에 막대한 지적 자본이 투입되며 이후 수십 년에 걸쳐 새로운 일자리가 수천 개 창출되었다. 이 사실을 알았더라도 제이콥스는 크게 놀라지 않았을 것이다.

제이콥스의 핵심 논점은, 어느 지역이 새로운 유형의 산업을 개발하기 위해서는 다양한 자금 조달원이 존재해야 한다는 것이다. 다양한 자금 조달원이 존재하려면 사람들이 선호하는 투자 수단이 각양각색이어야 한다. '비효율적'인 자본 배치가 실질적으로는 도시 성장을 유발하는 셈이다.

제이콥스는 공중위생, 환경 오염, 식수 보급. 교통 체증, 화재 위험을 비롯한 많은 문제가 산재한다는 점에서 도시가 항상 비효율적으로 돌아가는 것처럼 보인다는 사실을 인정한다. 하지만 도시만이 이러한 문제에 대한 해결책을 제시할 수 있으며, 새로운 제품과 서비스만이 문제를 완화할 수 있다고 지적한다. 실제로는 민간 자본 주체가 새로운 산업이 들어설 최적의 장소를 결정하는 편이 한층 더 합리적일지라도, 정부가 정당한 일을 했다는 만족감을 얻기 위해 '개발' 명목으로 일부 지역에 투자를 집중하는 일도 가능하다.

인터넷만 연결된 곳이면 어디서든 일할 수 있다는 생각이 확산 중이지만, 그러한 일은 아직 실현되지 않았다. 사람들이 지식 생태계의 일부로 살아가고 싶어 하기 때문인데, 지식 생태계는 어김없이 도시를 근거지로 한다. 도시에는 수많은 문제가 존재하지만 도시야말로 참신한 일이 일어나는 곳이라는 사실을 사람들은 잘 알고 있다. 제이콥스는 도시가 비생상적이라는 주장이 허구라고 말한다.

함께 읽으면 좋은 책 헨리 조지의 《진보와 빈곤》, 프리드리히 A. 하이에크의 〈사회지식의 활용〉, 마이클 E. 포터의 《국가 경쟁우위》, 에르난도 데소토의 《자본의 미스터리》

$I₁ 제인 제이콥스 더 알아보기

1916년 미국 펜실베이니아 스크랜턴에서 태어났다. 열아홉 살에 뉴욕에서 속기사 겸 프리랜서 작가로 일했으며, 컬럼비아대학교의 일반 학문 대학원에서 수업을 들었다. 제2차 세계대전 당시 국무부 발행지인 《아메리카》에 글을 기고했다. 1952년에 《건축포럼Architectural Forum》의 기고가로 활동하기 시작했다. 할렘 동부의 '활성화'와 링컨센터의 재건축 계획을 비판하면서 부유한 개발업자와 개발 친화 성향의 정치인들과는 반대편에 섰다. 록펠러재단에서 지원받은 자금 덕분에 자료를 수집해 《미국 대도시의 죽음과 삶》을 쓸 수 있었다.

베트남전에 반대하며, 아들의 징집을 피하기 위해 1960년대에 가족과 함께 캐나다로 이주했다. 토론토와 벤쿠버의 도시 개발 관련 논의에서 중요한 역할을 담당했다. 2006년 토론토에서 세상을 떠났다. 제이콥스의 삶을 더 자세히 알고 싶다면 로버트 카니겔Robert Kanigel이 쓴 《거리에서의 삶: 제인 제이콥스의 인생Life on the Street: The Life of Jane Jacobs》을 추천한다.

Book 19

현대통화 이론의 선구자가 말하는
재정 적자의 본질
스테파니 켈튼의
《적자의 본질》

스테파니 켈튼 Stephanie Kelton

현대 미국의 경제학자로 현대통화 이론의 주창자다. 뉴욕주립대학교 스토니브룩 캠퍼스에서 공공정책 및 경제학을 가르치고 있으며, 미국 상원 예산위원회의 민주당 측 수석 경제학자로도 활동했다. 2016년 미국의 독일계 정치 언론사 폴리티코Politico에서 선정한 '미국의 정책 논쟁에 가장 큰 영향을 미치는 인물 50'에 들었다.

미국 상원 예산위원회의 민주당 측 수석 경제학자를 지낸 적 있는 스테파니 켈튼의 말에 따르면, 그 당시 상원 예산위원회 위원장이었던 마이크 엔지 공화당 의원은 "연방정부의 예산을 제화 회사의 손익명세서처럼 취급했다"고 한다. 그는 정부가 지속적인 초과 지출을 하고 있다는 판단이 들면 무척 두려워했는데, 정부에 적자를 메울 돈이 없어 다음 세대가 그걸 갚아야 한다고 생각했기 때문이다.

민주당이나 공화당이나 미국 정부의 재정 적자가 지나치게 크다고 생각하는 경향은 동일한다. 하지만 양당의 해결책은 다르다. 민주당은 적자가 세입 때문에 발생하므로 세금을 더 거둬들여야 한다고 생각하고, 공화당은 과도하게 발생하는 만큼 지출을 줄여야 한다고 생각한다.

켈튼이 보기에 두 진영의 생각 모두 잘못되었다. 미국 정부는 독점적인 화폐 발행자로서 원하는 만큼 얼마든 지출할 수 있다. 미 정부가 금태환제를 폐지한 1971년 이래로 달러의 가치는 무엇으로도 '뒷받침' 받을 필요가 없어졌다. 켈튼에 따르면 정부가 화폐를 창출할 수 있으므로 연방정부의 적자가 발생하면 경제에 흘러 들어가는 돈은 더 늘어난다. 그렇게 해서 증가한 화폐는 정책 시행의 재원이 되고, 가장 많은 도움이 필요한 국민에게 사용할 수 있다. 이러한 관점에서 켈튼은 역사적으로 미국의 재정 적자가 지나치게 적다고 주장한다. 그녀는 자신이 정부 지출이 납세자의 세금을 주요 재원으로 하지 않는다는 사실을 깨달았던 순간을 '코페르니쿠스'가 깨달음을 얻었던 순간에 비유했다. 이것아 바로 켈튼이 내세운 현대통화 이론의 핵심이다.

사실 이러한 켈튼의 현대통화 이론은 주류 경제학자들의 심한 비판을 받으며 경제학의 변방에 머물러 있었다. 이런 상황에서 2020년 켈튼이 내놓은 《적자의 본질》은 그야말로 현대통화 이론을 신봉하는 경제학자들에게 일종의 선언서가 되었다. 코로나

19 팬데믹으로 인해 세계 각국의 정부가 전력으로 대응할 수밖에 없었던 상황에서 독자적 영역으로 주목받게 된 것이다. 바이든 대통령의 경기부양책이 대표적이다. 켈튼의 저서는 적자를 둘러싼 오해가 정부가 국민에게 제대로 봉사하지 못하도록 발목 잡는다는 사실을 지적하고, 그러한 허구와 이데올로기 깨부수려 한다.

⑤   정부는 가계와 다르다

대부분의 국회의원과 국민은 과세와 차입이 지출에 선행해야 한다는 원칙을 믿고 있다. 정부가 세금을 거둬들이지 않으면 지출할 수 없다고 생각하는 셈이다. 하지만 켈튼은 정부가 거의 항상 공약 달성을 위해 (적자가 발생하더라도) 지출 먼저 하고, 그다음에 과세한다고 주장한다. 그게 가능한 까닭은 정부가 화폐를 자체적으로 발행할 수 있기 때문이다. 돈을 추가로 찍어내기만 해도 적자를 메울 수 있다. 가계, 기업, 주 정부, 지자체는 불가능한 일이다. 이들은 모두 화폐 '사용자'들이다.

미국, 영국, 중국, 호주 등은 자체적인 통화를 소유한 통화 주권 국가다. 반면에 그리스를 비롯해 유로화를 사용하는 국가는 통화 주권이 없다. 때문에 다른 나라가 정한 금리로 돈을 빌려야 하며, 자국이 진 채무를 절대로 상계할 수 없다. 그런데 미국 의회가 일반 가정처럼 예산을 운영할 필요가 없다면, 채무 상한선과 차입 제한 조치가 존재하는 까닭은 대체 왜일까? 간단히 말해 정치적으로 필요해서다. 예산 관련 규칙이 있으면 정치인들이 자기 지역구를 위해 무제한 지출을 밀어붙이지 못해도 그럴듯한 핑계를 댈 수 있다. 실제로 정치인들이 가장 원치 않는 일이 유권자들이 얼마나 많은 세금을 내고 있는지 개의치 않는 '무책임한' 정치인으로 비치는 것이다. 그러나 과도한 지출이 문제라는 생각은 현대 경제체제와 금융체계가 실질적으로 어떻게 작동하는지 알지 못해서 생겨난다.

§   **우리가 세금을 내는 진짜 이유**

미국 정부는 자국 통화인 달러화의 유일한 발행자다. 따라서 엄밀히 말하면 미국 국민의 세금이 필요 없다. 그저 더 많은 돈을 찍어내거나 풀면 된다. 그렇다면 세금은 무엇 때문에 필요할까?

켈튼에 따르면, 세금은 '정부의 화폐 수요를 창출'하기 위해 존재한다. 사람들은 세금으로 낼 돈을 마련하기 위해 일해야 한다. 세금을 거둬 사람들의 근로를 유도하면 (병원, 법원, 군대, 공원, 도로 등을 비롯해) 어떤 시설이든 새로 짓거나 유지하는 데 필요한 노동력을 조달할 수 있다는 게 켈튼의 주장이다. 그뿐만 아니라 납세의 의무 때문에 사람들이 법을 지키며 살고, 그로 인해 질서가 잡힌다. 실제로 세금을 내지 않으면 감옥에 갈 수 있다.

켈튼이 보는 과세는 '사실상 정부 공급 체계'다. 납세의 의무가 유지되는 한 사회의 바퀴가 계속해서 굴러간다는 것이다. 정부는 딱히 국민의 혈세가 필요 없다. 국민이 세금을 치르기 위해 돈 버는 과정에서 들이는 시간과 노력이 필요할 뿐. 이처럼 국가 통화와 세금의 존재를 바라보는 켈튼의 시각은 일반적인 경제학과는 완전히 다르다. 경제학 교과서는 화폐가 유기적으로 탄생해 물물교환의 효율성을 더했다고 가르친다. 현대통화 이론은 세금을 고대의 통치자들이 자체 화폐를 도입하여 만들어낸 수단으로 본다. 통치자가 만들어낸 화폐로만 세금을 치를 수 있었기 때문이다. 화폐가 가치를 지니게 된 이후에야 개인 간 교환 수단으로서 유통되기 시작했다는 것이다.

이 모든 것이 작동하려면 정부가 먼저 화폐를 발행해야 했다. 고대의 정부는 피지배자가 (세금을 내기 위한) 돈을 벌 수 있는 정도로 화폐를 유통했다. 부르마블 게임을 떠올려보자. 누군가가 '은행'이 되어 맨 처음 모든 참가자들에게 돈을 쥐어주어야 게임이 시작된다. 그래야 사람들이 부동산을 사고팔며 규칙에 따라 세금을 낼 수 있다. 게임 참가자는 화폐의 '사용자'이기에 파산할 가능성이 있고, 은행은 '발행자'이기에 그럴 수 없다. 실제로 게임 규칙에 따르면 모든 지폐가 다 사용될 경우 은행은 종잇조각에 숫자를 쓰는 식으로 게임 화폐를 추가로 발행할 수 있다.

미국 조폐국도 이와 같은 방식으로 지폐와 동전을 만들어내며, 미국 연준은 키보드 입력 한 번으로 '준비금reserves'을 만들어낸다. 미국 의회는 군비 지출을 승인할 때 정부가 방위 관련 계약에 치를 준비금을 충분히 보유하고 있는지 확인하지 않아도 된다. 재무부가 산하 은행이 연준에 계약 업체에 대한 지출을 승인하라고 지시만 내리면 된다. 이때 연준은 업체의 은행 계좌에 거래 금액을 숫자로 표시할 뿐이다. 2007~2008년 세계 금융 위기 때 혈세가 은행들의 구제 금융으로 사용되었다는 주장은 허구에 불과하다. 사실 벤 버냉키 전 연준 의장이 지적한 바와 같이 민간 은행은 연준에 개설한 계좌가 있었고, 연준은 그러한 계좌에 새로 발행한 돈을 구제 금융으로 넣어줬을 뿐이다.

현대통화 이론을 따르는 경제학자들은 우리가 세금을 내는 데는 정부 지출 말고도 다른 이유들이 있다고 주장한다. 첫째, 세금은 인플레이션을 방지한다. 돈을 찍어내기만 하면 무분별한 지출이 이뤄지기 쉽고, 그 결과 물가가 올라간다. 그러나 세금을 내게 하면 시중에 유통되는 통화량이 줄어들기 때문에 인플레이션율을 낮게 유지할 수 있다. 둘째, 세율 조정으로 소득과 부의 지속 가능한 분배를 이룰 수 있다. 셋째, 특정 행위를 유도하거나 막을 수 있다. 예를 들어, 탄소세의 도입으로 전기차 활용이 높아지고 덕분에 기후 변화를 완화할 수 있다.

❺ 인플레이션 목표치 때문에 일자리가 희생되어서는 안 된다
엄청난 재정 적자가 인플레이션으로 이어지지는 않을까? 켈튼을 비롯한 현대통화 이론계 경제학자들은 초과 지출 때문에 걱

정해야 할 때는 물가가 슬금슬금 상승하고 경제가 '과열'될 때뿐이라고 말한다(즉, 과도한 통화량이 극소수 제품과 노동력에 집중되어 노동력이 부족해지는 때다). 켈튼은 현대 경제가 완전히 가동되는 일은 드물기 때문에 대부분 인플레이션은 문제가 되지 않는다고 말한다. 사람들이 자신의 숙련도와 교육 수준에 맞는 일자리를 찾지 못하는 불완전 고용이 어느 정도는 항상 존재한다는 것이다.

(금리를 낮게 조정해 차입과 고용 확대를 촉진하는 식의) 통화정책은 거의 항상 완전 고용을 창출하기에 역부족이다. 대침체 이후에 미국 경제가 제자리를 찾고 실업률이 9퍼센트에서 4퍼센트로 떨어지기까지 7년이 걸렸다. 켈튼은 재정 지출을 확대하면 회복까지의 기간을 대폭 단축할 수 있었지만, 초과 지출에 대한 (잘못된) 두려움 때문에 재정 지출 확대가 이뤄지지 않았다고 지적한다.

연준은 고용과 물가를 관리하지만, 저인플레이션을 꾸준히 유지하려면 어느 정도의 '자연' 실업이 필요하다는 입장이다(노동 수요가 올라가면 임금이 상승해 인플레이션이 발생하므로). 그러나 켈튼을 비롯한 현대통화 이론계 경제학자들은 도덕적인 이유에서 물가 관리를 위해 자연 실업을 유발해야 한다는 입장에 반대한다.

현대통화 이론계 경제학자들은 '일자리 보장 제도jobs guarantee'를 제시한다. 연방정부가 공익에 기여하는 부문(보건이나 필수 기반 시설 건설 같은)에서 일할 의향이 있는 사람 모두에게 확실한 근로소득을 제공하는 것을 골자로 하는 방안이다. 켈튼에 따르면 일자리 보장 제도는 사회 전반에 반드시 필요하고, 유익한 일자리를 제공하기 때문에 단순히 근로 유도 정책에 그치지 않는다고 한다. 켈튼은 일자리 보장 제도를 시행하면 국민 개개인이 예측 불가능한 경기 순환 주기에 휘둘리지 않으면서 경제 전반의 자동 안전화 장치 역할을 담당하게 되리라고 본다. 개개인이 계속해서 임대료를 내고 지출하며 신용카드 대금을 상환할 수 있다는 것이다. 그녀는 애초에 자신의 노동력을 구매할 대상을 찾지 못한 이들에게 혜택을 주는 제도이므로 인플레이션을 유발할 일도 없다고 주장한다.

일자리 보장 제도에 관한 켈튼의 핵심 주장은, 국민이 세금을 내기 위해 정부가 독점적으로 발행하는 화폐를 확보해야 하는 상황에서 정부가 국민에게 그 화폐를 벌어들일 기회를 제공해야 마땅하다는 것이다. 최저임금제를 시행하는 것만으로는 충분하지 않으며, 애초에 최저임금을 지급하는 일자리부터 창출할 필요가 있다는 말이다. 더욱이 켈튼은 정부가 확실한 일자리와 근로소득을 제공하지 않는 방향을 선택하는 것은 사실상 일정한 수준의 실업을 유지하기로 한 것이므로 도덕적으로도 문제가 있다고 지적한다.

💲   국가의 채무

미국의 국가 채무는 정치인, 토론 프로그램 출연자, 전문가, 일반

국민의 두려움과 원성을 자아내는 주제다. "우리는 우리의 자녀와 그 자녀들에게 과중한 채무 부담을 지우지 말아야 한다"고 주장한다. 오바마 대통령조차 '무책임'하고 '비애국적'인 채무 비율이라고 비판했을 정도다.

그뿐만이 아니다. 미국이 중국에 막대한 채무를 지고 있다는 믿음도 널리 퍼져 있다. 중국이 미국의 단기 국채를 잔뜩 보유하고 있다는 것이다. 그러나 켈튼은 국가 채무만큼 잘못 알려진 사안도 없으며, 이는 미국 국채를 잘 몰라서 생기는 착각이라고 주장한다. 국채는 빚이 아니라는 것이다. 켈튼의 주장에 따르면 중국이 연준 계좌에 달러 현금을 예치하면 연준이 그 현금을 약간의 이자가 붙는 금융 상품으로 전환하는 형태이므로 '국가 채무'보다는 '회계상의 조정'으로 간주해야 한다. 중국의 대미 무역 흑자 규모는 어마어마하며 그러한 무역 흑자가 국채 형태로 기록된다는 것이다.

💲 복지 지출을 둘러싼 착각

사회보장, 메디케어Medicare[11], 메디케이드Medicaid[12] 등을 포함한 미국의 복지 급여는 수백만 명의 노인, 장애인, 저소득층을 빈곤에서 구한다. 그러나 수급자들뿐만 아니라 복지 급여의 지속적인 지급이나 강화를 주장하고 나선 정치인들까지 악마처럼 묘사되어왔다. 이들은 "열심히 일하는 국민의 주머니에서 돈을 빼간다"는 비난을 받는다.

켈튼은 통화 주권국에서 복지 지출 때문에 '위기'가 초래될 일이 없다고 주장한다. 복지 급여가 세입으로 충당되지 않으며, 현재나 미래에나 정부가 복지 지출의 의무를 문제없이 이행할 수 있다고 본다. 그녀가 보기에 유일한 걸림돌은 법률이다. 예를 들어, 정치인들이 복지 지출과 세입을 연계하는 법을 만들면 문제가 발생할 수 있다는 것이다.

켈튼은 은퇴 연령을 상향 조정하거나 복지 지출을 삭감할 필요가 없다면서, 복지 지출을 위해 할당된 신탁기금은 단순히 '법률상'의 실체에 불과하므로 결코 정부의 지급 능력에 영향을 주지 못한다고 주장한다.

💲 재정 적자가 민간 경제에 '구축' 효과를 일으킬까?

켈튼은 재정 적자가 사실상 민간 경제의 '흑자'로 이어진다면 '재정 흑자'는 경제에서 유통되는 자금을 빨아먹는 반면에 재정 적자는 정반대의 효과를 낸다고 주장한다. 어떻게 이 같은 일이 가능할까? 켈튼의 설명에 따르면 '균형 예산'에서 비롯되는 재정 흑자는 국민의 돈을 '빼앗는' 역할을 한다고 한다. 예산이 균형을 이루거나 흑자로 전환되려면 국민 개개인이 더 많은 돈을 세금으로 지출해야 하며, 그만큼 소비와 투자가 줄어든다는 것이다. 반대로 적자는 (재정 지출이나 세금 삭감을 통해 경제에 돈을 흐르게 함으로써) 수요를 높게 유지하고 특정 부문의 부족한 투자를 메워주므로 고용 확대로 직결될 수밖에 없다고 한다. 켈튼은 이러한 현상을 '정부의 적자는 항상 우리 민간인의 흑자'라는 말로 설명한다.

정부가 세금으로 거둬들이는 것보다 더 많은 돈을 풀면 경기가 호황을 이룬다. 파도가 높아지면 모든 배가 떠오르게 마련이다. 특히 간호사, 교사, 건설 근로자 등 경기를 타는 근로자들이 가장 큰 혜택을 입을 수 있다. 켈트의 주장에 따르면, 정부의 선별 지출은 한층 더 형평성 있는 성장으로 이어지며, 균형 예산이 이뤄지면 민간 부문의 흑자는 발생하지 않는다.

'구축(crowding out, 몰아내기'이라는 개념은 저축 공급량이 고정되어 있으며, 정부가 민간 부문과 그처럼 한정된 저축을 두고 경쟁한다는 가설을 바탕으로 한다. 그러나 켈튼이 보기에 정부의 재정 조달은 그러한 방식으로 이뤄지지 않는다. 화폐 발행 주체인 정부는 돈을 빌릴 필요가 없으며, 오히려 공개 시장에서의 차입 없이도 민간 금융 회사, 기업, 개인의 계좌에 융자금을 넣어줄 수 있다(사실상 돈을 창출할 수 있다). 켈튼이 생각하는 정부는 회사채나 국채를 통해 민간 자금을 구걸하는 존재가 아니라 '다부진 화폐 발행 주체'다.

구축 이론은 각국이 자국 화폐를 금이나 미국 달러화에 연정시킨 브레튼우즈 체제에서 좀 더 현실성을 띠었다. 그러나 1971년 이후 금 또는 달러화 연동이 불필요해졌으며, 그때부터 화폐를 발행하면 민간 경제의 돈을 빼오지 않고도 적자를 질 수 있게 되었다. 켈튼은 재정 적자가 (세금 삭감이나 지출 확대의 측면에서) 민간 경제에 돈을 '추가 투입'해주며, (케인스의 이론을 반영하듯이) '지출은 자본주의의 생명줄'이라고 지적한다. 재정 적자가 경기 호황과 국민 개개인의 형편이 나아지며 더 많은 세금이 납부되는 선순환으로 이어진다는 것이다.

💲　　　　　　　　　　　　　　　　　　　　정부의 역할

물론 적자 지출은 인플레이션 효과를 발휘할 수 있다는 점에서 큰 주의가 필요하다. 지출이 과도해지면 경기가 과열돼 극소수의 제품과 서비스에 너무나 많은 돈이 몰리는 결과가 나타날 수 있다는 이야기다. 실제로 많은 이가 주장하듯이 코로나19 팬데믹에 대한 경기 부양책이 시행된 여파로 실로 오랜만에 물가가 몇 퍼센트씩 상승했다. 더 나아가 일각에서는 연준의 화폐 발행 때문에 미국 달러화의 가치가 절하되었다는 주장을 내놓기도 한다. 저축자들이 보유한 현금, 즉 근로자들이 어렵게 번 돈이 빠른 속도로 가치를 잃어간다는 뜻이다.

　화폐가 시중에 물밀 듯 쏟아지면 가격 신호도 왜곡될 수 있다. 부양책의 일환으로 지급된 수표가 사람들의 은행 계좌에 입금되자마자 밈주식meme stock[13]과 비트코인 가격이 폭등했다. 이처럼 실물 경제가 활성화되기보다 금융경제에 잔치가 벌어지는 일이 경기 부양책이 의도한 결과일까? 더욱이 이제는 금융시장의 가격이 내재 가치를 바탕으로 한 '실제' 가격인지, 아니면 그저 부양책으로 부채질된 가격인지 알 도리가 없다.

현대통화 이론계 경제학자들은 그러한 단점도 (복지 수당, 상여금, 실업 지원금, 영세 기업 대상 대출금 등의 형태를 띤) '안전화 장치'의 장점에 비하면 아무것도 아니라고 주장한다. '안전화 장치'가 살아보려고 애쓰느 사람들에게 식료품, 임대료, 일자리의 안정성을 제공한다는 것이다.

2020년을 생각해보면 각종 부양책 덕분에 미국 경제가 제2의 대공황을 면했다고 할 수 있으니 켈튼의 말이 틀린 것도 아니다. (금리 인하, 양적 완화, 정부의 금융 자산 매입을 통한 유동성 증대 등의) 통화정책만으로는 경제를 완전히 되살려내기 어렵다. (상당한 정부 지출 및 감세 등의) 재정정책이 따를 때만이 경제를 완전히 복구할 수 있다. 이념적 이유에서든 무지해서든 (가계 예산을 책정할 때처럼 정부 예산을 책정하는 오류를 저지름으로써) 재정정책을 단행하지 않는 정부는 국민에 대한 책임을 다하지 못하는 정부다.

반대 진영에서는 시장 붕괴나 감염병 창궐 등의 사태가 일어난 후에 모든 것을 시장의 손에 맡겨둔 채로 상황이 자연스럽게 제자리를 찾아가도록 기다려야 한다고 주장한다. 이들은 국민이 정부에 점점 더 많이 요구하는 일에 익숙해졌다고 지적한다. 반대파의 주장에 따르면 사람들은 이론상으로는 최소한의 정부 개입이 바람직하다고 여길지 몰라도, 현실에서는 시장의 예측 불가능한 변동이며 질병과 자연재해 같은 '불가항력'으로부터도 보호받기를 원한다고 한다. 그런데 국민이 정부에 이 같은 기대를 품는 것이 잘못일까? 켈튼의 지적대로 우리는 노동력을 제공함으로써 국가와 사회에 자원 조달을 도와왔으며, 국가의 독점 화폐로 세금도 낸다. 그 대가로 우리는 정부에 요구할 수 있다. 그것이 우리가 정부와 맺은 계약의 조건이다.

함께읽으면좋은책 존 메이너드 케인스의《고용, 이자, 화폐에 관한 일반 이론》, 하이먼 민스키의《불안정한 경제의 안정화》

📊 스테파니 켈튼 더 알아보기

1969년 미국에서 태어났다. 캘리포니아주립대학교 새크라멘토 캠퍼스에서 경영학과 재정학을 전공했다. 로터리장학금을 받고 영국 케임브리지대학교에서 경제학 석사과정을 이수했으며, 뉴욕의 새로운 사회 연구 학교New School for Social Research에서 박사학위를 받았다. 이후 캔자스시티의 미주리대학교에서 수년간 경제학을 강의했다. 버니 샌더스에게 영입되어 2015~2016년 민주당 소속 미국 상원 예산위원회의 수석 경제학자를 지냈다. 2016년과 2020년에는 샌더스 후보의 대선 운동에 자문으로 참여했다.

2017년부터 뉴욕 스토니브룩대학교의 교수를 지내고 있다. 새로운 사회 연구 학교 산하 슈월츠 경제분석 연구소의 선임 연구원이며, 현대통화 이론을 중점적으로 다루는 블로그 '뉴이코노믹 퍼스펙티브New Economic Perspectives'를 개설하기도 했다. 2020년 호주 애들레이드대학교 경제학과 초빙 교수로 초청되었다.

Book 20

'케인스 혁명'이라고 칭해지는
경제학 고전 중의 고전

존 메이너드 케인스의
《고용, 이자, 화폐에 관한
일반 이론》

존 메이너드 케인스 John Maynard Keynes

19세기 영국의 경제학자로 경제학에서 빼놓을 수 없는 거장이다. 우리가 흔히 수정자
본주의라고 부르는 이론의 모태로, 완전 고용을 실현하기 위해서는 정부의 적극적인
개입이 필요하다는 '케인스주의'를 주창해 경제학은 물론이고 정치적으로도 큰 영향
을 미쳤다. '보이지 않는 손'이 주류를 이루던 시점에《고용, 이자, 화폐에 관한 일반 이
론》을 내놓아 경제학의 기조를 바꾸는 '혁명'을 일으켰다.

1936년 새해 첫날, 존 메이너드 케인스는 친구인 조지 버나드
쇼에게 편지를 썼다. 거기에는 현재 자신이 집필 중인 책이 "지금
당장은 아니더라도 10년 이내에 경제 문제에 대한 이 세상의 사
고방식에 대변혁을 일으킬 것"이라는 내용이 담겨 있었다. 이런
케인스의 자신감은 그대로 실현되었다. 그해 출간된《고용, 이
자, 화폐에 관한 일반 이론》이 '케인스 혁명'이라고 불리며 경제
학의 판도를 뒤엎었을 뿐만 아니라 현대 거시 경제학의 밑거름

이 된 것이다.

케인스는 이 책에서 완전 고용 실현을 위해 정부의 적극적인 개입이 필요하다는 이론으로 세상을 놀라게 했다. 당시 관점으로는 있을 수 없는 일이었기 때문이다. 수학과 철학 등에도 뛰어난 기량을 발휘하던 그가 경제학자가 된 것은 잘못된 경제학 이론이 파괴적인 결과를 만들어낼 수 있다는 위기의식 때문이었다.

케인스는 고전파 경제학이 자연스럽고 유기적인 시스템이라는 허울 아래 엄청난 사회 불평등을 일으키고, 나쁜 행위가 계속되도록 방임하는 한편, 지배 계층의 권력 유지를 돕는다고 보았다. 이런 상황에서 케인스 이론은 주목받으며 그때까지 유지되던 경제학의 기조를 바꾸기에 이르렀다. 지금까지도 케인스주의가 우리에게 미치는 영향력은 엄청나다.

철학자 이사야 벌린은 케인스를 두고 "단연코 내가 살면서 만난 사람 중 가장 똑똑한 사람"이라고 평가했으며, 버나드 쇼도 이와 비슷한 말을 남겼다. 1990~2000년대 들어 케인스의 영향력이 많이 약화되었다는 시각도 있지만, 2007~2008년의 세계 금융 위기는 로버트 스키델스키 교수가 2009년 발표한 케인스의 평전 제목대로 '거장의 귀환 The Return of the Master'을 알렸다(한국어판 제목은 《존 메이너드 케인스》). 실제로 정부의 대대적인 개입 덕에 제2의 대공황을 막았다고 보는 사람들이 많다. 케인스의 이론은 맹렬한 기세로 복귀를 알렸다.

⑤   그럴듯하지만 현실성이 없는 이론 1: 임금과 경제

케인스는 책 첫머리에서 자신이 젊을 때는 당시의 경제학 패러다임을 신봉했다고 말한다. 그가 말한 패러다임은 마르크스에 의해 '고전파' 경제학이라 불렸으며 자본주의의 지식 기반으로 여겨졌다. 고전학파는 언뜻 근현대 세계의 경제가 작동하는 원리를 규명하는 듯 보였지만, 케인스는 고전파 경제학으로는 그 원리가 설명되지 않는다는 것을 서서히 깨달았다. 예를 들어, 고전학파는 극소수의 사례를 제외하면 실업 문제에 전혀 관심을 두지 않았다.

고전파 경제학자들은 사회의 자원이 (장기간에 걸쳐) 효율적으로 활용되며 고용은 저절로 이뤄진다고 가정했다. 경기 부진으로 노동력의 가격이 내려가면, 낮아진 가격 때문에 이윤을 노릴 수 있게 된 제조업체들이 추가 인력을 고용할 것이라고 보았다. 이처럼 자체적인 조절 시스템 덕분에 완전 고용이 보장된다는 것이 고전파 경제학자들의 주장이다.

그러나 케인스는 실직으로 일자리를 구하는 중이거나 일할 수 없는 형편에 놓이거나, 경제 상황 때문에 구직에 나설 의욕을 잃는 경우가 있다고 보았다. 이외에도 임금에 '경직된sticky' 면이 있기 때문에, 다시 말해 임금이 지나치게 오랫동안 너무 높거나 낮은 수준에 머물면 실물 경기보다 한참 후행하기 때문에 노동력과 임금이 수요와 공급 측면에서 항상 완벽하게 일치할 수는

없다고 여겼다. 예를 들어, 일자리를 잃은 사람이 많아지더라도 노조가 임금을 일정 수준으로 끌어올리기 위해 오랜 기간 투쟁했다면 그만큼 임금 감축에 저항할 것이다.

더욱이 근로자와 고용주는 '실질' 임금이 아니라 명목 임금(주급 200달러와 같은 구체적 금액)을 두고 협상을 벌인다. 실질 임금이란 명목 임금에 물가와 물가 상승률을 반영해 실제 구매력을 나타내는 임금이다. 결과적으로 경제 전반의 임금(노동력 가격)이 하락하면 가격도 하락하지만, 실제로 경제에는 그리 큰 변화가 일어나지 않으며 시장의 자체적인 조정도 일어나지 않는다.

임금 삭감 조치는 경제 전반을 활성화할 수는 없으며, 오히려 근로자들이 다른 사회 구성원에 비해 가난해지는 결과로 이어진다. 임금 소득자들이 소득 대부분을 주거비, 식대, 교통비 등으로 지출하는 경향이 있는 반면에 (자본가나 지주 등의) 다른 사람들은 소비로 나가는 돈보다 쌓이는 돈이 더 많기 때문이다. 따라서 '임금 유연성'은 경기 부진의 해결책이 될 수 없으며, 오히려 부자는 더 부유하게, 가난한 자는 더 가난하게 만들 뿐이다. 임금 유연성을 조정하면 경제는 근로소득이 아니라 자산으로 움직이게 되며, 자산의 소유주가 바뀌지 않으면 경제 역동성과 사회 이동성이 사라진다.

케인스가 임금 삭감을 정체된 경제의 해결책이 될 수 없다고 본 이유는 한 가지 더 있다. 임금을 삭감하면 돈을 빌린 사람이

(채무 금액이 동일하게 유지되더라도) 채무를 상환하기가 어려워질 수밖에 없다. 그러면 대규모 채무불이행 사태가 발생할 가능성이 높아진다.

생산과 소비의 균형을 바로잡음으로써 경제를 정상화하지 않고 임금만 삭감하면 디플레이션, 소비 위축, 신용 경색의 악순환이 발생할 수 있다. 장기적으로는 상황이 저절로 바로잡힐 수도 있지만, 그 전에 수백만 명의 생계가 위험에 처한다. 케인스는 이러한 상황에서는 정부가 행동할 책임이 있다고 결론짓는다.

💲 **그럴듯하지만 현실성이 없는 이론 2: 수요 심리**

그렇지만 케인스는 엄밀히 말하자면 고용이 아니라 수요 문제를 중점적으로 다루었다. 고전학파는 "공급이 수요를 창출한다"는 장 바티스트 세의 주장을 토대로 형성되었다.

고전학파에 따르면 수요 부족이나 공급 과잉 같은 일은 있을 수 없다. (너트와 볼트의) 생산자가 벌어들이는 돈이 (철 같은) 원자재와 (의복과 음식처럼) 생활에 필요한 물건 구매에 사용되기 때문이다. 물론 생산자가 시장이 원하는 제품 수량을 터무니없이 과대평가하고, 그 결과 원자재 비용에 너무 많은 돈을 사용해 파산할 가능성은 있다. 생산자 개인에게는 실패지만, 그렇게 되면 사회 전반의 자원이 한층 더 효율적으로 투입되는 효과가 나타나고 향후 공급 과잉이나 제품 부족이 일어날 가능성을 막을 수 있다는 것이 고전학파의 주장이다. 따라서 이들은 공급과 수요가 서로 다른 역학을 따라 전개되기보다 같은 동전의 양면에 가까우며 저축에도 같은 원리가 적용된다고 본다. 어떤 사람이 소비하지 않고 저축한 돈은 사회의 생산성 증대 활동에 재투자될 수 있다는 것이다.

하지만 사회가 축적한 저축이 전부 생산적인 투자에 사용되지 않는다면 어떻게 될까? 케인스는 바로 이러한 질문을 던진다. 경제의 불확실성에 대한 두려움 때문에 사람들이 현금을 쟁여두고, 은행이 대출해주지 않으려 하며, 돈을 빌려야 할 사람이 대출받기를 꺼리는 상황이 나타날 수 있다. 이 경우에는 경기가 침체에 빠지고 실업 급여를 받으려는 줄이 길어질 것이다. 케인스와 고전파 경제학의 결정적인 차이가 여기에 있다.

케인스가 보기에, 경제의 불확실성과 사람들의 막연한 두려움 때문에 생산과 소비는 완벽한 균형을 이룰 수 없다. 소비자의 지출과 저축 욕구는 미래에 대한 개인의 전망, 독립 의지, 자녀에 대한 재산 상속 욕구 등 주관적이고 심리적인 요소와 더불어 현재의 소득과 금리 같은 객관적인 요소에 의해 좌우된다. 기업은 자본에 대한 기대 수익률과 금리에 따라 신규 공장과 설비에 투자할지 말지 결정한다. 금리가 높으면 투자가 이뤄지지 않을 수 있다. 기대 수익률이 큰 역할을 한다. 기업 소유자가 호황을 확신한다면 높은 미래 수익률을 기대할 것이다. 향후 경기에 비관적이면 낮은 수익률을 예상하고 투자를 단념할 공산도 있다.

케인스는 고전학파의 '자연' 금리 개념을 완전 고용 달성에 최적화된 금리 개념으로 대체하고자 했다. 이때 '최적' 금리란 자본가와 저축자가 금리로 이득을 얻더라도 완전 고용에 지장을 초래하지 않는 금리를 말한다. 케인스는 완전 고용이 이뤄지면 수요가 높은 수준을 유지할 수 있기 때문에 완전 고용의 달성을 금리정책의 목표로 삼는 것이 경제의 건전성을 확실하게 유지할 수 있는 방법이라고 생각했다. 그가 보기에 답은 명확했다. 충분한 투자와 완전 고용을 보장하기 위해서는 금리가 저절로 변동하도록 내버려두어서는 안 되고 정부나 중앙은행이 국익을 위해 금리를 관리해야 한다는 것이었다.

케인스 입장에서 고전파 경제학의 관점은 볼테르의 소설《캉디드》에 나오는 등장인물의 사고방식과 다를 바가 없다. "이 세계는 가능한 모든 세계 중에서 최선의 세계다. 모든 것은 지금 현재가 최선의 상태다." 케인스는 그러한 관점이 경제가 그렇게 작동되었으면 하는 우리의 '희망'일 수는 있지만 "실제로 그렇게 가정하는 것은 우리가 처한 어려움을 간과하는 행위"라고 지적한다. 그러나 고전파 경제학의 수요 이론이 엉터리라면 어떻게 해서 지배적인 경제 모형으로 자리 잡을 수 있었던 것일까?

케인스는 이 '끈질기고 논리적인 상부 구조superstructure'에 다른 목적을 수행해왔다고 주장한다. 케인스에 따르면 고전학파의 수요 이론은 자연스럽고 유기적인 시스템이라는 명분을 내세워 현상 유지를 조장했다고 한다. 엄청난 수준의 사회적 불평등은 물론 잔인한 행위를 방임하는 한편, 자본가와 지배 계층의 기득권을 공고히 지켰다는 것이다.

💲 취해야 할 조치: 경제 활성화

케인스는 불황기에 정부가 지폐를 항아리에 담아 땅에 묻은 다음, 수천 명의 인력을 고용해서 그 항아리를 파내도록 하는 편이 더 합리적이라고 농을 던진다. 그는 전통적인 관점에서 근로자에게 임금을 지급하는 것은 '낭비'로 간주될지도 모르지만, (완전 고용으로 총수요가 정상 수준으로 회복되는) 전반적인 효과가 비용을 뛰어넘는다고 말한다. 그렇기에 정부라면 경제를 활성화하기 위해 무슨 일이라도 할 수 있고, 해야만 한다고 지적한다.

케인스는 정부가 고용에 쏟아붓는 자금과 경제 전반에 미치는 긍정적인 효과 사이에는 일정한 비율이 있다면서 이를 '승수 multiplier'라고 한다. 정부 지출이 증가하면 국민이 계속해서 제품과 서비스를 구매할 여력이 생긴다는 것이다. 문제는 정책 입안자들이 '절약'과 '낭비'에 대한 19세기식 통념에 사로잡혀 공공 지출이 경제에 긍정적인 영향을 줄 수 있다는 사실을 외면했다는 점이다.

케인스의 이론은 당시 충격적이었지만, 그가《고용, 이자, 화폐에 관한 일반 이론》을 쓰고 있을 때에도 정확성이 입증되고 있었다. 프랭클린 D. 루스벨트 대통령은 취임 후 100일 동안 파탄이 난 미국 경제를 살리기 위해 이것저것 닥치는 대로 조치를 취했다. 금융 시스템을 강화했고, 정부 절차를 간소화했으며, 수출 지원을 위해 달러 가치를 절하했고, 대규모의 기간 시설 건설 사업을 일으켰다. 그 가운데 일부 조치는 경제성이 의문시되었지만 전반적으로는 경제 심리를 견인했고, 국민의 호주머니에 돈을 채워넣는 역할을 했다.

루스벨트 대통령은 이뿐만 아니라 (경제 고문들의 만류에도 불구하고) 금본위제를 폐지하고, 통화 공급량을 늘렸다. 시중에 더 많은 돈이 풀리자 미국인들은 전보다 자유로이 소비할 수 있었고, 경제가 회복되기 시작했다. 이와 달리 루스벨트의 전임자 후버 대통령이 취한 긴축 조치는 아무런 성과도 내지 못했다. 얼마 후 미국의 대대적인 전쟁 개시도 경제에 활력을 불어넣었다. 대규모 부양책이 크나큰 효과를 낸다는 케인스의 주장이 입증된 셈이다.

케인스는 정부가 통화정책(중앙은행의 통화 창출과 금리 관리)과 재정정책(과세와 재정 지출)이라는 지렛대를 활용해 총수요를 탄탄한 수준으로 유지하고, 경기 순환을 완화할 책임이 있다고 생각했다. 다시 말해, 불황기에는 정부가 예산을 적자 상태로 운영하는 '최종 소비자spender of last resort' 역할을 해야 한다는 것이다. 그는 호황기가 돌아오면 정부가 지출을 삭감하고 공공 재정을 정상화할 여력이 생긴다고 보았다.

애덤 스미스는 국가가 투자 자금을 끌어모으려면 민간 저축을 활용할 수밖에 없기 때문에 저축하는 개인 모두가 공익에 도움이 된다고 주장했다. 케인스는 애덤 스미스의 말이 틀린 건 아니지만 어느 정도까지만 사실이라고 했다. 모두가 구두쇠처럼 산다면 새로운 의복, 주택, 오락물처럼 경제를 돌아가게 하는 제품과 서비스의 수요가 발생하지 않는다는 것이다. 개인이나 가정에 바람직한 일이 사회에도 바람직한 일이라는 법은 없다. 경제성장에는 저축뿐만 아니라 대규모의 소비도 필요하다.

⑤   케인스가 남긴 것

《고용, 이자, 화폐에 관한 일반 이론》 끝부분에서 케인스는 자신이 제안한 '중앙 통제'가 완전 고용이 달성될 정도의 경제 산출을 촉진하는 일에 성공하려면 시장의 힘에 경제를 맡겨두면 된다는 고전학파 경제 모형에 국가 경제가 의존하는 일이 없어야 한다고 주장한다. 실제로 제2차 세계대전 종전 후 각국의 중앙은행들이 인플레이션 목표치를 설정하고 각국 정부가 수요를 높게 유지하되 물가와 투자는 개인과 기업에 맡겨두는 재정정책을 시행하자 케인스가 말한 상황이 실현되었다. 케인스는 중앙 통제가 '소비 성향의 투자 유인' 사이의 적절한 균형을 잡는 한 "전과 달리 더 이상 경제생활을 사회주의화할 이유가 없다"고 단언한다.

케인스에 따르면, 대공황은 일정의 마그네토 문제(magneto trouble, 자동차 엔진 문제)에 불과했기 때문에 구체적이고 기계적인 수리가 필요했다. 그는 공산주의 방식으로 생산을 전면 재조직해야 하는 사례는 존재하지 않는다면서 그저 일하고 싶어 하는 사람이면 누구나 생산적인 일에 고용될 수 있는 환경만 조성하면 된다고 분석했다. 사실 민주적인 자본주의를 건전하게 유지하고 전체주의 혁명의 가능성을 차단하기 위해서는 정부의 역할 확대밖에 방법이 없다는 것이 케인스의 주장이다.

케인스는 전체주의 국가가 실업 문제를 해결하는 방식은 '효율과 자유의 희생'이라고 지적한다. 반면 자신이 제안한 시스템은 구명줄 같은 역할을 담당하며, '질병을 치료하는 한편 효율과 자유를 유지'할 기회를 제공한다고 말한다.

실제로 세계는 케인스가 던진 구명줄을 열렬히 환영했다. 1970년대 초반 미국의 닉슨 대통령이 "이제는 우리 모두가 케인스주의자"라고 말했을 정도다. 케인스주의를 받아들인 각국이 제2차 세계대전 종식 이후 인도주의적인 자본주의의 길로 들어섰다고 해도 과언이 아니다. 자본보다 사람이 우선시되었고, 근로소득자들이 자본가의 이해관계에 대항해 자기 위치를 고수함에 따라 (토마 피케티의 주장같이) 역사상 그 어느 때보다도 불평등이 줄어들었다.

함께 읽으면 좋은 책 리아카트 아메드의 《금융의 제왕》, 앨프레드 마셜의 《경제학 원리》, 하이먼 민스키의 《불안정한 경제의 안정화》, 토마 피케티의 《21세기 자본》

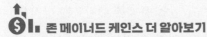 존 메이너드 케인스 더 알아보기

1884년 영국 케임브리지에서 태어났다. 아버지는 저명한 경제학자이자 논리학자였고, 어머니는 사회 개혁가로 케임브리지 시장까지 지냈다. 장학생으로 이튼칼리지와 케임브리지대학교에 입학했고, 이 두 학교에서 철학자 G. E. 무어, 경제학자 앨프레드 마셜과 세실 피구, 수학자 앨프리드 노스 화이트헤드를 만나 배움을 얻었다. 영국 공무원 시험을 치러 전체 차석으로 합격했으나 인도 행정국에서 일하던 중에 지루함을 느끼고 케임브리지로 돌아와 경제학을 가르쳤다. 불과 20대에 저명한 경제학술지 《이코노믹 저널》의 편집장이 되었으며, 1915년에 재무성에 선발되어 영국이 전쟁을 치르는 동안 필요한 차입금을 협상하는 일에 참여했다. 제1차 세계대전 이후에 영국 정부의 대표단 일원으로서 베르사유 조약 현장에 파견되었고, 독일에 전쟁 배상금을 물리는 일에 강력하게 반대했다. 데이비드 로이드 조지 영국 총리와 미국 대표단이 자신의 의견을 묵살하자 《평화의 경제적 귀결The Economic Consequences of the Peace》을 펴냈다. 이 책은 뜻하지 않게도 베스트셀러가 되었고 그에게 유명세를 안겨주었다. 《화폐개혁론A Tract on Monetary Reform》에서는 인플레이션과 디플레이션의 악영향을 막으려면 금본위제를 고수하기보다는 중앙은행이 통화 공급량을 조절해야 한다고 주장했다.

Book 21-30

Book 21

우리가 '자유시장'이라고 부르는 것
너머에 있는 충격적 사실들
나오미 클라인의
《자본주의는 어떻게 재난을
먹고 괴물이 되는가》

나오미 클라인 Naomi Klein

현대 캐나다의 작가이자 영화 제작자, 사회 운동가로, 생태계 수호를 위해서는 어떠한 희생도 마다하지 않는 에코파시즘 지지자로 유명하다. 신자유주의와 자본주의를 비판하는 다큐멘터리 영화 제작 및 저술 활동으로 유명세를 얻었다. 2016년 기후 정의에 대한 활동으로 시드니 평화상을 수상했다.

'실천하는 지성'이라고 칭해지는 나오미 클라인은 1990년대부터 반자본주의 운동에 선두에 섰으며 '신자유주의자'의 주적이 되었다. 클라인이 보기에 신자유주의나 신보수주의는 공공 기관의 민영화 시도, 기업 규제 철폐, '최소한'의 공공 지출이라는 세 가지 원칙을 토대로 한다. 그녀는 신자유주의가 어느 곳에 적용되든 정치인과 기업 권력자로 결합된 신흥 엘리트 계층이 탄생할 뿐만 아니라 국민의 부가 대량으로 개인의 손아귀에 넘어가 불평등이 가중된다고 주장한다. 하지만 역설적이게도 국가는 사라지지 않았으며 감시 강화, 민권 축소와 더불어 '무제한 안보 지출을 정당화하는 공격적인 국수주의'를 내세운다는 것이 클라인의 분석이다.

클라인은 '참사가 일어난 직후 공공 영역을 조직적으로 기습하고 재난을 시장이 재미 볼 수 있는 기회로 간주'하는 자본주의를 가리켜 '재난 자본주의'라고 명명한다. 예를 들어, 부시 행정부는 제2차 아리크 전쟁을 미국 안보 시설을 민영화하는 수단으로 이용했으며, 그 과정에서 큰 부자가 되는 사람이 생겨났다. 마찬가지로 우파 연구소들은 허리케인 카트리나 피해를 뉴올리언스의 공립학교 체계를 장악할 기회로 여겼다.

2007년에 출간된 이 책의 원제인 쇼크 독트린(Shock Doctrine, 충격 요법)은 프리드먼의《밀턴 프리드먼 자본주의와 자유》1982년 판본에 포함된 표현이다. 프리드먼은 (정치적인 타격이든 자연재해든) 충격이 발생할 때야말로 평소 같으면 시도하지 못했을 극단적인 자본주의 조치를 도입하기 적절한 시점이라고 판단한 듯하다. 클라인이 보기에 이러한 '백지' 상태에 대한 갈망은 경제학자의 순수한 희망이 아니며 사악한 정치적 의도를 내포한다.

클라인은 남미, 폴란드, 중국, 남아프리카, 러시아에 이르기까지 이념적인 자본주의는 민주주의를 통해서가 아니라 정치적 타격에 힘입어 자리 잡았다고 주장하며 다양한 사례를 선보인다.

나는 남미, 그중에서도 칠레 적용 사례를 중점적으로 살펴보고자 한다. 클라인은 공산주의가 전체주의를 통해 목적을 달성했듯이 '근본 자본주의fundamental capitalism'는 민주주의가 쇠퇴하고 공공 부문과 민간 부문의 엘리트 도당으로 대체되어야 목적을 이룰 수 있다고 지적한다. 공산주의 및 근본 자본주의 모두 폭력으로 끝나거나 폭력으로만 이념을 유지할 수 있다고도 덧붙인다.

《자본주의는 어떻게 재난을 먹고 괴물이 되는가》는 취사선택한 근거로 자본주의를 노골적으로 비판하지만, 철두철미한 연구를 바탕으로 하며 흥미진진하다. 독자들도 이 책을 읽으면 자신의 신념에 의문을 품게 될지 모른다.

❺ **충격과 두려움: 칠레와 시카고학파**

아이젠하워 행정부의 국무부 장관이었던 존 포스터 덜레스와 그의 동생이자 CIA의 초대 국장이었던 앨런 덜레스가 보기에 (자본주의와 적극적인 정부 역할이 결합된) 신흥 '개발' 국가는 공산주의 국가나 다름없었다. 덜레스 형제는 냉전 시대의 지정학적 현실을 감안해 신흥 개발 국가를 타도하기로 결정했다. 1953년에 CIA는 이란에서 모사데크 정권을 축출했으며, 그 자리에 국왕을 다시 앉혔다. 이듬해에는 과테말라의 쿠데타를 지원했고, 민주적으로 선출된 하코보 아르벤스Jacobo Árbenz를 제거했다.

시카고대학교의 시어도어 슐츠 교수를 비롯한 일부 우파 경제학자들은 대학에서 자유시장 자본주의를 가르치면 '좌파' 개발경제학이 맥을 추지 못하리라 믿었다. 슐츠는 미국 국무부의 지원에 따라 시카고대 교수들이 칠레의 경제학 전공생들에게 자유시장 이념을 가르치려는 계획을 세웠다. 클라인에 따르면 1956~1970년까지 수십 명의 칠레인들이 미국 납세자의 부담으로 시카고로 유학을 왔으며, 자유시장 '이념 전사'가 되는 교육을 받았다. 칠레 학생들은 교육을 통해 사회 안전망 구축, 보편적인 의료와 건강 서비스 제공, 국가 산업 보호 같은 정책에 반대하는 한편 화폐주의, 규제 완화, 민영화, 자유무역을 지지하게 되었다. 1965년에 포드재단의 자금 지원에 따라 해당 프로그램을 브라질, 아르헨티나, 멕시코를 비롯한 중남미 전역으로 확대되었다.

살바도르 아옌데가 이끄는 정당은 1970년 칠레 대선에서 외국인이 소유한 기업을 이렇다 할 보상 없이 국유화하겠다는 사회주의정책을 내세워 승리를 거두었다. 그러나 (대규모 구리 채굴 기업과 칠레 전화 통신망 대부분을 차지하던 ITT 등의) 미국 기업은 아옌데를 필두로 사회주의가 중남미를 장악하리라 생각했고, 미 정부 당국과 함께 칠레 경제에 타격을 줄 만한 '추잡한 계략'을 세워 아옌데를 몰아내려고 했다.

1973년 아우구스토 피노체트 장군이 주도한 군사 쿠데타에서 아옌데뿐만 아니라 3,000명이 넘는 '위험 분자'가 목숨을 잃었다. 8만 명이 수감되었고 20만 명이 망명했다. 기업, 군부, CIA가 아옌데를 축출하기 위해 협력하는 동안 시카고대에서 교육받은 청년 경제학자들은 칠레 경제를 대규모로 초기화한다는 계획을 세웠다.

'벽돌Brick'로 알려진 500쪽짜리 문서에 담긴 해당 계획은 국유 기업의 민영화, 금융 규제 완화, 빵과 식용유 등의 가격 상승을 막는 물가 통제 조치 철폐를 주요 내용으로 했다. 피노체트는 이대로만 하면 인플레이션이 종식되리라는 말에 해당 계획을 대부분 채택했다.

1974년, 칠레의 인플레이션율은 아옌데 정부 때보다 두 배나 높은 375퍼센트였다. 수입 관세의 철폐로 값싼 수입품이 넘쳐나면서 칠레의 현지 기업이 파산했고 실업률이 급등했다. 굶는 사람도 생겨났다. 그런데도 1975년 3월에 칠레를 방문한 프리드먼은 칠레 정부가 국가의 경제 개입을 완전히 중단할 정도까지는 나아가지 못했다고 지적했다. 칠레 경제를 정상적인 궤도에 올려놓기 위해서는 추가적인 '충격 요법'이 필요하다는 것이었다. 프리드먼은 칠레 은행과 의견을 나누고 대학에서 강연하는 것 외에도 피노체트와 직접 만나 45분 동안 대화를 나눴다. 그후 피노체트에게 보낸 편지에서 공공 지출을 25퍼센트 더 삭감하고 완전한 자유무역을 추진하라고 제안했다. '점진주의'는 이득이 없다고 주장하면서.

'시카고 학생'이었던 세르히오 데 카스트로Sergio de Castro가 신임 재무부 장관으로 임명되어 국유 기업 500개를 민영화하고, 마지막으로 남아 있던 무역 장벽을 제거했다. 직후에 닥친 경기 침체기에 주식인 빵 가격이 천정부지로 치솟았지만 더 이상 민주주의가 존재하지 않았기에 투표를 통해 군사 정권을 몰아낼 수는 없었다.

피노체트 정권은 공포 정치를 단행했다. 공립학교는 학생 숫자에 따라 보조금을 지급하는 바우처 제도로 대체되었고, 사회보장제도가 민영화되었으며, 유치원과 공동묘지까지 민간인에 의해 운영되었다.

1976년에 이르기까지 아르헨티나, 우루과이, 브라질을 비롯해 전후 개발 국가의 모범 사례였던 나라들이 칠레의 '개혁'을 답습했다. 그 결과, 각국에서 시카고학파 경제학이 대세가 되었으며, 미국이 뒤를 봐주는 군사 정권이 들어섰다.

💲 칠레의 기적?

클라인은 경제학자들이 종종 말하는 '칠레 경제의 기적'이 쿠데타 후 10년이 지난 1980년대 중반에야 실현되기 시작했다고 지적한다. 피노체트는 기업 다수를 다시 국유화하고 데 카스트로를 비롯해 정부 요직을 차지하고 있던 '시카고 학생'들을 해고했다. 칠레 경제가 완전히 붕괴되지 않은 까닭은 그나마 피노체트가 구리 채굴 기업 코델코를 민영화하지 않았기 때문이다. 코델코는 칠레 수출 수익의 대부분을 창출한 기업이다.

칠레 경제가 안정세를 찾고 성장했다면, 이는 칠레가 프리드먼과 하이에크 방식의 자유시장 천국이 되었기 때문이 아니다. 정부, 기업, 지주가 권력을 유지하기 위해 공모하는 '조합주의corporatist' 국가가 되었기 때문이라는 것이 클라인의 주장이다. 그녀는 국가 산업의 민영화로 소수가 엄청난 부를 얻었지만 그 과정에서 근로자들은 밀려났다고 지적한다.

클라인이 보기에 시카고학파가 장악한 칠레에서는 자산 투기 광풍, 마구잡이식 민영화, 중산층 공동화, 자유무역 거래로 말미암은 산업 말살, 불평등 심화 같은 그 후 수십 년 동안 세계 다른 지역에서 벌어질 일들을 예고하는 상황이 펼쳐졌다. 클라인은 전 세계에 걸쳐 다양하게 시도된 '충격 요법'은 소수가 막대한 부를 순식간에 축적하는 결과만 낳았다고 주장한다.

한 예로, 1993년 러시아에서 일어난 쿠데타 미스 사건은 보리스 옐친에게 반대파 지도자들을 가두고 '러시아의 악명 높은 올리가르히(oligarch, 러시아의 소수 신흥 재벌)가 탄생하는 계기가 된 염가 민영화'를 단행할 기회만 제공했다는 것이다. 천안문 광장의 충격은 근로자의 권리 보완이나 정치적인 자유를 제공할 필요 없이, 시장 경제만 확대할 여지를 중국 공산당에게 제공했다.

클라인은 대규모 경제 개혁을 옹호하려거든 그러한 개혁이 그 나라 정치에 크나큰 파장을 일으킨다는 점을 간과해서는 안 된다고 말한다. 프리드먼은 피노체트를 한 번만 만났을지 몰라도 프리드먼의 제자들은 중남미 학생들을 수년간 가르쳤으며, 칠레를 비롯한 중남미 국가를 시카고학파 이론의 실험실로 이용하려고 혈안이 되어 있었다.

잔악한 정권들이 자신의 이론을 채택하는 상황이 펼쳐졌을 때 프리드먼은 "그건 정치의 영역이야"라고 얼버무릴 수만은 없었다. 프리드먼은 스스로를 칠레의 고질병인 '인플레이션 역병'을 종식시킨 의사라고 생각했지만, 클라인은 질병을 치료하는 의사는 무슨 일을 해도 정당화되는 법이라고 지적한다. 그녀는 어느 장 첫머리에서 "물가의 자유를 위해 사람들이 감옥에 갇혔다"라는 작가 에두아르도 갈레아노의 글을 인용한다. 경제학과 교수부터 언론인과 학생에 이르기까지 좌파로 간주된 사람들은 무조건 해고되거나 수감되거나 살해당했다.

얼마 지나지 않아 전 세계가 피노체트의 처형장과 고문실에 대해 알게 되었으며 분노했지만, 비난하던 사람들도 그의 경제 계획은 별개의 일로 취급했다. 피노체트 정권은 해외로부터 차관을 잔뜩 제공받는 상황에서도 1976년에 아옌데 정부의 재무부 장관이었던 오를란도 레텔리에르를 뉴욕에서 없애라고 지시했다. 레텔리에르는 차량 폭탄 사고로 사망하기 불과 일주일 전, 프리드먼이 피노체트 정권에 '기술적인' 조언만 제공했다는 이유로 그를 옹호해서는 안 된다는 기고문을 썼다.

클라인은 이외에도 자유시장 경제학자인 하이에크가 과도기 형태의 독재 정권이라는 이유로 칠레의 피노체트 정권을 옹호했을 뿐만 아니라, 칠레의 자유시장 개혁 프로그램에 자문을 제공하여 논란이 되었다는 사실을 지적한다.

❺   **재난 자본주의와 비열한 세계**

클라인의 서술에는 거슬리는 사실 몇 가지가 끼어든다. 이를테면 아옌데 정부 시절의 칠레는 클라인의 주장처럼 민주적인 사회주의 천국이라고 하기는 어려웠다. 정치와 경제에 끊임없는 혼란이 일어났으며 인플레이션이 초절정을 이루었다.

그렇다고 시카고학파의 정책 때문에 칠레 경제가 훗날 성공을 거둔 것도 아니었다. '칠레의 기적'은 피노체트가 기업을 다시 국유화하고 값비싼 '사회주의' 프로그램을 시행하는 등 경제 노선을 몇 차례 변경한 이후에야 이루어졌다. 경제학자 브래드 드롱 Brad DeLong은 자신의 블로그에 〈누가 옳았는가〉란 글을 올리면서 "이 시대 칠레 역사는 '국가가 구축한' 기적과 '자유시장'의 기적이 결합된 산물"이라는 결론을 내렸다.

클라인은 칠레의 실험을 신자유주의 확산의 첫 단계로 간주하며 충격 요법을 내세운 '재난 자본주의'가 한층 더 불평등하고 위험하며 전반적으로 비열한 세계를 만들어냈다고 본다. 그러나 미국 보수 성향의 가토연구소 소속 요한 노르베리가 〈클라인의 신조: 재난 논쟁의 출현Klein Doctrine: the Rise of Disaster Polemic〉이란 보고서에서 주장했듯이, 경제 자유주의는 어느 지역이든 간에 전반적으로 부를 증대하는 경향이 있다. 노르베리는 당신이라면 실패한 사회주의 국가 쿠바와 남미에서 최고로 경제가 발달한 칠레 중 어느 쪽에서 살고 싶겠냐는 질문을 던진다.

클라인은 시장이 번영을 가져다준다는 사실을 부인하지는 않는다. 그녀가 분노하는 대상은 신자유주의 자본주의다. 클라인에게 신자유주의는 사람들에게 총구를 겨누는 방식으로만 발전하는 이념으로 보인다. 이념에 대한 클라인의 지적도 주목할 필요가 있다. 좌파 진영(예를 들어 스탈린이나 마오쩌둥 치하의 공산주의)의 이념이 빚어낸 참상을 똑똑히 알고 있다면 극단적인 자유방임형 자본주의에 대해서도 신중히 살펴봐야 한다. 특히 그러한 이념으로 '일시적'으로나마 정치적 자유를 제한할 경우 인권 침해로 이어질 수 있다.

클라인은 아르헨티나 방송국의 촬영팀이 독재 정권(과 자유시장주의) 시대의 고문실을 우연히 발견한 사건을 소개한다. 고문실을 3만 명이 실종된 시대의 산물이었다. 그 자리에 호화 쇼핑몰이 지어지면서 끔찍한 고문실은 벽으로 메워진 상태였다.

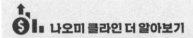

나오미 클라인 더 알아보기

1970년 캐나다 몬트리올에서 베트남 전쟁 징집을 피하기 위해 캐나다로 이주한 미국인 부모 밑에서 태어났다. 토론토대학교에 입학해 학생 신문의 편집장으로 활동하다가 대학을 중퇴하고는 일간지 《토론토 글로브 앤드 메일Toronto Globe and Mail》에서 일했다. 미국의 대외 정책을 강도 높게 비난해왔으며, 2018~2021년까지 것거스대학교에서 미디어, 문화, 여성학 부문의 글로리아 스타이넘 위원장을 맡았다. 다른 저서로는 《슈퍼브랜드의 불편한 진실》, 《이것이 모든 것을 바꾼다》, 《노로는 충분하지 않다》, 《미래가 불타고 있다》 등이 있다.

Book 22

일상 속 수수께끼를 통해 인센티브를
명쾌하게 분석하다

스티븐 레빗과
스티븐 더브너의
《괴짜 경제학》

스티븐 D. 레빗 Steven D. Levitt

현대 미국의 경제학자로 경제학을 쉽고 명쾌하게 소개하는 것으로 정평이 나 있다.
2003년 미국의 '예비 노벨상'이라 불리는 존 베이츠 클라크 메달을 받았으며, 2006
년 《타임》이 선정한 '이 세상을 만든 100인'에 들었다.

스티븐 J. 더브너 Stephen J. Dubner

현대 미국의 저널리스트이자 팟캐스트 및 라디오 진행자다. 전문 작가 및 편집자로 다
양한 저술활동을 펼치고 있다.

2003년 저술가 스티븐 더브너가 스티븐 레빗을 인터뷰했다. 레
빗은 당시 시카고대학교 소속의 신진 경제학자로 《뉴욕타임스》
에 칼럼을 기고해 인기를 끌고 있었다. 더브너는 레빗이 쉬운 표
현을 사용하는 데다 그때까지 자신이 인터뷰한 경제학자들과는
달리 재미있는 사람이라는 사실레 깜짝 놀랐다. 레빗은 수학에
재능이 없었고, 거시경제학에 흥미를 느끼지 못했다. 게다가 자

신이 주식시장, 인플레이션, 조세경제학에 대해 아는 것이 거의 없다고 했다. 더브너에 따르면 레빗의 관심을 잡아끈 것은 '일상생활의 수수께끼'였다고 한다.

레빗의 주 관심사인 사기, 부패, 범죄는 주류 경제학의 연구 분야가 아니었지만, 레빗은 그런 행동을 유발하는 인센티브에 이끌렸다. 레빗이 보기에 인센티브는 사람들이 살면서 내리는 결정에 가장 큰 영향을 끼치는 힘이었다. 레빗은 경제학이 본질적으로 "어떤 사람이 남들과 같은 것을 원하거나 필요로 할 때 어떠한 방법으로 그것을 얻는지 알아보는 학문"이라고 설명한다. 그 자리에서 책 출간 이야기가 나왔고, 레빗은 연구와 실험에 몰입하느라 여유가 없지만 더브너가 집필에 참여한다고 약속하면 같이하겠다고 했다. 그렇게 해서 2005년 《괴짜 경제학》이 출간되었다.

이 책은 레빗이 평소 호기심을 가지고 있던 일상 속 수수께끼를 통해 경제학의 핵심인 인센티브를 쉽고 명쾌하게 풀어낸다. 경제학 입문 강의에서 배울 수 없는 괴이하고 흥미로운 내용을 다룬 이 책은 출간 즉시 베스트셀러가 되어 현재까지 400만 부가 넘는 판매고를 올렸다. 더욱이 이 책의 출간 이후 경제 연구에 대한 관심도도 올라갔다. 저자들은 '현대인의 삶에서 겉층을 한두 꺼풀 벗겨내고 그 아래에서 어떤 일어나는지 관찰하는 방식'으로 대중 경제학이라는 새 장르를 탄생시켰다.

⑤

자신이 사기로 간주되는 행위를 저질렀는지 아닌지 알지 못하는 사람은 없다. 저자들은 사기라는 행위 자체보다는 행위의 이면에 있는 인센티브에 치중하며 그와 관련된 흥미로운 사례를 몇 가지 소개한다. 교사가 학교 시험 평가 기준을 조작하는 이유가 무엇일까? 평범한 근로자가 베이글을 훔치는 까닭은 무엇일까?

교사들이 시험과 관련해 부정행위를 저지르는 이유는 여러 가지로, 교사 본인 입장에서는 납득이 가는 것들이다. 저자들은 '고부담 검사'라는 교육정책을 다룬다. 어떤 학교가 형편없는 시험 성적을 거두면 연방정부의 지원금을 끊고 그 교사를 해고할 수 있다는 내용을 골자로 한 정책이다. 반대로 좋은 성적을 거두면 해당 교사는 표창을 받고 진급할 가능성이 커질뿐더러 현금으로 보상도 받을 수 있다.

캘리포니아주 정부는 어느 시점부터 학급 시험 점수가 높은 교사들에게 2만 5,000달러의 보너스를 지급하기 시작했다. 한 가지 문제는 부정행위를 하는 교사를 적발할 시스템이 존재하지 않아 이에 대한 감지 또는 처벌이 거의 이루어지지 않았다는 점이다. 레빗과 더브너는 "부정행위를 저지르는 교사는 자신이 학생들을 돕고 있다고 생각할지도 모르지만, 실제로는 자기에게 도움되는 일에 한층 더 치중하는 것으로 보인다"라고 지적한다.

저자들은 시카고 공립학교들의 시험 성적을 분석해 놀라운 결과를 얻었다. "성적이 낮은 학급을 맡고 있는 교사들이 부정행위를 저지를 가능성이 가장 컸다." 결과적으로 '부정행위가 파악된 교사의 학급 점수가 평균적으로 한 학점 이상 낮았다는 근거'가 나옴에 따라 교사들에게 두둑한 현금 보너스를 지급하던 제도는 폐지되었다. 보너스 폐지 이후 부정행위를 저지르는 교사의 숫자가 30퍼센트 넘게 감소했다는 사실만 보더라도 인센티브의 힘이 얼마나 강력한지 알 수 있다.

화이트칼라 범죄로 발생하는 피해는 연간 수십억 달러에 이르지만, 화이트칼라 범죄는 다른 범죄에 비해 적발하기가 어렵다. 예를 들면 은행 강도보다 횡령범의 검거율이 낮다. 게다가 누가 피해자냐는 문제가 있다. 내가 회사 매점에서 복사 용지를 몇 장 슬쩍한다면 정확히 누가 손해를 볼까? 이런 부분에 대해서는 설명이 어렵다. 그럼에도 이에 대한 통찰을 제시하는 일화가 있다.

폴 펠드먼이란 사람이 있었다. 그는 회사 사무실을 다니며 갓 구운 베이글을 판매하는 사람이었다. 아침마다 각 회사에 베이글 한 바구니씩 가져다 두고, 나중에 빈 바구니와 사람들이 베이글 값으로 넣어둔 현금을 수거하러 다녔다. 유감스럽게도 베이글을 먹은 사람 중 87퍼센트만 값을 치렀다. 큰 회사보다는 소규모 사무실의 사람들이 더 정직했고, 사람들은 화창한 날보다 궂은날에 덜 양심적이었다. 펠드먼은 의욕이 결정적인 요소라는 사실을 발견했다. 상사와 친하고 하는 일을 좋아하는 사람들은 거의 항상 베이글 값을 치렀다.

예상과는 달리 높은 자리에 있는 사람일수록 값을 치르지 않는 경향이 있었다. 레빗은 중역들이 대단한 특권 의식 때문에 돈을 내지 않는지, 아니면 정직하지 않아서 높은 자리에 오른 것인지 의문을 품었다. 어쨌든 중요한 점은 무인 판매 시스템에서도 대부분의 사람이 돈을 낸다는 사실이다.

레빗과 더브너가 지적하듯이 경제학의 가장 큰 목적은 측정이다. 그런데 경제학자의 측정으로도 예상이 틀렸음이 입증될 때가 많으며, 때로는 부정적인 결과가 나온다. 두 사람에 따르면 "윤리학은 사람들이 이상으로 삼는 세계가 어떻게 돌아가는지를 보여주는 반면에, 경제학은 현실 세계가 어떻게 돌아가는지를 보여주는 학문이다". 사회의 도덕 규범을 바꾸기는 쉽지 않고 오랜 시간이 걸린다. 반대로 인센티브를 바꾸는 것은 사회적으로 긍정적인 결과를 손쉽고 신속하게 만들어낼 수 있는 방법이다.

❺ 비대칭적인 정보

같은 상황에서 어느 한쪽이 다른 쪽보다 더 많은 정보를 확보한 것을 뜻하는 정보의 비대칭성은 개인이나 조직의 성공을 좌우하는 요소 중 하나다. 부동산 중개업자든 보험 설계사든 자동차 딜러든 KKK처럼 회원 수를 늘리려는 조직이든 간에 비대칭적인 정보를 어떻게 확보하느냐 여부가 목표 달성을 좌우하곤 한다.

사람들이 자신에게 전문가적 지식이 없다고 생각해야만 전문가가 의뢰를 받고 우위를 발휘할 수 있다. 레빗과 더브너는 "정보로 무장된 전문가는 말로 표현하지 않더라도 두려움이라는 어마어마한 지렛대를 활용할 수 있다"고 말한다. 그러나 비대칭적인 정보가 공공연한 정보가 되면 전문가의 우위는 사라지고 지렛대의 주인이 바뀐다.

부동산 중개업자한테 최대한 높은 가격에 집을 팔아달라고 의뢰할 때, 우리는 부동산 중개업자의 이해관계가 우리와 같다고 생각하는 경향이 있다. 집이 비싸게 팔릴수록 중개 수수료도 올라가기 때문이다. 하지만 정말 그러한지 레빗은 의문을 제기한다. 그가 연구한 바에 따르면, 부동산 중개업자는 우리가 내놓은 집이 더 높은 가격에 팔릴 때까지 기다리기보다는 더 적은 수수료를 받더라도 빨리 팔아버리고 다른 집을 파는 단계로 넘어가고 싶어 한다. 그뿐만 아니다. 고객의 집보다 자기 소유의 집을 한층 더 좋게 광고하고, 자기 집은 더 오랫동안 시장에 내놓으며(평균 열흘 정도), 평균보다 높은 가격(3퍼센트 정도)에 판매한다고 한다. "여기에서 중요한 사실은 부동산 중개업자들이 양심이 없다기보다는 그들 역시 사람이라는 점이다. 사람들은 어김없이 인센티브에 반응한다"는 것이 레빗의 평가다. 부동산 매매 웹사이트 탄생 이후로 고객이 소유한 집과 부동산 중개업자가 소유의 집의 매매 가격 격차는 3분의 1 정도 줄어들었다.

ⓢ 　　　　　　　　　　　　　　　　　명백한 정보의 이면

데이터 분석 시 가장 큰 어려움 중 하나는 변수 사이에 상관관계
만 존재하는지, 아니면 실질적인 인과관계가 존재하는지 찾는
일이다. 인과관계는 발견이 어려울 때가 매우 많다. 게다가 인과
관계는 전혀 예상하지 못한 원인에서 비롯될 수 있다. 레빗은 "극
적인 결과는 대개 거리가 멀 뿐만 아니라 잘 드러나지 않는 원인
에서 비롯된다"고 말한다.

　2001년 레빗이 발표해 유명해진 낙태 관련 논문에 따르면,
1990년대 범죄율의 급락은 "경제학자식 표현을 빌자면 낙태 합
법화의 '의도하지 않은 편익'이었다." 레빗은 논란의 여지가 있
는 주장으로 인해 언론의 지속적인 공격을 받았고, 자신이 "거의
모든 사람에게 불쾌감을 유발했다"고 인정했다. 그러나 자신의
주장에 대해 극히 논리적이고 설득력 있는 근거를 제시한 것만
은 분명하다.

　레빗은 경제 상황이 좋아져서 범죄율이 하락했다는 이론을 반
박한다. "경제와 폭력 범죄 사이에는 사실상 아무런 연관성도 없
다"는 것을 신빙성 있는 근거로 입증한 연구가 존재한다는 것이
다. 또한 그는 사형제가 범죄율을 낮추지 못한다고 주장한다. 사
형제의 범죄 억제 효과는 살인에 국한된다는 것이다. 경찰 인력
의 추가 채용은 효과적일까? 레빗에 따르면, 이는 범죄율 하락의
10퍼센트와 합성 코카인 시장 붕괴의 15퍼센트만 설명할 뿐이

　세계 경제학 필독서 50　　　　　　　　　　　　　　　　　**263**

다. 고령화가 범죄율 하락으로 이어졌다는 주장도 있지만, 레빗이 보기에는 데이터와는 맞지 않는 주장이다. 총기 시장 규제 역시 큰 원인이 아니다. 어떤 물건에 대한 수요가 존재하면 강한 암시장이 생겨나서 어떻게든 공급하게 마련이라는 것이다.

레빗은 이처럼 명백한 해석에 안주하지 않았으며, 범죄율 하락의 원인이 실제 감소한 시점보다 한 세대 전에 발생했다는 주장을 내놓았다. 1973년 낙태 합법화의 손을 들어준 미국 대법원의 로 대 웨이드 판결Roe vs. Wade Supreme Court decision이 그 원인이라는 것이다. 그렇다면 여성의 합법적인 낙태 권리는 어떻게 해서 '역사가 기록된 이래로 가장 큰 범죄율 하락'을 유발한 것일까?

레빗은 낙태가 아동 빈곤과 한 부모 가족 두 가지 면에 영향을 끼쳤다고 말한다. 그는 어떤 아이가 범죄자로 자라나는 데에는 이 두 가지 요소와 어머니의 저학력이 가장 확실한 예측 지표로 작용한다는 결과를 얻었다. 미국 여성을 낙태로 내모는 바로 그 원인이 낙태되지 않고 태어난 아이들을 범죄자의 삶으로 내모는 원인과 일치한다는 것이다. 그는 이렇게 요약한다. "낙태 합법화는 원치 않는 출산 감소로 이어졌다. 원치 않는 임신은 높은 범죄율로 이어진다. 따라서 낙태 합법화는 범죄율 하락으로 이어진다." 1985년 이후로 낙태율이 높은 주는 낙태율이 낮은 주보다 30퍼센트 더 낮은 범죄율을 보이고 있다.

이외에도 레빗은 흑인과 백인의 소득과 교육 격차, 아기 이름 현상에 대해서도 연구했다. 그는 "흑인 아이가 학교 성적이 나쁘다면 그 까닭은 흑인이어서가 아니다. 흑인 아이가 소득과 학력이 낮은 가정 출신일 가능성이 크기 때문"이라고 지적했다. 흥미롭게도 백인 학생과 가정환경이 비슷한 흑인 학생은 비슷한 성적을 내는 경향이 있다. 상관관계와 인과관계의 차이가 한층 더 모호해지는 경우다.

레빗은 아기 이름과 관련한 연구에서 누가 봐도 흑인처럼 보이는 이름을 지는 사람이 백인처럼 보이는 이름을 지닌 사람보다 더 어려운 삶을 살게 될 가능성이 크다는 연구 결과를 얻었다. 그러나 이름은 원인이 아니라 예측 지표일 뿐이라고 못 박는다. 그는 경제학자들이 단순한 상관관계에서 인과관계를 분리해낼 때 극도로 주의를 기울여야 하며, 무조건 데이터가 이끌고 가는 곳으로 따라가야 한다고 지적한다. 그렇게 해야 연구가 한층 더 흥미로워질 뿐만 아니라 경제학자가 특정한 이념이나 도덕적 입장을 밀어붙일 위험을 방지할 수 있다는 것이다.

💲 인간은 인센티브에 따라 행동하는 존재

레빗의 연구는 정통 경제학의 극단에 있다고도 볼 수 있지만, 레빗 본인은 자신이 정통 경제학이라는 상자 밖에 존재한다고 자부한다. 어쨌든 경제학이라는 학문은 인간이 자기 이익의 극대화를 추구하는 단일체며, 자신이 원하는 것을 얻기 위해 주위 환경에 존재하는 인센티브에 따라 행동하는 존재라는 전제를 깔고 있다. 그는 무인 판매 시스템에서 87퍼센트가 베이글 값을 치르는 까닭은 그냥 가져간 것이 적발되었을 때 가해지는 사회적 제재를 두려워하기 때문이라고 추측한다. '내가 돈 내지 않은 게 들통나면 어떻게 될까?'

이처럼 (인간의 행동은 그저 충동이나 본능에 의해 결정되거나 사회적 조건화의 산물이라는) 환원주의적 설명은 대다수가 양심이나 도덕적 잣대 역시 지니고 있다는 사실을 간과하고 있다. 인간은 애덤 스미스의 표현대로 '공정한 관찰자impartial spectator'의 입장에 설 수 있기 때문에 다른 사람이 보든 말든 올바른 행동을 한다. 자기 이익 극대화와는 별 관련이 없으며, 자신이 정한 윤리 기준에 따라 살아가는 길을 택한다. 실제로 역사상 수많은 사람이 자신이 옳다고 믿는 명분을 위해 목숨을 잃었다. 사람은 다양한 동기에 따라 행동하는데, 상당수는 아름다움, 사랑, 진리와 같이 경제학자들의 부자연스러운 설명이 통하지 않는 동기이며, 그 가운데에는 매우 고결하며 사심 없는 동기도 있다.

인간이 인센티브에 반응하는 것은 사실이지만 심리학자 앨버트 반두라가 지적했듯이, 그러한 인센티브 가운데는 우리가 우리의 현실을 초월하거나 어떤 목적에 따라 살고자 하는 욕구를 충족하기 위해 스스로 만들어낸 것도 많다. 도덕적인 목적의식은 가장 숭고한 형태의 합리성이기도 하다. 그럼에도《괴짜 경제학》은 경제학자와 대중 사이에 새로운 접점을 만들어낸 사례며, 그런 이유만으로도 읽어볼 만하다. 후속 저서인《슈퍼 괴짜 경제학》도 추천한다.

함께 읽으면 좋은 책 엘버트 허시먼의《떠날 것인가, 남을 것인가》, 리처드 탈러의《행동경제학》

스티븐 레빗과 스티븐 더브너 더 알아보기

스티븐 레빗은 1967년 미국 보스턴에서 태어났다. 하버드대학교 경제학과를 졸업한 후 1994년에 매사추세츠공과대학교에서 박사학위를 받았다. 현재 시카고대학교 경제학과 교수이며, 2003년 미국경제학협회가 40세 미만의 우수한 경제학자에게 수여하는, '예비 노벨상'이라고도 불리는 존 베이츠 클라크 메달을 받았다. 스티븐 더브너는 1963년 미국 뉴욕주에서 태어났다. 애팔래치아주립대학에서 미술 및 응용예술을 공부했으며, 1990년 컬럼비아대학교에서 미술 석사학위를 받았다. 저널리스트이자 팟캐스트 및 라디오 진행자로 다양한 활동을 펼치고 있다.
두 사람이 공동 저술한 다른 저서로는《괴짜처럼 생각하라》와《세상물정의 경제학》 등이 있다. 두 사람이 만든 블로그 프리코노믹스 닷컴Freakonomics.com은 더브너가 진행하는 인기 팟캐스트 프리코노믹스 라디오로 발전했다.

Book 23

월가의 낙관이 불러온 서브프라임 모기지 사태를 추적하다

마이클 루이스의 《빅 숏》

마이클 먼로 루이스Michael Monroe Lewis

현대 미국의 작가이자 금융 저널리스트로 말콤 글래드웰이 '천재 이야기꾼'이라고 극찬한 바 있다. 영화로도 제작된 경영서 《머니볼》로 유명하다. 월스트리트 투자은행에서 근무했으나 이후 저널리스트로 변신, 활발한 활동을 펼쳐가고 있다. 《로스엔젤레스타임스》 도서상을 두 번이나 수상했다.

사람들은 흔히 금융인들을 탐욕에 사로잡힌 사람들이라고 이야기하지만, 그들은 지식의 패러다임에 사로잡혀 있기도 하다. 이들이 잘못된 패러다임의 노예가 되면 재앙에 가까운 손실이 발생할 수 있다. 서브프라임 모기지 사태가 대표적이다.

2010년 출간된 마이클 루이스의 《빅 숏》은 바로 그러한 서브프라임 모기지 산업의 문제점을 지적하며, 서브프라임 모기지 채권이 하락하리라 보고 이를 '공매도'한 몇몇 인물을 다룬다. 이들은 모두 비주류일 뿐만 아니라 부적응자들이었다. 루이스의 흥미진진한 심리 묘사에 힘입은 이 책은 2015년 동명의 영화로 만들어지기도 했다. 원작의 속도감과 세부 묘사를 제대로 재현해내지 못했지만 말이다.

《빅 숏》은 심층적인 조사로 월가로 대변되는 금융인들이 일반인에게 의도적으로 감춘 영역을 엿볼 기회를 제공한다. 실제로 루이스는 2007~2008년 세계 금융 위기를 샅샅이 꿰고 있어 금융 위기 조사위원회로부터 미국 의회의 청문회 증인으로 발언해달라고 여러 차례 부탁받은 바 있다. 《빅 숏》에는 여러 인물이 등장하는데, 여기서는 그중 가장 중요한 스티브 아이스먼Steve Eisman과 마이클 버리Michael Burry에 대해 알아보자.

⑤ **서브프라임의 탄생과 진화**

스티브 아이스먼은 1980년대 월가 사정을 처음으로 접했다. 돈 번 이력이나 담보가 거의 없고, 정부의 주택담보대출 보증 자격이 안 되는 사람들에게 주택 대출을 해주는, 신종 금융 회사에 대한 기사를 쓴 것이 그 계기였다. 그중에는 2차 담보 대출이 많았고, 주택 구매에 대출이 사용되지 않는 경우도 허다했다. 돈이 필요해 기존에 구매한 주택의 순가치[14]를 뽑아내거나, 신용카드 빚을 저금리에 갚기 위해 거액의 주택담보대출을 받는 식이었다.

아이스먼은 이러한 '서브프라임subprime' 시장이 날로 극심해지는 소득 불평등의 자연스러운 대응책이며, 가난한 미국인들이 더 적은 비용으로 빚을 갚을 수 있도록 돕는다는 차원에서 사회적 역할을 수행하고 있다고 생각했다. 그러나 이와 별개로 서브프라임 시장은 문제가 심각했다. 초기에는 주택담보대출 채권(수천 개의 담보 대출을 끌어모아 거래 가능한 유가증권 형태로 만든 것) 시장에서 채권자들이 대출을 발행한 즉시 손쉽게 판매할 수 있었다. 대출이 자기 손을 떠났기 때문에 채무자의 대출 상환 가능성에 대해 생각할 필요가 없었다. 어떤 사람이 보기에는 남들이 사는 집을 누구든 사고팔 수 있는 금융 상품으로 전환한다는 개념이 나쁘지는 않더라도 희한하게 보였다. 그러나 월가는 공익이라는 핑계를 내세워 서브프라임 시장을 형성했다. 서브프라임 시장이 생기면 막대한 자본이 유입될 테고, 금리가 낮아져 미국 저소득층의 이자 부담이 줄어들 것이라는 주장이었다.

아이스먼은 이제 서브프라임 모기지가 양심 불량인 인간들로 가득한 '한탕주의 산업'이 될 것이라고 보았다. 1997년에 그는 서브프라임 전문 대출 회사의 관행을 폭로한 기사를 썼다. 그 가운데 대다수가 얼마 후 파산했다. 그러나 2002년 생긴 지 얼마 안 되는 서브프라임 대출 회사인 하우스홀드 파이낸스Household Finance Corporation가 7퍼센트 저금리로 광고해놓고는 실제로는 12.5퍼센트에 달하는 고금리에 2차 주택담보대출을 판매하고 있는 상황이 되었다. 집단 소송을 받은 하우스홀드 파이낸스는 거액의 벌금을 내야 했지만 정부의 폐쇄 조치는 없었다. 이 회사의 대규모 대출 포트폴리오는 영국계 은행인 HSBC에 매각되었으며, 당시 최고 경영자였던 빌 앨딩거는 감옥에 가기는커녕 1억 달러를 챙겼다.

아이스먼은 정부 당국이 가장 취약한 저소득층 채무자들을 보호하는 조치를 전혀 취하지 않는 것에 충격을 받았다. 사람들은 2차 주택담보대출을 통해 자동차 대출금과 신용카드 빚을 저금리로 갚게 해주겠다는 제안에 혹했다. 그러나 대출 회사가 초기에 제시한 금리는 맛보기 금리teaser rate에 불과해서 처음 몇 년 동안만 낮고 이후에는 급속도로 상승했다. 맛보기 금리가 만료된 시점에 다수가 대출금 상황을 더 이상 감당할 수 없게 되었다. 아이스먼은 소비자 금융과 서브프라임 시스템을 가리켜 '서민들을 엿 먹이는' 금융이라고 했다.

아이스먼이 소비자 금융에 중점을 둔 프런트포인트를 운영하던 2005년은 서브프라임 모기지 산업이 성공적으로 부활한 상태였다. 아이스먼의 회사 직원들은 딸기 수확으로 연간 1만 4,000달러를 버는 멕시코 이주 노동자들이 초기 자금 부담 없이 70만 달러가 넘게 대출 받아 집을 샀다고 숙덕거렸다. 아이스먼네 육아 도우미 역시 대출로 뉴욕 퀸스 지구에 집을 여러 채 구매했다.

1990년대만 해도 서브프라임 모기지는 연평균 200~300억 달러 규모에 불과했고, 2000년에는 1,300억 달러였다. 2005년에 이르지 그 규모가 6,250억 달러에 달했고, 이 중 5,070억 달러가 주택담보대출 채권으로 전환되었다. 게다가 맛보기 고정 금리 기간이 끝나고 변동 금리가 적용되기 시작함에 따라 채무 불이행 가능성이 한층 더 커졌다. 서브프라임 '대출 회사'는 전통적인 성격의 채권자라기보다는 대출의 '기원'에 가까웠다. 이들이 내준 대출은 묶여서 베어스턴스, 메릴린치, 골드만삭스, 모건 스탠리 등 월가 투자은행에 팔려나갔고, 즉시 주택담보대출 증권으로 전환되어 투자은행 고객에게 판매되었다. 그렇게 해서 투자은행은 점점 더 서브프라임 시장의 위험에 노출되었다.

⑤   **아무렇게나 매겨진 신용 등급**

루이스의 소개에 따르면, 신경과 의사 마이클 버리는 캘리포니아에 헤지펀드를 설립하기 위해 의사를 그만두었다. 버리는 2004년 주택담보대출 채권 시장을 연구하기 시작했다. 어느 날 그는 채권 소개 책자에 아주 작은 글자로 적혀 있는 내용에 주목하게 되었다. 전체 주택담보대출 중에서 '이자만 상환interest-only' 하는 대출의 비율이 2004년 한 해 동안 5.85퍼센트에서 17.48퍼센트로 상승했다는 것이다. 2005년 여름이 끝나갈 무렵에는 25.34퍼센트에 달했다.

이자만 상환하는 대출은 상환 능력이 부족한 사람들에게 인기를 끌 수밖에 없었다. 한술 더 떠서 이자마저 상환할 필요가 없는 대출이 존재했다. 이러한 대출을 받으면 원금이 눈덩이처럼 불어나, 결국에는 상환이 불가능해지고 연체가 기정사실이 될 수밖에 없었다. 전통적인 대출 관행과 비교해보면 신종 주택담보대출은 전혀 이치에 맞지 않았지만, 중요한 점은 월가 은행이 사들여서 채권으로 전환할 수 있는 대출 증서가 잔뜩 늘어났다는 사실이다. 기관 투자자들은 안정성과 고금리가 결합된 상품을 선호하는 만큼 기초 자산의 위험성을 따져보지도 않고 서브프라임 모기지 채권을 사들였다. 채권 기초 자산이 탄탄한 부동산인지 아닌지, 채권 자체가 무디스나 S&P 같은 신용평가기관에서 높은 등급을 받았는지, 아닌지도 따지지 않았다.

버리는 정교한 폰지 사기 냄새가 나는 주택담보대출 채권을 공매도한다는 발상을 떠올렸다. 다시 말해, 기초 자산의 취약성이 드러나는 시점에 채권의 가치가 폭락하리라는 쪽에 돈을 거는 것이다. 물론 공매도를 처리해줄 금융 회사는 없었다(대체 누가 미국 주택시장 하락에 돈을 걸겠는가?).

버리는 금융 회사들을 설득해 주택담보대출 채권의 '신용부도스와프(Credit Default Swap, CDS)'를 개발하도록 했다. CDS는 채권의 부도에 대비하는 보험증권이다. 마이클 버리는 서브프라임 모기지 부도가 확산되면 이를 기초 자산으로 하는 채권이 휴지 조각처럼 될 테고, 그러한 사태가 실현되면 CDS를 소유한 사람이 큰돈을 벌 수 있으리라 내다보았다. 예를 들어, 20만 달러를 보험료로 내고 1억 달러를 버는 셈이다. CDS 투자는 제로섬 게임이라 은행은 리스크 분석에 틀릴 경우 큰 손해를 볼 수 있었다.

주택담보대출 채권을 판매한 은행들은 그 기초 자산인 주택담보대출의 품질을 이미 평가했다는 자신감에 힘입어 버리에게 CDS라는 보험을 거리낌 없이 판매했다. 버리가 도이체방크, 골드만삭스, 뱅크오브아메리카로부터 사들인 CDS는 주택담보대출 채권의 기초 자산 중에서도 가장 위험한 '서류가 필요 없는(no-doc)' 대출에 대비한 것이었다.

무서류 대출이란 소득 증빙 자료를 제출하지 않고도 받을 수 있는 대출이다. 은행들은 무디스와 S&P가 매긴 신용 등급을 신뢰했기에 기꺼이 CDS를 판매했지만 평가 기관은 주택담보대출 채권 각각의 위험도를 제대로 따져보지 않고 일괄적으로 등급을 부여했다. 루이스는 "똑같은 보험료로 계곡에 있는 집의 침수 보험과 산꼭대기에 있는 집의 침수 보험을 들 수 있는 격"이라고 지적한다. BBB 등급을 받은 채권은 부도 가능성이 500분의 1임을 의미했지만, 마이클 버리는 부도율이 7퍼센트만 되어도 해당 채권이 휴지 조각이나 다름없어질 것이라고 판단했다. 채무자의 주택담보대출 금리가 2년 후에 고정 금리에서 더 높은 변동 금리로 전환된다는 사실을 감안할 때, 부실화는 그저 가능성이 있는 정도가 아니라 불 보듯 빤한 일이었다.

버리는 2000년 기술주 폭락 이후에 실리콘밸리 일대의 집값이 (예상과 달리) 폭락은커녕 계속 상승한 까닭이 무엇이겠느냐는 질문을 던진다. 이에 대한 답은 자산군asset class의 하나로 주택담보대출이 급부상한 덕분에 서브프라임 채무자에게 잔뜩 투척된 자금이 부동산 거품을 일으켰고, 그렇게 형성된 거품이 미국 경제를 과열 상태로 유지했다는 것이다. 앨런 그리스펀은 연준 의장 시절에 거품은 없으며, 따라서 집값이 폭락할 일도 없다고 거듭 강조했지만, 버리가 자신의 헤지펀드 고객들에게 보낸 편지에서 지적한 것처럼 1930년대만 해도 집값이 80퍼센트나 폭락한 전례가 있었다. 그는 또다시 폭락이 다가오고 있으며, 그땐 미국 부동산 가격의 절반이 증발해버릴 것이라 경고했다.

💲 **시한폭탄이 된 부채담보부증권**

2008년 세계 금융 위기라고 하면 곧바로 떠오르는 유가증권이 있다. 이를 고안해낸 회사가 바로 골드만삭스다. 부채담보부증권(Collateralized Debt Obligation, CDO)으로 불리는 해당 금융 상품은 주택담보대출 채권의 집합체다. 리스크를 한 번 더 분산하고 최소화한다는 개념에서 출발했지만, 실제로는 판매 은행에 노다지를 안기는 상품이었다. BBB 등급을 받은 주택담보대출을 AAA 등급의 CDO로 전환할 수 있었기 때문이다. 기발한 상품이었지만 거짓말을 바탕으로 한 금융공학의 산물이었다.

CDO는 서브프라임 모기지로 쌓아올린 구조라서 주택시장에 먹구름이 끼면 거대한 파도에 휩쓸리듯이 순식간에 부실화가 일어나고야 말 터였다. CDO는 독일의 은행, 타이완의 보험사, 유럽의 연기금 운용사 등으로 팔려나갔다. 다시 말해, 손실 가능성이 사실상 전무한 고등급의 유가증권을 매입해야만 하는 금융회사라면 어느 곳이나 CDO를 사들였다. 하지만 이들이 매입한 금융 상품은 시한폭탄이었다.

2006년 들어서 집값이 떨어지고, 대출 미상환이 증가하기 시작했다. 하지만 채권 가격은 그대로 유지되었다. 아이스먼과 버리처럼 서브프라임 모기지 채권을 공매도한 사람들은 그 까닭을 이해할 수 없었다. 2007년 1월, 서브프라임 모기지 전문가를 대상으로 열린 라스베이거스 컨퍼런스에서 아이스먼은 마침내 서브프라임 모기지 채권 시장이 그때까지 하락하지 않은 까닭을 알아차렸다. 자신을 비롯해 여러 사람이 사들인 CDS가 서브프라임 모기지를 취급하는 은행들의 주택담보대출 채권 발행을 한층 더 부채질했다는 사실을 깨달은 것이다. 해당 은행들은 채권 발행으로 계속 자금을 끌어들이고, 속임수를 유지할 필요가 있었다. 이미 몇 년에 걸쳐 주택담보대출 채권은 월가의 수익 창출원이 되었고, 은행들 입장에서는 그러한 수익을 지속적으로 내는 것이 가장 중요했다.

2007년 후반부, 주택담보대출 채권의 가격이 하락하기 시작했다. 그중에는 30퍼센트나 폭락한 것도 있었다. BBB 등급의 서브프라임 모기지 채권으로 구성된 CDO도 역시 폭락해야 마땅하지만, 현실은 달랐다. 놀랍게도 베어스턴스와 리먼브라더스를 비롯한 월가의 채권 취급 은행들이 여전히 서브프라임 모기지 채권을 휘황찬란하게 포장하는 보고서를 냈기 때문이다. 아직 의심하지 않던 기관 투자자들에게 팔아넘기기 위해서였다. 루이스의 표현대로 '썩어 문드러진 오렌지에서 짜낸 주스'를 파는 셈이었다.

💲 **폭풍의 여파**

2007년 4월 초, 미국 최대 규모의 서브프라임 대출 회사 뉴센추리New Century가 쇄도하는 연체를 감당하지 못하고 파산 신청을 했다. 프레몬트 인베스트먼트 앤드 론Fremont Investment & Loan 역시 40~50퍼센트의 대출 부실화를 겪었다. 골드만삭스는 서브프라임 모기지 매수에서 공매도로 재빨리 입장을 선회했다.

2005~2007년간 월가에서 서브프라임 모기지를 기반으로 창출된 CDO의 가치는 대략 2,400억~3,000억 달러에 이르렀는데, 이때 가치의 대부분이 증발해버렸다. 서브프라임 모기지에 과도하게 투자한 베어스턴스의 주가는 2달러로 추락했고, 결국 이 회사는 JP모건에 매각되었다. 리먼브라더스는 파산 신청을 했으며, 메릴린치는 서브프라임 모기지 기반의 CDO 때문에

550억 달러의 손실을 봤다고 발표한 이후 뱅크오브아메리카에 인수되었다. 루이스는 베어스턴스와 리먼브라더스가 파산한 까닭은 터무니없이 어마어마한 레버리지 때문이라고 지적한다(다른 은행들도 정부의 구제금융 투입과 보증이 없었다면 그 뒤를 이었으리라고 본다). 예를 들어, 자기 자본 1달러당 20달러의 레버리지 투자를 하던 베어스턴스는 5년 만에 자기 자본 1달러당 40달러의 레버리지 투자를 감행했다. 그 때문에 자산 가치가 소폭 하락했음에도 불구하고 파산이 사실상 확정되었다.

버리가 CDS를 사들일 때만 해도, 그 가치는 공매도한 CDO의 2퍼센트에 불과했다. 하지만 결과적으로 월가의 은행은 그에게 CDO 가치의 75~85퍼센트를 치러야 했다. 그는 5억 5,000만 달러 규모의 포트폴리오를 지닌 펀드에 7억 2,000만 달러의 순수익을 추가했다. 2007년 말, 서브프라임 모기지 시장의 폭락에 돈을 건 아이스먼의 프런트포인트 펀드가 돈 세례를 받아 규모가 두 배로 커졌고, 아이스먼 본인도 엄청난 부자가 되었다.

💲 누가 책임을 졌는가

2007년이 지나고 나서 아이스먼은 국민의 탐욕이 서브프라임 모기지 사태를 일으켰다는 월가의 관점에 염증을 느꼈다. 사실은 (주택담보대출의 규모가 커질수록 대출을 되팔기가 유리하다는 판단에 따라) 돈을 퍼 담을 속셈이었던 은행들이 대출을 계속 상환하지 않으면 어떠한 결과가 따르는지 알려주지 않은 채 무조건 대출을 부추긴 탓에 사람들이 자신의 소득을 거짓으로 밝힌 것이다.

이 모든 일이 발생하는 동안 정부는 뭘 하고 있었을까? 루이스는 월가의 규제 당국인 증권거래위원회가 난해한 파생 상품(CDO 등의 복잡한 금융 상품)을 제대로 이해하지 못했기에 금융계의 리스크가 무지막지하게 확대되었다고 진단한다. 한마디로 증권거래위원회는 월가 규제라는 임무를 수행할 위치에 있지 못했다. 한편 신용평가기관은 수수료에 매달리며 월가 채권 시장 요구에 부응했다. 서브프라임 모기지 사태로 말미암아 자기 자본 거래-자기 계정으로 채권과 파생 상품을 거래-를 하는 동시에 외부 투자자들에게 채권을 팔기도 하는 월가 은행들의 어마어마한 이해 상충 규모도 드러났다. 이들은 고객의 이익에 반대되는 쪽에 돈을 걸어 고객을 우롱했다.

행크 폴슨 재무장관은 의회를 설득한 끝에 7,000억 달러를 공급했다. CDS 거래로 손실을 입은 은행의 막대한 채무를 비롯해 부실화한 서브프라임 모기지 자산을 대량으로 사들였으며, 씨티은행에 3,060억 달러에 달하는 지급 보증을 서주는 등 파산에 내몰린 은행에 곧바로 구제금융을 투입했다. 루이스에 따르면, 미국 연준은 부실화한 서브프라임 모기지 채권을 은행으로부터 매입하여 2009년까지 "1조 달러가 넘어서는 부실 투자 관련 리스크와 손실을 월가의 대형 금융 회사에서 미국의 납세자들에게 전가해버렸다." 일자리를 잃은 금융 회사 임원은 극소수였고, 아무도 감옥에 가지 않았다.

반대로 서브프라임 모기지를 받은 사람들은 부도가 나고 천막촌이나 체육관에 살면서 재기를 도모해야 했다. 루이스가 옛 상사이자 살로몬브라더스의 최고 경영자를 역임한 존 굿프렌드와 같이 점심 식사를 할 때, 이 전설적인 금융인은 "일이 완전히 꼬이기 전까지 자유방임으로 내버려두어서 그래"라는 말로 이 사태에 대한 나름의 견해를 밝혔다고 한다. 툭 던진 말이지만 서브프라임 모기지 사태와 미국 금융계에 대한 알맞은 촌철살인이다.

함께읽으면좋은책 존 케네스 갤브레이스의 《대폭락》, 벤저민 그레이엄의 《현명한 투자자》, 하이먼 민스키의 《불안정한 경제의 안정화》, 로버트 쉴러의 《비이성적 과열》

💲 마이클 루이스 더 알아보기

1960년 미국 뉴올리언스에서 태어나 자랐다. 프린스터대학교에서 미술사를 전공하고 졸업 후에는 미술품 딜러로 일했다. 1985년 런던정치경제대학교에서 경제학 석사학위를 취득한 후 살로몬브라더스에 입사, 뉴욕과 런던에서 채권 판매를 담당했다. 현재는 《배니티페어》의 객원 편집자로 활동하면서 비즈니스, 금융 및 경제에 관한 글을 주로 쓰고 있다.

Book 24

현대의 부를 이루어낸
부르주아적 가치에 대한 고찰

디드러 낸슨
매클로스키의
《부르주아의 평등》

디드러 낸슨 매클로스키 Deirdre Nansen McCloskey

현대 미국의 경제사학자로 영국 경제사 연구로 유명하다. 원래는 남자로 태어나 '도널드'란 이름을 가졌으나 쉰세 살에 여자로 성을 전환하고 '디드러'라고 이름을 바꾸었다. 현재 시카고 일리노이대학교의 명예교수이며 2021년 미국예술과학아카데미 회원으로 위촉되었다.

디드러 낸슨 매클로스키는 물리적인 투입이나 제도보다는 아이디어가 성장과 발전에 기여한다고 보는 경제사학자 중 하나다. 이러한 생각은 최근 대세로 떠올랐으며 조엘 모키어와 폴 로머 같은 학자들도 이와 궤를 같이한다. 영국 경제사, 그중에서도 부르주아 연구로 유명한 그녀는 2016년《부르주아의 평등》이라는 책을 통해 부르주아적 가치가 어떻게 현대 세계의 부를 이루어냈는지 설명한다.

이 책에서 매클로스키는 현대 세계가 (애덤 스미스부터 피케티에 이르는 경제학자들과의 설명과는 달리) 자본의 축적이나 "벽돌에 벽돌을, 학위에 학위를, 은행 잔고에 잔고를 쌓는 것으로는 탄생할 수 없었다"고 주장한다. 벽돌, 학위, 돈도 필수 요소긴 하지만 2세기 전 유럽 북부에서 여러 요소가 그처럼 강력하게 결합된 현상은 법과 인간 존엄성 앞의 평등, 즉 부르주아적 아이디어에서 비롯되었다는 것이다. 그녀는 이와 같은 '법적 자유와 사회적 존중'의 결합은 시대를 초월해 번영의 원천이 되어왔고, 19세기 및 20세기의 유럽과 미국에서도 성공을 거두었으며, 기회가 주어진다면 21세기 중국과 인도에서도 같은 효과가 날 것이라고 전망한다.

매클로스키의 핵심 주장은 자본·기술·자원만으로는 충분하지 않고, 개인이 그러한 '요인'의 잠재력을 최대치로 끌어올리는 게 중요하며, 그러한 창의성이 발휘되려면 윤리적인 환경이 필요하다는 것이다. 그렇다면 개인의 자유와 창출된 가치에 대한 올바른 인식이 필요하다. 그렇게 형성되는 평등이야말로 진정한 경제적 발전과 생활 수준 향상을 이끌어낼 수 있다.

언뜻 단순해 보이는 주장이지만, 매클로스키의 문장으로 보면 큰 설득력을 발휘한다. 경제학과 영문학을 복수 전공한 이력 덕분인지 이 책은 마치 소설처럼 흥미진진하다. 실제로도 제인 오스틴, 안톤 체호프, 윌리엄 셰익스피어 등을 한껏 인용해 책을 읽다 보면 문학적 교양 수준마저 높아진 느낌이 든다.

⑤ 대풍요의 시대에 사는 우리

오늘날 70억 인구 중에 10억 명이 식량, 위생 시설, 학교, 주거가 부족한 상태에서 살아간다. 비극적인 일이지만 우리는 인류 역사를 통틀어 대부분의 기간 동안 거의 모든 사람이 그처럼 비참한 삶을 살았다는 사실을 잊지 말아야 한다. 그들은 지역 영주의 명령을 받으며 가축우리 같은 곳에서 근근이 먹고살았고, 낳은 자식의 절반이 다섯 살이 채 되기도 전에 목숨을 잃는 걸 지켜봐야 했다. 아직 항생제 발명 전이라 영국의 시인 존 키이츠 같은 인물이 20대에 세상을 떠난 것도 그리 오래전 일이 아니다.

스웨덴의 농촌에는 1917년만 해도 감자 농사가 실패하면 굶어 죽는 사람들이 있었다. 책, 구두, 가구 등은 너무 비싸서 아무리 오랜 시간을 일해도 살 수가 없었다. 오늘날에는 그러한 물건들이 저렴하게도 나오고 어느 정도의 급여만으로도 충분히 살 수 있는 세상이 되었다. 미국의 농민 한 명이 300명분의 식량을 생산할 수 있으며, 기대 수명도 두 배 상승했다.

2016년 세계 인구의 1일 1인당 소득은 1941년 미국이나 오늘날 브라질의 1일 1인당 소득(33달러)에 맞먹는다. 다음 세대에는 세계 인구 절반의 소득과 생활 수준이 1일 1인당 평균 소득이 100달러를 웃도는 OECD 국가 수준에 육박하게 될 것이다. 매클로스키에 따르면 "우리는 물질적으로 매우 풍요로운 낙원으로 향하고 있다". 오늘날 사람들은 1800년 때보다 70배 많은 제품과 서비스를 소비하고 있다. 생산 측면에서 그 어느 때보다 큰 규모의 경제가 형성되었다. 그 결과, 제품과 서비스 가격이 대폭 낮아지고 있다.

인구가 증가하면 환경 문제는 말할 것도 없고, 의약품 개발이나 교통 문제 개선 등에 집중할 인력도 증가하게 마련이다. 매클로스키는 인류가 지난 200년간 경험해온 대풍요의 시대를 그저 환경 악화와 과소비가 난무하는 시대로 비하하는 것은 '여전히 남아 있는 세계 빈곤 인구'에 대한 배신이라고 말한다.

💲   **대풍요 시대의 도래와 전개**

매클로스키는 대풍요의 시대가 빈곤의 종식으로 이어지겠지만, 정치 진영을 막론하고 그 어떠한 경제학자나 역사학자도 그 전개 과정을 제대로 설명하지는 못하리라고 본다. 매클로스키에 따르면, 경제학자나 역사학나는 '요인'을 중시하지만 실제로는 '아이디어'와 생각의 전환 덕분에 18세기 후반 이후에 경제와 생활 수준이 비약적으로 상승할 수 있었다고 한다.

현대 경제학은 풍요로움이 노동 분업이나 자본 축적, 국제 무역의 확대나 거래 비용 절감, 규모의 경제에서 비롯되었다고 주장한다. 이 모든 요인이 어느 정도 활약한 것은 사실이다. 하지만 다축 방적기spinning jenny에서부터 보험사와 고속도로에 이르는 근현대 산물과 미국 헌법 및 영국의 중산층 등의 새로운 정치적·

사회적 제도는 대부분 당시로서는 새로운 사상이었던 평등주의적 자유주의에서 비롯되었다.

16세기 후반 네덜란드에서 탄생한 평등주의적 자유주의는 얼마 후 영국의 잉글랜드와 스코틀랜드, 미국 식민지인 뉴잉글랜드에서도 채택되었다. 발명과 혁신의 급증은 평민들에게 새롭게 자유 및 인식과 권리의 평등이 새롭게 제공된 덕분에 이루어졌다.

매클로스키는 "자동차, 참정권, 배관 기술, 초등학교를 만들어낸 것은 자유주의에서 흘러나온 참신한 아이디어였다. 다시 말해, 향상을 촉진하고 계층 질서를 일부나마 무너뜨린 새 제도가 나타나서 가능한 일이었다"라고 분석한다. 간단히 말해, 자유로이 '한번 시도'해보고 자신의 노고에 대한 가치를 사회적으로 인정받는 사람들이 증가한 덕분이다. 자본 축적은 생활 수준 향상과 아이디어 발달에 '부응'한 결과이지, 원인이 아니라는 것이다. 자본주의는 이전에도 여러 모습으로 존재해왔으니, 자유주의가 자본 축적의 원인이라는 주장이다. 좀 더 구체적으로는 자유주의가 무역과 정치에 적용된 덕분이다.

현대 세계를 형성한 주체는 귀족이나 지대를 추구하는 관료가 아니라 평범한 생산자들이었다. 이들은 남들이 원하는 것을 파악해 생산해낸 사람들이다. 현대의 영웅은 조립 라인 생산 방식을 개발한 헨리 포드나 아이폰을 내놓은 스티브 잡스 같은 사람이다. 이 같은 전환이 일어난 까닭은 우리의 머릿속에서 견실함, 효율성, '적합한 행동' 같은 부르주아적 가치가 귀족의 당당한 몸짓이나 장군의 명예보다 더 중요하게 인식되었기 때문이다. 오늘날 새로운 제품이나 서비스의 시금석은 국왕의 흥미를 이끌거나 호감을 얻느냐의 여부가 아니다. 수백만 명의 삶을 얼마나 편리하고 안락하게 개선하느냐에 달려 있다.

이러한 가치 체계는 상업과 부르주아 문명의 본질적인 특징으로 정복, 약탈, 절도 등을 특징으로 하는 부르주아 출현 이전의 가치 체계와는 궤를 달리한다. 그뿐만 아니라 부르주아의 패러다임은 개인의 존엄성을 바탕으로 형성되었다. 과거에는 계급, 사회적 지위, 신분이 높아야만 존엄성을 인정받았다(영어로 존엄성을 뜻하는 dignity에서 파생된 dignitary가 높은 지위에 있는 사람을 가리키는 것도 이 때문이다). 행동의 자유, 남에게 인정받을 자유, 인간의 존엄성을 비롯한 부르주아적 평등 사상은 오늘날 우리에게는 너무나도 당연한 가치지만, 처음 등장했을 때만 해도 매우 해방적인 성격을 띠었다.

⑤　　　　　　　　　　　　自由와 평등, 그리고 존엄성

매클로스키는 고객을 만족시키고 싶다는 부르주아의 욕구가 '오만한 귀족이나 시샘하는 소작농, 자부심이 큰 지식인'의 사고방식보다 더 도덕적이며 공동체 구성원 모두의 생활 수준 향상에 더 크게 기여했다고 주장한다. 여론에 영향을 주는 학자와 언론인 등의 지식인 계층은 도덕적인 우월감과 상업주의에 대한 혐오감 때문에 기술과 상업에 반기를 들고 반자유주의적인 이상향을 선호하는 일이 많다. 이들은 사회주의, 계획경제, 국수주의나 지속적인 규제 확대에 동조하는 경향이 있다. 그러나 매클로스키는 "일반 남성과 여성이 상층부의 지시를 받을 필요가 없으며, 존중과 행동의 자유를 허용받으면 어마어마한 창의력을 발휘한다는 사실을 망각했다"고 지적한다. 이러한 "19세기의 사회적 발견은 과학적으로 검증되었으며 … 보통 사람의 자유와 존엄성 덕분에 우리는 모든 면에서 풍요로워졌다"고 한다.

현대적인 삶의 편의가 자유를 제한하는 일 없이 수많은 사람에게 보급된 현상('폭발적인 개선')은 법 앞의 평등과 존엄성에서 비롯되었다. 물론 사람들이 경쟁해야 하고 실패 가능성이 큰 신규 사업에 저축한 돈을 투자해야 하는 사회는 불행한 사회일 수 있다. 그러나 최소한 모든 경쟁자가 '상업성이라는 민주주의적인 잣대로 평가'받는다. 다시 말해, 사람들이 원하는 것을 판매하느냐가 시금석이 된다. 이런 식으로 사회에 통용되는 시험 수단이 있는 편이 태생, 계층, 민족, 성별에 의거한 것보다는 낫다. 조지프 슘페터가 말한 '창조적 파괴'가 듣기에는 무시무시할지 몰라도, 인간이 처한 문제를 해결했다고 주장하는 공산주의 및 사회주의 제도와 비교하면 공정하다.

자유로운 문명에서는 웅변, 토론, 설득이 이루어진다. 의문에 대한 답을 단정하지 않으며 누구나 권세나 거액의 재산을 비롯한 사회적 보상을 차지할 수 있는 문명이다. 플라톤의 '진리', 마르크스의 '이념', 데리다의 '해체' 등 지식인이 제시하는 열쇠보다는, 설득력 있는 담론을 만들어내고 이를 광고와 홍보로 표현하는 편이 더 발전되고 더 투명하고 더 깨끗한 세상을 건설하는데 도움이 된다.

함께 읽으면 좋은 책 윌리엄 보몰의 《혁신적인 기업가 정신의 미시 이론》, 로버트 고든의 《미국의 성장은 끝났는가》, 칼 폴라니의 《거대한 전환》, 아인 랜드의 《자본주의의 이상》, 애덤 스미스의 《국부론》, 막스 베버의 《프로테스탄트 윤리와 자본주의 정신》

💲 디드러 낸슨 매클로스키 더 알아보기

1942년 미국 미시간주에서 태어났다. 아버지 로버트 매클로스키가 정치학과 교수로 있던 하버드대학교에서 경제학을 전공했다. 1970년대에 시카고대학교에서 경제학과와 역사학과에서 차례로 부교수를 지냈으며, 1980~1999년까지 아이오와 대학교에서 경제학과와 역사학과 교수를 역임했다. 2000년 이후로는 시카고의 일리노이대학교에서 경제, 역사, 영문학을 가르쳤으며 현재는 명예교수로 있다. 《부르주아의 평등》 외에 《부르주아의 미덕Bourgeois Virtues》과 《부르주아의 존엄성Bourgeois Dignity》 등 '부르주아 3부작'을 펴냈다. 이외에도 경제학자를 대상으로 《경제학자의 글쓰기Economical Writing》와 경제학이 과학과 인문학의 결합물이라는 주장을 담고 있는 《경제학의 수사학Rhetoric of Economics》을 펴냈다.

Book 25

기하급수적으로 늘어나는 인구가
미래에 미치는 영향

토머스 맬서스의
《인구론》

토머스 로버트 맬서스 Thomas Robert Malthus

18~19세기의 영국의 저명한 경제학자이자 인구학자로 고전 경제학을 대표하는 인물 중 하나다(성공회 성직자이기도 하다). "식량은 산술급수적으로 증가하지만 인구는 기하급수적으로 증가하므로 필연적으로 식량 수급 문제가 발생할 수밖에 없고, 이로 인한 각종 문제가 생긴다"고 주장해 당대는 물론 후세대의 인구정책에까지 지대한 영향을 끼쳤다.

어떤 글은 시대 정신을 담아내 명성을 얻는 반면, 어떤 글은 시대 정신에 반하여 인기를 얻는다. 토머스 맬서스의 《인구론》은 후자에 해당한다. "인구 증가를 막지 못하면 인류 진보의 가능성이 막힌다"는 맬서스의 비관론을 접한 토머스 칼라일이 경제학을 '암울한 학문dismal science'이라고 칭한 것은 유명하다. 또한 찰스 다윈은 "생존 경쟁에서 이기고 환경에 잘 적응하는 사람만이 살아남는다"는 내용에 영감을 받아 '자연 선택'이라는 진화 메커니즘을 고안해냈다.

《인구론》은 1798년 익명으로 처음 출간되었다. 윌리엄 고드 윈이나 로버트 오웬처럼 당시 유명한 진보적인 사회 개혁가들을 비판하는 '자극적인' 내용을 담고 있었기 때문이다. 이들은 빈 곤층의 삶을 개선하기 위한 여러 방책을 제시했지만, 맬서스가 보기에는 별 효과가 없는 것들이었다. 그의 판단에는 생산 가능한 식량에 비해 인구가 너무 많은 것이 모든 사회 문제의 근원이 었기 때문이다. 맬서스는 인구 문제를 정치·경제의 화두로 만들 필요성을 느꼈다. 그의 주장은 국민과 정부의 관심을 부채질했고, 결국 1800년 인구조사법Census Act이 제정되었다.

사실 《인구론》이 친절한 책은 아니다. 맬서스가 전문 경제학 자도 아닐뿐더러 애초에 집필 의도가 세상을 올바른 궤도에 올려놓고 싶다는 것이었기 때문이다. 따라서 이론적 전제가 거칠어 오해를 받는 측면도 있지만, 그가 당대나 후세대에 끼친 영향력은 애덤 스미스나 카를 마르크스만큼 강력하다.

중국의 한 자녀 정책도 모든 인구를 부양할 수 없을지 모른다는 맬서스식 공포에서 비롯되었다(공교롭게도 중국은 이 때문에 더 큰 번영의 기회가 꺾이고 말았다). 이외에도 각종 환경 관련 회담에서 인구 과잉이 자원 고갈과 기후 변화의 주범으로 꼽히는 것도 맬서스의 영향이라고 할 수 있다.

⑤   인구, 식량, 가격 사이의 필연적인 연관성

맬서스는 도입부에서 자기 생각에 이론의 여지가 없는 명제 두 가지를 소개한다. 첫째는 "식량은 인류의 생존에 필수불가결하다". 둘째는 "양성 간의 정욕은 반드시 필요한 요소며 앞으로도 현재 상태로 유지될 것이다". 인간의 성욕은 수천 년 동안 변함이 없었으며 미래에도 감소하지 않으리라는 주장이다. 문제는 '생존에 필요한 식량'은 산술급수적으로 늘어나는 데 반해, 인구는 억제되지 않으면 '기하급수적'으로 증가한다는 것이다.

맬서스는 북미 대륙의 인구가 25년 단위로 두 배씩 증가했다면서, 그 이유로 인구 부양에 부족함이 없도록 끝없이 펼쳐진 경작지를 지목했다. 그러나 영국 상황은 달랐다. 맬서스는 같은 기간 동안 토지에서 얻는 수확량이 두 배 증가한다고 가정하더라도, 영국의 '토지 품질에 대한 정보를 모두 감안하면' 수확량이 50년 동안 네 배 증가한다는 보장이 없다고 말했다. 그는 75년 동안 영국 인구가 700만 명에서 2,800만 명으로, 이후 다시 5,600만 명으로 증가하겠지만 농산물 수학량이 두 배 증가한 후 또다시 두 배 증가하는 일은 불가능하다고 보았다. 수확량은 서서히 증가하므로 2,800만 명분의 식량만 생산되어 식량 부족 사태가 일어나리라고 예견한 것이다. 인구가 억제되지 않는다면 수많은 사람이 굶주림에 시달릴 것이라는 이야기다.

맬서스는 역사상 어떠한 국가도 어떤 방식으로든 인구 증가

억제책을 쓰지 않고는 버티지 못했다고 주장한다. 이를테면 생활 수준의 유지가 불가능해질 수도 있다는 우려에서 신분과 관계없이 이른 결혼을 금지했다는 것이다. 맬서스는 어떤 남자가 결혼할지 말지 고민하는 상황을 그려본다. 내가 누리던 생활 수준을 가족에게도 제공할 수 있을까? 그렇지 않다는 판단에 따라 그는 결혼을 연기하고, 인구는 자연스레 억제된다. 이때 단점은 자연스러운 욕구 충족을 위해 매춘에 의존하게 된다는 것인데, 맬서스는 모든 상황을 감안할 때 성욕이 빈곤이든 '악행'이든 두 가지 결과 중 하나로 이어질 수밖에 없다고 결론짓는다.

맬서스에 따르면, 가난은 높은 식량 가격이 낮은 임금과 결합될 때 발생한다. 저임금 상태가 발생하는 까닭은 인구 과잉으로 노동력이 남아돌기 때문이다. 지주들은 수익이 많이 날 때 더 큰 몫을 챙기기 위해 무슨 수를 써서라도 노동력의 가격을 낮게 유지하려고 든다. 노동자는 일할 수 있다는 사실만으로 만족하고 가족은 근근이 먹고살게 된다. 맬서스가 보기에 농업 생산성이 인구 증가보다 현저히 더딘 까닭은 한 가지가 더 있다. 맬서스는 지대와 토지 사용에 관한 리카도의 이론을 차용했다. 이론상으로는 불모지 개간이 식량 공급에 도움을 줄 수 있지만, 토지 개간 비용을 감안하면 대부분 지주가 토지를 개간해도 가치를 뽑아내기 어렵다고 지적한다. 따라서 토지는 방치되는 한편 가격은 상승하고, 빈곤층은 굶주리게 된다는 것이다.

💲 복지라는 허상

맬서스는 영국의 빈민법이 두 가지 결과를 낳았다고 주장한다. 먼저 의존도는 높이고 개인의 책임감은 낮췄다는 것이다. 언제든 기본적인 식량을 보급받을 수 있다는 기대감 때문에 빈곤층이 자식을 더 낳아도 먹고살 수 있다고 생각하게 된 것이다. 그러나 생산되는 식량의 양이 인구 증가 속도를 따라가지 못해 물가는 상승하고 사람들은 한층 더 구호물자에 의존하게 되었다.

맬서스가 쏟아내는 말은 오늘날 복지 제공과 관련하여 벌어지는 논쟁을 방불케 한다. "가족을 부양할 능력도 없이 결혼하는 노동자는 어떤 측면에서 다른 노동자들에게 적으로 간주될 수 있다." 빈민법은 정말로 극심한 가난으로 고통받는 사람들에게는 도움이 되었을지 몰라도 저소득층 전반의 행복 총량을 떨어뜨리는 역할도 했다.

무엇보다도 도덕적 해이의 문제가 컸다(도덕적 해이란 다른 사람이 최종 비용을 치를 것이므로 나는 모험을 무한정 감행하겠다는 사고방식에서 비롯된 현상이다). 맬서스는 빈민법이 폐지되면 개개인이 '가족 계획'에 대해 더 현명한 판단을 내리고, 그 결과 나라 전체가 더 부유해질 것이라고 주장했다.

💲 유토피아의 붕괴

맬서스는 《인구론》의 상당 부분을 할애하여 프랑스의 계몽주의 철학자 콩도르세 후작과 진보주의 사상가 고든의 주장을 반박한다. 이 두 사람은 인류의 진보와 '유기적 완전성'에 대한 주장으로 당시 인기를 끌고 있었다. 맬서스가 보기에 자연계의 진실(성욕과 식욕)은 염두에 두지도 않고 개인의 책임을 배제한 주장이었다. 맬서스는 인간의 본성이 변할 수 있다는 그들의 주장을 비웃었다. 특히 빈곤층의 구제 측면에서 아무리 좋게 보더라도 세상 물정을 모르고, 최악의 경우 아주 위험한 결과를 낳을 수 있는 견해였다.

자선 사업이나 법 제정으로 빈곤층을 지원한 결과, 빈민의 수가 늘어나 실제로는 상황이 악화되었다는 맬서스의 주장은 19세기 초반 근로 계층의 참혹한 환경을 개선하기 위해 '나서고' 싶어 좀이 쑤시던 영국 사람들에게 충격을 주었다. 그러나 조용한 다수에게 맬서스의 주장은 논리적으로 완벽한 듯 보였다. 찰스 디킨스의 소설 《크리스마스 캐럴》에 등장하는 스크루지 영감은 그러한 입장을 대변한다. 그는 가난한 사람들에게 돈을 나눠주면 그들이 죽지 않고 살아남아 '잉여 인구surplus population'만 늘어날 수 있다는 이유로 적선하지 않는다.

⑤   신학적 맥락에서 본 인구론

맬서스는 책 초반에는 객관적인 사회과학자처럼 글을 쓰지만, 후반부에 이르면 자신이 성직자라는 사실을 되새기기라도 한 듯이 세계의 악과 불평등을 신학적으로 정당화하는 내용을 구구절절 풀어놓는다. 그가 보기에 신이 인간이 향유할 수 있도록 풍요로운 세상을 창조했다는 주장은 너무 단순한 생각이었다.

신이 실제로 창조한 것은 "인구가 식량 생산량보다 더 빠른 속도로 증가한다"는 자연법칙이었고, 그 법칙은 지극히 합당하다는 것이 맬서스의 주장이다. 더 많은 식량을 생산해야 한다는 압박 없이는 땅을 개간하고 판매할 물건을 만들거나 산업을 조직할 동기가 생기기 어렵기 때문이다. "본인이나 가족을 부양하기 위해 필요하다고 여기는 노고 덕분에, 아무 일이 없었다면 영원히 잠자고 있었을지도 모를 능력을 발휘하곤 한다." 반대로 인류가 나무에서 열리는 식량을 마음껏 얻을 수 있는 지역에서는 경작이나 작물 재배, 축산업을 일으키거나 문명 발전에 대한 의욕을 느끼지 못하는 경우가 대부분이다.

이와 같이 역사의 크나큰 흐름이 승자(머리와 손을 써서 자기 자신을 부양한 사람)와 인간 본성인 게으름에 굴복한 사람을 만들어냈다는 것이 맬서스의 생각이다. 그는 인간을 비롯해 자연에서 발생할 수 있는 모든 종種은 신의 이익이라는 숭고한 목표를 위해 노력해왔으며, 물살의 일반적인 흐름은 가난과 악행 같은 소용돌이 몇 번으로 거스를 수 없는 법이라고 주장한다. 덧붙여 정의롭고 생산적인 삶을 영위해 조물주의 의도를 실현하는 것은 인간 개개인의 몫이라고 말한다.

⑤   기술 발전과 맬서스 이론의 한계

1803년 맬서스는 기존의 《인구론》을 대폭 수정한 개정판을 본인 이름으로 출간했다. 개정판에는 (맬서스가 유럽을 돌아다니며 수집한 인구 데이터와 더불어) 각국의 인구 억제책이 담겼고, 기근이나 가난 같은 자연적인 인구 억제에 의존하지 말고 '도덕적 절제력'과 늦은 결혼으로 태어나는 아이의 수를 줄이자는 제안이 중점적으로 소개되었다(피임은 권장하지 않았다). 초판본의 신학적인 부분은 빠졌다. 신이 생존 투쟁을 예정해놓았다는 개념이 가혹하게 보인 탓일 것이다.

농업의 엄청난 진보로 인해 인구, 노동, 식량 공급 사이의 연결 고리가 끊어진 미래를 내다보지 못했다는 이유로 맬서스는 많은 비판을 받아왔다. 농기계 한 대가 200명 몫의 농사일을 하고, 비료와 살충제 덕에 불모지였던 곳에서 큰 수확을 거두는 지금 식량 확보는 더 이상 큰 문제로 여겨지지 않는다. 더욱이 가족 부양에 필요한 돈의 비중은 맬서스 시대 이후로 꾸준히 감소했다.

환경주의자들은 지구상에 80~100억 인구가 산다는 생각만으로 진저리를 치는데, 이들도 근본적으로는 맬서스와 똑같은 실수를 저지르고 있는 듯하다. 중요한 것은 사람의 수보다 자원의 활용이다. 실제로 자원 생산은 갈수록 용이해지고 저렴해지는 경향이 있다. 환경주의자들은 맬서스와 마찬가지로 기술을 전혀 염두에 두지 않고 있다.

함께 읽으면 좋은 책 데이비드 리카도의 《정치경제학과 과세의 원리에 대하여》, 아마르티아 센의 《빈곤과 기아Poverty and Famines》, E. F. 슈마허의 《작은 것이 아름답다》, 줄리언 사이먼의 《궁극적 자원 2》

$ | 토머스 맬서스 더 알아보기

1766년 영국 서리의 유복한 가정에서 태어났다. 아버지 다니엘은 신사 계급에 속하는 지식인이었다. 가정과 사립학교에서 교육을 받은 후 케임브리지대학교 지저스 칼리지에 입학해 라틴어, 그리스어, 수학에서 두각을 나타냈다. 20대 후반에 지저스 칼리지의 선임 연구원으로 임명되었다. 성공회 성직자가 되고자 했고, 언어 장애가 있음에도 1789년에 부제로 서임되었다.

1804년 사촌인 해리엇 에커설Harriet Eckersall과 결혼했다. 이듬해에 이스트인디아대학East India College의 역사학과 정치경제학 교수로 임용되었으며 죽을 때까지 재직했다. 이곳에서도 성직자 활동은 이어갔다. 학생들에게 인기가 많았으며 (영어로 인구를 뜻하는 population을 빗대어) 'Pop'이나 'Old Pop'으로 불렸다. 공개적인 경제 담론에서 종종 리카도와 사사건건 부딪혔다. 특히 지대, 가치, 수요에 대한 리카도의 의견에 반대했다. 하지만 그것과는 별개로 두 사람은 친한 친구 사이였다. 저서로는 《높은 배급 가격의 원인 고찰An Investigation of the Cause of the High Price of Provision》, 《정치경제의 원칙Principles of Political Economy》, 《정치경제의 개념 정의Definitions in Political Economy》 등이 있다. 1834년 세상을 떠났다.

Book 26

현대 미시경제학의 근원이 된
기념비적인 저작

앨프레드 마셜의
《경제학 원리》

앨프레드 마셜 Alfred Marshall

19~20세기 영국의 경제학자로 신고전학파 및 케임브리지학파의 시초이자 미시경제
학의 창시자다. 존 메이너드 케인스의 스승이며, 수요와 공급 이론, 한계효용 이론으로
유명하다. 《경제학 원리》는 마셜의 대표 저작으로 출간 이후 수십 년간 영국의 경제 교
과서로 활용되었다. 수학과 철학을 공부했지만 가난한 자를 돕고 싶어 경제학자가 되
었다고 한다.

1903년 세계 최초의 경제학 학위 과정이 탄생했다. 앨프레드 마
셜이 케임브리지대학교에 '경제학 트라이포스Economics Tripos'
라는 3년짜리 학부 과정을 개설한 것이다. 그때까지만 해도 경
제학은 정치경제의 일부나 윤리학이나 철학의 한 과목으로 취
급받았다. 경제학이 무역과 상업의 '기술만'을 다루기에 제대로
된 학문이 될 수 없다는 편견은 1960~1970년대까지도 유지되
었다. 그러나 마셜은 경제학이 현대 사회의 중요한 학문이 되리

298

라고 직감했고, 이는 케임브리지대학교가 반세기 동안 경제학의 중심지로 우위를 누리는 계기가 되었다.

마셜이 젊을 때까지만 해도 경제학은 데이비드 리카도와 애덤 스미스 이론에서 여전히 벗어나지 못하고 있었다. 마셜은 경제학이 '지대와 옥수수 가격'에 대한 집착에서 벗어나 실증적인 학문으로 나아가야 한다고 생각했다. 실제로 마셜의 경제학은 리카도와 스미스로 대표되는 고전파 경제학자의 입장과는 달라서 '신고전파 경제학'이라고 불리게 되었다. 마셜은 곡선과 그래프로 경제학 개념을 표현한 최초의 경제학자로 우리가 익히 아는 수용과 공급 곡선, 한계효용 이론을 만들어내기도 했다.

마셜은 경제학이 경제가 돌아가는 과정을 자세히 설명하는 학문이라고 생각했고, 제자인 케인스를 비롯 후대 경제학자들을 위한 기초를 마련해, 경제학을 자연적인 균형 상태를 신봉하는 학문에서 한층 더 적극적이고 정책적이며 사회적인 성과를 구체적으로 추구하는 학문으로 발전시키고자 했다. 경제학자가 된 이유가 있던 만큼 마셜은 사회적 목표가 뚜렷했고, 동시대 경제학자들에 비해 진보적인 편이었다. 그는 빈곤 완화와 하위 중산층 및 근로 계층 교육 확대에 힘썼다. 그러나 빈곤층이 부양하지도 못할 대가족을 꾸리는 일이 없도록 자제력을 발휘해야 한다고 역설한 맬서스와 같은 빅토리아 시대 사람답게, 보수적인 면도 있어서 경제학에 도덕성을 투영하는 일에 거리낌이 없었다.

1890년에 출간된 《경제학 원리》는 이러한 마셜의 이론을 담아낸 대표작이다. 집필 기간만 10년에 달했고, 출간 이후에도 30년간 고치고 또 고쳐 여덟 번이나 개정판을 냈을 정도로 마셜은 이 책에 매달렸다(750쪽이었던 초판본이 1920년 최종판본에서는 870쪽까지 늘었다). 이런 마셜의 완벽주의 성향 탓에 읽기 쉬운 책은 아니다. 제자인 케인스마저 각주만 읽고 본문은 건너뛰라고 했을 정도니 말이다. 그럼에도 마셜의 명쾌한 문장에 힘입어 이 책은 크나큰 성공을 거두었다. 꼼꼼하고 방대한 이 책은 수십 년간 경제학을 공부하는 사람이라면 꼭 봐야 하는 필독서였다. 오늘날에도 미시경제학을 공부하고자 하는 학생들에게 매우 유용하다.

⑤ **경제학의 목적은 무엇인가**

마셜이 보기에 경제학은 다른 사회과학과는 달리 측정 가능한 개념이라는 장점이 있었다. 그는 사람들이 얼마를 벌고, 쓰고, 저축하고, 투자하는지 관찰한 뒤 수요와 공급 곡선으로 나타내는 것이 경제학이라고 말했다. 마셜은 '고차원적이든 저차원적이든, 정신적이든 물질적이든 온갖 종류의 목적'을 달성하는 힘을 발휘하는 것에 돈의 진정한 의미가 있다고 생각했다. 인간은 사회적인 인정, 가족 수호 본능, 의무감, 애국심, 타인에 대한 관심 등 다양한 동기를 가지고 행동한다. 인간이 내리는 결정은 '최적'과는 거리가 먼 경우가 대부분이다. 따라서 경제학을 그저 자기 이익을 추구하는 학문으로 단정 짓는 것은 잘못된 태도라는 것이 마셜의 입장이다.

💲 마셜의 주요 개념

19세기 경제학자들은 제러미 벤담의 공리주의에서 많은 영향을 받아 인간을 쾌락을 추구하고 고통을 회피하는 기계로 간주했다. 경제학에서 자주 사용되는 '효용'은 무미건조한 단어지만, 우리에게 쾌락을 주거나 이득이 되는 것이라는 의미를 품고 있다. 공리주의에 따르면, 사회는 수백만 명이 자신에게 가장 효용이 되는 일을 추구하고, 자신이 원하는 제품과 서비스를 구매하기 위해 노동이라는 비효용을 견디는 현장이다. 공리주의자 입장에서 기업은 사람들이 원하는 것을 공급하기 위해 완전 경쟁의 상태 속에 존재한다. 마셜은 이러한 개념을 취해 자기 방식으로 변화를 주었다. 이후로는 그의 주요 개념을 몇 가지 살펴보도록 하겠다.

💲 가위의 양날과 같은 수요와 공급

리카도와 스미스는 생산과 공급 비용이 제품의 가격을 결정한다고 강조했으며, 한계효용학파의 창시자 윌리엄 스탠리 제번스는 수요가 가격의 가장 큰 결정 요인이라고 주장했다. 마셜은 수요와 공급을 가위의 양날로 상정했다. 가위의 양날이 만나 물건을 자르듯이 수요와 공급이 만나 가격을 결정한다는 것이다. 그는 그래프에서 공급을 상승선으로 표현해 제품의 가격이 상승하면 기업이 공급을 늘린다는 개념을 보여준 동시에, 같은 물건이라도 구매가 많아지면 가격이 떨어진다는 수요 법칙을 내놓았다.

마셜은 이렇게 수요와 공급이 지속적으로 자동 조절되면 '균형 가격'이 형성되어 자원의 최적 배분이 보장된다고 보았다. '마셜의 교차점Marshall's Cross'은 그래프에서 수요와 공급을 나타내는 선이 교차하는 지점을 보여준다. 소비자는 자신이 원한 가격에 제품을 사고, 생산자는 같은 가격에 제품을 팔아서 둘 다 만족한 상태다.

수요는 소득의 상승이나 하락, 인구 증가 등의 인구학적 원인, 다른 제품의 가격(식료품 가격이 하락하면 의복에 더 많은 지출을 할 수 있는 것 같은), 광고, 예상(미래의 가격 상승에 대비해 지금 구매하는 것 같은)을 비롯해 여러 요소에 영향을 받을 수 있다. 특정 제품의 공급은 이윤에 대한 생산자의 단순한 욕구에 따라 결정된다. 생산자는 인건비를 비롯한 생산 비용을 회수할 수 있을 정도의 가격이 되어야 제품을 계속 생산하려 할 것이다.

⑤   **가격 탄력성**

연료 같은 제품의 수요는 상대적으로 비탄력적이다. 연료 가격이 대폭 인상되더라도 사람들은 계속해서 자동차나 버스같이 연료가 필요한 이동 수단을 이용해야 하며, 자기 차에 연료를 채워

넣어야 한다. 명품 핸드백 같은 제품의 수요는 보다 탄력적이다. 경제가 휘청거릴 때 사람들이 제일 먼저 구매 목록에서 제외하는 것이 사치품이다. 호황기에 샤넬 가방을 구매한 사람이라도 불황기에는 저렴한 것을 찾게 마련이다.

이러한 수요 탄력성이 시간이 흐름에 따라 변할 수 있다. 아직까지 연료의 수요는 비탄력적이지만 기술 혁신과 자원 활용의 발전으로 전기 자동차 등이 활성화되면 연료 수요도 한층 더 탄력성을 띨 수 있게 된다.

$ 한계효용의 법칙

사실 한계효용이라는 개념을 창시하고 발전시킨 경제학자는 윌리엄 제번스, 카를 멩거, 레옹 발라스 등이다. 마셜은 이 개념을 이치에 맞게 잘 설명해냈다. 마셜은 제품들을 '필수재', '편의재', '사치재'로 구분했다. 예를 들어, 직장까지 한 번에 가는 노선이 없어 돌아가야 한다면 자동차 구매의 효용이 클 것이다. 돌아가는 시간이 절약되는 만큼 가족과 보내거나 다른 일을 더 할 수 있으니까 말이다. 나중에 아내나 딸이 차를 한 대 더 구매할 수 있겠지만, 두 사람이 대중교통으로 충분히 출퇴근과 통학할 수 있다면 첫 차만큼 효용은 크지 않을 것이다. 또 시간이 지나 연봉이 인상돼 주말에 몰고 다닐 스포츠카를 살 수 있게 되었다고 하자. 오랫동안 바라마지 않던 차이지만 스포츠카가 꼭 필요한 것은 아니다.

마셜을 차를 한 대씩 더 살 때마다 효용이 점점 줄어든다고 말한다. 첫 차를 사면 삶이 크게 달라지지만, 두 번째 차를 살 때는 그 변화가 미미하다. 세 번째 차는 삶의 변화를 거의 일으키지 않는다(두 번째 차와 세 번째 차가 있으면 편하고 만족스럽긴 하지만 그 차들은 내일 당장 팔아 치우더라도 생활 수준이 크게 달라지지 않는다).

이러한 '한계효용' 개념은 맥주, 이불, 헤어컷 등 우리가 소비하는 제품이나 서비스 어디에나 적용할 수 있다. 심지어 교육에도 적용된다. 고등학교를 열다섯 살에 그만두지 않고 졸업까지 하고 나면 직업 전망이 크게 바뀔 수 있지만, 박사학위를 딴다고 해서 석사학위만 있는 사람보다 더 부자가 되는 것은 아니다.

마셜은 제조업 현장에서는 이와 유사하게 '수확 체증의 법칙'이 작용한다고 보았다. 다리미 공장에서 다리미 1,000개를 만든다고 할 때, 900개를 만들 때와 비용 차이가 그리 크지는 않다. 오히려 공장주는 이미 설비, 대출 이자, 지대, 인건비 등의 비용을 들인 상황이므로 100개를 더 판매하면 순전히 이윤만 올리게 된다. 최근의 사례를 들자면, 마이크로소프트가 오피스 소프트웨어를 한 세트 더 만든다고 해서 추가로 들어가는 비용은 거의 없다. 따라서 비용이 더 들어가지 않는 시점에 이르고 나면 한 세트 더 판매될 때마다 이윤만 난다. 제품의 생명 주기가 길수록 이윤 증대 폭은 한층 더 커진다.

소비자 잉여와 구매력

마셜은 '소비자 잉여'라는 개념으로 제품이나 서비스의 가격과 소비자가 치를 의향이 있는 가격의 차이를 설명했다. 그 차이가 클수록 경험하는 만족감은 커진다. 무엇보다 소비자 잉여 개념은 우리에게 큰 도움을 주는 온라인 플랫폼과 공익 서비스(위키피디아, 구글, 페이스북 같은)가 무료나 저비용으로 제공되는 오늘날 경제에 딱 들어맞는다. 실제로 만족감은 우리가 다양한 분야에서 소비자 잉여를 경험하는 정도에 따라 측정 가능하다고 볼 수도 있다. 이것이 후생경제학의 근본 개념이기도 하다.

마셜은 '생산자 잉여'도 있다고 주장한다. 생산자 잉여는 제품을 현재 가격에 판매해도 괜찮지만 기업이 이보다 더 높은 가격에 제품을 판매하려고 하는 상황에서 발생한다. 오늘날 항공사가 시간대나 휴가 시즌에 따라 다른 가격의 항공권을 판매하는 것이 그 사례. 심지어 항공권 가격을 일일이 조사하는 것으로 파악된 소비자에게는 다른 가격을 적용하기도 한다. 예를 들어, 항공사가 시스템 덕에 어떤 사람이 내일 반드시 비행기에 탑승해야 한다는 사실을 파악하면, 3주 전 100달러에 불과했던 항공권을 400달러에 판매하는 식이다.

이외에도 마셜의 이론에서는 절대적인 소득보다 지금 소유한 것으로 무엇을 구매할 수 있느냐가 더 중요하다. 제품의 가격은 상승하기도 하락하기도 한다. 그중에는 더 비싸지거나 저렴해지는 제품이 있다. 자주 사용하는 제품과 서비스가 5년 전보다 저렴해지면 소비자는 절대적인 소득이나 자산의 변화와 관계없이 더 큰 여유를 누리게 된다.

완전 경쟁이 벌어지는 시장

마셜은 경제가 어떻게 돌아가는지 설명하기 위해 완전 경쟁이 벌어지는 '완전 시장' 모형을 생각해냈다. 수많은 생산자와 소비자가 모두 특정한 제품이나 원료를 사고팔며, 모두 그 품질과 가격을 샅샅이 꿰고 있는 상황을 상정했다. 그러한 환경에서는 생산자가 가격을 책정하기 어렵다. 다른 생산자가 더 낮은 가격을 제시해 자기보다 많은 물건을 판매할 수 있기 때문이다. 그런 만큼 생산자는 대체로 '가격 수용자'가 되며 일정 기간 동안 표준을 웃도는 이윤을 낼 수 없다. 그 결과 시장은 자주 '청소'되며, 그에 따라 수요와 공급의 균형이 이루어진다.

마셜은 가격 정보가 항상 완벽하지만은 않다는 사실을 간과했다. 어떤 기업이 독점 상품을 개발하면, 일반인들은 경쟁이 존재할 때 그 상품이 얼마에 팔릴지 알 도리가 없다. 그뿐만 아니라 막대한 자본투자가 필요하거나 까다로운 규제 장벽을 뛰어넘어야만 성립이 가능한 산업도 있을 수 있다. 그 경우에는 경쟁에 뛰어들 수 있는 기업의 숫자가 제한된다. 마셜이 사례로 든 외환시장과 농업 부문만 하더라도 완전 경쟁이 이뤄지지 않는다. 예를 들어, 정부가 지급하는 보조금이나 로비스트의 활동을 통해 시장이 유지되곤 한다.

　마셜의 완전 경쟁 모형은 오늘날 똑같은 제품이 거의 없다는 사실을 간과했다는 결점도 있다. 제조업체들은 저마다 특이한 제품을 개발하거나, 제품을 개선하거나, 완전히 새로운 제품을 생각해내려고 애쓴다. 이러한 제품들은 경쟁이 없거나 미미하다.

💲　　　　　　　　　　　　　　　　　**완전 경쟁과 경제**

미국의 대표적인 경제사학자 로버트 하일브로너는 마셜의 업적을 평가하면서 그가 1980년대의 공황, 러시아 혁명, 제1차 세계대전을 비롯해 자기 시대의 대사건은 논하지 않았다는 사실을 지적한다.

　《경제학 원리》의 모든 판본은 "Natura non facit saltum(자연은 도약하지 않는다)"이란 라틴어 문장으로 시작한다. 그러나 마셜이 키운 또 다른 유명한 제자, 조앤 로빈슨이 널리 알려진 논문에서 언급했듯 '균형'은 매번 '역사'에 패배한다. 세계는 균형을 향해 나아가는 경제 기관이 아니다. 정치적·사회적 사건 때문에 예기치 못한 혼란을 겪고, 경제를 비롯한 모든 분야의 판도가 뒤바뀌는 일이 많다. 반면에 마셜이 상정한 정돈된 세계(하일브로너 표현에 의하면 '예의 바른 동물원')에서는 대사건이 일어나지 않는다.

　마셜이 경제학을 제대로 된 학문으로 올려놓는 일에 열정적으로 전념했기 때문에, 역설적이게도 그의 이론은 더 손쉽게 검증될 수 있었고 결점도 드러나게 되었다. 그의 지식 세계는 자신이 직접 길러낸 케인스의 도전을 받았다. 케인스는 경제학이 발전하려면 정치와 시장의 걷잡을 수 없는 특성을 충분히 감안해야 한다는 사실을 알았다. 특히 시장이 산출하는 결과에 인간 심리와 기대감 같은 주관적인 요소가 수요와 공급 법칙만큼이나 중요한 역할을 한다는 것을 인식했다.

함께 읽으면 좋은 책 게리 베커의 《인적 자본》, 프리드리히 A. 하이에크의 〈사회지식의 활용〉, 존 메이너스 케인스의 《고용, 이자, 화폐에 관한 일반 이론》, 폴 A. 새뮤얼슨과 윌리엄 노드하우스의 《새뮤얼슨의 경제학》

앨프레드 마셜 더 알아보기

1842년 영국 런던의 버몬지 빈민가에서 태어났다. 아버지는 영란은행의 행원, 어머니는 정육점 집 딸이었다. 서민들이 거주하는 런던 남부 클래펌에서 열심히 공부하라는 아버지의 독려를 받고 자라났다. 케임브리지대학교에 합격해 수학을 공부했으며, 차석으로 졸업했다. 브리스톨의 남학교에서 잠시 교사로 일하다가 1865년 케임브리지로 돌아와 세인트존스 칼리지의 연구원이 되었다. 1877년 여성과 근로 계층의 교육을 위해 신설된 브리스톨 유니버시티 칼리지의 학장이자 정치경제학 교수가 되었다. 1885년 다시 케임브리지로 귀환해 은퇴할 때까지 머물렀다. 왕립경제학회 설립에 참여했고, 유명한 경제학술지 《이코노믹 저널》의 창간을 도왔다. 왕립위원회에 노인 빈곤층, 인도의 화폐 및 과세제도와 관련된 자료를 제공했다. 1891~1994년 왕립위원회의 의뢰로 노동 실태를 연구한 덕분에 빈곤을 심층적으로 조사할 수 있었다.

Book 27

시간이 흘러도 여전히 주목받는 사회주의의 바이블

카를 마르크스의 《자본론》

카를 하인리히 마르크스 Karl Heinrich Marx

19세기 독일의 철학자이자 경제학자로, 우리가 흔히 사회주의 및 공산주의라 부르는 것을 포함해 그만의 독특한 이론 및 사상 체계인 '마르크스주의'를 정립했다. 마르크스주의는 현재 우리가 사는 세상에 큰 영향을 남겼으며, 비판적이든 긍정적이든 마르크스를 거치지 않고는 20세기의 사회, 정치, 경제, 역사, 문화 등을 논할 수 없다.

1867년에 출간된 《자본론》은 《공산당 선언》과 더불어 카를 마르크스의 사상을 압축한 핵심 저작으로 시간이 흘러도 여전히 꼭 한 번 읽어봐야 할 필독서로 꼽힌다. 원래는 1859년 출간된 고전 경제학을 비판한 《정치경제학 비판 요강 Zur Kritik der Politischen Ökonomie》의 후속편으로 구상한 것으로, 실제로 《자본론》의 첫 장에는 경제학 교재처럼 '사용 가치'와 '교환 가치' 등의 개념이 자세히 설명되어 있다.

그러다가 산업혁명 초기, 영국 노동자들의 참혹한 노동 환경 묘사에 이르러서는 어느새 객관적인 논조는 자취를 감춘다. 마르크스는 각종 사례를 통해 자본주의의 어두운 면을 연이어 폭로한다. 영국의 산업혁명이 사회 해체를 일으켰고, 유럽에 있어 나쁜 본보기가 되었다고 말이다. 그는 "산업이 더 발달한 나라가 덜 발달한 나라에 보여줄 것은 미래의 모습뿐"이라고 강조한다.

마르크스는 기술이라는 마법과 자본이 결합함에 따라 여가 시간과 편의가 증가하기는커녕 영국의 노동자와 농촌 주민이 '백인 노예' 집단으로 추락하고 말았다고 주장한다. 체제 전반이 수출 이윤에 대한 욕망에 휘둘림에 따라 영국의 가부장적 사회는 인간이 생산 요소로 전락하는 사회로 바뀌었다.

《자본론》은 매우 상세한 저서다. 완성에만 몇 년이 걸렸다고 한다. 마르크스는 이 책에서 자유방임주의 경제학을 확실하게 반박하고자 했다. 열렬한 자본주의 신자라고 할지라도 이 책을 읽고 나서 노동 대 자본이라는 불변의 문제를 생각지 않거나, 마르크스 이후 상황이 얼마나 바뀌었는지 되짚어보지 않기란 어려울 것이다. 그만큼 마르크스가 남긴 그림자는 매우 강하다.

⑤   **노동 가치론**

마르스크의 노동 가치 이론은 리카도의 이론을 차용한 것으로, 어떤 물건의 가치가 생산에 투입된 노동의 가치와 동일하다는 내용이다. 예를 들어, 외투는 '인간 노동의 응집물'이다. 단순히 '사용 가치' 때문에, 즉 제품으로서의 쓰임새 때문에 생산되는 제품은 사고팔기 위한 것으로 교환 가치를 지니는 제품과 구별되어야 한다(본인이 입으려고 만드는 외투와 돈을 벌려고 만드는 외투는 다르다). 또한 하나의 상품을 판매하여 다른 상품을 구매할 수 있으며, 이러한 상품 생산의 근본적인 투입 요소는 노동이므로 모든 노동은 그에 상응하는 가치를 지닌다. 이러한 주장에 따르면, 20야드 길이의 아마포는 2온스 분량의 금과 교환할 수 있다.

마르크스는 노동이 화폐 단위로 표현될 때 사회적 효용성을 지니며, 모든 제품은 일종의 '사회적 상형문자'로 전환된다고 주장한다. 어떤 사람이 교환할 수 있는 노동 가치를 화폐로 환산할 때 그 사람의 '가치'를 알 수 있다는 것이다.

매우 순진한 생각처럼 들리지만, 결론적으로 말하면 자급자족하는 농민 사회가 노예를 경제활동의 근간으로 삼는 사회로 전환된다는 뜻이다. 마르크스는 사회의 모든 것이 상품화되고, 노동이 상품 생산의 중요한 투입 요소가 될 때는 인간이 교환 가능한 물건으로 전락하고 만다고 지적한다.

💲 　　　　　　　　　　　　　자본이 모든 것을 바꾼다

어떤 사람이 저축한 돈으로 제화점을 창업하고 제화공을 고용한다고 가정해보자. 제화공은 노동력을 갖고 있으며, 노예가 되지 않는 한 자신의 노동력을 한꺼번에 판매하지 못한다. 그런데 노동력만 있을 뿐 (구두 생산에 필요한 기계나 가죽 등의) 다른 생산 수단이 없기 때문에 고용 즉시 다른 생산 수단을 소유한 제화점 주인보다 더 열등한 위치에 놓이고 만다. 제화공은 자신의 노동력만 판매할 수 있을 뿐, 노동해 만든 제품은 판매하지 못한다.

마르크스는 이처럼 '부자연스러운 경제적 관계' 안에서 노동자는 다음 날 출근해 노동하는 데 필요한 재충전 비용 이상의 소득을 얻지 못한다고 말한다. 식량, 주거에 필요한 '최저 생계비'만 번다는 뜻이다. 즉, 노동의 가격은 노동자 자신과 가족의 생존 유지를 위해 구매하는 상품의 합계 비용과 일치한다.

마르크스는 현대 사회에서 사회적 관계는 정확히 경제적 관계를 중심으로 형성된다고 주장한다. 어느 정도냐면, 어떤 사람이 저축한 돈이 다른 사람의 착취 수단이 된다는 것이다. 마르크스는 현대 경제에서 "사회적 힘은 개인의 사적인 권력이 된다"며, "고대인들이 … 화폐가 사물의 경제적·도덕적 질서를 파괴하는 요소라고 비난한 데는 합당한 이유가 있다"고 지적한다. 저축이 처음에는 순수한 의도로 행해질지 몰라도, 얼마 지나지 않아 자본으로 사용되며 착취 수단에 이른다고 말한다.

⑤ 　　　　　　　　잉여 노동 가치: 자본주의의 비결

《자본론》은 노동 시간에 큰 부분을 할애하는데, 마르크스는 왜

그런지 설명한다. 하루 중에는 '필요' 노동 시간이 포함된다. 필요 노동 시간이라고 하는 까닭은 공장주가 노동자에게 최저 생계비를 치르고 스스로 공장 운영비 마련을 위해 반드시 필요한 시간이기 때문이다.

그러나 하루 동안의 노동 시간 중에는 필수적이지 않은 잉여 노동 시간도 있다. 이는 제반 비용의 충당이 이뤄지고 난 이후의 노동 시간을 말한다. 이때 이루어지는 잉여 노동은 고스란히 자본가의 이윤으로 돌아가는 반면, 근로자에게 더 이상의 가치를 제공하지 않는다. 따라서 "노동자는 … 자기 자신을 위해 하루의 절반을 일하고 나머지 절반은 자본가를 위해 일하는 셈이다."

영국의 제조업자들이 12시간 노동을 금지하고 10시간 노동을 의무화하는 법을 저지하려고 애쓴 까닭도 대부분의 공장이 하루가 끝나갈 무렵에야 이윤의 영역으로 들어섰기 때문이다. 마르크스는 노예를 소유한 사회와 노동자가 임금을 받는 사회의 유일한 차이는 착취의 정도라고 주장한다.

마르크스에 따르면 어떤 국가의 '중요성'은 제품이 얼마나 생산되는지가 아니라 잉여 노동 가치가 얼마나 창출되느냐로 측정된다. "자본은 죽은 노동으로 흡혈귀처럼 살아 있는 노동을 빨아먹어야만 생존할 수 있으며, 더 많은 노동을 흡입해야만 더 오래 살 수 있다."

마르크스는 공장을 24시간 내내 돌리고, 쥐꼬리만 한 주급으로 열 살짜리 아이를 하루에 15시간씩 부려먹는 과정을 '교대제'로 설명한다. 1863년 한 의사가 스태퍼드셔의 도자기 산업을 주제로 쓴 보고서에 따르면, 그곳 노동자들은 다양한 폐 질환을 앓고 있었으며, 아동과 10대 청소년의 발육이 더딜 뿐만 아니라 조로증에 걸려 있었다고 한다. 성냥개비 제조에 동원된 아동들은 인 같은 화학 물질에 노출되어 개구장애에 시달렸다. 제빵처럼 언뜻 안전해 보이는 산업에서도 극심한 초과 노동이 이뤄져 제빵사들의 평균 수명이 42세에 불과했다.

마르크스의 주장을 요약하자면, 자본가들은 어떤 노동자의 노동력을 몇 년 동안 집중적으로 착취하다가 새로운 노동자로 갈아치우는 편이 같은 노동자를 유지하고 더 오래 일할 수 있는 환경을 제공하는 것보다 효율적이라고 판단한다는 것이다.

마르크스는 1833~1864년까지 영국의 공장법이 어떻게 개정되었는지 제시한다. 그러면서 산업계가 공장법에 반대한 것은 '자본 정신'의 특징을 보여준다고 말한다. 그러나 부의 동력이 원료와 노동을 대량으로 조합하고 수많은 노동자를 한 장소에 모으는 공장주의 능력이라면, 그러한 능력이 노동자에게 기회를 창출해줄 수 있다고도 말한다. "공동 작업하는 동안 노동자의 숫자가 늘어나면 지배에 대한 저항도 확대되기 때문이다." 집단 정체성이라는 의식이 자라남에 따라 자본과 노동 간의 대규모 투쟁에 필요한 환경이 조성된다는 것이다.

$ 마르크스가 남긴 것

자본주의의 수호자 슘페터가 보기에 마르크스는 역사의 거대하고 비인간적인 힘을 규명하는 방식으로 자신의 이론을 제시했지만 자본주의의 가장 두드러지는 특징을 간과했다. 자본주의가 역동적이며 인간의 욕망 충족에 유리하다는 사실을 놓쳤다는 것이다.

마르크스는 자본이 자신의 믿음대로 힘, 정복, 착취를 통해 축적되기보다는 지식, 에너지, 창의력, 노력, 저축 등을 통해 축적된다는 현실을 애써 외면했다. 게다가 일반적인 근로자는 '계급 의식' 고취에 시간을 쏟지 않는다. 대신에 사회적 사다리를 한 단계라도 더 올라가는 일에 신경을 쓴다. 자신에게 유리한 방향으로 자본을 이용할 수 있는, 기회가 있는 한 인간은 자본의 법칙에 순응한다.

마르크스는 기술과 생산성이 평범한 근로자도 감당할 수 있을 정도로 제품 가격을 떨어뜨릴 수 있다는 것을 생각지 못했다. 게다가 평범한 근로자가 산업주와 부동산에 투자하는 연기금에 연금을 납입함으로써 자본가가 될 수 있다는 것도 내다보지 못했다. 자본주의가 유효한 까닭은 노동자가 자본주의라는 파이의 한 조각을 차지할 수 있기 때문이다.

이러한 결점에도 불구하고 마르크스의 '역사에 대한 경제적 해석'은 경제 환경과 생산 양식이 어떻게 해서 종교, 예술, 철학,

제도는 물론 우리가 살고 있는 사회 형성에 영향을 끼치는지 보여준다.

슘페터도 마르크스의 업적 중 하나가 "하루의 노동이 우리의 생각을 형성한다"는 사실과 "생산 과정에서 우리가 차지하는 위치가 물질에 대한 우리의 견해를 결정짓는다는 사실을 일깨워준 것"이라고 인정했다. 지주든 투자자든 근로자든 '생산 과정에서 차지하는 위치'는 우리의 행복을 결정짓는 핵심 요소이므로 깊은 고찰을 요한다. 일과 인간, 자본의 관계가 우리의 본질을 전적으로 결정짓지는 않더라도 중요한 영향을 끼치는 것은 분명하다.

마르크스의 시대에는 사업이 자본 집약적이었지만, 오늘날에는 거의 아무것도 없이 시작할 수 있는 사업 분야가 많다. 기술 발전이 자본의 민주화와 결합됨에 따라 개인이 성공적인 제품이나 서비스를 고안하면 '잉여 가치'를 손쉽게 확보할 수 있다. 그러나 서비스 생산에 기여하는 사람 모두가 스스로 그에 상응하는 대가를 받고 있다고 느껴야만 자본주의가 인도적인 특성을 지닐 수 있다.

노동과 자본의 불균형한 관계는 직장에서 항쟁이나 인재의 유출을 불러올 수 있을 뿐만 아니라 사회적 차원에서는 투표를 통해 상위 '1퍼센트'에 대한 반란으로 이어질 수 있다.

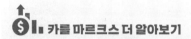 **함께 읽으면 좋은 책** 장하준의《그들이 말하지 않는 23가지》, 토마 피케티의《21세기 자본》, 조지프 슘페터의《자본주의 사회주의 민주주의》, 애덤 스미스의《국부론》

$ 카를 마르크스 더 알아보기

1818년 프로이센 왕국 라인란트의 트리어에서 9남매 중 셋째로 태어났다. 하지만 위의 형이 곧 죽어 장남이자 둘째가 되었다. 조부와 증조부는 랍비였으나, 아버지 하인리히는 자유주의적 변호사였고, 유대인 차별법 때문에 변호사로서의 활동에 제약받는 것을 피하고자 온 가족을 루터파로 개종시켰다. 어머니 헨리에타는 네덜란드의 부유한 유대계 가문 출신으로, 외가는 훗날 가전 회사로 유명한 필립스를 설립했다.

트리어의 김나지움에서 라틴어, 그리스어, 프랑스어, 독일어 실력을 탄탄하게 쌓고, 본과 베를린에 있는 대학교 졸업 후 예나대학교에서 박사학위를 받았다. 하지만 지나치게 급진적이란 이유로 교수직은 얻지 못했다. 1842년 '신 라인신문Neue Rheinische Zeitung'이라는 쾰른의 급진주의적 신문사에 취직했다. 신문사가 당국에 의해 폐쇄된 이후에는 사회주의 사상의 중심지인 파리로 옮겨가 피에르 조제프 프루동이나 미하일 바쿠닌 같은 무정부주의자들과 어울렸고, 훗날 평생 동지가 되는 프리드리히 엥겔스를 만나 친구가 되었다. 1843년 프로이센 귀족 가문 출신인 예니 폰 베스트팔렌과 결혼했고 일곱 자녀를 얻었다.

1845년 프로이센의 압력으로 파리에서 추방되자 벨기에 브뤼셀에서《공산당 선언》을 쓰는 등 사상 활동을 이어나갔다. 끝내 벨기에에서도 추방당하고 프로이센 입국도 거부당하자 1849년 영국 런던으로 이주했다. 시민권은 받지 못했지만 1884년 세상을 떠날 때까지 영국에 머물렀다.《자본론》의 영역본은 1887년에 이르러서야 출간되었고, 제2권과 제3권은 마르크스의 각주를 바탕으로 엥겔스가 편집하여 출간했다.

Book 28

2008년 세계 금융 위기로 증명된
이단아의 선견지명

하이먼 민스키의
《불안정한
경제의 안정화》

하이먼 필립 민스키 Hyman Philip Minsky

20세기 미국의 경제학자로 금융 혁신과 규제 완화를 환영한 1980년대 그에 반하는
주장을 펼쳐 경제계의 '이단아'로 불렸다. 케인스주의에 입각해 정부의 시장 개입을
지지하던 그는 연준 이사회의 중요성을 강조하며, 금융 시스템의 취약성을 경고했다.
2008년 서브프라임 모기지 사태로 그의 선견지명이 부각되며 다시금 주목받았다.

많은 경제학자가 금융 혁신과 규제 완화를 환영하던 1980년대,
한 이단아가 이러한 전환 탓에 자본주의는 시한폭탄이 될 것이
라고 경고했다. 바로 하이먼 민스키였다. 그는 1986년 출간한
《불안정한 경제의 안정화Stabilizing an Unstable Economy》에서
"기업인과 금융 중개인이 공격적으로 이윤을 추구하는 세계에
서는 혁신가가 규제 당국을 추월하게 마련"이라 주장했다. 그러
면서 시장이 자원의 효율적인 배분에 거의 항상 성공적일지라도

안정성과 평등처럼 사람들의 생계에 영향을 주는 주요한 사안은 정책적으로나 정치적으로 남아 있어야 한다고 덧붙였다.

민스키는 금융 혁신으로 말미암아 불안정성이 자본주의의 영속적인 특징으로 고착될 가능성이 크다면서 실업, 환율 변동, 인플레이션, 디플레이션, 빈곤은 바로 불안정성 때문에 발생한다고 결론짓는다. 그러면서 정책 입안자들이 요구하는 세법 개정이나 중앙은행의 경영 개혁은 미봉책에 불과하다고 주장한다. 신용 경색, 인플레이션 폭등, 금융 위기가 공공정책으로 해결되어야 할 '시스템상' 원인이 아니라 '충격'과 '실수' 때문에 일어났다는 의견이 대세인 현실도 꼬집는다. 고전파 경제학의 '균형'을 신봉하는 이들은 정부의 역할에는 얼씬도 하지 말아야 한다면서 "기존 상황의 설계자이기도 한 전문가나 행정 관료 등의 엘리트는 의미 있는 개혁을 성공시킬 수 없다. … 자본주의에 비판적인 경제학만이 자본주의정책을 성공으로 이끌 수 있다"는 이유를 댄다.

민스키의 의견은 2008년 서브프라임 모기지 사태로 인해 주목받기 시작했다. 먼저 연준의 재닛 옐런 의장이 2009년에 〈민스키 붕괴: 중앙은행 총재들이 얻은 교훈Minsky Meltdown: Lessons for Central Bankers〉이라는 논문을 썼다. 이어서 '민스키 모멘트'란 용어가 금융 혁신에 취해 서브프라임 모기지 채권시장의 위험성을 간파하지 못하던 미국의 상황에 적용되었다(원래 이 용어는 1998년 러시아 금융 위기 때 자산 가격의 폭락과 채무의 급증이 동시에 일어난 상황을 가리켜 펀드 매니저 폴 맥컬리가 만들어낸 것이다).

민스키는 경고한다. "일회성 개혁에 안주하면 또다시 불안정성이 새로운 모습으로 나타날 것"이라고 말이다. 진정으로 지속 가능한 자본주의체제에서는 정부가 생산 경제의 요구에 개의치 않고 금융 산업이 거대해지도록 놓아두는 일이 없다. 그렇게 하지 않으면 계속해서 '민스키 시점'이 나타날 것이다.

💲 **금융 시스템: 도움이 될까, 방해가 될까?**

민스키에 따르면, 제2차 세계대전이 끝난 후 1966년까지 20년간은 경제가 꾸준히 성장하고 비교적 안정성을 유지해왔다. 금융 시스템이 탄탄했으며, 위기에도 끄떡없이 경제 성장을 뒷받침했다. 그런데 1960년대 후반부터 인플레이션율, 실업률, 금리가 동시에 상승했다. 에너지 위기와 도시의 제반 문제 발생에 따라 파산 건수가 증가했다. 1966년의 신용 위기는 1970년, 1974~1975년, 1979~1980년, 1982~1983년의 금융 '위기 임박' 상황으로 이어졌으며 그 심각성은 갈수록 커졌다. 민스키는 미국 금융 시스템의 변화가 종전 후 수십 년에 걸쳐 천천히 이뤄졌기 때문에 그 토대가 잠식되는 속도도 느렸고, 그 결과 '감당 가능한 위기'가 나타났다고 주장한다. 그렇지만 1982년부터 반영구적인 금융 혼란기가 시작되었다.

민스키가 보기에 경제 성장과 안정성을 달성하기 위해서는 시장의 탈중앙화만 한 방법이 없지만, 여기에는 주의사항이 있었다. 자금과 신용은 경제 기관의 연료 역할을 하는 만큼 강력한 규제를 받아야 할 공공재다. 신용이 지나치게 부족하거나 많아지면 경기 조정 국면이 침체기로 급전환될 수 있다. 자산 가격이 과열과 폭락의 주기를 벗어나지 못하고 고용률이 요요처럼 오르락내리락하는 상황은 경제에 치명적이다. 경기 순환의 불확실성이 커지면 사람들은 장기적인 투자나 사업 활동보다 투기에 눈을 돌린다.

민스키의 주장을 요약하자면, '경제 시스템은 자연적인 시스템이 아니다. 경제는 규제 또는 발명과 혁신이라는 진화 과정을 통해 창출되는 사회 조직'이라는 것이다. 제도는 자체적으로 돌아가고, 새로운 사건이 발생하면 새 제도를 만들거나 기존 제도를 수정해야 한다. 민스키는 케인스와 마찬가지로 경제 효율성, 사회 정의, 개인의 자유를 이끌어내는 것은 제도와 정책이라고 주장한다.

⑤   **안정화 장치의 악용**

종전 후 케인스학파의 경제정책이 합의를 모은 시기에 안정과 번영은 두 가지 중요한 요소, 즉 (민스키가 '큰 정부'로 칭한) 복지 국가와 최후의 대출자 역할을 하는 중앙은행을 가진 것으로 여겨졌다. 1970년대와 1980년대 초반의 금융 위기는 어김없이 경기 침체로 이어졌지만 공황으로 악화되지는 않았다. 정부가 복지 프로그램을 시행하고 재정 적자를 메우기 위해 유가증권을 발행했을 뿐만 아니라, 중앙은행에 금융 시스템 방어와 안정화 장치 역할을 맡김으로써 경제 안정성을 유지했기 때문이다. 그러나 그때마다 인플레이션이 상승하는 부작용이 발생했다.

1975년 당시 미국 정부의 복지 지출은 미국의 제품과 서비스 소비보다 20퍼센트 더 이루어졌다. 놀라운 일 같지만, 국민 가처분 소득 가운데 복지 지출 부분이 (이를테면 15~20퍼센트 정도) 크고 이러한 비중이 실업보험 청구가 증가하는 경기 침체기에 더 증가하면, 상황이 어떻든 간에 사람들이 소비를 중단하지 않기에 경제가 자연히 안정되게 마련이다.

정부 재정이 적자 상태일 때 가처분 소득이 탄탄하다는 것은 경기 침체기에도 기업의 이윤이 그대로 유지되거나 한층 더 증가할 여지가 있다는 뜻이다. 큰 정부는 자동적으로 막대한 재정 적자를 운용함으로써 "높은 지지대를 설치하여 경제의 추락을 막는다"는 것이 민스키의 주장이다. 이러한 지지대는 특히 기업과 가계의 채무가 만만치 않은 상황에서 중요한 역할을 하는데, 그 덕분에 기업과 가계가 파산하거나 연체하는 일 없이 채무를 지속적으로 상환할 수 있다는 것이다.

큰 정부는 적자 지출을 통해 생산·고용·이윤을 안정화하는 한편, 연준이나 연준과 협력하는 민간 금융 회사는 달리 매각이 불가능한(매각된다 하더라도 미미한 수익만을 낼 것이 빤한) 금융 자산을 매입하거나 담보로 수용함으로써 자산 가격과 금융시장을 안정화한다. 이 같은 포지션position(투자자가 보유 중인 자산)을 매입함으로써 연준이나 금융 회사는 리스크가 큰 자산을 덜한 자체 자산과 교환한다. 1913년 연준이 설립된 가장 큰 이유는 미국이 1907년의 경제 공황을 겪고 나서 '최종 대출 기관'의 필요성을 인식했기 때문이다. 최종 대출 기관의 존재 때문에 발생하는 문제 중 하나는 투기 금융의 일부 리스크가 완화된다는 점이다. 이러한 상황에서는 은행들이 혹여 모든 것이 잘못되더라도 구제받을 수 있다는 믿음을 품은 채로 '카지노 자본주의'에 빠질 가능성이 있으므로 금융 시스템이 한층 더 불안정해질 수 있다.

⑤ 　　　　　　　　　　　　　　**불안정성의 증식**

민스키에 따르면 경기 호황에 뒤이어 나타나는 공황, 디플레이션, 침체보다는 호황기 바로 전 경제가 어떠한 변화를 겪었는지가 중요하다. 그는 "불안정성은 어느 정도 안정적인 경제 성장이 투기가 판을 치는 경기 과열로 전환될 때 발생한다"고 주장한다.

경제 성과가 점점 더 커지면 기업과 은행을 비롯한 금융 회사가 적극적으로 나선다. 모든 유형의 기업이 리스크가 큰 자산 보유량을 늘린다. 번영기에는 그러한 투자 자산이 위험해 보이지 않는 법이다. 이처럼 '고요한 확장'의 시기에는 은행들이 새로운 형태의 화폐, 유가증권, 대출 상품을 고안해냄으로써 더 큰 이윤을 추구한다. 투자의 바퀴가 원활하게 돌아갈 때는 자산 수요가 증가하고, 그에 따라 자산 가격도 올라간다. 완전 고용과 물가 안정을 특징으로 하는 고요한 균형 상태는 오래 지속되기 어렵다. 금융계에 혁신이 일어나면 자산 가격은 항상 균형 상태의 경제가 요구하는 수준을 뛰어넘어 폭등하기 때문이다. 금융 혁신은 자본주의체제에서 경제 균형을 깨뜨리는 주요 요소다. 금융 혁신으로 말미암아 소폭이지만 탄탄한 성장세를 보이던 경제에 투기가 판치게 되고 경기가 과열된다. 금융 부문은 실물 경제가 감당하기에는 '너무 빠른' 속도로 움직이기 시작한다. 호황과 더불어 안정되고 장기적인 투자 지평을 특징으로 하던 투자 환경이 단기 이익을 노리는 투자 환경으로 변한다.

민스키는 자본주의에 두 가지 유형이 있다고 주장한다. 구시대의 자본주의는 주로 기업 소유자들로 이루어졌다. 그런 만큼 기업과 자본 자산을 사고파는 일이 많지 않았다. 오늘날의 신종 '기업 자본주의' 경제에서는 기업, 기업의 채권, 기업이 생산한 자본 자산을 사고파는 일이 크게 증가했다. 이처럼 제품과 서비스를 사고팔던 시장이 금융시장으로 전환됨에 따라 현대 경제는 한층 더 복잡해지고, 위험해졌다. 케인스는 자본주의 경제가 돈을 빌리고 빌려주는 행위에 의해 지탱되며, 그러한 행위는 경험으로 검증된 안전 마진margin of safety을 바탕으로 이뤄진다고 고찰했다. 그러나 민스키는 "과거의 성공은 기업과 은행이 요구하는 안전 마진의 축소로 이어지는 경향이 있다"고 지적한다.

과도한 확신과 자만심 때문에 파멸을 불러오는 도박이 자주 발생한다. 그 타격이 도박을 감행한 기업에만 국한된다면 그리 큰 문제가 아니겠지만, 일반적으로는 사회 전반이 파산 위기에 몰린 기업의 구제 비용을 치르게 된다.

⑤ 위험한 유형의 채무자

민스키는 채무자를 세 가지 유형으로 분류한다. 첫째, 헤지 채무자로 현재의 현금 흐름으로 대출 만기 내에 원금을 상환할 수 있는 사람이다. 둘째, 투기 채무자로 이자를 상환할 여력은 되지만 원금 상환 능력이 없기 때문에 여러 차례 다시 대출을 받아야 하는 사람이다. 마지막으로 폰지 채무자로 이자도 원금도 상환할 능력이 없지만 대출 받아 매입한 자산의 가격이 지속적으로 상승할 테니 어느 시점에 자산 매각으로 대출을 상환하고도 수익을 낼 수 있다는 믿음 기반으로 돈을 빌리는 사람이다.

투기 채무자와 폰지 채무자는 2007년 미국의 주택 가격 거품을 유발한 유형이라 할 수 있다. 당시에는 부동산 가격이 계속 상승했기에 대출을 상환해야 한다는 의식이 희미해졌다. 사람들은 주택담보대출을 갚기보다 보유한 주택 지분을 이용하여 다시 대출을 받았다. 그러나 집값이 하락하기 시작하자 미상환 대출이 문제가 되었고 대규모 연체가 발생했다. 발등에 불이 떨어진 은행 등의 대출 기관은 재정 상태가 탄탄하고 전망이 밝은 사람들에게도 대출을 내주지 않기 시작했다.

❸   그렇다면 대책은 무엇인가

민스키가 케인스의 이론을 통해 얻은 가르침은 시장이 그리 중요하지 않은 결정과 자원 배분을 한꺼번에 효율적으로 처리하는 메커니즘이기는 하지만 균형, 효율, 안정성 같이 중대한 사안을 떠맡을 주체로는 적합지 않다는 것이다. 민스키의 결론은 충격적이기까지 하다. "자본주의의 결함은 자본주의가 자본을 제대로 다루지 못한다는 사실에서 비롯된다."

민스키는 수익과 고용을 안정적으로 유지하기 위해서는 정부가 민간 투자의 불안정성을 완화해야 하므로 어느 정도의 재정 지출이 필요하다고 주장한다. GDP의 16~20퍼센트 정도가 재정 지출에 투입되어야 한다는 것이다. 일반적으로 이러한 비중은 민간 투자 규모에 해당한다. 그는 중앙은행이 단순히 최종 대출 기관의 역할에 그치지 말고, 금융 산업과 금융 회사의 발전을 적극적으로 지휘하여 주기적인 불안정성을 예방해야 한다면서 중앙은행의 적극적인 행동을 촉구한다.

책의 말미에서 민스키는 민간 은행의 이해 상충에 대해 경고한다. 은행은 예금자를 비롯한 고객에게 이익이 되는 행위를 해야 하지만 달리 선택의 여지가 없는 고객에게서 이익을 뜯어낼 기회를 호시탐탐 노린다. 민스키는 은행이 이윤 추구 본능에 사로잡힐수록 위험한 대출을 감행한다면서, 은행이 자산 대비 자기 자본 비율을 일정 수준 이상 유지하도록 의무화해 투기 행위 리스크를 제한해야 한다고 지적한다. 이에 2008년 세계 금융 위기 이후, 세계 각국 정부는 일정 수준 이상의 자기자본 비율을 의무화하여 은행에 자본 완충장치를 확충하도록 했다.

함께 읽으면 좋은 책 장하준의 《그들이 말하지 않는 23가지》, 존 케네스 갤브레이스의 《대폭락 1929》, 존 메이너드 케인스의 《고용, 이자, 화폐에 관한 일반 이론》, 마이클 루이스의 《빅 숏》, 로버트 쉴러의 《비이성적 과열》

$ 하이먼 민스키 더 알아보기

1919년 미국 시카고에서 태어났다. 벨라루스 이민자 출신의 부모는 노동운동과 사회주의 정치활동에 적극적으로 참여했다. 뉴욕에서 고등학교를 졸업했으나 대학생 때 시카고로 돌아와서 수학과를 졸업했다. 하버드대학교에서 조지프 슘페터와 바실리 레온티예프 등의 가르침을 받으면서 경제학 석사와 박사학위를 취득했다. 하버드대학교에서 케인스학파 경제학자인 앨빈 한센의 조교로 일하다가 1949년부터 1958년까지 카네기 멜론대학교의 전신인 카네기공과대학교와 브라운대학교에서 학생들을 가르쳤으며, 그 후 캘리포니아대학교 버클리 캠퍼스 교수로 임용되었다. 1965~1990년에는 세인트루이스의 워싱턴대학교에서 경제학과 교수를 맡았다. 1996년 세상을 떠났다.

Book 29

시장 경제는 목적이 있는
개인들의 선택이 만들어낸다

루트비히 폰 미제스의
《인간 행동》

루트비히 폰 미제스 Ludwig von Mises

오스트리아 출신의 20세기 미국의 경제학자로, 자유주의 경제학의 대표적 학자로 시
장 경제의 순기능을 옹호하고 정부의 간섭을 배제를 주장하는 오스트리아학파의 토
대를 마련한 인물이다. 프리드리히 A. 하이에크의 스승으로도 유명하다. 시장 경제는
목적이 있는 개인의 선택이 만들어내는 것이라고 주장했다.

자유시장 경제학 박물관이 존재한다면, 오스트리아계 미국의 경
제학자 루트비히 폰 미제스의 저작이 가장 중요한 전시물로 취
급될 것이다. 고전적 자유주의 사상을 그 누구보다 활발하게 펼
친 사람이 바로 루트비히 폰 미제스이기 때문이다. 그런 미제스
의 대표작 《인간 행동Human Action》은 자본주의가 흔들리고 공
산주의와 전체주의가 기세를 펼치고 있을 때 집필되었다.

　미제스가 보기에 자본주의는 유일하게 생존 가능한 정치·경

제체제였다. 그는 이러한 자본주의의 철학적 정당성을 제시하고 인정받아야 한다는 의무감을 느꼈다. 이런 그의 의무감에 박차를 가한 것은 1930년데 '사회주의 계산 논쟁'에서 부각된, (계획경제와 제한 시장의 혼종인) '시장 사회주의'가 미래의 노선이라는 주장이었다. 미제스는 자유시장을 뒷받침하는 가격 시스템 없이는 경제적 계산이 불가능하다고 주장했다.

《인간 행동》의 원저는 1940년에 독일어로 출간된《국가 경제: 거래와 경제의 이론Nationalökonomie: Theorie des Handelns und Wirtschaftens》이다. 미제스가 스위스 제네바 망명 당시에 5년간 집필한 이 책은 완전하고 통합된 경제 이론을 제시하겠다는 취지를 담고 있었다. 이러한 그의 이론은 '오스트리아학파'의 토대가 되었다.

평범한 시기였다면 총 네 권으로 이뤄졌으며 800쪽이 넘는 이 책의 저자로 조명 받았겠지만, 1938년에 독일이 오스트리아를 강제로 병합하면서 반파시즘 이론을 내놓은 미제스는 위태로운 처지가 되었다. 미제스가 스위스에 있는 동안 나치당원들이 오스트리아 빈에 있는 그의 집을 압수 수색했으며, 스위스 출판사에서 출간된 그의 책은 금서로 지정됐다. 결국 미제스와 그의 아내는 미국 망명을 결정했고, 이는 결과적으로 전화위복이 되었다. 새로운 내용이 추가된 영문판이 1949년 출간되면서 미제스의 이론이 한층 더 널리 알려졌기 때문이다. 이렇게 오스트리아학파가 미국에 이식되었고, 미국은 오스트리아학파의 정신적 고향이 되었다.

오스트리아학파는 오랫동안 경제학의 변방에 놓여 있었지만, 미제스의 제자인 하이에크가 노벨경제학상을 수상한 1974년에 전환점을 맞이했다. 케인스주의 경제학 때문에 (장기침체와 인플레이션이 결합된) 스태그네이션이 발생하자 이들의 이론이 주목받기 시작한 것이다.

⑤   경제학이 우리에게 해준 것

미제스는 과거에는 사회 문제가 항상 윤리적인 문제로 간주되었음을 지적한다. 통찰력 있는 지배자와 훌륭한 시민만 있다면 발전할 수 있다고 믿었다는 것이다. 하지만 시장 현상이 독자적인 논리대로 움직인다는 사실과 '선'과 '악', '정의'와 '불의' 등의 전통적인 구분법이 경제의 상호작용에 적용되지 않는다는 사실이 명확해졌다. 시장에서의 성공은 도덕적인 측면의 '당위성'과 관계없이 이루어진다. 그에 따라 사회를 이해하려면 인간이 경제 영역에서 어떻게 행동하는지 관찰할 필요가 있다는 인식이 퍼졌다. 이렇게 보면 경제학은 인간이 어떻게 행동해야 한다든가, 어떠한 가능성이 있는지 다루는 학문이 아니라, 인간 그 자체를 다루는 학문이다.

초기 단계의 경제학은 부와 이윤의 추구만을 노릴 뿐 삶의 나머지 부분은 다루지 않는다는 인상이 강했다. 그러나 미제스는 선택과 편향을 비롯한 인간 행동 전반에 큰 관심을 품었다. 이러한 논리를 따르면 경제학은 보편적인 내용을 다루는 '인간 행동학'으로서 인간 선택에 대한 일반 이론이 된다.

미제스가 논문을 쓰던 당시, 사회주의자들은 경제학자를 '자본의 아첨꾼'으로 간주했다. 이들에게는 경제학은 물론, 인간 행동을 본격적으로 연구하는 학문이 문화에 대한 판단을 하지 않는다는 인식이 없었다. 그러나 물리학 이론을 설명할 때와 마찬가지로 경제 영역의 행위를 부르주아, 서구인, 유대인답다고 평가하는 일은 있을 수 없다. 실제로 미제스는 경제학을 중립적이지 못한 학문으로 몰아가려던 사회주의자, 인종주의자, 국수주의자들이 결코 성공하지 못한 까닭은 경제학 이론이 문화와 시대를 초월하며, 따라서 인종·국가·사회·진보에 관한 거창한 이론보다 훨씬 더 신뢰성 있고 실용적이기 때문이라고 지적한다.

비판자들은 경제학이 굶주림, 실업, 전쟁, 폭정을 해결하지 못했다고 주장했다. 하지만 미제스에 따르면 고전파 경제학자들은 관습, 법률, 정치적 후원 제도의 비합리성과 부패를 만천하에 알리는 데 결정적인 역할을 했으며, 자유주의적 가치관과 기술, 혁신을 제한하지 않는 정부 형태를 촉진했다고 말한다. 고전파 경제학자들의 활약이 없었다면 사회가 이렇게 부유해지고 번영할 수 없었을 것이라고 강조한다.

경제학자들은 사업활동의 편익을 옹호한다. 경쟁이 이롭고 전통적인 생산 수단을 보호해서는 안 된다고 주장한다. 기계가 부를 파괴하기는커녕 창출한다고 보았다. 정부가 혁신을 방해해서는 안 된다고 지적한다. 자유방임정책이 시행되면서 산업혁명이 일어난 것은 결코 우연이 아니었다. 정치적인 자유주의는 경제적인 자유주의의 토대였다.

미제스는 학문의 역할은 인간이 열망하는 지향점이나 목표를 지정하는 것이 아니라, 그저 현실에서의 사물이 어떠한 상태고 어떻게 돌아가는지를 설명하는 것이라고 믿었다. 경제학에서는 인간이 어떻게 행동해야 한다고 지시하는 것은 정부의 역할이 아니라고 본다. 정부는 그저 인간이 재능을 발휘할 수 있도록 돕는 산파 역할만 하면 된다는 것이다.

⑤ 인간 행동의 목적

인간 행동의 목적은 불편함을 없애는 것이다. 식욕이나 성욕은 물론, 다른 인간의 어려움에 대한 걱정도 불편함에 해당한다. 그러한 불편함을 없애기 위한 행동이 문명 건설로 이어진다.

사람들이 태어나는 환경은 대부분 몇 가지로 나뉘는데, 중요한 점은 사람이 주어진 환경에서 자신의 목표를 이루기 위해 어떻게 행동하느냐다. 인간은 환경에 휘둘리기만 하는 것이 아니라 행동을 통해 환경을 바꿀 수도 있는 존재다.

마르크스는 개인이 '역사의 힘'에 휘둘릴 뿐 자기 주관대로 선택하는 일은 없다는 식으로 주장했지만, 미제스가 보기에는 이상을 품고 창출하는 주체는 '사회'가 아니라 개인이다. 그는 정부가 개인을 기본적이고 물리적으로 보호하고 방어하기 위해서 존재할 뿐이며, 통제를 통해 국민을 '향상'시키려는 기대는 자제해야 한다고 본다. 자유주의 시장 경제의 미덕은 개개인이 자신의 진로를 직접 선택한다는 데 있다면서 "누구도 다른 사람의 행복 증진을 위해 무엇을 해야 한다고 지시할 수 있는 위치가 아니므로 자유주의 시장 경제 이외의 정치경제체제는 모두 잘못된 것"이라고 주장한다.

미제스는 경제학이 "제품과 서비스를 연구하는 학문이 아니라 살아 있는 인간의 행동을 연구하는 학문"이라며 이념보다 이성이 우위에 있는 학문이라고 주장한다. 그런 이유에서 미제스는 기업가를 자신의 철학과 정치·경제의 구심점으로 간주한다. 기업가는 가능한 미래를 합리적으로 계산하는 존재기 때문이다.

💲 경제학은 합리적인 학문

미제스는 "이성에 대한 저항"이라는 항목에서 마르크스주의, 인종주의, 국수주의가 합리주의를 무시하거나 억압하려고 기를 쓰는 이념이라고 주장한다. "어떤 이론이든 이성의 심판만을 받아야 한다"면서, 옳은 것으로 입증된 이론은 미국인에게나 중국인에게나 적용되듯이 자본주의자에게나 마르크스주의자에게나 적용되어야 한다고 본다.

오늘날 적용되는 경제학 법칙은 고대 로마나 잉카 제국 시대에도 적용되었다는 것이 미제스의 주장이다. 문화적·종교적·정치적으로 경제학의 법칙이 적용되지 않는 '특수한 상황'은 존재하지 않는다는 것이다. 미제스가 보기에 모든 지도자와 정부는 권력을 가졌다는 자만에 빠져 있지만, 사실 '경제학의 역사는 오랜 세월에 걸쳐 경제학의 법칙을 과감하게 무시한 채로 설계된 탓에 실패하고 만 정부 정책으로 점철된 기록'이다. 권력자를 섬기는 조언자와 철학자들이 제안하는 정책은 항상 문제를 드러내고 만다. 대부분 경제적으로 무책임한 행동을 부추기기 때문이다.

미제스에 따르면, 이러한 사실을 감안할 때 진정한 경제학자는 "독재자와 선동가의 총애를 받을 수 없다. 이들의 입장에서 경제학자는 항상 말썽을 피우는 존재다. 이들은 경제학자의 반대에 충분한 근거가 있다는 것을 내심 인정하면 할수록 경제학자를 한층 더 증오한다".

💲 경제학은 합리적인 학문

어떤 이념이든 사상의 순수성을 바탕으로 하며, 이는 사람들의 흥미를 자극하는 요인이 된다. 사회주의자는 안정성을 해치는 시장 세력이 제거되고, 탐욕스러운 개인이 지닌 부가 재분배되면 이 세상이 매우 바람직해지리라고 믿는다. 자유지상주의자는 정부가 끼어드는 일 없이 개인의 규칙을 허용하면 천국 같은 세상이 온다고 주장한다.

미제스가 미국 시민권을 취득한 후에 깨달았듯이, 현실은 훨씬 더 복잡한 법이다. 그가 미국에서 활발한 활동을 벌일 수 있었던 까닭은 미국의 자유와 정부의 강력한 보호 장치 때문이었다. 문명이 국가 때문이 아니라 국가라는 존재에도 불구하고 발생했다고 주장하는 사람들에게는 미제스가 자본주의 그 자체가 아니라 정치적 자유 덕분에 철학자로 부활했다는 사실이 흥미롭게 느껴졌다. 미제스도 후에 나온《인간 행동》개정판에서 그 사실을 인정했다. 이러한 역설은 마르크스를 연상케 한다. 마르크스는 동료이자 자본가인 엥겔스의 관대한 후원과 아내 예니의 부유한 가족 덕분에 학자로서의 삶을 유지할 수 있었다.

그럼에도《인간 행동》은 오스트리아학파의 위대한 기념비이자 자본주의의 이념적 기둥으로 남아 있다. 한마디로 이 책은 마르크스의《자본론》이 사회주의에서 차지하는 것과 비슷한 위상에 있다. 정부가 너무 많은 생활 영역에 침투해 있다거나 '사회'의 확대나 공동체주의에 대한 요구가 빗발치는 가운데 개인의 작용이 망각되고 있다고 생각하는 사람에게 미제스의 책은 해독제가 될 것이다.

함께 읽으면 좋은 책 밀턴 프리드먼의 《밀턴 프리드먼 자본주의와 자유》, 프리드리히 A. 하이에크의 〈사회지식의 활용〉, 디드러 낸슨 매클로스키의 《부르주아의 평등》, 아인 랜드의 《자본주의의 이상》, 조지프 슘페터의 《자본주의 사회주의 민주주의》

💲 루트비히 폰 미제스 더 알아보기

1881년 오스트리아-헝가리 제국의 영토였던 렘베르크(오늘날 우크라이나의 르비우)에서 태어났다. 이후 가족과 함께 빈으로 이주해 빈대학교에서 경제학과 법학을 공부하고 1906년에 졸업했다. 졸업 후 빈상공회의소에서 일하기 시작했고, 1912년 수석 경제학자가 되었다. 제1차 세계대전 당시 포병 장교로 복무하면서 오스트리아-헝가리 제국의 국방부 경제 고문을 맡았다. 이외에도 오스트리아의 엥겔베르트 돌푸스 총리의 고문으로 일했으며, 1918년 권력을 빼앗긴 합스부르크 가문의 마지막 황태자 오토 폰 합스부르크에게도 자문을 제공했다. 1923년부터 하이에크를 알게 되었고 그에게 사상적으로 큰 영향을 미쳤다.

《인간 행동》의 독일어판은 미제스가 제네바국제학대학원 국제관계학과장으로 있을 때 집필되었다. 1940년 록펠러재단의 후원을 받아 미국으로 망명, 1945~1969년에는 뉴욕대학교의 무급 객원 교수를 지냈다. 뉴욕대학교에서 길러낸 제자 중에 머레이 N. 라스바드가 있다. 1947년 자유시장을 옹호하는 몽펠르랭학회를 공동 창립했다. 1973년 세상을 떠났다.

저서로 《화폐와 신용 이론Theory of Credit and Money》, 《자유주의》, 《전능한 정부와 관료제Omnipotent Government and Bureaucracy》, 《반자본주의 정신 Anti-Capitalist Mentality》 등이 있다.

Book 30

아프리카를 빈곤의 악순환으로 밀어넣는
'원조'에 대하여

담비사 모요의
《죽은 원조》

담비사 모요 Dambisa Moyo

현대의 경제학자로 세계 최빈국 아프리카 잠비아 태생이다. 잠비아에서 극도의 가난
을 경험하며 자랐다. 2009년 선진국이 아무리 원조해도 아프리카는 부정부패와 빈
곤이 끊이지 않는다는 내용이 담긴 《죽은 원조》를 출간하며 세계적인 명사가 되었다.
같은 해 《타임》이 선정한 '가장 영향력 있는 100인'에 뽑혔다.

잠비아의 경제학자 담비사 모요는 빈곤 역사 만들기Make
Poverty History 캠페인이나 모금 콘서트 라이프 8Live 8, 가수 보
노와 밥 겔도프 등으로 대표되는 자선 활동을 원조의 대중 문화
pop culture of aid로 부른다. 모요에 따르면, 이러한 현상은 아프
리카 발전을 위해 "어떤 조치가 취해지고 있다"는 믿음을 확산시
켜왔다. 사람들의 죽음을 막거나 삶을 개선하는 방법은 자선 행
위뿐이라면서 우리에게 기부하라는 요구가 숱하게 쏟아지기도

한다.

형편이 나은 사람이 가난한 사람을 도울 책임이 있다는 믿음은 거의 반박당하는 일이 없을 정도로 사람들 사이에 뿌리 깊게 자리하고 있다. 모요는 원조가 '우리 시대의 가장 위대한 발상 중 하나'로 간주되는 만큼 대형 기관, 정부, 다국적 자선 단체, 원조 패러다임을 지지하는 유명인사 등을 비판하는 일에는 큰 용기가 필요하다고 말한다.

그런데 정말로 원조에 효과가 있었을까? 지난 50년 동안 많은 개발도상국이 빈곤에서 벗어나 번영을 누리게 되었음에도, 아프리카의 상당수 국가가 성장에 실패하거나 뒤처진 이유는 무엇일까? 모요는 2009년 《죽은 원조》란 책을 통해 아프리카 국가들을 빈곤의 악순환에 몰아넣는 '원조'의 정체를 낱낱이 밝히며 화제를 모았다.

모요는 자신이 비상 원조나 (옥스팜이나 국경없는의사회 같은 단체가 제공하는) 인도주의적 원조에는 반대하지 않는다고 강조한다. 그러한 형태의 원조는 정부 간의 공여나 세계은행을 비롯한 금융 기관의 원조에 비하면 새 발의 피라는 것이다. 대규모 원조는 대부분 시장 금리 미만의 저금리와 매우 긴 상환 기간을 특징으로 하는 차관 형태를 띤다. 이처럼 만만한 조건인데다 차관이 대부분 상환되지 않는다는 사실을 감안할 때 아프리카 지도자 머릿속에서는 무상 증여와 차관의 경계가 모호해진다. 이러한 현실을 반영해 모요는 양허성 차관concessional loan과 무상 증여를 같은 '원조'의 범주에 넣는다.

《죽은 원조》는 학술적이라기보다 논쟁적인 저서이므로 저자의 주장에 부합하는 사실만을 선별해서 실었다는 비난도 있지만, 모요가 밝히는 근거는 마음을 심란하게 한다. 원조 자금이 대규모로 유입되면 저축할 의욕이 꺾이고, 인플레이션율이 상승하며, 부패가 증가할 뿐만 아니라 제도와 산업을 구축하고 외국인 직접 투자Foreign Direct Investment를 유치하는 등의 고된 작업이 중단되는 경향이 있다. 그럼에도 모요의 저서는 "절망에 대해 충고하는 책이 아니다". 원조의 허상을 인식하기만 해도 통찰을 얻을 수 있고 아프리카 번영의 출발점에 설 수 있다는 것이 모요의 주장이다.

원조의 역사

1950~1960년대에 걸쳐 아프리카의 31개국이 식민 통치에서 해방되었다. 미래는 밝아 보였다. 그렇지만 식민지를 통치하던 강국들은 그토록 많은 자원을 쏟아부은 과거 식민지에서 경제적 발판을 잃지 않으려고 안간힘을 썼다. 이들은 원조가 자국의 목표 달성에 적합한 수단이라고 판단했다.

여기에는 지정학적 측면도 있었다. 냉전의 역학 관계 속에서 신생 독립국들은 미국과 소련 중 한 곳에 충성하고, 그에 따라

한 가지 정치·경제 모델을 택해야 했다. 미국과 소련 모두 아프리카의 독재자들을 적극적으로 지원했다. 원조는 자기편을 유지하는 방편이었고, 실제로 발전이 이루어지는지는 부차적인 문제였다.

1960년대 내내 원조는 지속적으로 확대되었고, 대규모 산업 시설 및 기반 시설 건설에 자금을 대는 방향으로 전환되었다. 1970년대 중반에 이르면 원조의 절반이 도로, 항만, 하수도, 전력 시설, 상수도, 건설 사업에 투입되었다. 그러다 보니 농업과 농촌 발전, 주거, 교육, 보건, 대규모 백신 접종, 성인 문맹 퇴치, 영양실조 예방과 관련된 사업에 원조의 초점이 맞춰지게 되었다.

1980년대 초 다시 한번 주안점이 빈곤 완화로 바뀌었고 원조 자금의 절반이 투입되었다. 1970년대 초만 해도 빈곤 완화 사업에 투입되는 원조 비중은 10퍼센트에 불과했다. 이러한 전환이 일어난 까닭은 성장 전략과 산업화 전략이 대부분 실패하고, 유가 폭등으로 말미암아 금리까지 치솟으면서 상황이 한층 더 나빠졌기 때문이다.

아프리카 국가는 대다수 변동 금리로 원조 차관을 받았는데, 금리 인상 때문에 상환 부담이 걷잡을 수 없이 커졌다. 특히 금리 인상으로 인해 선진국에서 경기 침체가 일어나고 저소득국의 수출품에 대한 수요가 감소했기 때문에 더 힘겨워졌다. 채무불이행을 방지하기 위해 차관의 상당 부분이 재조정되었고 그에 따라 전 세계적인 금융시장 붕괴가 일어났다. 결과적으로 원조 의존도만 더 높아졌다.

기록적인 규모의 원조를 받고도 아프리카 각국 경제가 부진을 면치 못하자 신자유주의 이론이 주목받게 되었다. 신자유주의자들은 '아시아의 호랑이들'이 시행한 시장 중심적이고 수출 주도적인 정책이 입증했듯이 자유방임 경제만이 합리적인 성장 노선이라고 주장했다.

한편 영국과 미국은 수년 동안의 사회주의 기조 정책 이후 밀턴 프리드먼으로 대표되는 시카고학파의 경제 이론을 택했고, 그 효과를 보는 듯했다. 경제학계의 이러한 풍조는 개발경제학계에도 불어닥쳤고, '안정화와 구조 조정' 처방이 이루어졌다. 이 같은 처방은 재정 긴축과 통화 긴축, 자국의 수출입 비율 고정 등을 특징으로 했다. 구조 조정은 무역 자유화 확대와 관세 및 보조금 철폐로 이어졌다. 세계은행과 세계통화기금IMF은 정부 규모의 축소, 국영 산업의 민영화, 공무원 감축 등을 포함한 자유시장 해법을 원조와 결합한 처방을 적극적으로 내세웠다.

이렇게 미국 재무부의 권한을 등에 업은 '워싱턴 합의'가 이뤄졌다. 그 결과, 저소득국의 경제 운용에는 나오미 클라인의 표현을 빌자면 '충격 요법'에 가까운 큰 변화가 일어났다. 각국은 자국의 뜻대로 정책을 추진할 수 있게 되었지만, 모요는 그런 만큼 실패할 가능성도 컸다고 지적한다. 산더미 같은 채무 상환 부담

속에서 저소득국의 실패 확률은 높아만 갔다. 고소득국에 상환해야 하는 이자 부담이 외국에서 유입되는 원조 자금을 압도하는 비극이 발생했다.

20세기 말에는 아프리카가 채무를 탕감받아야만 비로소 번영을 누릴 수 있으리라는 정서가 출현했다. 2005년 영국의 시민단체 주빌리 채무 캠페인Jubilee Debt Campain이 개최한 회의에서 탄자니아의 음카파 대통령은 "우리가 국민의 기본적인 건강과 교육을 보장하느냐, 과거의 채무를 상환하느냐 중에서 양자택일할 수밖에 없는 것이 치욕스럽다"라고 말했다. 이러한 정서가 확산됨에 따라 빈곤에 대한 서구의 도덕적인 압박감은 커져만 갔고, 베풀어야 한다는 메시지에 점점 더 힘이 실렸다.

사실 차관의 상당수가 철회되었지만 원조에 의존하는 문화는 사라지지 않았다. 르완다의 폴 카가메 대통령이 지적했듯이 50년 동안 2조 달러를 지원받은 이후에도 '경제 성장과 인재 개발 측면에서 효과가 미미'했지만, 원조 모델에 이의를 제기하는 것은 정치적으로 올바르지 못한 행위로 간주되었다.

💲   제도적 문제인가, 민주주의 부재 때문인가

모요는 아프리카의 난국을 바라보는 시선에 대해 이렇게 밝힌다. 먼저 아프리카의 풍부한 천연자원과 비옥한 대지는 축복이 아니라 저주란 시각이다. 역사적으로 천연자원에 의존하는 나라

는 호황과 불황 여부가 원자재 가격에 좌우되는 반면, 지속 가능한 지역에는 투자가 거의 이뤄지지 않는다. 일각에서는 식민주의의 남아 있는 폐해가 저해 요인이라고 주장하는데, 심지어 아프리카 사람들이 본질적으로 발전을 위한 훈련에 적합하지 않다는 터무니없는 주장도 있다.

이외에 천 가지가 넘는 다양한 부족 정체성 때문에 발전이 더디다는 시각도 있다. 나이지리만 해도 1억 5,000만 인구가 400개의 부족으로 나뉘어져 있으며, 1990년대에 일어난 르완다 내전도 부족 간의 갈등이 전쟁과 인종 학살로 이어지곤 했다.

모든 것이 '제도' 때문이란 주장도 있다. 재산권이 명확하지 않고, 행정부에 대한 견제가 부족하며, 국정 운영이 전반적으로 부실한 것이 근본적인 원인이라는 것이다. 민주주의 부재를 지목하는 학자들도 있다. 민주주의가 아프리카의 구세주가 되리라는 것이다. 민주주의가 도입되면 정부의 비효율과 부패가 노출되고 지도자의 국부 유용이 제동이 걸린다는 것이다.

모요는 이 같은 주장들이 원인이라기보다 평계에 불과하다고 일축한다. 민주주의 옹호론자들이 순서를 거꾸로 보고 있다는 지적이다. 그녀는 칠레를 예로 든다. 칠레는 누가 보더라도 독재자였던 피노체트 치하에서 재산권의 규정, 실효성 있는 제도의 구축, 성장 촉진 경제정책의 시행을 거친 후에 민주주의 국가로 전환되었다. 서구의 관점에서 보면 칠레 같은 나라는 비정상적이고 비민주적인 체제에도 불구하고 무슨 이유에서인지 성공을 거둔 사례이지만, 모요는 어떤 국가의 성장 초기 단계에는 다당제 민주주의가 발전을 방해한다고 주장한다.

모요는 "민주주의에 중요한 가치가 있다는 사실을 부정하는 사람은 없다. 다만 도입 시기가 중요하다"고 말한다. 생계가 막막한 아프리카 가정에는 투표를 할 수 있는지 여부가 크게 중요하지 않다. 그보다 식탁에 음식을 올려놓을 수 있는지가 중요하다. 그러려면 경제 성장과 어느 정도의 안정성이 필요하다. 모요는 "분명한 점은 민주주의가 원조 옹호론자의 주장처럼 경제 성장의 선결 요건이 아니며, 경제 성장에 필요하지 않은 요소 중 하나가 바로 원조"라고 지적한다.

국제개발협회는 경제 성과를 거둔 개발도상국으로 구성된 기구로 중국, 터키, 칠레, 콜롬비아, 한국, 태국이 속해 있으며 아프리카에서는 보츠와나와 에스와티니가 속해 있다. 모요는 이 가운데 원조를 무지막지하게 받아들인 나라가 없다는 사실을 지적한다. 모두 원조의 비중을 GDP의 10퍼센트 미만으로 제한한 나라들이다. 보츠와나는 1960년대에 20퍼센트까지 받아들였으나 이 나라의 경제 성장과 안정성은 경제적 개방성, 통화 안정성, 재정 건전성, 정부의 정직성에서 비롯되었다. 2000년에 보츠와나의 원조 비중은 GDP의 1.6퍼센트에 지나지 않았다. 모요는 "원조의 대한 의존을 끊어낸 것이 성공 비결"이라고 주장한다.

모요에 따르면, 원조의 큰 문제는 아무리 많은 돈을 제공해도 그 돈이 공여국의 의도와는 상관없는 분야로 흘러 들어간다는 점이다("원조가 늘면 부정 이득도 늘어난다"). 원조는 그 나라의 시장을 왜곡하고 아직 취약한 단계에 있는 현지 기업에 타격을 줄 수 있다. 원조 자금이 유입되면 저축의 동기가 꺾이고 제도와 산업 구축 같은 고된 과제를 실행하려는 의욕도 약화돼 그에 따라 수출이 감소한다는 것이다.

　모요는 경제학자 빌 이스터리의 연구 결과를 인용한다. 이스터리는 잠비아가 자국이 받은 모든 원조 자금을 현명하게 투자했다면 1인당 국민 소득이 현재처럼 500달러에 그치지 않고 2만 달러대에 이르렀으리라는 결론을 내렸다. 모요에 따르면, 아프리카의 지도자들은 거창한 프로젝트에 매달리지만 프로젝트 규모가 커질수록 가장 적합한 사업자를 선택하기보다는 자기가 편애하는 사람들에게 계약을 나눠주는 경향이 있다. 부패의 수익이 (예를 들어 중국과 인도네시아처럼) 자국에서 지출된다면 큰 문제가 없겠지만 아프리카의 불법 자금과 임대 수익은 대부분 해외 은행 계좌에 은닉된다.

　외국의 원조는 나쁜 정부의 버팀목이 된다. 정권을 유지하고 권력을 키우는 데 필요한 자금을 제공하기 때문이다. 나쁜 정부는 법치를 무시하고, 본격적인 개발정책을 외면하며, 재정 건전성에 신경 쓰지 않는다. 그 결과, 국내 투자는 고갈되고 외국인은 투자에 매력을 느끼지 못하게 되어 빈곤의 악순환이 고착된다. 1997년에 세계은행이 발표한 연구 결과에 따르면, 세계은행이 제공한 대출의 72퍼센트가 준법 수준이 낮고 대출 조건을 제대로 이행하지 못한 나라에 투입되었다.

아프리카 저소득국 원조가 계속해서 악용되고 있는데, 원조가 계속되는 이유는 뭘까? 일단 단순히 대출을 내줘야 한다는 압박감 때문이다. 세계은행, 국제통화기금, 유엔의 직원은 각각 5,000명, 2,500명, 5,000명이다. 게다가 각종 원조 단체, 비정부기구, 정부의 원조 부서에 소속된 인원만도 2만 명에 달한다. 이처럼 산업이 형성되어 있는 만큼 원조를 지속하려 애쓸 수밖에 없다.

모요는 이외에도 아프리카 각국 정부가 자국의 중산층보다 대규모 원조를 제공한 국가나 단체에 의존한 채로 돌아가고 있는데, 진정한 국가 경제 독립을 이루려면 세금을 납부하는 중산층을 키워야 한다고 주장한다. 정부가 원조 자금을 받으면 된다는 이유로 세금을 징수하려 하지 않으면 국민과 국가의 연결고리가 끊어진다는 것이다.

결론적으로 원조는 국가의 소득을 축소하고 성장을 저해함으로써 본질적으로 혁명과 전쟁이 일어날 수 있는 환경을 조성한다. 폭동을 일으키는 집단은 정치적인 명분을 내세워 조직되곤

하지만, 사실은 원조 자금을 빨아들이기 위해 정권을 탈취하려하는 경우가 대부분이다.

💲 　　　　　　　　　　　　　그렇다면 대안은 무엇인가

원조가 효과적이지 않다면, 그 대안은 무엇일까? 모요는 대안 또한 밝힌다.

첫째, 채권 발행이다. 국가가 채권 발행을 통해 해외 시장에서 자금을 조달함으로써 기반 시설의 건설 비용이나 서비스 대금을 마련하고 정해진 기간 동안 투자된 자금에 대해 수익을 지급하는 방안이다. 실제로 자국 투자나 포트폴리오 분산으로 얻는 것보다 더 높은 수익률을 노리는 연기금, 뮤추얼 펀드, 민간 투자자들의 아프리카 채권 선호도는 탄탄한 편이다.

채권은 발행국의 책임감 있는 행동을 유도하는 경향이 있다. 상환해야 하는 금리가 원조 차관의 금리보다 더 높기 때문이다 (따라서 자금을 적절히 활용해야 하는 동기가 발생한다). 게다가 채무 불이행 시에는 제재가 따른다. 채권을 성공적으로 발행하면 아프리카 각국의 열망대로 국제 시장에서 신용을 얻을 수 있다.

둘째, 농산물에 대한 공정한 자유무역이 시행되는 것이다. 아프리카는 세계가 필요로 하는 원자재와 자원이 넘쳐나는 곳임에도 국제 무역에서 차지하는 비중이 놀랍게도 1퍼센트에 지나지 않는다. 아프리카 각국은 선진국의 농업 보조금 때문에 연간 수

천억 달러에 달하는 손해를 보고 있다. 유럽연합EU의 농업 보조금이 유럽 농민의 소득에서 차지하는 비중은 3분의 1을 웃돈다. EU는 수입 식품에는 300퍼센트나 되는 관세를 부과하기도 한다. 미국의 연간 농업 보조금은 200억 달러에 이른다.

💲 **자국의 운명을 개척하려면**

아프리카에서 중국이 벌이는 활동에 많은 비난이 쏟아지고 있다. 세계은행, IMF, 유엔은 원조, 무상공여, 차관을 제공할 때 노동, 환경, 인권 조항을 의무화하는 반면에 중국은 그러한 조건을 내걸지 않기 때문이다. 그러나 아프리카의 지도자 상당수는 이런저런 지시를 받는 채무국이 되기보다는 중국 정부와 기업의 파트너가 되는 편을 선호한다.

모요는 중국이 자국의 이익을 위해 아프리카에 도움을 줄 뿐이라면서도, 아프리카의 일반인들까지 중국의 투자로 혜택을 입는다면 걱정할 필요가 없다고 말한다. 원조 패러다임 속에서 오랜 스태그네이션과 둔화를 겪는 것보다는 낫다는 주장이다.

사실 아프리카 각국은 일본이나 인도를 비롯한 여러 강대국과의 협력을 선택함으로써 자국의 운명을 개척할 수 있다. 세네갈의 와데 대통령이 2002년에 한 말이 인상적이다. "나는 원조나 차관을 받아 발전한 나라를 한 번도 본 적이 없다. 발전한 나라들—유럽 각국, 미국, 일본, 아시아의 대만, 한국, 싱가포르—은 모

두 자유시장을 신봉했다. 발전에 불가사의한 비법은 없다. 아프
리카는 독립 이후에 잘못된 노선을 택했다."

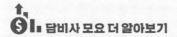 **함께 읽으면 좋은 책** 장하준의 《그들이 말하지 않는 23가지》, 니얼 퍼거슨의 《금융의 지
배》, 나오미 클라인의 《자본주의는 어떻게 재난을 먹고 괴물이 되는가》, 에르난도 데소
토의 《자본의 미스터리》

담비사 모요 더 알아보기

1969년 잠비아 루사카에서 태어났다. 잠비아대학교 화학과에 입학했으나 얼마
후 미국 워싱턴DC의 아메리칸대학교로 옮겨 1991년에 졸업했다. 세계은행에서
2년간 근무하면서 세계 개발 보고서World Development Report 작성에 참여했
고, 골드만삭스에서 10년 가까이 채권시장, 헤지펀드, 글로벌 거시경제학 분야의
조사 분석 이코노미스트로 일했다. 《미국이 파산하는 날》, 《승자독식》, 《혼돈의 경
계Edge of Chaos》, 《이사회는 어떻게 돌아가는가How Boards Work》 등을 썼다.
하버드대학교 케네디정부정책대학원에서 공공행정학 석사학위를 받은 후에 옥
스퍼드대학교 세인트 앤터니 칼리지에서 경제학 박사학위를 받았다. 현재 셰브론,
3M 이사회의 이사를 맡고 있다. 다보스세계경제포럼과 애스펀연구소포럼의 정
기 연사이기도 하다.

Book 31-40

Book 31

노벨경제학상 최초의 여성 수상자를
탄생시킨 역작

엘리너 오스트롬의
《엘리너 오스트롬,
공유의 비극을 넘어》

엘리너 오스트롬 Elinor Ostrom

현대 미국의 정치학자로 공공 자원에 대한 연구를 주로 했다. 사회 조직의 형태를 연구하는 데 있어 경제학적 분석이 의미 있다는 사실을 밝힌 공로를 인정받아 2009년 노벨경제학상을 수상했다. 여성이 노벨경제학상을 수상한 것은 최초다. 노벨경제학상 선정 이유 중에 《공유지의 비극을 넘어》가 가장 중요한 업적으로 꼽혔다고 한다.

우리는 천연자원이 파괴되거나 고갈될 위기에 처했다는 뉴스를 자주 접한다. 낚시터로 쓰이는 어느 저수지에 물고기의 씨가 말랐다고 치자. 이때 정보는 과도한 낚시질을 탓하는 반면, 낚시꾼들은 과도하거나 부실한 규제를 탓하게 마련이다. 그리고 양쪽다 '공유지의 비극'이란 말로 상황을 설명한다.

오랫동안 공공 자원에 대해 연구해온 엘리너 오스트롬은 국가든 시장이든 천연자원 문제를 해결할 수 없으며, 국가와 시장의 도움 없이 사람들은 오랜 세월에 걸쳐 이 문제를 해결해왔다고 주장한다. 그녀는 정치학자 중 처음으로 농촌사회학, 인류학, 역사학, 경제학, 정치학, 임학, 생태학을 비롯해 다양한 학문의 국가별 사례 연구를 취합했고, 이를 통해 사람들이 어떠한 과정을 거쳐 '공유 자원'을 관리하기 위한 자율적인 제도를 구축해왔는지 설명한다.

오스트롬은 "공유 자원 문제가 항상 관계자들이 차선의 결과를 피하지 못하거나 어떤 경우에는 최악의 결과를 내는 딜레마로 이어진다"는 가정 때문에 현장의 실제 상황에 맞지 않는 모형이 제시되어왔다고 지적한다. 게다가 자율적이고 제대로 된 자원 관리를 위해 단체를 조직하고자 하는 사람들이 지침으로 삼을 만한 이론적 토대도 없다고 한다. 1990년에 출간된 오스트롬의 《엘리너 오스트롬, 공유의 비극을 넘어》는 바로 그러한 담론을 제시했고, 이로 인해 오스트롬은 2009년 여성 최초로 노벨경제학상을 수상했다.

⑤ **공유가 항상 비극으로 끝날까**

아리스토텔레스부터 홉스에 이르기까지 수많은 사상가가 인간은 전체의 장기적인 이익을 희생시켜서라도 사적인 이익을 추구하며, 공짜 자원을 소중히 여기지 않는다고 지적해왔다. 미국의 생태학자 개리 하딧은 개방된 목초지를 사용하는 목동들이 가능한 한 많은 이익을 챙기기 위해 소들을 마구 풀어놓다가 결국 목초지가 황폐해진다는 그 유명한 '공유지의 비극'이란 개념을 처음 제시했다. 즉, "오늘은 일단 사용하고 나중 일은 내일 걱정한다"는 행태가 자원 파괴로 이어진다고 강조한 것이다.

오스트롬은 하딘의 주장에 인간이 이기적인 욕구 앞에서 속수무책이 되며, 그대로 놓아두면 전 세계의 천연자원을 모조리 파괴해버릴 것이라는 전제가 깔려 있다고 한다. 가장 확실한 해결책은 정부의 철저한 규제와 강제 조치 시행이지만 천연자원을 감시하고 규제할 정부 기관의 창설과 유지에 엄청난 비용이 소요된다는 사실은 거의 외면된다. 설사 정부 기관이 임무를 제대로 수행한다고 해도 비용 문제는 남아 있다.

그러자 모든 공유 자원을 사유화하자는 해결책이 등장한다. 이를테면, 공유 목초지를 둘로 나누어 두 목동에게 절반씩 소유권을 주는 것이다. 그렇게 하면 목동끼리 서로 경쟁을 벌이겠지만, 목동들은 이득을 얻는 만큼 비용이 발생한다는 사실을 인식할 테고, 목초지의 가치 유지를 위해 자원 활용 방식을 바꿔나갈 것이다. 언뜻 보기엔 합리적인 해결책 같지만, 목동에게 할당된 목초지도 결국에는 수많은 구획의 땅을 포괄하는 천연자원 시스템의 일부일 뿐이다. 게다가 땅은 사유화가 가능하다고 해도 바다는 어떻게 할 것인가?

결국 양쪽 다 정부가 입법 기관으로든 재산권 감독 기관으로

든 핵심 역할을 해야 한다는 전제가 깔려 있다. 이렇게 되면 국민
이 그 비용을 감당해야 하며, 실질적으로 발생하는 비용은 그보
다 더 큰 경향이 있다.

💲 　　　　　　　　　　　　　　　어떻게 관리할 것인가

오스트롬의 대안은 구체적인 자원 관리를 위해 오랫동안 공들
여 제도를 만들자는 것이다. 그녀가 제안하는 제도는 공공과 민
간 부문을 모두 포함하며, 해당 자원을 활용한 이력과 이해 관계
자들을 감안해 만든 것이다. 당사자들은 해당 자원에 대한 자신
의 세밀한 지식과 현재 상태를 반영해 계약을 설계해야 한다. 그
과정에서 갈등이 일어날 수밖에 없지만, 일반적으로는 비용 절
감 효과가 나타난다. 우위를 차지하기 위해 사법부에 호소하거
나 법 제정을 시도할 필요가 없기 때문이다. 잘 만든 제도는 무임
승차 문제도 해결할 수 있다. 자원 보존에 기여하는 바 없이 자원
의 편익만을 취하는 사람들에게 대처할 수 있다는 뜻이다.

　계약 당사자들은 대개 민간 중재자나 감시자를 고용하여 그
지시를 따르며 중재나 감시 비용을 분담하기로 합의한다. 오스
트롬은 사업 영역에서 이 같은 합의가 이미 흔하게 이루어진다
고 지적하며, 더불어 스포츠 경기 시 각 팀이 주심의 결정을 따르
는 상황을 예로 든다. 오스트롬에 따르면, 상황을 객관적으로 관
찰하면 국가의 규제에 지나친 감이 있다는 사실을 알 수 있으며

오히려 당사자와 중재자가 현장에 머물면서 합의된 계약이 준수되는지 감시하고 위반이 있을 때마다 보고하는 편이 합리적이다. 물론 중앙 정부의 규제나 사유화와 마찬가지로 자율적인 접근법은 많은 문제를 유발할 수 있지만 자원 사용자들에게 주인의식을 심어주는 선택지이기도 하다.

오스트롬은 공유 천연자원을 관리할 명목으로 개발된 제도의 사례를 다양하게 소개한다. 그중 하나는 스위스 발레 지방의 산악 마을인 퇴르벨이 고산지대 목초지, 삼림, 불모지, 관개지, 사유지와 공유지를 통과하는 샛길이나 도로 등의 다섯 가지 공유지를 관리하기 위해 13세기에 도달한 합의가 있다.

퇴르벨 주민들은 공유지의 사용과 미사용을 규제하고, 가축의 분변 처리를 지시하며, 고산 지대의 도로와 오두막을 보존하고, 가구당 집짓기와 난방에 사용할 수 있는 나무의 그루를 정하는 내용의 마을 규약에 찬성이나 반대표를 던질 수 있다. 이곳에는 다양한 형태의 합의가 존재하지만 사유지를 농업활동에, 공유지를 목초지와 삼림으로 이용한다는 기본 원칙이 뚜렷하게 관찰된다. 오랜 경험을 통해 어떠한 종류의 땅이 개인 소유로 적합하거나 적합하지 않은지 파악하고 있는 것이다.

$ ## 로스엔젤레스의 상수도

오스트롬은 고향 로스앤젤레스에서 지하수 관리 제도가 어떻게 진화했는지 상당 부분을 할애하여 책에 소개한다. 로스앤젤레스는 구릉과 산으로 둘러싸여 있기에 빗물이 항상 지하의 모래와 자갈층으로 침투하며, 덕분에 지표면의 물 외에도 지하수라는 귀중한 자원이 만들어진다. 그러나 도시가 발전함에 따라 지하수가 남용되었고, 수위가 인접한 태평양보다 낮아졌다. 그러다 보니 바닷물이 우물을 가득 채울지도 모른다는 우려가 발생했다. 건조한 도시에서 이는 시한폭탄이나 다름없었다.

법에 따라 지하수가 있는 쪽의 땅을 소유한 사람만이(즉, '상부 토지의 소유자'만이) 지하수를 이용할 수 있었으나 이러한 권한에도 지하수 이용을 보장받지는 못했다. 이웃이 더 빠른 속도로 물을 끌어올려버리면 지하수 이용에 문제가 생길 수밖에 없었기 때문이다. 당사자들이 이 문제로 법정 다툼이라도 벌이면 판사가 각자에게 '균형 잡힌' 사용을 권고하게 마련이다. 한마디로 양측 모두 물 사용을 줄여야 한다는 뜻이었다.

수자원을 다루는 민간 기업과 공기업은 상부 토지 소유자가 사용하지 않은 채로 분지에 고여 있는 '잉여' 지하수를 끌어 쓸 수 있었고 규모가 큰 기업일수록 더 많은 권한을 누렸다. 그럼에도 대부분 '잉여' 지하수가 존재하는지, 분지의 '안전 채수량safe yield'이 어느 정도인지 정확히 알지 못했다. 관련 법규가 존재했음에도 로스앤젤레스의 지하수는 개방된 공유 자원에 가까웠다. 물을 끌어올리는 당사자들이 자신의 행위로 말미암아 타인에게 발생하는 비용을 생각할 필요가 없었기 때문이다. 이 같은 '펌프질 경쟁'은 지하수의 과잉 개발과 담수화로 이어질 가능성이 컸다. 그러한 결과가 발생하면 날로 성장하는 도시의 근간이 위태로워질 수밖에 없었다.

로스앤젤레스의 레이먼드 분지와 웨스트 분지에서 지하수를 끌어올리는 시립 상수도 업체 등의 당사자들은 큰 비용이 드는 법률 분쟁을 눈앞에 둔 상황에서 합의에 이르렀다. 담수화와 고갈을 방지하기 위해 끌어올리는 물의 총량을 안전 채수량 수준으로 제한하고 합의 준수를 보장하기 위해 법원을 지하수 관리자로 지정하기로 한 것이다. 이러한 합의의 부수적인 효과로는 수자원 소유권 시장이 형성되어 비용과 편익을 제대로 따질 수 있게 된 것을 들 수 있다.

이처럼 균형 잡힌 사용을 골자로 하는 합의는 '호구가 되는 사람이 없어야 한다'는 생각에서 비롯되었다. 반면에 기존의 펌프질 경쟁체제에서는 어느 사용자의 지하수 추출이 다른 사람의 손실을 유발했다. 어쨌든 합의가 정착되자 지하수 수위는 다시 안전한 수준으로 상승했고 물을 사용하는 사람들과 공급하는 업체들은 안정적인 공급량을 확보했다. 더욱이 법률 비용도 줄어들었다.

결과적으로 이해 관계자가 자신이 사용하는 자원에 대해 더 많은 지식을 얻게 되었고, 자원이 한층 더 제대로 관리되었을 뿐만 아니라 (감시 비용과 법률 비용을 충당하기 위한) 과세를 통해 관리 가능한 자원이 확대되었다.

💲 현지의 자율적인 제도

오스트롬은 주민이 자율적인 공유 자원 관리 제도를 만들 수 있느냐는 현 정치체제가 주민에게 어느 정도의 자치권을 허용하느냐에 달려 있다는 사실을 인정한다. 자원 활용이 현지 주민이나 국가 전반에 이익이 되도록 이루어지기보다는 부패한 관료의 지대 추구나 민간 기업의 경쟁에 유리한 방향으로 이루어지는 지역이 많다. 아니면 현지 주민 사이에서 비공식적인 관리 조항과 제한 조치가 오랫동안 적용되고 있음에도 국가 관료들이 공유 자원을 관리할 합의체가 없다고 단정해버리는 경우도 허다하다.

개도국들은 현지 주민들이 생산적이고 지속 가능한 방식으로 삼림을 관리할 수 없다는 논리를 내세워 대부분 삼림을 국유화했으나 사실 개도국 주민들은 여러 세대에 걸쳐 삼림을 가꾸고 유지해왔다. 네팔의 사유 삼림 국유화법은 '전국의 삼림을 보존하기 위해' 제정되었으나 삼림 소유권을 빼앗겼다고 생각한 주민들의 무분별한 벌목과 삼림 파괴로 이어졌다. 소유권이나 관리권을 박탈당한 사람들이 스스로 무임승차자가 되어 최대한 이득을 취하는 것은 어찌 보면 당연한 일이었다. 결국 정부가 삼림 국유화법을 폐지한 1979년에야 네팔에는 다시 삼림이 우거지기 시작했다.

💲 　　　　　　　　　　　　　　　　　　로스엔젤레스의 상수도

일각에서는 공유 자원에 대한 주민 간 합의가 가격 신호에 이끌려 움직이는 것이 아니기 때문에 효율성 창출 측면에서 경쟁 시장보다 떨어지는 경향이 있다고 주장한다.

　개인 입장에서는 시장 환경에 적응하고 시장 가격의 변동을 통해 이득을 얻지 않고 공유 자원에 대한 합의 규칙을 따르는 것이 훨씬 더 복잡하고 골치 아플 수 있다. 반대로 합의 당사자 중 한쪽이 시장 가격에 대응하여 단기 이익 극대화에만 치중할 경우, 자원에 심각한 손상이 갈 수 있다. 실제로 잃는다는 것이 확실해질 때, 사람들은 한층 더 기를 쓰고 고갈 예정인 자원을 남용하는 경향이 있다.

　그럼에도 무엇이 '이기적'인 행위냐는 단기적으로 보느냐 장기적인 안목을 취하느냐에 좌우된다. 지금 당장 자원에서 무엇인가 얻어내고 싶은지, 아니면 자원을 좋은 상태로 다음 세대에 물려주고 싶은지에 따라 달라진다는 이야기다. 오스트롬은 시간, 가족, 관습, 지역 특성을 감안해 결정된 합의가 지금 당장은 비효율적으로 보이지만 시장의 해법이나 국가가 강요하는 해법보다는 더 바람직한 결과로 이어질 가능성이 있다고 말한다.

함께읽으면좋은책 로널드 코스의 《기업과 시장 그리고 법률》, 프리드리히 A. 하이에크의 〈사회지식의 활용〉, E. F. 슈마허의 《작은 것이 아름답다》

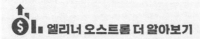 **엘리너 오스트롬 더 알아보기**

1933년 미국 로스앤젤레스에서 음악가인 어머니와 무대 디자이너인 아버지 아래 태어났다. 베버리힐즈고등학교 졸업 후 캘리포니아대학교 로스앤젤레스 캠퍼스에서 정치학을 전공했다. 몇 년 동안 기업에서 일하다가 같은 학교에서 정치학 석사학위와 박사학위를 취득했다.

1965년 남편이 인디애나대학교의 정치학과 교수로 임용되면서 같은 대학교 조교수로 정부학을 가르치기 시작했고, 1974년에 정교수가 되었다. 부부는 정치 이론 및 정책 분석 워크숍Workshop in Political Theory and Political Analysis을 설립했는데, 오늘날까지도 이 단체는 민주주의, 유인책, 자치권에 대한 연구와 지도를 하고 있다. 2006년에는 애리조나주립대학교에 제도적 다양성 연구소Center for the Study of Institutional Diversity를 설립했다.

세계 여러 나라에서 현장 연구를 진행했고 국립과학재단, 앤드루멜런재단, 포드재단, UN, 미국 지질조사국 등으로부터 연구비를 지원받았다. 2012년 《타임》이 선정한 '가장 영향력 있는 100인'에 포함되었으며, 이때 "사실상 전 세계의 가장 시급한 문제 대다수는 집단적인 행동을 요구한다. 그녀의 연구는 공유 자원의 잘못된 사용을 방지하기 위해 환경 보호, 국제적인 금융시스템, 불평등 문제를 비롯한 다양한 측면에서 사회가 따라가야 할 방향을 집중 조명한다"는 평가를 받았다. 2012년 세상을 떠났다.

Book 32

방대한 데이터로 살펴보는
자본주의에 내재된 불평등의 역사

토마 피케티의
《21세기 자본》

토마 피케티 Thomas Piketty

현대 프랑스의 경제학자로 '21세기의 마르크스'로 불린다. 자본주의에 내재된 경제적 불평등을 분석하고, 그 대안으로 글로벌 자본세를 제시한 《21세기 자본》으로 '피케티 신드롬'을 일으키며 세계적 명성을 얻었다. 2013년 유럽 경제 연구에 탁월한 기여를 한 45세 이하 경제학자에게 수여하는 이리외 얀손 상을 받았다.

《21세기 자본》은 다소 특이하게 베스트셀러가 된 책이다. 700쪽에 달하는 프랑스어판이 2013년 처음 출간될 때만 해도 그리 크게 주목받지 못했다. 그러나 아서 골드해머가 번역한 영문판은 대중을 사로잡았고, 50만 부 이상이 판매되는 기염을 토했다.

토마 피케티의 세계관은 경제학계 전반의 합의를 얻는 미국 동해안 학계와는 본질적으로 달랐다. 불평등 문제는 오랫동안 프랑스의 정치적 주제였으나 어느새 미국과 영국에서도 화두로 떠올랐다. 이때 피케티 본인 말대로 '오랫동안 넘쳐나는 편견과 부족한 사실 정보에 바탕'을 두어온 분야에서 심오한 학술 서적이 나타났다.

피케티는 특히 "밀물에는 모든 배가 떠오른다"라는 정통 경제학계 이론이 허구임을 폭로하는 데 치중했다. 인류 역사를 돌이켜볼 때 정책적으로 자본보다 노동력이 가치를 인정받았던 '영광의 30년(Trentes Glorieuses, 제2차 세계대전 이후의 30여 년)'처럼 짧은 기간을 제외하면 그러한 이론이 적용되지 않는다는 것이다. 피케티는 그러한 시대는 이미 오래전에 끝났으므로 이제는 대대적인 공공정책을 시행해야만 서국권 국가들이 능력주의 엘리트('초특급 경영인')와 상속받은 부자의 지배에서 벗어날 수 있다고 주장한다.

책의 서론에서 피케티는 프랑스의 경제학자에게는 한 가지 장점이 있는데, 프랑스에서는 경제학자가 별로 존경받지 못하기에 웬만해서는 자만에 빠지지 않게 되고, 다른 사회과학 분야의 학자들과 함께 연구한다는 것이다. 실제로 피케티는 경제학을 경멸하는 파리 지식인 사회의 엘리트 친구들을 대상으로 《21세기 자본》을 썼을지도 모른다. 그는 자신도 경제학자보다는 역사학자와 사회학자를 존경한다면서 클로드 레비-스트로스, 피에르 부르디외 등을 거론한다. 경제학이 다른 사회과학에서 분리되지 말았어야 한다고도 말하며, 제인 오스틴이나 발자크의 소설을 통해 자신의 분석을 뒷받침하기도 한다.

피케티는 "내 생각에 이 책은 경제학서인 만큼 역사서이기도 하다"면서 다른 경제학자들처럼 10년 또는 20~30년 단위의 데이터만 검토하면 자본 소득과 임금 소득의 비중이 장기적으로 어떤 추세를 보이는지 알 수 없다고 강조한다. 최근 15년간 과거 300년에 관한 경제학 데이터를 입수하기가 수월해짐에 따라 120가지 표와 그래프, 도표 등의 입증 자료를 포함한 장기간 연구가 가능해졌다고 한다.

Ⓢ   **과거가 미래를 지배할 때**

피케티의 근본적인 의문은 자본주의가 필연적으로 소득 불평등의 확대를 유발하는지, 아니면 경쟁·성장·기술 발전 덕분에 장기적으로 평등이 확대되는지다. 그는 지면을 할애하여 미국의 소득 분포를 본격적으로 측정한 최초의 경제학자 사이먼 쿠즈네츠의 연구를 소개한다.

1955년 쿠즈네츠가 발표한 논문 〈경제 성장과 소득 불평등 Economic Growth and Income Inequality〉을 통해 '쿠즈네츠 곡선'이 널리 알려졌다. 이는 산업화 초기에는 노동이 아니라 신기술을 활용하는 자본이 이익의 대부분을 만들어낸다는 관찰을 담고 있다. 그러다 산업화가 성숙 단계로 접어들면, 실질 임금이 상승해 사회 구성원 중 더 많은 사람이 과실을 나눠 받을 수 있다. "밀물에는 모든 배가 떠오른다"는 주장이 여기에 해당한다.

피케티는 쿠즈네츠의 견해에 동의하면서도, 영국 공장 노동자들의 실질 임금은 산업혁명 이후 몇 세대가 지난 19세기 중반까지도 상승하지 않았다고 지적한다. 경제 성장의 가속화에도 불구하고 산업화 초기의 과실은 대부분 공장 소유주와 지주의 몫이었다.

찰스 디킨스의 《올리버 트위스트》와 빅토르 위고의 《레미제라블》에 묘사된 장면은 역사적으로 정확했다. 근로 계층의 소득은 정체 상태였던 반면에 다른 계층은 자산이 비현실적으로 확대되는 것을 경험했다. 피케티는 제1차 세계대전이 일어나지 않았다면 자본과 노동 사이의 격차가 계속해서 커졌으리라고 말한다. 그 정도의 충격적인 사태가 발생함으로써 비로소 상황이 바뀌었다는 것이다.

피케티가 한 주장의 핵심은 쿠즈네츠 곡선이 불변의 법칙이 아니라 냉전 시대 미국이 저소득국에 자본주의 장점을 광고하기 위해 이념적으로 띄운 이론이라는 것이다. 쿠즈네츠 곡선이 현실적이지 못하다면 우리 사회의 실제 소득 분포는 어떨까?

이 시대의 조짐은 좋지 않다. 인터넷을 비롯한 정보 신기술은 극소수에게 막대한 재산을 안겨주었지만, 대다수의 임금은 거의 오르지 않았다. 특히 국민 소득 중에서 노동 소득이 차지하는 비중은 증가할 조짐이 보이지 않는다(외려 기술 발전과 더불어 완전히 사라진 직업도 있다). 피케티는 진짜 큰 문제는 교육, 기량, 훈련 수준이 상당히 높은 사회와 시장 효율이 존재하는 사회에서도 불평등이 확대될 수 있다는 점이라고 말한다.

그는 (현재 선진국이 겪고 있는) 경기 둔화기에 국민 소득 가운데 자본 소득의 비중이 한층 더 빠른 속도로 성장한다는, 불편하지만 통계로 입증되는 사실을 지적한다. 돈이 있으면 힘들게 회사를 세우고 투자하느니 자본 소득자가 되어 부동산 임대 소득이나 주식 배당금 같은 자본 소득을 거둬들이는 편이 훨씬 더 유리하다. 더욱이 새로운 부가 대량으로 창출되지 않는 상황에서는 기존의 부가 훨씬 더 중요해진다. (r)g이라는 공식대로) 자본수익률(r)이 국가의 경제성장률(g)을 앞지르면 저소득층이나 중산층의 임금이 정체되거나 떨어지더라도 부유층은 더 많은 부를 축적하기가 쉬워진다. 시장이 더 자유로워지고 완전 경쟁에 가까워질수록 노동자보다 자본가에게 더 유리하게 돌아가는 경향이 있으므로 사유 재산 확대, 시장 자유화 촉진, 경쟁 증가로는 상황을 개선할 수 없다는 것이 피케티의 주장이다.

⑤ 　　　　　　　　　　　　　　　　　　　　　　자본의 귀환

경제 성장의 두 가지 요인은 인구 증가와 근로자 1인당 생산성 증가다. 인류 역사에서 생산성을 통해 경제가 성장하는 경우는 사실상 존재하지 않았다. 오로지 인구 증가만이 성장 요

인이었다. 그러다 산업혁명이 일어나면서 상황이 뒤바뀌었다. 1700~2012년까지 전 세계 연평균 경제 성장률은 1.6퍼센트였는데, 그중 절반은 1인당 생산성의 실질적인 증가 덕분에 이루어졌다. 얼마 안 되는 것처럼 보여도 30년간 연평균 1퍼센트만 성장해도 경제 규모가 약 30퍼센트 확대된다. 2퍼센트씩 성장하면 50퍼센트가 넘게 커진다.

제2차 세계대전 이후 30년간 매우 높은 경제 성장률이 이뤄졌던 까닭은 운 좋게도 베이비붐, 기술 발전, 전쟁 후의 재건 활동 등이 결합된 덕분이었다. 사람들은 이 같은 '영광의 30년' 덕에 높은 명목 성장률 패턴에 익숙해졌지만, 지금에서 보면 그 시기는 예외에 불과하다. 세계 인구 성장률이 둔화하고, 더 나아가 일본 같은 일부 국가에서는 인구가 감소하는 상황에서 고소득국이 높은 경제 성장률을 달성할 가능성은 적다. 그렇다면 인구 성장률의 하락은 피케티의 주제인 불평등과 어떠한 관계가 있을까?

인구가 빠르게 증가하면 상속 자산의 힘이 약해진다. 예를 들어, 가족이 일곱 명이라면 각자 상속받을 몫은 그리 크지 않을 것이다. 그럼 일해서 재산을 축적하는 편이 낫다. 게다가 (생산성과 인구가) 빠르게 성장하는 경제권에서는 내가 지금 벌 수 있는 돈에 비하면 부모나 조부모의 소득이 그리 대단하지 않을 가능성이 크다. 경제가 연평균 1퍼센트씩만 성장해도 한 세대가 지나면 사회가 급격하게 변화한다. 생산 방식의 변화와 새로운 유형의 일자리 창출로 사회적 이동성이 증가하는 것이다. 사회적 이동성이 커지면 근로 소득이 자본 소득보다 얻기 유리해진다.

반면 경제가 성장하지 않는 사회는 세대가 지나도 사회 구조와 경향성이 그대로 유지된다. 피케티가 '준 정체 상태quasi-stagnant'라고 표현한 저축률이 높고 성장이 둔화된 국가에서는 시간이 흐르며 무게 중심이 근로 소득에서 자본 소득으로 이동한다.

제1차 세계대전 이전만 해도 유럽인 대다수가 일할 필요가 없는 사람들을 위해 평생 쥐꼬리만 한 돈을 받으면서 일했다. 프랑스와 영국의 국가 자산 가운데 절반은 가장 부유한 상위 1퍼센트의 차지였다. 그런 만큼 자산을 지닌 중산층이 전체 인구의 40퍼센트를 차지하는 수준으로 늘어난 현상은 20세기에 일어난 가장 큰 변화였다. 결국 중산층이라는 인구 집단은 유럽 전체 자산의 3분의 1을 거머쥐었다. 부분적으로는 상위 10퍼센트의 자산이 (전쟁, 경기 침체, 정부의 노동 친화 정책 등의 이유로) 절반으로 줄어든 까닭도 있었다. 이때부터 일해야만 하는 사람이 늘어났고, 부의 창출 수단으로써 임금의 중요성이 커졌다.

그러나 21세기 들어서 다시 자본의 중요성이 커졌다고 피케티는 지적한다. 자본/소득 비율이 18~19세기 수준으로 돌아가고 있다는 것이다. 1970년에는 (미국, 일본, 독일, 영국, 프랑스 등) 부유한 나라의 민간 자본 총량이 2~3.5년치 국민 소득에 상응했다. 그런데 2010년에 이르자 민간 자본 총량이 4~7년치 국민 소득에 맞먹게 되었다. 물론 단기적으로 부동산과 주식 가격 변동이 잦으므로 자본/소득 비율도 큰 폭으로 변할 수 있다. 그러나 피케티는 "거품을 감안하지 않더라도 1970년 이후 부유한 국가들에서 민간 자본이 강력하게 되살아나고 있다. 바꿔 말하면 새로운 세습 자본주의의 출현이다"라고 말한다. 현재 세계는 제1차 세계대전까지 계층 분열과 부의 분리가 최고조에 이르렀던 1900년경의 유럽과 비슷해지고 있다. 간단히 말해 지금은 새로운 도금시대Gilded Age[15]다.

💲 불평등의 구조

피케티는 불평등한 사회에 두 종류가 있다고 강조한다. 하나는 축적된 상속 자산을 쓰고 살며, 상류층이 매우 싼값에 노동력을 고용하는 '자본 소득자의 사회society of rentiers'다. 혁명 이전의 구체제 프랑스나 벨에포크Belle Époque[16]의 유럽이 여기에 속한다. 다른 하나는 미국의 '초능력주의 사회hypermeritocratic society'다. 1980년 이후로 미국의 근로 소득 중 75퍼센트가 상위 1퍼센트의 차지다. 상위 1퍼센트에는 연봉이 150만 달러를 웃도는 사람들이 포함된다. 결과적으로 인류 역사상 그 어느 때보다 근로 소득으로 인한 소득 불평등이 확대된 것이다. 피케티에 의하면, 초능력주의 사회는 새로운 자본 소득자 사회로 전환되고 있거나 자본 소득자 사회를 보완하고 있다다. 다시 말해, 부를 상속받지 못하거나 자기 영역에서 일종의 슈퍼스타가 되지 못하는 사람은 잘해봐야 적당한 소득을 얻을 수밖에 없다.

피케티는 2008년 금융 위기가 불평등의 확대를 가져왔다고 생각한다. 간단히 말해, 중산층과 저소득층이 임금이 정체된 상태에서 기존 생활 수준을 유지하기 위해 계속해서 빚을 졌기 때문이라는 것이다. 구매력 측면에서 미국의 최저 임금은 1969년에 최고치를 기록했는데, 2013년 가치로 환산하면 시간당 10달러 정도다. 2013년에는 최저 임금의 구매력이 시간당 7달러로 떨어졌다. 1977년부터 금융위기 직전인 2007년까지 30년 동안 미국인 하위 90퍼센트의 소득은 연평균 0.5퍼센트씩만 늘어났다. 한편 미국인 상위 10퍼센트는 전체 소득 성장분의 60퍼센트를 차지했다.

$ **능력과 상속**

피케티는 얼마 후 프랑스에서 상속 자산의 비율이 총자산의 70퍼센트에 달하게 되리라 전망한다. 그렇다면 저축, 근로 소득, 자본 소득은 30퍼센트에 불과하다는 이야기다. 다시 말해, 어떤 사람이 부자인지 아닌지를 결정하는 잣대로서 상속 자산이 더욱 중요해졌다는 뜻이다. 부유한 사회라고 해서 능력주의 사회가 되고 있지는 않다. 따라서 교육도 예상과 달리 세대 간 소득 이동성을 만들어내지 못한다.

물론 오늘날에는 19세기에 비해 어마어마한 유산의 비중이 현저히 줄어들었다. 그러나 20만~200만 달러 가치의 중소 규모 상속 자산은 수없이 많다. 이러한 상속 자산 규모를 감안하면 상속자라고 해서 교육을 받고 기량을 연마하거나 돈 버는 일을 그만둘 수는 없다. 그러나 유전자 복권에 당첨된 덕분에 나머지 구성원보다 우위에 선 사회 구성원들의 비중이 상당히 큰 것도 사실이다(피케티는 이들을 '소자본 소득자petit rentier'라 칭한다). 2010년 한 해에만 프랑스에서는 평생 버는 근로 소득이나 그 이상에 상응하는 유산을 상속받은 사람의 비율이 전체 인구의 13퍼센트에 달했다. 이는 진정으로 능력주의 사회라면 존재할 법한 '정당한 불평등just inequality'과는 거리가 먼 현상이다. '평등주의' 나라인 프랑스에서 일어나는 일이라기에 놀랍기만 하다.

피케티는 공정한 사회라면 시장을 규제하고 법과 질서를 지키는 일에만 치중하지 말고, 사회적 이동성을 증진하고 '출생 복권'의 영향을 최소화하는 일에 지속적으로 힘써야 한다고 강조한다.

💲 전 세계 차원의 자본세

피케티의 추정에 따르면, 전 세계 성장률은 2050년까지 3퍼센트를 조금 웃도는 수준으로 떨어지며 2050~2010년 사이에는 19세기 수준인 1.5퍼센트로 내려앉을 것이라고 한다. 대신 자본

수익률은 역사 전반과 비슷한 4~5퍼센트에 머물 전망이다. 이러한 예측을 감안할 때, 노동에 대한 자본의 지배를 막을 수단은 전 세계 차원의 자본세 징수밖에 없다고 피케티는 주장한다. 개인의 자산이나 채무를 공제한 순자산에 대해 누진적인 세금을 부과하자는 제안이다. 피케티는 자본세 과세를 위해서는 먼저 새로운 법이 제정되고 금융 투명성이 이행되어야 할 뿐만 아니라 조세 피난처를 단속해야 한다면서, 그렇게 하면 전 세계가 직면한 '끝없는 불평등의 악순환'을 끝낼 수 있으리라고 내다본다.

피케티는 자신의 주장이 이상적이라는 사실을 인정하면서도 시행이 불가능하지 않다고 말한다. 정부가 피하려 해도 정치적인 타격을 받으면 어쩔 수 없이 불평등 문제에 대응할 수밖에 없다. 자본세를 시행하지 않으면 국수주의가 힘을 얻어 보호주의 정책과 자본 통제가 강화되리란 전망도 내놓는다. 피케티는 현재 부유층에게 주로 소득세가 과세되는데, 소득세를 최소화하기란 비교적 쉽다면서, 자본세가 누진 소득세나 재산세를 대체하지는 못하겠지만 부유층에게서 더 많은 세금을 거둬들이는 역할을 할 것이라 주장한다. 그는 부자들에게 98퍼센트의 세금을 매기느냐보다는 부자들이 자산에 비례하는 세금을 내느냐가 더 중요하다고 지적한다.

피케티는 암울한 전망을 내놓는다. "자유무역이 이루어지고 자본과 인력의 이동이 자유로워진다 해도 사회주의체제와 모든 형태의 누진세를 폐지한다면 유럽과 미국 양쪽에서 방어적인 민족주의와 정체성 정치identity politics[17]가 어느 때보다도 더 강력한 유혹으로 다가올 것이다." 경제 양극화가 두드러지면 정치 양극화로 이어진다는 것이다.

⑤   **피케티의 우려는 현실이 될까**

피케티의 견해에 반대하는 이들은 그의 해결책이 재분배에 편중되어 있다면서 성장만 이루어져도 불평등이 완화된다고 주장한다. 아니면 정부가 덜 부유한 사람들의 자본을 확충해주는 정책을 시행하기만 해도 불평등 완화에 효과적이라고 본다. 매클로스키 같은 경제사학자는 마르크스가 자본주의를 비관적으로만 본 탓에 자본주의 파멸이라는 잘못된 예언을 했으며, 피케티 역시 마찬가지라고 지적한다. 과거를 미래의 길잡이로 판단한 것도 문제가 있어 보인다. 자본주의는 피케티가 인정한 것보다는 훨씬 더 큰 역동성을 발휘할 가능성이 있기 때문이다.

미국 브루킹스연구소는 2018년 '코끼리 곡선'으로 널리 알려진 그래프를 연구했다. 경제학자 브랑코 밀라노비치가 2012년 발표한 코끼리 곡선은 전 세계 불평등이 1980년 이후 가파르게 심화하는 추세를 보여준다. 하지만 연구소 결과에 의하면 불평등 증가 추세는 생각만큼 급격하지 않다고 한다. 부유한 국가의 중산층이 줄어들지 않는 것은 물론이요, 저소득국에서도 중산층이 급속도로 늘고 있다. 영광의 30년처럼 소득이 균등해지는 시대로 돌아갈 수는 없을지 몰라도, 피케티의 우려처럼 국가 내 불평등과 국가 간 불평등이 필연적으로 증가하지는 않을 것으로 보인다. 사회 안정을 위해서라도 피케티의 우려가 현실이 되지 않기를 바랄 뿐이다.

📷 **함께 읽으면 좋은 책** 로버트 고든의 《미국의 성장은 끝났는가》, 폴 크루그먼의 《새로운 미래를 말하다》, 칼 마르크스의 《자본론》, 에르난도 데소토의 《자본의 미스터리》, 대니 로드릭의 《자본주의 새 판 짜기》

📈 토마 피케티 더 알아보기

1971년 프랑스 파리에서 태어났다. 프랑스 대입 시험인 바칼로레아를 치른 후에 최고 명문 대학인 에콜노르말쉬페리외르에 입학, 수학과 경제학을 전공했다. 스물두 살에 파리의 사회과학고등연구원과 런던정치경제대학교에서 경제학으로 공동 박사학위를 받았다. 부의 분배를 주제로 논문을 써 프랑스 경제학회가 주는 '그해 최고 논문상'을 받았다. 1993년부터 매사추세츠공과대학교에서 경제학을 가르치다가 1995~1999년 프랑스 국립과학연구센터 연구원을 거쳐 2000년에 사회과학고등연구원 교수가 되었다. 2006년에는 신설된 파리 경제학교의 초대 학장을 맡았다. 이매뉴얼 사에즈, 가브리엘 주크먼과 함께 세계 부와 소득 데이터베이스World Wealth and Incomes Database의 공동 이사를 맡고 있다. 2015년 요하네스버그대학교의 명예박사학위를 받았으나, 프랑스 정부가 주는 레종 도뇌르 훈장의 수상은 거부했다. "누구에게 공로가 있는지를 결정하는 것은 정부의 역할이 아니라고 생각한다. 그보다는 프랑스와 유럽의 경제 성장 회복에 집중해야 한다"는 이유를 댔다. 주요 저서로는 《불평등 경제》, 《자본과 이데올로기》, 《세금 혁명》 등이 있다.

Book 33

산업혁명은 어떻게 사회로부터
시장을 분리시켰는가

칼 폴라니의
《거대한 전환》

칼 폴라니 Karl Polanyi

오스트리아 출신의 경제사학자이자 사회철학자로 20세기의 가장 중요한 사회과학
자 중 한 명이다. 경제학을 문화적으로 접근하는 실질주의의 주창자로 평가되고 있으
며, 《거대한 전환》을 통해 자본주의체제가 가지고 있는 불안정 요인을 밝혀내 경제 민
주주의 운동의 기반이 되었다. '사회주의 계산론'으로 미제스와 수차례 논쟁을 벌이기
도 했다.

시장, 가격 결정, 효율, 산출 같은 개념이 오늘날 현대인의 사고
방식을 지배하고 있듯이, '사회'를 막을 수 없는 세계 자본주의
경제 일부분으로 본다고 해도 비난받지는 않을 것이다. 하지만
칼 폴라니에게 이는 잘못된 생각이다. 그는 시장과 경제체제가
인간의 창조물이며 사회에 내재되어 있다고 주장한다. 시장과
경제는 우리가 선택한 목적을 위한 수단이며 사회적인 관계와
무관하게 움직일 수 없다. 폴라니에 따르면 시장의 출현은 전혀

'자연'스럽지도 불가피하지도 않다. 실제로 인류 초기 유적지에서 볼 수 있듯이 상호 이익과 재분배에 바탕을 둔 대안이 오랫동안 존재했다고 한다.

이러한 상황이 뒤바뀐 것은 '산업혁명' 이후다. 1944년 출간된 폴라니의 대표작《거대한 전환》은 사회적·문화적 가치에 의존하던 사회가 산업혁명을 기점으로 시장주의적 사고방식에 의해 움직이는 사회로 전환한 과정을 담고 있다. 책의 제목인 '거대한 전환'은 바로 이러한 현상을 뜻한다. 그는 시장의 힘이 삶의 구석구석에 침투함에 따라 부정적인 결과가 나타났다면서, 자유주의 시장 경제 이념으로부터의 인간성 되찾기를 자신의 임무로 여겼다.

이 책에서 폴라니는 자유시장 경제 이론뿐만 아니라 케인스주의와는 차별화되는 대안을 제시하며, '신자유주의 경제학'에 반대하는 많은 경제학자(조지프 스티글리츠, 데이비드 그레이버 등)에게 영향을 끼쳤다. 특히 세계 금융 위기 이후 시장 규제가 허술하게 이뤄졌다는 인식에 따라 폴라니의 이론이 다시금 주목받고 있다.

💲 ## 인간은 경제적 존재가 아닌 사회적 존재

애덤 스미스는 인간이 물건을 "교환하고 실어 나르며 거래하려는 성향을 타고났다"는 유명한 말을 남겼고, 많은 경제학자가 이 말에 동의했다. 반면 폴라니는 이 말의 근거가 부족하다고 지적한다. 역사적으로 대부분의 사회에서 자원은 공동체 단위로 조직되었다. 현대에 이르러서야 시장이 사회를 지배하고 교류와 관계의 중요한 수단이 되었다는 것이다. 과거에는, 적어도 유럽에서만큼은 "문명의 진보가 … 대부분 정치, 지식, 정신문화의 산물이었다". 그때나 지금이나 사람이 물질적인 재화를 얻으려고 하는 까닭은 그 자체가 탐나서라기보다는 사회적 지위와 권리, 사회적 자산을 보호하기 위함이다.

폴라니가 보기에 경제활동은 '사회 조직의 한 가지 기능에 불과'하다. 유럽의 봉건주의 역시 아무리 불균형했다 하더라도 재분배와 상호 교환을 통해 어느 정도까지는 모든 사람을 보호했고, 굶주리는 사람을 내버려두지 않는 시스템이었다. 이와 대조적으로 나라가 부유할수록 자유시장 원칙의 지배를 받게 되어 더 많은 사람이 가난해진다는 것이 폴라니의 주장이다.

폴라니는 시장의 사회적인 역할이 기존 이념에 부합하도록 과대평가되어왔다고 주장한다. 예를 들어, 중세 유럽에서는 소도시가 시장 주변에 형성되었지만, 당국은 시장에서 일어나는 일이 지방으로 확산되지 못하도록 꽤 주의를 기울였다. 베네치아, 함부르크, 리용, 런던은 각각 이탈리아, 독일, 프랑스, 영국의 색채가 강한 도시라기보다는 교역품의 집산지였으며 서로 공통점이 많았다. 오히려 자국의 지방과는 비슷한 면이 없었다. 그러한 도시를 통해 '부분적인' 시장 경제가 이루어졌지만, 국가나 왕국의 색채는 그대로 유지되었고 그 나라의 사회와 제도가 바뀌는 일도 없었다. 폴라니는 "경제체제는 전반적인 사회관계의 일부로 포함되었다. 시장은 어느 때보다 사회적 권위의 강력한 통제와 규제를 받는 제도적 환경의 부수적인 요인에 불과했다"고 정리했다. 그러다 산업혁명이 모든 것을 바꾸어놓았다.

❺ 시장 숭배의 기원

산업혁명은 공장, 기계, 건물처럼 감가상각이 일어나는 자산에 대한 장기적인 자본 투자를 요구했다. 가격과 단위 생산을 기반으로 삼던 경제 구조가 바뀌면서 노동이 자본 수익 공식의 요소가 되었다. '악마 같은' 공장은 가정을 산산조각 냈고, 저소득층과 토지 사이에 오랫동안 존재해온 관계를 무너뜨렸다. 저소득층은 도시의 끔찍한 환경으로 내몰렸다. 제조업자와 제품 생산자들 사이의 유일한 연결고리는 임금이었고, 제조업자 입장에서 임금이 낮으면 낮을수록 유리했다.

폴라니에 의하면, 재빨리 생산되고 팔릴 만한 물건은 무엇이든 상품이 되었다. 그러나 사람과 토지는 상품 범주에 들어갈 수 없었다. 사람을 마음대로 이동시키거나 사용할 수 있는 상품으로 취급하면 극심한 불행과 혼란이 발생한다. 폴라니는 '자연과 이름만 다를 뿐' 사람들과 긴밀한 관계에 있는 토지가 경제 외적인 위치와 가치를 인정받지 못한 채 경제적 이득만을 위해서 이용될 때도 같은 현상이 일어난다고 지적한다. 환경운동을 예고라도 하듯이 그는 토지의 상품화가 지형 훼손, 하천 오염, 지속 가능한 식량 생산 구조의 파괴로 이어질 수밖에 없다고 진술한다. 사회의 시장화 역시 화폐 자체가 상품이 되는 결과를 유발한다면서, 화폐를 상품으로 취급하다가는 유통되는 화폐가 부족해지거나 지나치게 넘쳐나서 "원시사회의 홍수와 가뭄처럼 경제에 큰 피해를 입힐 것"이라고 주장한다.

19세기는 새로운 번영의 시대처럼 보였지만, 사회주의적 산업가 로버트 오웬이나 철학자 윌리엄 고드윈 같은 인물들은 불평등의 심화와 사회적 소외화를 지적했다. 그럼에도 이들은 자기 조정 시장을 포함한 일련의 새로운 정치경제 '법칙'이 존재하며, 그러한 법칙이 도덕률이나 종교 신조만큼 난공불락이라는 이론에 맞서지 못했다. '시장체제'가 사회를 장악하기 시작했다. 옹호자들은 시장이 자연스러운 과정이며, 그 누구도 부인할 수 없는 논리를 갖추고 있다고 규정했다. 19세기 출현한 자유주의는 정치적 신조처럼 보였지만, 그것은 순전히 경제적인 관심사라는 몸체를 감싼 허울에 불과했다.

⑤   시장에 대한 대응 운동

폴라니는 18세기 말부터 자연스럽게 가차 없이 이어질 듯 보이던 시장의 행진에 제동을 건 움직임이 발생했다고 주장한다. 그

중 하나가 영국의 스피넘랜드 법Speenhamland Law이었다.

1975년 소작농에 대한 규제가 느슨해지면서 전국적인 노동 시장이 형성될 조짐이 보였다. 신흥 산업가들에게는 희소식이었다. 그러나 스피넘랜드 법이 제정되면서 튜더 및 스튜어드 왕조 때 만들어진 노동 조직 체계가 강화되는 등 상황이 뒤집혔다. 이 법에 따라 사람들은 사실상 빵 가격과 연동된 최저 임금('생존할 권리')을 보장받게 되었다. 최저 임금을 받지 못하면 현지 납세자의 세금으로 마련한 수당을 통해 임금을 보충했다. 스피넘랜드 법은 1834년에 폐지될 때까지 큰 인기를 끌었다. 이 법만 있으면 굶주릴 일이 없기 때문이었다. 폴라니는 이 법 때문에 사람들이 원조에 한층 더 의존하게 되었다고 인정하면서도, 그 덕분에 혁명이 일어나지 않았으리라고 분석한다.

1832년 선거개혁법Reform Bill이나 1834년 개정 빈민법이 제정된 후 스피넘랜드 법이 폐지되자 자존심 때문에 구빈원에 들어가기를 꺼려 하던 수천 명이 절망했다. 폴라니는 리카도와 맬서스가 스피넘랜드 법 폐지의 영향에 대해 "냉랭한 침묵을 지켰다"고 지적한다.

공장과 작업장에서 일하던 근로자 대다수의 삶이 암울해지자 노동자들은 얼마 지나지 않아 조직을 결성했다. 개혁가들은 사회적인 입법을 촉구하기 시작했다. 그러나 아무도 자유방임 시장 체제라는 신앙을 막을 수는 없었다. 이 체제는 그 중심축이었던 금본위제가 무너진 뒤에야 비로소 사라졌다. 그럼에도 폴라니는 "그 어떠한 민간의 희생이나 통치권의 제한도 통화 완전성의 회복을 앞서는 큰 희생으로 간주되지 않았다"고 지적한다.

폴라니는 1930년대에 대공황의 여파가 이어지고 나서야 마침내 경제적 자유주의가 실패작이라는 사실이 인정받았다고 한다. 경제적 자유주의는 새로운 형태의 산업 조직에 내몰린 사람들의 건강, 안전, 생계를 보호해주지 못했다.

그는 새로운 법이 제정되고 나서야 광산이 안전해지고, 어린 굴뚝 청소부의 사망 건수가 줄어들었으며, 읍과 도시에 소방대가 구축되고, 일종의 사회보험이 생겨났다고 보는 편이 옳다고 주장한다. 폴라니가 보기에 이 같은 법 제정은 집단주의나 반자유주의적인 편견에서 비롯되지 않았으며, 단순한 정의와 인류애를 바탕으로 한 '자연스러운 반응'이었다. 이상주의적인 조치가 아니라 시장 자유주의라는 이상주의 원칙에 대한 상식적인 대응 운동이었다는 것이다.

폴라니는 시장 자유주의가 전체주의와 제국주의 같은 사악한 자손을 낳았다고 주장한다. 전체주의는 경제적 안정성을 창출하지 못하는 시장 자유주의 체제의 대응책으로 나왔으며, 제국주의는 실업 및 국제 수지 위기와 환율 위기를 포함한 국내 문제에 대한 관심을 간편하게 분산할 수 있는 수단이 되었다는 것이다. 유럽 사회는 근로 계층과 기업의 이해관계가 대립하는 전쟁터가 되었다. 미국에서는 루스벨트 대통령의 뉴딜정책을 통해, 영국에서는 사회주의와 자본주의를 결합한 노동당 정부의 집권을 통해 시장 자유주의에 대한 반발이 표출되었다는 것이 폴라니의 주장이다.

❺ 사회로부터의 시장 분리

《거대한 전환》은 자유방임 경제가 어떻게 해서 전체주의라는 극단적으로 반대되는 체제를 이끌어내고, 제2차 세계대전으로 이어졌는지에 치중한 만큼 시대를 타는 책이라고 볼 수도 있다. 그러나 폴라니의 전망은 지금 시대에도 손쉽게 적용된다. 2007~2008년 금융 위기의 원인이 된, 주택담보대출을 '금융상품'으로 묶어 판매한 것은 '사회로부터 시장의 분리'를 단적으로 보여주는 사례다.

폴라니의 주장은 하이에크의 설명처럼 사회적 자유가 경제적 자유를 통해서만 이루어진다는 주장으로 반박할 수 있다. 폴라니도 이 사실을 인정하며, 책의 마지막 부분에서 권리장전을 비롯한 민권제도가 한층 더 통제된 계획경제 안에서도 개인의 자유를 보호해줄 수 있다고 주장한다. 역사는 이것이 얼마나 고지식한 생각인지를 알려주었다. 이런 측면에서《거대한 전환》을 현실성 없다고 지적하는 사람도 많지만, 규제되지 않는 시장이 얼마나 위험한지 경고한다는 점에서 이 책에는 의미가 있다. 국

가가 경제를 가로막는 장애물일 뿐이라는 주장을 듣거든, 적어
도 삶의 모든 측면을 상품화하는 일이 국가와 사회에 해로운 영
향을 끼친다는 폴라니의 주장을 떠올리기 바란다.

함께 읽으면 좋은 책 리아콰트 아메드의 《금융의 제왕》, 디드러 낸슨 매클로스키의 《부
르주아의 평등》, 헨리 조지의 《진보와 빈곤》, 프리드리히 A. 하이에크의 〈사회지식의 활
용〉, 카를 마르크스의 《자본론》, 루트비히 폰 미제스의 《인간 행동》

칼 폴라니 더 알아보기

1886년 오스트리아 빈에서 태어났다. 아버지는 헝가리 출신의 유대인으로 철도
사업가였고, 어머니는 문학 살롱을 주최하는 지식인이었다. 헝가리 부다페스트
대학교에서 법학을 전공하며 급진파 학생들을 위한 갈릴레오 클럽을 만들었다.
1914년 헝가리의 급진당 창당을 도왔다. 제1차 세계대전 때 러시아 전선에서 복무
했다. 오스트리아-헝가리 제국 해체 이후 헝가리민주공화국 설립에 참여했으나,
1919년 볼셰비키 손에 공화국이 무너지자 사회민주주의체제가 된 빈으로 피신했
다. 빈에서 헝가리 망명자 출신이며 정치 사상가인 일로나 두친스카를 만났다. 그
후 10년간 《오스트리아 이코노미스트》의 편집위원을 지내면서 자유시장 경제학
을 내세운 오스트리아학파 비판 글을 쓰기 시작했고, 사회주의 계산론으로 폰 미
제스와 논쟁을 벌였다. 대공황 발생 후 파시즘이 득세하자 일자리를 잃고 영국으
로 이주했다. 영국에서 페이비언(Fabian, 온건한 진보주의) 성향의 사회주의자들
과 어울렸고, 노동자교육협회를 통해 경제사를 가르치며 생계를 유지했다.
《대전환》을 쓴 1940~1942년까지 미국 버몬트 베닝턴대학교의 교수를 지냈다.
이 책은 출간 당시 큰 반응을 얻지 못했지만, 대신 1947년 컬럼비아대학교 교수직
을 안겨주었다. 공산주의 전력이 있는 아내 때문에 미국 체류를 금지당해 캐나다
온타리오에 거주하며 뉴욕을 오갔다. 포드재단의 지원을 받아 현대 이전 경제체제
를 연구했고, 이를 바탕으로 《초기 제국의 교역과 시장Trade and Markets in the
Early Empires》을 써냈다. 1964년 온타리오 피커링에서 세상을 떠났다.

Book 34

왜 어떤 국가 산업은 성공하고, 어떤 국가 산업은 실패하는가

마이클 포터의 《국가 경쟁우위》

마이클 포터 Michael E. Porter

현대 미국의 경제학자로 피터 드러커, 톰 피터스와 함께 세계 3대 경영 석학으로 평가 받으며 '현대 경영전략의 아버지'로 불리고 있다. 다국적 경영전략 컨설팅 전문 회사 모니터그룹의 창립자이기도 하다. '마이클 포터 전략 3부작'인 《경쟁전략》, 《경쟁우위》, 《국가 경쟁우위》는 경영 고전이자 경영전략에 관한 필독서로 평가받고 있다.

만약 하버드경영대학원 출신 명사들을 모신 사원이 있다면, 마이클 포터의 흉상이 가장 높은 자리를 차지할 것이다. 세계 3대 경영학 대가로 평가받는 포터는 경영학계의 고전이 된 '마이클 포터의 3부작'을 통해 경영학의 새 지평을 열었다.

포터는 미시경제학 연구에 전념하다가 레이건 행정부의 산업 경쟁위원회 위원에 임명되고 나서부터 국가가 경제 성장에서 담당해야 할 역할에 대해 집중적으로 고찰했다. 당시 미국은 일본 기업의 엄청난 성공에 위협을 느꼈고, 일본이나 한국처럼 미국도 국가 주도적인 산업정책을 도입해야 하는지를 놓고 논의가 분분했다. 이에 포터는 국가 주도 산업정책을 적극적으로 외치는 목소리에 저항했다. 대신 '국내 환경'에 초점을 맞추는 길을 택했다. 다시 말해, 인적 자본과 물적 자본에 대한 투자를 촉진하고 기업이 번성할 수 있는 거시경제적, 법적 환경을 조성해야 한다고 본 것이다.

포터가 보기에 국가 번영의 주체는 정부가 아니라 기업이었다. 그는 1990년 '마이클 포터의 3부작'의 마지막 결정판인 《국가 경쟁우위》에서 "개별 산업에서 수없이 일어나는 경쟁의 결과가 국가의 경제 상태와 국가의 발전 역량을 결정짓는다"고 강하게 주장했다.

포터는 유독 특정 기업과 산업에 유리한 국내 환경을 재현할 수 있도록 그 특징을 파악하려 했다. 이러한 목표에 따라 그는 미시경제학, 거시경제학, 경영학을 과감하게 결합하여 800쪽(한국어판 1,136쪽)에 달하는 묵직한 책을 썼다. 팩스기가 최첨단 기기였던 시절에 집필된 책이지만 그 원칙은 오늘날에도 적용된다.

《국가 경쟁우위》는 출간된 지 얼마 지나지 않아 국가의 경제 정책에 실질적인 영향을 끼치기 시작했다. 경쟁력의 결정 요소를 설명한 포터의 '다이아몬드' 이론은 뉴질랜드, 싱가포르, 캐나다에서 채택되었고 노르웨이, 핀란드, 네덜란드, 홍콩에서도 받아들여졌다. '클러스터 기법' 역시 미국은 물론 세계 각국에서 크게 환영받았다.

⑤ 비교우위냐 경쟁우위냐

포터는 리카도의 국가 비교우위 이론과 차별화하기 위해 경쟁우위란 말을 책 제목에 넣었다. 리카도의 비교우위 이론은 국가가 천부적인 자원과 노동력을 충분한 자본과 결합하면 다른 국가의 무역에서 성공할 수 있다는 가정을 바탕으로 한다.

포터는 세계화된 경재에서는 그 같은 '요소 투입'의 중요성이 줄어든다고 주장한다. 성공은 무엇을 가졌는지가 아니라 창출하느냐에 달렸다는 것이다. 많은 나라가 경이로운 천연자원을 보유하고도 발전하지 못한 반면에, 광산이나 삼림이 하나도 없다시피 하고 인구도 적은 나라에서 세계 유수의 기업이 탄생하고, 그 결과 국가의 생활 수준이 올라가기도 한다. 후자는 기량, 기술, 기반 시설을 끊임없이 개선할 수 있는 환경을 조성한다. 포터의 경쟁우위 이론에 따르면 성공은 선택에서 비롯될 뿐 타고난 우위와는 더 이상 관련이 없다.

포터는 정부의 개입이냐 자유방임이냐 하는 양자택일은 시대에 뒤떨어진, 불필요한 것이라고 본다. 국가의 역할은 좌우를 막론하고 (그가 최고의 부 측정 기준으로 보는) 근로자 1인당 생산성이 지속적으로 향상되는 환경을 조성하는 것이기 때문이다. 즉, 무역 장벽을 완화하되 국민에게 고품질의 교육과 훈련을 제공하며 경제에 건전한 경쟁이 일어나도록 촉진하자는 제안이다.

포터는 엄중한 반독점법이며 까다로운 보건 안전 규정과 환경 법규가 모두 경쟁우위를 만들어내고 유지하는 데 중요하다고 본다. 세계 경제가 보상을 제공하는 나라는 인건비 절감 경쟁으로 대표되는 '바닥으로의 경쟁race to the bottom'에 치중하는 나라가 아니라 환경을 보존하고 적절한 임금을 지급하는 나라다. 그러한 조치 과정에서 생산성 투자가 증가한다는 것이다.

포터는 생산성 요인과 관련된 허구를 폭로한다. 그가 생각하기에 저임금은 경쟁의 촉진제가 되기는커녕 실패의 신호다. "고임금을 지급하고도 경쟁할 수 있는 능력이 국가가 지향해야 할 목표로 훨씬 더 적절해 보인다." 세계적인 성공은 부가가치가 높은 물건을 만들고 판매하는 데서 비롯되는데, 그러려면 최첨단 연구와 설계, 가장 앞선 생산 기법, 고도로 숙련되고 교육 수준이 높은 인력이 필요하다. 이 같은 요소는 손쉽게 얻어지지 않지만 이로 인해 얻을 수 있는 이윤은 막대하다.

💲 성공의 다이아몬드

포터는 국가의 산업 우위를 결정짓는 네 가지 요소를 짚어낸다.

· 생산 요소: 숙련되고 교육된 노동력, 기반 시설, 물리적 자원, 축적된 과

학·기술·시장 지식, 자본 자원

- 수요 조건: 특정 제품이나 서비스에 대한 수요와 소비자의 전반적인 안목
- 관련 및 지원 산업: 특히 공급 산업 자체가 국제적으로 경쟁력이 있을 때 우수한 생산 클러스터나 생태계 구축에 도움을 줄 수 있는 산업의 존재
- 미시경제적인 환경: 기업의 설립과 구조 확립에 영향을 주는 법적·정치적 여건과 기업 간의 대립과 경쟁 수준

이 네 가지 요소는 다이아몬드의 꼭짓점에 해당하며, 각각이 다른 요소를 강화함에 따라 시너지를 일으킨다. 어느 나라나 발명이나 혁신을 이룰 수 있지만, 자본과 기술이라는 기반을 갖추어야 그러한 발명과 혁신을 상용화할 수단을 얻을 수 있다. 마찬가지로 수많은 나라가 산업 역량이나 교육받은 인력, 충분한 자본을 갖추었지만 깐깐한 현지 소비자로부터 제품을 개선하라거나 신제품을 개발하라는 압력은 받지 않는다. 포터는 독일을 예로 들면서 정밀성과 품질에 대한 소비자의 집착 덕분에 독일 자동차 제조업체가 세계 최고의 자동차를 설계하고 생산해낼 수 있었다고 주장한다. 이와 대조적으로 미국의 주된 '수요 요소'는 부담 없고 대중적이며 사람들을 A에서 B로 편안하게 실어다 줄 수 있는 자동차의 대량 생산이었다.

포터는 "사회적·정치적 역사뿐만 아니라 가치관 때문에 국가마다 산업 경쟁우위에서 차지하는 역할에 차이가 생기며, 그러

한 차이는 지속된다"고 말한다. 이탈리아인의 의복과 자동차 사랑은 구찌와 페라리 같은 브랜드를 만들어냈다. 신용에 목을 매는 미국인의 성향은 비자와 마스터 같은 세계 최고의 신용카드 회사를 만들어냈다. 미국은 또한 대중 문화와 오락에 재능이 있어 자국의 영화 산업을 세계 최정상급으로 키워냈다. 포터는 성공을 만들어내는 물리적 조건이 단순할 때가 많다고 말한다. 스웨덴은 외떨어진 삼림과 광산을 개발하기 위해 안정성이 뛰어난 트럭을 필요로 했고, 그러한 트럭을 제공한 볼보와 사브-스카니아는 그 과정에서 스웨덴의 주요 수출기업이 되었다.

포터는 경쟁우위 측면에서 정부에 '다이아몬드'의 다섯 번째 꼭짓점에 해당하는 역할을 맡기자는 제안이 그럴듯하게 들릴 수 있다고 지적한다. 예를 들어, 제2차 세계대전 이후 일본과 한국은 정부가 기업 성공에 중요한 역할을 담당했다. 하지만 포터에 의하면 정부는 중개자 역할이 중요하며, 기준과 규제를 세워 산업을 특정한 방향으로 유도하고 산업에 도움이 될 만한 교육정책을 고안하는 등의 방식으로 기존의 네 가지 요소를 지원하는 것이다. 국가의 경쟁우위를 창출하기보다는 경쟁우위가 창출될 확률을 높이는 것이 정부의 역할이라는 주장이다.

💲

경쟁의 클라스터

포터는 "어떤 나라가 전반적으로 경쟁력 있는 이유가 무엇이냐"

는 질문은 잘못되었다고 말한다. 그보다 그 나라의 기업이 경쟁을 벌이는 특정 산업에서 어떤 일이 일어나고 있는지, 그러한 산업이 어떤 방법으로 생산성을 높은 수준으로 유지하고 있는지 물어야 한다는 것이다. 포터는 특정한 지리적 위치에 기업, 공급 업체, 특화된 기량을 갖춘 인력, 협력 기관이 형성한 복합체를 '클러스터'라고 부른다. 이러한 클러스터는 여러모로 이롭다. 정보는 선두 기업을 따라 재빨리 이동하며, 선두 기업은 새로운 아이디어와 신기술을 신속하게 받아들인다. 세계 시장에서 어느 기업이 성공하면 다른 기업도 자극을 받아 세계 시장에 도전한다.

역설적으로 세계화와 더불어 거리와 지리적 특성의 중요성이 줄어들었고, 클러스터 형성이 한층 더 중요해지고 있다. 포터는 런던의 금융 지구인 시티the City를 예로 든다. 시티의 은행, 무역 회사, 보험사, 그 이외 금융서비스업체는 정보 제공, 금융 언론, 출판, 법률 자문, 광고, 홍보 등의 다양한 민간 산업은 물론 중앙은행인 영란은행 같은 국가 기관의 지원을 받는다. 그렇다 해도 금융산업의 치열한 경쟁이 없었다면 시티는 결코 번성하지 못했을 것이다.

포터는 경쟁우위가 "압력, 도전, 역경에서 비롯되며, 편안한 상태에서 만들어지는 경우는 드물다. … 우리가 진행한 연구 중에서 현실 경험에 비추어 가장 강력한 결과는 국내의 활발한 경쟁과 산업 경쟁우위의 창출 및 유지 사이의 연관성이다"라고 말한다. 이러한 주장은 개별 산업마다 세계 무대를 주름잡을 수 있는 '국가 대표 기업' 한두 곳을 육성하는 것이 최선책이며 과도한 경쟁은 규모의 경제를 저해한다는 통념에 어긋났다.

사실 포터는 스웨덴과 스위스 같은 작은 나라에서도 자동차 제조 및 제약 같은 중요한 산업이 치열한 국내 경쟁을 겪었고, 해외 매출로 규모의 경제를 달성했다는 사실에 주목했다. 스위스의 규모를 감안하면 주요 산업마다 큰 기업 한 곳이 지배적인 위치를 차지하리라 생각하기 쉽지만, 스위스에는 산업별로 여러 경쟁 주자가 존재한다. 초콜릿에서는 네슬레, 린트 등이, 시계에서는 롤렉스, 파텍 필립 등이 경쟁을 벌이고 있다.

포터는 "자국에서 의미 있는 경쟁을 경험하지 못한 기업이 해외의 거센 경쟁을 감당할 수 있는 경우는 드물다"고 지적한다. 독일의 필기류 산업을 예로 들면, 파버카스텔이 국내 시장을 장악한 상황에서 슈태틀러는 어려움을 겪었다. 그런데 이처럼 팍팍한 국내 경쟁 환경 때문에 슈태틀러는 오히려 해외 시장에 초점을 맞출 수 있었다.

일부 요소의 열세를 보완하기 위해 적극적으로 우위를 찾는 나라도 많다. 네덜란드는 춥고 흐린 날이 많은 열세를 극복하기 위해 온실 기술, 신품종 개발, 에너지 보존에 투자하고 꽃 처리 공정과 항공 운송의 가치 사슬을 개발함으로써 수십억 달러 규모의 꽃꽂이용 화훼 산업과 채소 재배 산업을 키워냈다.

포터는 개인과 국가가 더 이상 새로운 부를 창출하지 않고 이미 창출된 자본을 뜯어 먹고사는 것은 인간의 타고난 본능 때문이라고 지적한다. 그는 발전의 '자본 주도 단계wealth driven stage'에 소유권 집중도가 높아지고 경쟁이 약화되며 기득권의 보호를 추구하는 특징이 있다고 말한다. 인수 합병과 경영권 탈취처럼 비생산적인 경영 행위가 혁신과 생산성을 대체한다는 것이다. 작고 이질적인 지역에서 혁신이 이루어지기는 해도 소득 불평등이 확대되고 사회가 방향을 잃는다. 정부는 경제 성장률이 한층 더 높은 '혁신 주도 단계'에서 정당화된 사회 복지 지출의 재원을 계속해 마련하기 위해 세율을 올려야 한다.

1990년 포터는 EU가 당초의 약속을 이행하지 못하고 있다며 우려했다. 단일 시장은 새로운 경쟁과 혁신을 촉진해야 했으나 그러지 못했고, 오히려 보호주의 연합으로 변질되어 일본 자동차와 미국 텔레비전 프로그램 등의 수입품을 통제했다. 포터는 "이러한 경향이 우세해지면 1990년대가 유럽의 경제사에서 잘못된 전환점이라는 사실이 밝혀질 것"이라고 지적한다. 지난 25년 동안 유럽이 미국, 호주, 캐나다, 동아시아 국가에 비해 부족한 경제 성장률을 보였다는 사실을 감안하면 그의 예측이 적중했다고 할 수 있다.

⑤ 지금도 유효한 포터의 이론

포터는 엄중한 반독점법, 까다로운 보건 안전 규제, 엄격한 환경법이 경쟁우위의 창출과 유지에 중요하다고 주장했다. 세계 경제로부터 보상받는 나라는 환경을 존중하고, 인적 자본을 개발하는 나라라고 보았다. 올바른 일일 뿐만 아니라 그러한 조치를 취하는 과정에서 기업이 자원을 통해 더 큰 생산성을 얻기 위해 투자를 확대하고 이윤을 늘릴 수 있다는 것이다.

포터의 책은 인터넷과 대규모 온라인 기업이 등장하기 전에 나왔기 때문에 더 이상 현실성이 없다는 주장도 나올 법하다. 그러나 기술 혁명의 중심지인 실리콘밸리는 '다이아몬드' 이론에서 말한, 산출이 부분의 합을 능가하는 자기 강화의 전형적인 사례다. 탁월한 집단으로 구성되어 시간이 흐름에 따라 한층 더 큰 중요성을 발휘하는 클러스터 사례이기도 하다.

사실 온라인 산업이 국경을 초월한다는 식으로 개념을 전달하는 것도 크나큰 모순이다. 정확히 말해 막대한 벤처 자본, 우수한 대학, 활발한 경쟁, 컴퓨터 기술의 초기 도입과 개발과 같이 세계를 뒤바꾼 기업들의 출현으로 이어진 요소는 미국 국내에서도 캘리포니아의 작은 지역에 국한되어 있기 때문이다. 역시 위치가 중요하다. 특히 그곳에서 치열한 경쟁이 벌어지느냐가 중요하다.

함께읽으면좋은책 윌리엄 보몰의《혁신적인 기업가 정신의 미시 이론》, 게리 베커의 《인적 자본》, 장하준의《그들이 말하지 않는 23가지》, 제인 제이콥스의《도시의 경제》, 데이비드 리카도의《정치경제학과 과세의 원리에 대하여》, 줄리언 사이먼의《궁극적 자원 2》

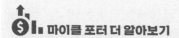

마이클 포터 더 알아보기

1947년 미국 미시건 앤아버에서 태어났다. 고등학생 때 미식축구와 야구에서 뛰어난 기량을 발휘했다. 프린스턴대학교에 입학, 항공우주학과 기계공학을 전공했다. 졸업 후에 하버드경영대학원에 진학하여 석사과정을 마치고, 이어서 1973년에 기업경제학으로 박사학위를 받았다.

하버드 경영대학원의 교수로 하버드 전략경쟁연구소 설립에 참여했다. 다양한 국가에 경쟁력 강화 방안을 조언하는 컨설턴트로도 활동했다. 1983년 하버드경영대학원 교수들과 경영 컨설팅 기업인 모니터그룹을 공동 창업했다. 2012년 사회발전조사기구Social Progress Imperative를 공동 설립했다. 이 단체는 매년 다양한 성과 척도를 사용하여 각국의 사회 발전 지수 순위를 매긴다.

Book 35

자본주의란 무엇인가, 오해받고 있는
자본주의의에 대한 변론
아인 랜드의
《자본주의의 이상》

아인 랜드 Ayn Rand

20세기 미국의 유대인이자 러시아계 경제철학자로 소설가이기도 하다. 객관주의 철학의 창시자다. 개인주의를 강조하며 자본주의를 지지했다. '아인 랜드'는 필명으로 본명은 알리사 지노비예브나 로젠바움Alisa Zinovyevna Rosenbaum이다. 매우 극단적인 팬덤을 가졌으며, 덕분에 미국의 한 방송사로부터 '가장 사랑받고 가장 미움받는 미국인 사상가 중 한 명'이라는 평가를 받았다.

아인 랜드는 소설《아틀라스》(1957)로 유명하다. 1400쪽(한국어 판은 세 권으로 구성)에 달하는 이 철학적인 소설은 개인이 정부의 간섭 없이 부유해질 수 있는 자유를 옹호한 책으로, 미국에서는 매우 영향력 있는 베스트셀러이자 스테디셀러다. 1966년에 출간된《자본주의의 이상》은《아틀라스》의 에세이 버전으로 개인의 동기가 집단이나 이상보다 더 중요하다는 랜드의 객관주의 철학관을 담고 있다.

이 책의 매력은 자본주의가 (마르크스의 암울한 선언과는 정반대로) 도덕적인 측면에서 그 어떤 체제보다 우월하다는 주장을 펼치고 있다는 점이다. 랜드는 자본주의체제가 개인의 자유를 토대로 세워졌으며, 어마어마한 부를 제공함에도 여전히 가장 큰 오해를 받고 있다고 말한다.

랜드는 청년들이 모든 사회 문제를 자본주의 탓으로 돌리는 것에 충격을 받아서 이 책을 썼다고 한다. 사실 그 당시 청년들은 자본주의체제가 아닌 곳에서 살아본 경험이 없었기에 그리 놀라운 일은 아니다.

당시 사회주의와 공산주의는 따르는 무리를 수없이 거느렸지만, 자본주의 이념은 모든 곳에서 짓밟히고 악으로 규정되었다. 하지만 공산화된 러시아에서 경제가 파탄 나고 개인의 존엄성이 공격받는 상황을 경험하고 미국으로 이주한 랜드는 이미 어린 나이에 자본주의의 수호자가 되기로 결심했다.

이 책은 총 24편의 에세이로 이루어져 있는데, 원래는《객관주의 뉴스레터》에 실렸던 것들이다. 대부분 랜드가 썼고, 랜드의 추종자이며 나중에 연준 의장이 된 앨런 그리스펀이 두 편을, 자기계발서 작가로 유명한 나다니엘 브랜든이 두 편을 더 썼다. 이 책의 큰 주제는 첫 번째 에세이 〈자본주의란 무엇인가〉에 압축되어 있다. 이 에세이의 요점은 다음과 같다.

⑤   '공공 이익'이라는 개념을 경계하라

먼저 랜드는 《브리태니커 대백과사전》을 비난한다. 자본주의 항목을 찾아보았더니 "사회적 잉여를 생산하기 위해 사회가 스스로를 조직하는 방식의 하나"라는 내용만 있고 개인이 창출하는 부에 대해서는 전혀 언급되어 있지 않았기 때문이다. 심지어 부는 자원의 효율적 배분을 통해 생산되는 비개인적 총합이라고 설명되어 있었다.

'사회적 잉여' 같은 것은 존재하지 않는다 생각하던 랜드는 이 설명에 분노했다. 모든 부는 누군가에 의해 창출되며, 따라서 당사자의 소유라는 것이 그녀의 생각이었다. 현대 사회에서는 누가 어떻게 기여했는지 명확하게 드러난다면서, 부를 집단이 창출하는 사회의 공공 이익으로 보는 시각을 "도덕적으로 터무니없다"고 비판했다. 그녀는 이렇게 말한다.

> 사회의 '공공 이익'이 사회 구성원의 개인적 이익과 다르고 더 우월한 것으로 간주된다면, 일부의 이익이 나머지 이익보다 우위를 차지하며 나머지가 희생양의 위치에 놓이는 상황이 된다.

랜드는 대다수의 이익이 개인의 권리보다 우선시되면 개인의 권리는 사라지는 셈이라고 한다. 그렇게 되면 논리적으로 생각할 때 남아 있는 선택지는 소련인데, '모두를 위한 더 큰 선'은 개

인에게 고통을 의미한다. 랜드는 소련 정부가 국민에게 산업화된 국가 건설이란 과업을 지시했고, 그 과정에서 수많은 개인이 고난을 감내하도록 강요했다고 지적한다.

랜드에 따르면 소련 정부는 조금만 어려운 환경을 견디면 곧 자신들이 서방의 자본주의 세계를 지배하는 날이 올 것이라 주장했다. 그러나 경운기와 발전기도 부족한 상황에서 소련 정부는 원자력 발전과 우주 비행에 막대한 돈을 지출했다. 사회주의나 공산주의 사회에서는 무엇인가 얻으려면 다른 것을 희생해야한다는 것이 랜드의 지적이다.

랜드는 자본주의체제에서는 이러한 일이 일어날 수 없다고 말한다. 미국은 '공공 이익'을 위한 희생이 아니라 각자 자기 두뇌로 큰돈을 벌 수 있는 자유 덕분에 부유해졌다는 것이다. 아무도 미국을 산업 국가로 만들기 위해 굶주림을 감내할 필요가 없었다. 오히려 혁신가가 여러 시도를 해볼 수 있는 자유 덕분에 "새로운 기계가 발명되고 과학적·기술적 진보가 이루어졌으며, 그럴 때마다 더 나은 일자리가 창출되고 임금이 인상됐으며 제품 가격이 낮아졌다".

랜드는 사회가 발전의 주체라는 관점에 반대했다. 오히려 인류의 진보를 이룬 실체는 '개인'이었다. 그녀는 "인간을 연구하면 사회에 대해 많은 지식을 얻을 수 있지만. 사회를 연구한다고 해서 인간에 대해 얻을 수 있는 지식은 없다"고 진술한다.

💲 **사상의 자유가 중요하다**

랜드는 문명이 '비타협적인 혁신가intransigent innovator'로 대표되는 개인의 사상을 바탕으로 구축되어왔다고 주장한다. 새로운 문물의 창조를 '생존이라는 문제에 이성을 적용한 행위'로 칭한다. 번영을 위해서는 절대적으로 사상의 자유를 누리는 사람들이 필요하며, 그렇지 않은 사람들에게 방해받지 말아야 한다고 본다. 경제적인 의미에서 가장 큰 성공을 거두는 문화권은 정치적으로도 가장 자유로운 곳이었다.

랜드는 재산권이 자본주의체제에서 매우 중요하다면서, 그 까닭으로 사상의 자유가 있는 사람이 삶을 지탱하기 위해서는 자신의 노력이 들어간 물건을 자유로이 처분할 수 있어야 하기 때문이라고 말한다. 개인이 종족, 국가, 사회 등의 집단을 책임지는 일은 없어야 한다. 사람들이 자유시장에서 번 돈은 "돈을 창출하지 않은 사람에게서 받은 것이 아닌" 탓이다.

랜드는 법이 개인의 자주적인 본질을 뒷받침해주어야 한다고 주장한다. 자유 세계의 경제가 발전할 수 있는 까닭은 바로 그 누구도 중앙의 계획이라는 구실 아래 행위를 강요당하지 않기 때문이다. 개인이 금전적 부 이외에도 자신이 중요하게 여기는 가치를 추구하겠다는 동기에서 자발적으로 생각하고 행동한 덕에 위대한 업적이 달성된 것이다. 랜드는 자본주의가 전체에게 최고의 경제적 성과를 제공하기에 효과적이고 유용할 뿐만 아니라 가장 도덕적인 정치경제체제라고 주장한다.

랜드는 가치관이 다수나 국가의 지시가 아니라 항상 개인의 주관으로 정해진다는 주장도 펼친다. 자유로운 사회에서는 남에게 해를 끼치지 않는 한 다양한 가치관이 허용된다. 국가가 관여해야 하는 분야는 많지 않지만, 개인을 폭력으로부터 보호하는 것은 '생존, 자유, 행복'을 추구할 만인의 권리를 보장하기 위해 반드시 필요한 일이다.

⑤   자유로이 자신의 이익을 추구하는 사회

오늘날 '반자본주의자들'은 대부분 자신이 태어난 때부터 살아온 체제를 거의 알지 못한다. 그들은 그 안의 일부 행위자들(대기업 등)과 그들의 눈에 띄는 탐욕에만 주목하며 자기들이 물려받은 자유와 번영은 못 본 체하는 경향이 있다. 자유시장이 근로자의 착취를 가속화하는 '바닥으로의 경쟁'과 동의어라고 생각한다.

이러한 주장은 대부분 개도국의 노동 착취 작업장에서 일하는 근로자들이 등골이 휠 정도로 가난한 농촌을 떠나서 자기 선택으로 그곳을 택했다는 현실을 알지 못하기 때문에 나온다. 개도국 근로자의 임금은 쥐꼬리만 하지만, 숨통을 트이게 해주는 수단은 된다. 그들이 처한 환경은 열악해 보이지만, 고국이 산업화되기 시작할 무렵 그들의 조부모나 증조부모가 견뎌낸 환경도 마찬가지였다.

랜드는 동료인 로버트 헤센Robert Hessen이 쓴 에세이 〈산업 혁명이 여성과 아동에게 끼친 영향Effects of Industrial Revolution on Women and Children〉을 소개한다. 19세기 영국에서 수천 명의 아동이 굶주림을 면하고 돈을 벌어 성인으로 자라날 수 있었던 것은 공장 덕분이라는 내용이다.

이외에도 여성이 공장일을 해서 번 돈 덕분에 산업혁명 이전 특유의 비위생적이고 불결한 주거 환경이 개선되었고, 그 결과 영아 사망률이 크게 낮아졌다고 주장한다. 아동 노동은 부모의 소득 상승으로 이어졌다. 아동 노동력에 힘입어 제조업체의 이윤이 점점 더 늘어나고, 금융업자들이 번성하는 제조업에 투자를 원했기 때문이다. 마르크스주의를 신봉하는 학자들은 그러한 사실을 외면하고 산업화 이전의 삶을 낭만적이지만 거짓된 모습으로 그려내려고 든다.

랜드와 그녀의 추종자들을 향한 비난은 대부분 극단주의의 관점에서 이루어진다. 좀 더 냉철한 관점은 랜드가 개인의 자유를 극도로 중요시한, 합리성 우월주의자라는 것이다. 그녀에게 자본주의는 사람들을 더 부유해지게 만드는 체제일뿐더러 사람들이 '공공 이익'이라는 강요된 개념이 아닌 자신의 이익을 추구하기 위해 자유로이 행동할 수 있는 유일무이한 체제였다. 오늘날 우리는 현재 영위하는 편안한 삶을 당연한 것으로 여기며 결과적으로 자본주의 역시 당연시하는 경향이 있다.

함께읽으면좋은책 밀턴 프리드먼의 《자유주의와 자유》, 프리드리히 A. 하이에크의 〈사회지식의 활용〉, 디드러 낸슨 매클로스키의 《부르주아의 평등》, 애덤 스미스의 《국부론》, 루트비히 폰 미제스의 《인간 행동》, 줄리언 사이먼의 《궁극적 자원 2》

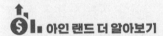

아인 랜드 더 알아보기

1905년 러시아 상트페테르부르크에서 태어나 알리사 지노비예브나 로젠바움이란 이름을 얻었다. 사업가였던 아버지는 공산 혁명 이후 국가에 사업체를 빼앗겼다. 1942년 페트로그라드대학교를 졸업한 후 영화 각본 쓰는 법을 배우기 시작했다. 이듬해 미국으로 여행을 떠나 시카고에서 지내다가 6개월 후 각본가가 되기 위해 할리우드로 이주하고 아인 랜드란 이름을 사용하기 시작했다. '아인'은 어느 핀란드 작가의 이름이고, '랜드'는 그녀가 쓰던 레밍턴 타자기의 모델명이었다. 로스앤젤레스에 간 지 이틀 만에 감독인 세실 B. 드밀을 만나 그가 연출하는 영화에 단역으로 출연하라는 제안을 받았다. 그 영화의 촬영 현장에서 훗날 남편이 되는 프랭크 오코너를 만났다.

영화 각본가로는 성공하지 못했지만 1935년에 희곡 《재판정에 선 여자Woman on Trial》가 〈1월 16일 밤Night of January 16th〉이란 작품으로 브로드웨이에서 상연되었다. 첫 소설인 《우리, 살아 있는 자들We, the Living》과 두 번째 소설 《성가Anthem》는 평단의 호평을 받았지만 베스트셀러가 되지는 못했다. 랜드의 운명은 700쪽 분량의, 자신의 이상을 실현하기 위해 분투하는 모더니즘 건축가의 이야기인 《파운틴헤드Fountainhead》가 성공하면서 바뀌었다. 1958년 랜드와 (몇 년 동안 그녀의 연인이었던) 나다니엘 브랜든은 뉴욕에 연구소를 열어 객관주의 철학을 보급했다. 정부의 금연 캠페인을 거세게 비난하던 랜드는 폐암에 걸려 1982년에 세상을 떠났다. 그녀의 무덤 위에는 꽃 형태의 달러화 표시가 새겨졌다고 한다.

Book 36

시장 경제의 기본 원칙을
공식화한 불후의 명저
데이비드 리카도의
《정치경제학과
과세의 원리에 대하여》

데이비드 리카도 David Ricardo

19세기 영국의 경제학자로 애덤 스미스를 이어 고전파 경제학 이론 체계를 완성했다. 국가 간 무역 발생의 원리를 설명한, 자유무역주의의 이론적 기초가 된 비교우위론으로 유명하다. 애덤 스미스의 노동가치론을 다듬어 자신만의 노동가치론을 확립했으며, 이는 마르크스에게도 영향을 미쳐 잉여가치론으로 이어졌다.

데이비드 리카도는 런던증권거래소에서 활약하며 당대 금융업계에서 이름을 날린 유명인이었다. 말하자면 19세기의 조지 소로스나 워런 버핏이었다. 퀘이커교도와 결혼하는 바람에 네덜란드 출신 유대계 부모로부터 절연당한 그는 무일푼 신세가 되었지만, 뛰어난 판단력 덕분에 꾸준히 재산을 불릴 수 있었다. 그렇게 재산을 모은 덕에 리카도는 이른 나이에 은퇴해 영국의 시골에서 호화롭게 생활하고 있었다.

그의 행보가 바뀐 것은 스물일곱 살에 우연히 읽은 애덤 스미스의 《국부론》 때문이었다. 이 책으로 당시 신생 학문이었던 정치경제학에 빠져든 그는 장 바티스트 세 같은 초기 사상가들의 책을 읽으며 공부했다. 그는 통찰력 있는 논문을 발표해 제임스 밀, 제러미 벤담 등의 시선을 끌었으며, 토머스 맬서스와는 절친한 친구가 되었다.

1871년 리카도는 경제학사상 기념비적인 저작을 발표하기에 이르는데, 바로 《정치경제학과 과세의 원리에 대하여》다. 제임스 밀의 설득으로 쓴 이 책은 스미스의 이론을 토대로 고전 경제학 이론을 전례 없는 수준까지 정교하게 끌어올렸다. 시장 경제 기본 원칙을 공식화한 이 책 덕에 리카도는 정치경제학자로서 명성을 얻었고, 영국 의회에까지 입성했다. 리카도의 노동가치론은 주요한 담론으로 자리를 잡아 마르크스에게 계승되었으며, 비교우위론은 자유무역의 기초가 되었다.

⑤　　　당신의 가격은 얼마인가: 리카도의 노동가치론

리카도는 자본가들이 특정한 경제 상황이나 산업에서 한동안 큰 이윤을 남길 수 있으며, 그러한 이윤이 계속되는 한 그들이 취급하는 제품이나 재료의 '시장' 가격은 높은 수준을 유지하지만, 얼마 지나지 않아 자본을 반영한 '자연' 가격으로 돌아간다고 설명한다. 이때 자본에는 생산에 들어간 노동과 기계도 포함된다. 제품의 시장 가격은 일시적으로 자연 가격에서 벗어날 수 있지만, 특정 산업에서 큰 이윤이 창출되는 것을 사람들이 알아차리면 자본이 축적되고 경쟁이 치열해지며 가격이 생산 비용을 반영한 자연 가격으로 돌아가게 마련이라는 것이다.

리카도는 다른 상품과 마찬가지로 노동에도 시장 가격과 자연 가격이 있다고 말한다. 노동력이 부족해진다든가 하는 상황에서는 노동자들이 한동안 더 높은 임금을 받아낼 수 있다. 이때 "노동자는 형편이 피고 행복해지며 … 더 많은 생활 필수품과 삶의 즐거움을 누리고, 그에 따라 건강한 대가족을 부양할 수 있는 위치에 설 수 있다".

이러한 번영에는 대가가 따른다. 노동자가 더 많은 자녀를 얻으면 노동 인구가 늘어나고, 공급이 증가하여 다시 '자연' 가격으로 내려간다. 리카도는 다른 상품과 마찬가지로 노동 가격이 노동자의 식비, 의복비, 주거비를 합한 실제 '생산 비용'으로 돌아가는 경향이 있다고 주장한다. 임금은 항상 근로자의 생계 '부양' 비용에 맞춰지기에 자본가들은 낮은 노동 비용을 유지하기 위해 식료품과 주거 용품의 가격을 낮게 유지하려 애쓴다.

리카도는 나라가 부유해지면 그 나라의 일반적인 근로자가 자기 임금으로 살 수 있는 편의품 또한 늘어난다는 사실을 인정한다. "잉글랜드의 일반 가정에서 사용되는 편의품 상당수가 우리 역사 초기에는 사치품으로 취급되었을 것이다." 리카도는 그렇다고 국민 소득에서 자본가의 이윤이나 토지 임대료가 차지하는 비중과 비교해 노동의 비중이 커지지는 않는다고 강조했다. 노동자가 훨씬 잘살게 된 것처럼 보이지만, 토지나 자본 없이는 매주 생필품 값을 치를 정도만 벌 수 있다는 것이다.

리카도의 노동가치론은 경제에서 노동이 차지하는 위치를 비관적으로 설명한다. 따라서 마르크스가 왜 이 이론을 받아들였는지 쉽게 짐작할 수 있다. 리카도가 노동가치론으로 고찰한 사회는 가진 자와 가지지 못한 자가 토지와 자본의 소유 여부로 나뉘는 계층 사회이기 때문이다.

⑤   경제 성장의 승자는 누구인가: 리카도의 소득분배론

리카도는 사회의 부와 자원이 지주, 자본가, 노동자 사이에서 어떻게 분배되는지 과학적으로 분석하고 싶어 했다. 지대, 이윤, 임금 사이의 분배 비율은 어떠하며 시간이 흐르며 이것이 어떻게 변화하는지 밝히고자 했다.

영국의 곡물법을 둘러싼 격렬한 논쟁에서 나타나듯이 리카도의 시대에 식량 자급 문제는 매우 중요한 사안이었다. 리카도는 토지와 식량 생산 능력이 한정된 반면, 인구 증가에는 한계가 없다는 맬서스의 이론에 기본적으로 동의했다. 그는 농경지의 지대가 비옥함에 좌우된다고 말한다. 비옥한 땅이 모두 점유되면 사람들은 덜 비옥한 땅에서 농작물을 재배할 수밖에 없고, 인구가 증가함에 따라 가장 비옥한 땅에는 할증료가 붙어 지대가 상승한다. 이것이 리카도의 차별화된 지대론이다.

　리카도의 입장에서 이윤은, 간단히 말해 사업주가 근로자와 지주에게 각각 임금과 지대를 치르고 난 뒤에 남은 돈이다. 그의 이윤론에 따르면, 이윤율은 경제 전반에 걸쳐 놀랄 정도로 안정적인 수준을 유지한다. 특정 부문이나 산업이 큰 이윤을 창출한다고 알려지면 자본이 그 산업으로 유입되어 더 많은 재화가 생산되며, 그 결과 가격이 내려가고 따라서 이윤도 줄어든다는 것이다. 이와 함께 상대적으로 적은 이윤을 내는 산업에서는 자본이 이탈하게 마련이다. 생산되는 재화가 줄어들면 해당 산업에 계속해서 남아 있던 기업이 높은 가격을 매길 수 있게 되고 다시 이윤이 슬슬 증가하기 시작한다.

　경제가 걸음마 단계에 있을 때는 이 같은 설명이 합리적이었다. 그러나 리카도는 그 시대 다른 경제 사상가들과 마찬가지로 맬서스의 인구 과잉과 희소성 이론이라는 덫에 걸렸다. 리카르도가 보기에 인구 증가에 따라 식량 수요가 증가하면 기존 농경지가 부족해지는 것이 당연한 이치였다. 그렇게 되면 지대가 상승해 식량 가격이 폭등하고, (생계 임금 이론을 감안할 때) 산업가들이 노동자에게 더 많은 임금을 치러야 하는 상황으로 이어지며, 그에 따른 이윤 감소(와 지대 상승)로 말미암아 투자 의욕은 증발하고 경기 침체가 발생한다.

리카도의 해결책은 곡물법 폐지로 수입을 늘림으로써 곡물 가격을 떨어뜨리는 것이었다. 이렇게 하면 임금도 같이 떨어져서 산업가가 얻는 이윤이 증가하고 경제의 활력이 유지되며 토지와 기계에 대한 투자가 증가한다고 보았다.

리카도는 토지 임대료를 받아야만 하는 토지 귀족이 아니었기에 그가 곡물법 폐지를 주장한 것은 놀라운 일이 아니다. 그 당시에는 지주와 자본가의 다툼이 격렬했는데, 리카도는 토지를 소유한 귀족 계층이 승리하리라 생각했다. 그러나 나폴레옹의 패배로 곡물 가격이 떨어졌고, 얼마 후 곡물법이 결국 폐지되었다. 영국 경제를 손에 쥐고 흔들었던 지주 계층은 영향력을 상실했다.

리카도도 맬서스처럼 인구가 식량 공급을 추월한다고 예측하는 오류를 저질렀다. 지주가 산업가의 주인이 된다는 예측도 엇나갔다. 사실은 정반대였다. (농기계와 식물학의 발달로) 농업 생산성은 점점 더 올라갔고, 각국은 (국제 자유무역에 힘입어) 수입을 통해 식량 수요를 충분히 충족할 수 있게 되었다. 이러한 상황은 리카도의 가장 잘 알려진 이론으로 우리를 이끈다.

⑤   **국제 무역과 비교우위**

애덤 스미스가 말한 절대우위는 간단히 설명하자면 어떤 나라가 인건비, 기후, 지형 등의 요소 덕에 다른 나라보다 더 낮은 가격에 물건을 만들고 해외 시장에서 팔 수 있는 능력이다. 리카도는 서로 다른 기후 덕분에 포르투갈이 영국에 비해 포도주를 생산하기에 용이한 반면, 영국은 양을 키우고 얻은 모직물로 의류 만들기에 적합하다는 예시를 든다. 두 나라가 남은 와인과 모직물을 서로 교환하면 각자에게 이득이 된다고 말이다.

만약 포르투갈이 와인과 모직물 생산 둘 다 더 잘 된다면? 당연히 영국과 무역할 이유가 사라지지 않을까? 리카도는 직관에 반하는 답을 내놓는다. 그렇다 해도 한 가지에 특화하는 편이 한층 더 합리적이라고 말이다. 포르투갈이 와인을 특화하면 와인 생산을 한층 더 효율적으로 할 수 있는 한편, 영국이 모직물을 특화하면 모직물 생산의 효율이 높아지고 비교우위를 점할 수 있다는 것이다.

리카도에 따르면, 어떤 나라 한 곳이 비교우위가 있는 상품을 특화하면 전 세계 차원에서 효율이 증가하는 결과가 나타난다. 국제 무역이 이뤄지는 것도 이 때문이다. 포르투갈이 계속해서 모직물을 생산하면 보다 적합한 와인 생산에 자원을 투입하지 않게 되며, 그만큼 와인 생산에 투자할 수 있는 자원을 허비하는 셈이 된다.

아울러 리카도는 절대우위가 없는 나라도 국제 무역을 통해 이득을 얻을 수 있는 까닭이 무엇인지 설명한다. 밀, 모직물, 자동차, 의류 생산을 더 잘할 수 있는 나라들이 수없이 많더라도 그 나라들이 IT 서비스, 민간 항공, 생명공학 등 자국이 정말로 잘할 수 있는 분야에 치중하지 않으면 손해가 발생하기 때문이라는 것이다.

리카도의 이론은 국내 및 국제 정치가 작동되지 않는 자유무역 세계에서는 딱 들어맞지만, 현실에서는 각국이 정치적·사회적 이유로 더 이상 우위가 없는 상품 생산에 매달리고 그러한 산업(대표적으로 농업)을 보호함으로써 세계 경제에 왜곡을 초래하는 일이 비일비재하다. 이는 부유한 나라만의 현상이 아니다. 개도국 대다수가 성장할 수 있는 방법은 높은 관세 장벽을 세우고 수입을 대체하는 산업을 구축하여 일자리와 신사업을 창출하는 것이라고도 볼 수 있다.

리카도의 이론은 자본이 특정한 비교우위가 있는 산업이나 나라로 유입되게 마련이라는 가설을 전제로 하지만, 리카도도 사람들이 외국보다는 자국에 투자하기를 선호한다면서 자본이 이론상으로만 자유로이 이동한다는 사실을 인정한다.

이외에도 비교우위론은 어떤 나라가 가격 변동이 극심한 상품 한두 가지에만 특화하면 큰 타격을 받을 수 있다는 점을 간과한다. 1800년 아일랜드가 영국에 병합됨에 따라 그때까지 보호받던 아일랜드의 직물산업이 취약해졌다. 영국의 직물 생산에 비해 경쟁력이 없고, 곡물 생산도 성공적이지 못한 상황에서 아일랜드인은 감자 재배에 내몰렸다. 그러다 감자 역병이 닥치자 수백만 명이 목숨을 잃었다.

리카도는 자유무역 체제에서 각국이 특화를 통해 가격이 안정적으로 유지될 가능성이 큰 제조업이나 서비스 산업을 다각화하고 발전시킬 수 있는 답을 제시한다. 하지만 특화가 이뤄지기까지는 수년에서 수십 년이 걸린다. 그러는 동안 크나큰 사회적 비용이 발생할 수 있다.

리카도의 무역 이론은 다른 나라에 손실을 초래해야만 자국이 부유하고 강력하게 성장할 수 있다는 중상주의 이론과는 거리가 멀다. 오늘날 관세와 보호 장벽 완화를 목표로 하는 국제 자유무역 협정은 비교우위론이 아직도 유효하다는 인식에서 비롯된다. 각국이 개방 무역 체제 덕분에 생활 수준을 개선하고 자원의 적절한 배분을 달성할 수 있다는 사실을 뚜렷이 인식하고 있는 현재, 리카도의 이론은 오늘날에도 경제학 최고의 업적 가운데 하나로 남아 있다.

$ **과세의 의미**

리카도의 사후 수십 년간 보호주의 완화와 비교우위를 활용한 국제 무역 확대는 19세기 영국이 국력과 경제력을 키우는 밑바탕이 되었고, 국제 경제에도 통용되는 모형이 되었다. 오늘날에도 리카도의 이론은 세계 경제의 연계를 강화하되 개별 국가의 힘은 그대로 유지한다는 취지의 무역 협정에 빠짐없이 반영되어 있다. 물론 토지가 부 창출 수단으로서의 중요성을 점점 더 잃어간다는 것과 토지를 소유한 귀족 엘리트가 신흥 산업가와 세력이 커진 금융업자에 밀려나리라는 것을 간파하지 못했다는 점에서는 비판의 여지가 있지만 말이다.

《정치경제학과 과세의 원리에 대하여》는 길고 세세한 책으로 과세와 화폐에 대한 내용이 주를 이루는데, 그의 시대에 조세 징수는 정말 중요한 사안이었다. 영국은 나폴레옹과의 전쟁 비용을 마련할 방법을 찾아야 했고, 전쟁이 끝난 후 산더미 같은 빚을 진 상황이었기 때문이었다. 빚을 갚기 위해 영국 정부는 세율을 인상하거나 국채를 추가로 발행할 수 있었지만 두 가지 모두 탐탁지 않아 했다. 리카도가 보기에, 국가가 더 많은 세금을 징수하면 돈 있는 사람들이 자국에 투자하려는 본연의 욕구를 억누른 채 그 돈을 다른 나라로 옮길 가능성이 컸다. 하지만 국채 발행으로 하는 자금에도 부정적인 영향이 있다고 보았다. 2,000만 달러어치의 전쟁 채권을 발행한다면 그만큼의 돈이 나라의 생산적인 자본 중에서 빠져나가는 셈이었으니까 말이다.

리카도는 사회 평등이라는 면에서 과세가 조금 더 공정하다며 사치재에 세금을 부과하는 것이 정당하다고 보았다. 정부가 '말, 마차, 와인, 하인을 비롯해 부유층이 사용하는 사치품 전부'에 과중한 세금을 매기더라도 생산적인 목적에 사용되는 국가 자본의 총량에는 손실이 없다는 주장이다. 금융업자의 논리를 통해 그는 이러한 견해에 이르렀다.

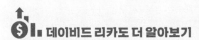 **함께 읽으면 좋은 책** 토머스 맬서스의 《인구론》, 애덤 스미스의 《국부론》, 대니 로드릭의 《자본주의 새 판 짜기》

💲 데이비드 리카도 더 알아보기

1772년 영국 런던 동부에서 세파르드 유대인이며 네덜란드 암스테르담에서 영국으로 이주한 지 12년째 되는 부모 밑에서 태어났다. 열네 살 때 아버지가 소유한 증권 중개 회사에서 일하기 시작했고, 환율 차익 거래에 재능이 있어 큰돈을 벌었다. 스물한 살 때 퀘이커교도인 프리실라 앤 윌킨슨과 결혼하기 위해 유대교 신앙을 버리고 개종해 아버지로부터 절연당하고 경제적 지원을 받지 못하게 되었다. 빌린 돈으로 중개 회사를 차렸고 성공을 거두어 20대 중반에 이미 상당한 재산을 모았다. 마흔두 살에 은퇴, 글로스터셔의 대저택 개트콤 파크를 구매한 후 런던을 오가며 지냈다. 개트콤 파크에서 신사 계층으로 자란 두 아들은 국회의원이 되었다. 1940년까지 리카도 가문의 소유였던 개트콤 파크는 현재 영국의 앤 공주가 주인이다. 1819년 당시 관행에 따라 의회 의원직을 사들였으나, 자신의 지역구인 아일랜드 포트알링턴에는 한 번도 방문하지 않았다. 의원으로 활동하면서 당시의 경제, 금융 문제에 기여했고, 특히 최소한의 정부 개입, 낮은 세율, 종교적인 관용, 언론의 자유를 옹호했다. 1823년 세상을 떠났다. 당시 70만 파운드 정도의 유산을 남겼는데, 현재 가치로 환산하면 10억 파운드에 달한다.

Book 37

경제의 세계화는 민주주의에 어떤 영향을 끼치는가

대니 로드릭의 《자본주의 새 판짜기》

대니 로드릭Dani Rodrik

현대의 주목받는 경제학자로 국적은 튀르키예지만 주 활동 무대는 미국이다. 세계화와 경제 발전에 관한 독창적이고 예지력 있는 분석으로 유명하다. 현재 하버드대학교 케네디스쿨의 정치경제학 교수로 재직 중이다. 2002년 세계개발환경연구소에서 수여하는 레온티예프상을, 2007년 미국 사회과학연구위원회가 수여하는 제1회 앨버트 허시먼상을 수상했다.

1999년 세계화 반대를 외치는 시위대가 시애틀에서 열린 세계무역기구WTO 회담을 어지럽혔다. 하지만 별반 달라질 것은 없어 보였다. 무역 자유화와 관련해 제기된 노동 문제와 환경 문제는 정당한 것이었지만, 세계 각국 정부는 무역 장벽과 국가 간 거래 비용을 없애는 것이 번영으로 가는 유일한 길이라 판단했다. 결국 세계가 대규모 단일 시장에 가까워진다면 모두 이득을 보리란 합의에 이르렀다. 그러다 상황이 바뀌었다. 영국은 EU에서

414

탈퇴했고, 프랑스의 마린 르 펜은 '세계화주의자'를 사악한 별종이라 부르는가 하면, 도널드 트럼프가 반세계화를 공약으로 내걸고 대통령에 당선되었다. 대니 로드릭이 그의 책《자본주의 새 판 짜기》에서 언급한 '국가 주권과 세계화 사이의 뿌리 깊은 갈등' 현상이 드러난 것이다.

《자본주의 새 판 짜기》는 이러한 현상이 일어나기 전인 2011년 출간되었다. 이 책은 예지력 있는 분석만큼 지금도 훌륭한 길잡이로 작용한다. 무역정책과 자본시장 세계화 움직임을 국내 정치와 분리해서 시행할 수 없다는 로드릭의 견해는 (잠시 후에 살펴볼) 그 유명한 트릴레마trilemma 이론을 낳았다. 이 이론은 현재 일어나는 사건들의 이해에 도움을 주고 있다. 로드릭의 주장은 간단히 말해 세계화가 그 자체로 목적이 되어서는 안 되고, 각국이 부와 자유를 성취할 수 있는 수단이 되어야 한다는 것이다. 국민 투표로 선출된 각국 정부는 자국의 가치, 법, 제도를 보호할 권리가 있다. 동시에 정치인은 무역과 개방의 편익을 알릴 책임이 있다.

💲 **성공한 세계화 사례: 브레튼우즈 체제**
제2차 세계대전 이후 세계 금융 질서를 재편한 사람으로 흔히 미국의 해리 덱스터 화이트와 영국의 존 메이너드 케인스가 꼽힌다. 두 사람은 무역을 촉진할 개방형 체제를 구축하고자 했다.

다만 국내 정치를 염두에 두지 않으면 정치적·경제적 불안정성이 증가하리라는 것도 잘 알았다. 화이트와 케인스가 참여한 브레튼우즈 체제(1994)는 자유무역보다 완전 고용, 국가 경제 성장, 사회보험, 복지제도에 우선적으로 초점을 맞추었다. 가장 큰 혁신은 '다자주의'였다. 이는 세계은행, IMF, 관세와 무역에 관한 일반 협정GATT 같은 전담 기구를 통해 국제 경제정책을 조율하는 접근법이다. 다자주의 전담 기구가 개별 국가의 노골적인 패권 행사나 제국주의 통치를 대체한 것이다.

이러한 체제는 당시 초강대국으로 떠오른 미국의 지원과 보증을 받았지만, 그럼에도 비차별적이며 모든 나라를 대표하고 돕는다는 취지를 띠었다. 실제로 GATT는 대단한 성공을 거두었다. 여러 차례 협상 끝에 수많은 관세를 없애도록 함으로써 1947~1990년 사이 세계 무역이 연평균 7퍼센트 성장하는 데 기여했다. 농업 관세, 서비스 직물, 의류는 제외되고 반덤핑 관행과 관련해서는 허점이 많았음에도 이러한 성과를 올린 것이다.

각국이 브레튼우즈 체제를 통해 촉진한 자유는 '여러 종류의 자본주의'를 낳았다. 프랑스의 계획제도, 스웨덴의 복지제도, 독일의 사회주의 시장 경제, 전통 산업의 보호에 초점을 맞춘 일본의 수출제도 등. 각국은 그러한 체제 안에서 자국에 맞는 세금제도, 복지정책, 노동시장 법규를 고안할 여지가 있었다. 로드릭이 보기에 브레튼우즈 체제는 완전한 국가 주권을 허용하면서도 최악의 국가 간 보호주의 장벽을 거둬냈다는 점에서 '가벼운 맛의 세계화'에 가까웠다. 그 후 30년 동안 전 세계적으로 경제 성장률이 상승한 사실만 보더라도 그 결과는 성공이었다.

⑤ 　　　　　　　　　　　　　　　　　　**초세계화: WTO 시대**

1970년대 브레튼우즈 체제에서 통화 문제가 부각되자 세계화와 시장 통합을 추진하는 움직임이 일어나기 시작했다. 우루과이 라운드 협상 이후에 GATT가 WTO로 대체된 1995년에 이르러서는 주안점이 각국의 우선 과제에서 '초세계화'로 옮겨갔다. 이러한 움직임에는 GATT가 세계 경제 성장률을 끌어올렸으니, 한층 더 자유화하면(무역 규제를 완전히 폐지하고 금융의 국제 거래 비용을 없앴다면) 경제 성장이 가속화하지 않을까 하는 논리가 깔려 있었다.

공산주의의 몰락 역시 정부가 최소한의 규모로 유지되어야 할 필요악이라는 믿음에 힘을 실어주는 듯했다. 대기업은 이념적 승리에 편승해 세율 인하, 노조 권한 축소, 규제 완화를 밀어붙였다. 자유무역의 방해물은 무조건 '없어져야 할 혐오스러운 것'이었다. 이러한 분위기에 맞춰 농업과 서비스도 새로운 WTO 협정에 포함되었다.

하지만 시간이 흐름에 따라 각국 정부는 자국의 가치를 존중하지 않는 WTO 체제에 염증을 느꼈다. 1999년 시애틀 회담이 열릴 때까지, WTO는 세계화 반대 진영에 의해 근로 기준과 환경 기준의 해체를 조장하는 기구이며 개도국 착취와 대기업 보호를 추진하는 신자유주의 의제의 한 부분이라는 이미지를 굳혔다.

세계화가 미국 내 소득 불평등의 주요 원인이라는 우려도 있었다. 1990년대 이후로 미국의 개도국 제품 수입 규모는 미국의 경제 성장을 감안할 때 두 배 증가했는데, 문제는 그러한 개도국의 임금 수준이 미국보다 훨씬 더 낮았다는 점이다. 이러한 상황에서 중국이 제조업 국가로 성장함에 따라 미국에서는 무수한 일자리가 증발해버렸다. 미국의 두 경제학자 볼프강 스톨퍼와 폴 A. 새뮤얼슨이 1941년 내놓은 스톨퍼-사무엘슨 정리는 저임금 국가와의 무역이 고임금 국가의 근로자에게 타격을 입힌다는 예측으로 유명한데, 그러한 예측이 실현된 셈이다. 각국에 세계 시장 세력으로부터 보호하는 수단을 정책적으로 제공하는 것이 합리적이라는 시각도 있었지만, 무역 협정을 좌지우지하던 자유주의자들이 그러한 조치를 막은 것으로 보인다.

⑤   아시아와 세계화: 불편한 진실

통화 안정성을 위한 '워싱턴 합의'는 시장 및 금융 자유화와 결합되어 1980~1990년대 일종의 종교가 되었고, 개도국의 정책 입안자들을 신도로 거느렸다. 추종자들은 아시아의 호랑이들과 중국이 수용한 혼합형 실용주의 대신 세계 경제에 대한 개방을 받아들였다. 국가 개입을 주장하거나 '수입 대체 산업화'로 알려진 전통적인 발전 방식을 추진하기만 해도 골수 보호주의자 취급을 받았다. 세계화는 신성불가침 영역이 되었다.

그런데 연구 자료를 보면 다르다. 세계은행이 일본의 기금을 받아 1993년에 낸 자체 보고서 〈동아시아의 기적: 경제 성장과 공공정책East Asian Miracle: Economic Growth and Public Policy〉에 따르면 한국, 홍콩, 싱가포르, 말레이시아, 태국, 인도네시아 등의 수입품을 자국산 제품을 대체하여 경제 성장을 이뤘으며 세계 경제에서 활약하는 수출국이 되었다고 한다. 홍콩을 제외하고는 모두 진정한 자유시장 경제가 아니었다.

로드릭은 지난 20년간 중국과 인도가 괄목할 만한 성과를 거둔 것은 새로운 세계화 질서가 아니라 브레튼우즈 질서를 따랐기 때문일 뿐 다른 이유는 없다고 주장한다. 두 나라는 무역과 금융을 외국에 완전히 개방하지 않았으며, 국유 기업을 보호하고 적극적인 경제 개입을 단행하는 등 자국의 이해관계에 부합하는 수준으로 보호주의를 유지했다. 로드릭은 중국이 2001년 WTO에 가입한 이유는 이때쯤 견고한 산업 기반을 마련하여 다른 나라와 균등한 조건에서 경쟁할 수 있게 되었기 때문이라고 설명한다. 산업정책이 단계적으로 폐지되었고 관세가 한 자리 수로 내려갔다. 세계화를 완전히 수용한 중남미와 아프리카 각국은 같은 시기에 소폭의 경제 성장이나 심지어 성장 정체를 경험했다.

⑤ 　　　　　금융 세계화: 우리의 예상을 뛰어넘는 변동성

1997년 IMF는 개도국의 자본 계정 자유화를 추진했다. 그때까지만 해도 개도국은 갑작스러운 자본 이탈을 막기 위한 제한 조치를 다수 시행하고 있었다(이들은 외국인 직접 투자는 선호해도 '핫머니'가 유입되어 자국 경제에 불안정성을 초래하는 것은 원치 않았다).

IMF는 전 세계적으로 자본 이동이 자유로워지면 저축 자본이 전에 없이 효율적으로 배분되고 그에 따라 경제 성장률이 상승하리라고 주장했다. 이러한 주장은 놀랍게도 아시아 외환위기가 전개되던 바로 시점에 나왔다. 1996년 인도네시아, 말레이시아, 필리핀, 한국, 태국은 120억 달러에 달하는 해외 민간 자본을 유치했다. 그런데 이듬해 모두가 한꺼번에 빠져나갔다.

몇 달 전만 해도 IMF가 이들 국가의 '건전한 경제 지표'를 떠들어댔기에 시장이 과잉 반응하는 것이 분명했다. 그러나 IMF와 미국 재무부는 그 후 몇 년에 걸쳐 개도국에 외국 자본 제한 조치의 철폐를 요구했고, 심지어 이를 무역 협정 조항에 명시하라고까지 했다.

변동 환율은 안전밸브 역할을 하기는커녕 불안정성의 근원이 되었다. 외환 딜러와 투기꾼이 파운드, 링기트, 바트의 변동으로 손쉽게 이득을 취함에 따라 환율 변동성이 한층 더 커졌다. 2007년 1일 외환 거래 규모는 3조 2,000억 달러에 달해 전 세계 실물 재화와 서비스 거래 규모를 넘어섰다. 이를 감안하면 각국 경제

가 일자리 창출과 인플레이션 측면에서 안정적인 경로로 나아가기란 어려웠다. 로드릭은 세계 경제가 금융 자유화와 자본 이동성이 크게 확대된 1980년대 이후에 엄청나게 성장했지만, 그 성장률이 제2차 세계대전 직후 브레튼우즈 체제-각국의 자본 통제, 외국인 금융 투자와 투기의 제한, 국내 경제에 대한 개입이 허용되던 시대-에 달성한 것에는 미치지 못한다고 말한다. 자본 통제가 없는 세계는 국가들에 있어 징벌이라고도 한다. 시장과 투기꾼에 의해 처단되기 때문이다. 그런데 국가가 원하는 바와 시장이 원하는 바가 같을까?

로드릭에 의하면 경제 세계화에 대한 미국 국민의 지지도가 급속도로 떨어지기 시작한 때는 2007~2008년이다. 아시아 각국과 중동 '산유국'의 막대한 저축은 높은 수익률이 나는 투자처를 찾고 있었고, 그중 일부는 미국의 부동산 증권으로 흘러들어 갔다. 이러한 자본 유입은 무분별한 대출과 주택시장의 폭등 및 폭락을 일으켰다. 그러나 금융 세계화와 재무제표 국가 간 공유 때문에 사태는 미국에 국한되지 않았다. 그럼에도 경제학자들은 대체로 금융 세계화를 적극 환영해왔고, 금융 세계화가 불러온 불확실성과 위험은 외면했다.

⑤ 세계화의 정치적 트릴레마

로드릭은 민주주의, 민족자결주의, 경제 세계화라는 목표가 나란히 이루어질 수 없다고 결론짓는다. "세계 경제가 근본적으로 정치적 트릴레마에 빠져 있다"는 설명이다. 세계화 방향으로 이동하면 노동법, 환경 기준, 사회 복지 같은 국내 정책에 대한 자주권이 약화되는 등 대가가 따른다. 민주주의가 주요 목표라면 국민 국가와 세계 경제 통합 중 한 가지를 선택해야 한다.

로드릭은 '초세계화'가 민족자결주의나 사회적 합의보다 우선시되어서는 안 된다고 생각한다. 그렇지만 국가가 고립을 택하거나 어떤 종류의 세계 정부를 수립하는 것보다 '국민 국가의 민주주의에 다시 힘을 실어주는' 노선이 합리적이라고 본다. 그는 "국제적인 질서의 장막을 얇게 유지하여 국민 국가 정부가 운신할 여지를 충분히 남겨두는 것이 더 바람직한 세계화"라고 주장한다. "그렇게 하면 세계화의 문제점을 해결할 수 있는 한편, 세계화에 따른 상당한 경제 편익을 유지할 수 있다. 우리에게는 극대화가 아니라 합리적인 세계화가 필요하다."

로드릭은 국민 국가가 자국의 이익만을 위해 싸우며 '글로벌 코먼스(global commons, 세계 공공재)'를 지키려 시도하지 않기 때문에 세계 경제에서 일차적 역할을 하기에 적합하지 않다는 견해를 반박한다. 온실가스 배출에 대한 각국의 정책, 이러한 정책이 기후 변화에 미치는 효과가 대표적이다. 이런 사안에서는 국제 협력이 중요하지만, 세계 경제의 공공재 따위는 애초에 존재하지 않는다는 것이다. 개별 국가는 자국의 우선 과제를 따라가야 한다. 이는 '편협한 지역주의'을 따르라는 것이 아니라 민주주의의 현실을 존중하라는 제안으로, 로드릭은 초국가적인 기관에서는 일반적으로 민주주의에 대한 존중을 찾아볼 수 없다고 말한다.

⑤ **초세계화를 저지하는 민주주의**

토머스 프리드먼은 세계화 이전에 발표한 베스트셀러 《렉서스와 올리브나무》에서 국제 자본이 각국에 자유무역, 자유 자본시장, 작은 정부를 강조하기 위해 '황금 구속복'을 만든다고 주장했다. 황금 구속복을 입은 나라의 "경제는 성장하고 정치는 위축된다"고 지적했다. 이에 대해 로드릭은 "세계화가 국내 정치와 충돌하면 똑똑한 자본은 정치 쪽에 돈을 건다"고 주장한다.

흔히 완전한 세계화를 지지하지 않는 자들은 무지하고 편협한 것으로, 세계화주의자들은 교육 수준이 높고 편견이 없는 것으로 그려지곤 한다. 영국의 브렉시트는 이러한 역학 구도를 생생하게 보여주었다. 도시에 거주하고 교육 수준이 높으며 잘사는 '전문가'들은 영국이 경제 독립국으로 돌아가서는 안 되는 합당한 이유를 수천 개나 읊어댔다. 민주주의가 덜 발달한 곳이었다면 엘리트가 승리했을 것이다. 민주주의가 초세계화주의자의 꿈을 저지했다.

로드릭은 국제 무역과 개방은 다양한 혜택을 가져오며, 정치인들은 이에 찬성해야 한다고 말한다. 그러나 세계화를 추진하려면 현실적이고, 역사적으로 입증되며, 이념이 개입되지 않은 유형에 초점을 맞춰야 한다고 본다. 세계는 단순히 큰 시장이 아니라 정치적 신념, 관습, 법률, 가치관이 복잡하게 짜여 있는 태피스트리다. 시장은 진공 상태에서 존재할 수 없다. 국가 정부에 의해 운영되고 유지되며 강화되어야 한다. 시장 확대는 정부의 확대도 요구한다. 단지 규칙을 정하기 위해서뿐만 아니라 시장 개방이 가져오는 위험과 불안정성으로부터 시민을 보호해야 하기 때문이다.

함께 읽으면 좋은 책 리아콰트 아메드의 《금융의 제왕》, 장하준의 《그들이 말하지 않는 23가지》, 나오미 클라인의 《자본주의는 어떻게 재난을 먹고 괴물이 되는가》, 마이클 포터의 《국가 경쟁우위》, 데이비드 리카도의 《정치경제학과 과세의 원리에 대하여》

$ 대니 로드릭 더 알아보기

1957년 튀르키예 이스탄불에서 태어났다. 아버지는 높은 관세로 보호받는 필기구 제조 업체를 운영했으며, 아들을 하버드대학교에 유학 보낼 정도로 여유가 있었다. 우수한 성적으로 대학 졸업 후, 프린스턴대학교에서 공공정책학 석사학위(1981)와 경제학 박사학위(1985)를 받았다. 이후 컬럼비아대학교에서의 4년, 프린스턴 고등연구소에서의 2년을 제외하고는 내내 하버드대학교에서 재직했다. 하버드대학교 케네디공공정책대학원(케네디스쿨)에서 정치경제학 교수를 맡고 있다. 튀르키예의 전직 장성인 체틴 도간Çetin Doğan의 딸 피에르 도간Pinar Doğan과 부부 사이이다. 2010년 쿠데타 혐의를 받고 구속된 체틴 도간은 2014년 기소 없이 풀려났는데, 로드릭 부부는 이와 관련해 석방 운동을 벌인 바 있다.

Book 38

국가 권력은 어떻게 우리의 자유와 재산을 침해하는가

머레이 N. 라스바드의 《국가의 해부》

머레이 뉴턴 라스바드 Murray Newton Rothbard

20세기 미국의 경제학자이다. 오스트리아학파의 핵심 인물로 루트비히 폰 미제스의 이론을 계승하고 확장했다. 미제스연구소의 창립 멤버로 현대 자유주의 발전에 지대한 영향을 끼쳤으며, 무정부-무자본주의Anarcho-capitalism 창시자이기도 하다. '체계화되고 크게 쓰여진 강도 조직'이라며 국가의 모든 개입을 부정적으로 보았다.

1995년에 세상을 떠난 머레이 N. 라스바드는 미국 자유주의 철학의 핵심 인물이다. 그는 뉴욕 컬럼비아대학교에서 경제학을 전공하던 당시 미제스의《인간 행동》을 읽고는 벼락을 맞은 듯한 충격을 받았고, 훗날 이 책의 해설서를 쓰게 되었다. 그 해설서는 1962년에 출간한《인간 경제 국가》로 발전했다. 이보다 훨씬 짧은《국가의 해부》는 라스바드의 정치적 원칙과 이론을 압축적으로 알기 쉽게 소개하고 있다.

《국가의 해부》는 원래 1965년《개인 사상을 소개하는 램퍼트 저널Rampart Journal of Individual Thoughts》이라는 단명한 학술지에 발표된 글이다. 램퍼트대학은 콜로라도에 있는 미인가 인문대학으로 로버트 르페브르에 의해 설립되었으며 자유주의를 가르쳤다. 프리드먼과 미제스도 이 대학에서 강의한 적이 있다. 미제스연구소는 1974년《국가의 해부》를 60쪽으로 발췌한 책을 발간했는데, 온라인에서 무료로 열람할 수 있다.

라스바드가 계승한 오스트리아학파는 공교롭게도 미국에서 새로운 생명력과 영향력을 얻었다. 시장이 국가보다 도덕적으로 우월하다고 주장하는 이 학파가 미국을 정신적 본거지로 삼은 것은 어찌 보면 당연하다. 라스바드는 스스로를 "사유 재산을 옹호하는 무정부주의자"라며 '무정부-무자본주의'란 표현을 사용했다. 덕분에 살아생전 주류로 인정받지 못했지만 그의 책들은 남아 다시금 눈길을 끌고 있다. 2021년, 전 트위터 CEO 잭 도시가 트위터로《국가의 해부》를 소개해 화제를 모으기도 했다.

❺   **국가가 고결하다는 허구**

라스바드는 우선 국가에 대한 통념에 의문을 제기한다. 그의 논리는 다음과 같다. 역사를 통틀어 국가는 때에 따라서 사회적 서비스를 제대로, 어떨 때는 부실하게 제공하는 기관으로 여겨져 왔다. 국가 옹호론자들은 국가를 '사회가 신격화된 존재'로 묘사하며 탐욕스러운 민간 부문에 대항하는 요새로 생각한다. 실제로 민주주의가 출현함에 따라 국가가 사회와 불가분의 관계이며 사회의 목표를 달성하는 기관이라는 견해가 등장했다.

그렇지만 사회는 국가와 다르다. 국가는 (1) 주어진 영토 내에서 '폭력의 독점(monopoly on violence, 막스 베버가《소명으로서의 정치》에서 사용한 표현)'을 유일하게 허용받은 조직이며 (2) 자발적인 분담이 아니라 강압에 의해 수입을 얻는 유일한 조직이다. 다른 조직은 수입을 얻는 대가로 재화와 서비스를 제공해야 하며, 수입을 얻을 때 강압을 사용하지 않는다. 국가의 경우 선택은 없다. 따라서 라스바드는 국가를 민간 영역의 '클럽'처럼 모든 회원에게 편익을 제공하고 그 대가로 분담금을 받는 기관으로 포장하는 이론은 속속들이 잘못되었다고 주장한다. 대체 어떤 클럽이 가입과 회비 수납을 강요하고, 회원에게 무력을 행사할 권리를 지니겠느냐는 것이다.

⑤　　　　　　　　　　　　　　　　　　　　　　　**재산의 약탈자**

인간은 태어나면서 가치 있는 물건을 만들어내야 한다는 기대를 받는다. 인간은 자신이 만들어낸 것을 팔아 자신에게 필요한 것을 산다. 가치 있는 물건은 인간의 '재산'이 되므로 재산권과 자유 교환 시장은 인류 발전에 기본적으로 필요한 요소다.

이처럼 생산을 통해 평화롭게 번영을 얻는 방법은 다른 사람의 재산을 무력으로 빼앗는 방법과 대비된다. '약탈'은 무엇인가를 구상하고 만드는 것보다 쉽다. 국가는 폭력을 독점하고 있기에 프랑스의 경제학자 바스티아가 말한 '법적 약탈legal plunder'이 가능하다. 결과적으로 시민의 입장에서는 더 큰 생산성을 발휘하여 부를 축적하겠다는 의욕이 꺾인다.

라스바드에 따르면 "국가는 사유 재산의 약탈을 위해 합법적이고 질서정연하며 체계적인 통로를 제공한다." 그는 초기 자유주의 사상가 앨버트 제이 노크Albert Jay Knock의 말대로 국가는 살인범을 처벌하면서도 스스로 전쟁을 통해 대량 살상을 저지른다고 지적한다. 국가는 도둑을 처벌하지만 국가 시스템은 조세를 통한 합법적인 도둑질을 기반으로 한다. 라스바드에 따르면, "생산은 약탈에 선행하게 마련이므로 자유시장이 국가보다 먼저 발생한다. 국가가 '사회 계약'에 의해 형성된 적은 없다. 국가는 항상 정복과 착취를 통해 탄생한다."

라스바드는 프랑스의 정치철학자 베르트랑 드 주브넬Bertrand de Jouvenel의 명저《권력론On Power》을 인용한다. 이 책은 국가가 시대를 거쳐 권력을 확대하고 놀랄 만한 성과를 거두는 과정을 추적했다. 주브넬은 민주주의가 정부의 권력을 제한하는 일에 실패했다면서 "국가는 본질적으로 산적 집단이고 작고 이질적인 사회에 잠입해 이루어낸 성공의 결과물"이라고 말한다.

정부는 단순히 정복과 약탈을 일삼기보다 사람들이 계속 자기

들의 생산활동을 유지하는 한편, 정부에 주기적으로 넉넉한 공물을 바치게 만들면 약탈의 기간을 연장할 수 있다는 사실을 깨달았을 때 발전했다.

💲 국가와 지식인

국가가 생존하려면 적극적이든 소극적이든 국민의 지지를 확보해야 한다. 국가는 무력을 행사해 생존할 수도 있지만, 장기간 존속하기 위해서는 이념에 통달해야 한다. 관료 계층에 일자리를 주거나 협조적인 귀족에게 자리를 내릴 수도 있지만, 그럴 수 있는 사람들은 소수에 불과하다.

국가가 오랫동안 존속하려면 대다수 국민이 국가의 가치를 인정해야 한다. 국가가 그들의 이익을 위해 존재하며, 정의며 현명한 통치 같은 미덕을 상징한다는 점을 받아들여야 하는 것이다. 그 정도까지는 아니더라도 최소한 정부가 불가피한 존재이므로 굳이 정부에 반대할 것까지는 없다고 생각해야 한다. 국가는 전반적인 체념의 환경을 조성함으로써 권력을 보호해왔다.

라스바드는 국가가 이렇게 이념적인 믿음을 얻기 위해서는 지식인에게 의존해야 한다고 주장한다. 지식인은 여론 형성을 통해 일반 국민의 생각에 영향을 준다. 지식인과 국가의 결탁은 플라톤 시대로 거슬러 올라갈 정도로 오랜 역사를 지닌다. 플라톤은 이상적인 공화국을 위해 사심 없이 일하는 사회 계층을 그려냈다. 그렇다면 지식인이 국가를 돕는 이유는 무엇일까? 국가가 제공하는 정부 부처나 산하 기관의 일자리를 통해 소득을 얻을 수 있기 때문이다. 그러한 소득이나 명예를 포기할 만큼 독립성이 투철한 지식인은 드물었다는 것이 라스바드의 생각이다.

라스바드가 꼽은 현대의 어용 지식인court intellectual으로는 케인스학파를 신봉하는 중앙은행 총재, IMF 경제학자, 정치 참모, 관료, 국립대학의 학자, 국립예술 단체에 속한 시인, 음악가, 미술가, 국가 기관에 소속된 군사 전략가 및 과학 전문가, 국가 공인 역사학자 등이 있다.

국가가 존재하지 않으면 악행이 난무할 것이라고 주장하는 세력도 있다. 역사적으로 교회와 국가의 결탁은 사회적·영적 무질서를 예방하는 수단이 되어왔다. 왕은 신과 동일시되었고, 사제는 이러한 신격화를 유지하는 과제를 수행했다. 그 덕분에 왕은 정치적인 지지도를 굳힐 수 있었다. 그러고 나면 지식인들이 다른 통치체제에 대한 공포심을 대중에게 주입한다. 오늘날에는 중앙은행체제, 복지주의, 과중한 조세 등을 주장하는 주류 경제학자들을 들 수 있다. 이들은 이러한 요소가 없으면 사회가 부도덕한 무질서 상태에 빠진다고 주장한다.

💲 **국가가 존속을 유지하는 방법**

국가는 쉬지 않고 반대 의견이나 자유로운 의견을 뿌리 뽑는다.

언론의 자유가 있는 사회에서는 어용 지식인을 이용해 다른 의견을 가진 자를 비방하거나 그 사람에 대한 후원을 철회한다. 개인보다 집단의 요구를 강조하고, 개인의 요구를 앞세우면 반사회적이라고 몰아간다. 이외에도 국가는 존속을 위해 다음과 같은 방법을 사용한다.

- 국가의 이념이나 선전을 폭로할 위험이 있는 이론이나 역사 다시 쓰기 등의 작업을 '음모론'으로 몰아간다.
- 국가의 실패를 '사회적 세력'이나 '세계 경제'의 탓으로 돌린다.
- 국민의 죄책감을 유발한다. 개인의 '탐욕', 기업의 '과도한 이윤', 최고 경영자의 '착취'를 비판한다. 모두 민간 부문의 부를 국가로 이전해야 한다는 발상에서 나온 발언이다. 약탈은 평화적이고 생산적인 작업보다 도덕적으로 더 우월한 행위로 제시된다. '승수 효과' 같은 케인스학파의 공식은 정부가 더 많은 재정 지출을 위해 국민에게 더 많은 세금을 거둬들이려는 목적을 감추고 있다.
- 다른 국가의 위험 요소를 부각함으로써 내부의 반대를 잠재운다. 정부가 조국과 동의어가 된다.

라스바드는 '국수주의'가 비교적 최근에 생겨난 현상이라고 지적한다. "통치받는 사람 대다수가 전쟁을 각기 다른 귀족 집단 간의 부적절한 다툼으로 여긴 것이 그리 오래전 일이 아니다."

실제로 영국의 역사학자 올랜도 파이지스Orlando Figes는 《인간의 비극: 러시아 혁명 1891~1924People's Tragedy: The Russian Revolution 1891-1924》에서 러시아 농민들이 자국 황제와 유럽의 전쟁에 전혀 관심이 없었으며, 권력을 유지하려던 볼셰비키 공산당 정부의 군사적 목표에 뚜렷하게 동조하거나 공감하지 않았다고 주장한다. 농민들에게는 그보다 추수와 충분히 먹을 식량을 확보하는 것이 중요했다.

⑤   **국가가 한계를 초월하는 방법**

군주가 신으로부터 절대적인 권한을 받았다는 왕권신수설은 군주가 보편적이고 도덕적인 법에 따라 행동해야 한다는 인식을 바탕으로 한다. 하지만 왕들은 누구의 간섭도 받지 않는 통치를 정당화하는 수단으로 사용했다. 의회민주주의와 헌법주의는 이러한 군주의 절대 권력을 견제할 의도로 도입되었다. 그러나 의회 자체가 절대 권력을 갖게 되었다. 오늘날의 '민주주의' 정부는 선출된 즉시 어마어마한 행정 권력을 얻는다.

미국의 정부 체계는 무한한 행정 권력을 다각도로 견제할 목적으로 설계되었다. 그러나 헌법과 권리장전이 국가를 상대로 보호해줄 수 있는 개인의 권리는 일부에 불과하다. 선출직이 아닌 대법관들이 법률 문제에 대한 최종 결정권을 지니기는 하지만, 이들은 그 누구에게도 책임을 질 의무가 없다. 정부의 통제를 받는 중앙은행도 국민의 삶과 생계에 막강한 영향력을 휘두르지만 그러한 행동에 대해 책임을 질 필요가 없다.

라스바드는 산업 국유화와 소득세 징수가 실질적으로 헨리 8세의 수도원 몰수나 다를 바가 없다고 주장한다. 국가의 속성은 세력권을 확장하여 더 많은 자원과 권한을 얻고자 하는 것이라고 말한다. "국가는 정해진 한계를 벗어나 세력권을 확장하는 일에 어김없이 비범한 재능을 보여 왔다." 이를 위해 국가는 개인이 축적한 부를 손에 넣을 방법을 끊임없이 모색해야 한다. 라스바드는 "국가는 개인의 자본을 의무적으로 몰수해야만 살아남을 수 있고, 국가의 확장에는 필연적으로 민간인과 민간 기업에 대한 침해가 수반되므로 우리는 국가가 속속들이 '반자본주의'적이라고 주장할 수밖에 없다"고 한다.

🅢 국가의 작동이 불러온 것

국가는 국가가 지켜준다는 생각을 국민들에게 주입해왔다. 그러나 국가와 국민은 별개다. 국가는 국민보다 스스로를 보호하는 일에 치중한다. 형법의 가장 가혹한 처벌은 내란, 탈영, 국가 전복, 국방의 의무 위반, 통화 위조와 변조, 탈세에 내려진다. 경찰을 공격하면 일반 시민에 비해 놀랍도록 치열한 대응이 이루어진다. 국가는 이처럼 치열하게 스스로를 보호함으로써 작동한다.

로스바드는 역사가 국가 권력과 사회 권력의 경주로 해석될 수 있다고 주장한다. '사회' 권력은 자연을 다스리는 힘이다. 시민 사회의 상호 교환과 혁신을 통해 생활 수준이 향상한 것도 사회 권력의 작용이다. 17~19세기에 이르기까지 사회 권력이 성장함에 따라 자유, 평화, 물질적 충족도도 급속도로 성장했다. 그러나 국가 권력은 결코 사회 권력보다 뒤처져 있지 않으며 20세기에는 사회 권력을 따라잡기까지 했다. 그 결과는? 전쟁과 파괴가 급증했다.

⑨   국가와 국민의 역학 관계를 바꿀 수 있을까

우리는 국가가 우세한 시대에 살고 있다. 경제 위기와 공중보건 재난 같은 대참사를 피하거나 그 영향을 완화하기 위한 '대응'이 국가에 큰 도움이 된 것만은 확실하다. 의회와 헌법을 통한 국가 권력의 제한 수단은 과거의 시도 대부분이 그러했듯 훼손되거나 사라져버렸다. 아직도 국민과 국가의 '거래'가 유효하며, 정의와 보호, 그 외 국가 서비스를 위해서라면 자유와 돈을 기꺼이 내놓을 수 있다고 생각하는 사람이 있을지 모르겠다. 사회가 편집증적이고 탐욕스러운 정부의 방해를 받지 않는다면 평화롭고 풍요로워질 것이라는 라스바드의 주장에 근본적으로 동의하지 않는 사람도 있을 수 있다.

그렇다 해도 국가의 규모와 권력이 계속해서 커지고 있다는 라스바드의 주장은 상당히 타당하며, 그러한 측면에서 국가의 본질적인 속성을 자세히 알아볼 필요가 있다. 특히 여론 조성자와 지식인의 말, 국가를 돕거나 정당화하는 일로 소득과 명성을 얻는 사람들을 주의해야 한다는 주장은 의심할 여지가 없다.

무엇이 국가와 국민의 역학 관계를 바꿀 수 있을까? 기후 변화가 유발한 대규모 자연 재해 때문에 정부의 비효율적인 대응 능력이 낱낱이 폭로되고 그에 따라 정통성마저 흔들릴 수 있다. 민간 기업의 영향력이 커져서 국민에게 필요한 일들을 경직되고 생색을 내는 국가가 아닌 민간 기업에 맡기는 일이 증가하는 경우도 마찬가지다.

비트코인처럼 탈중앙화된 개인 간 화폐 시스템 때문에 국가의 통화 가치가 더 이상 신뢰받지 못할 가능성도 있다. 아니면 대규모 금융시장 붕괴와 제2의 대공황 같은 사건이 중앙은행체제의 종말을 불러올 수도 있다.

중요한 점은 국가 권력이 폭군이나 독재자 한 명의 권력과는 다르다는 사실이다. 독재 정권은 언제든 반대 세력에 의해 교체될 수 있지만 국가의 속성은 시간이 흐를수록 법률과 가치관에 침투하여 뿌리 내리는 것이다. 이러한 상황에서는 비주류 지식인만이 그 존재에 이의를 제기할 수 있다. 주류에서 배제된 라스바드 같은 지식인의 일깨움 덕분에 우리는 국가의 정통성과 국가에서 파생된 경제제도의 합법성에 의문을 제기해볼 수 있다. 국민과 국가가 별개라면 민간 시스템, 시장, 사회적 합의가 국가 시스템보다 더 효율적이지 않은 이유가 무엇인지 설명해야 하는 것도 국가의 몫이다.

함께 읽으면 좋은 책 프리드리히 A. 하이에크의 〈사회지식의 활용〉, 루트비히 폰 미제스의 《인간 행동》, 칼 폴라니의 《거대한 전환》, 아인 랜드의 《자본주의의 이상》

$ 머레이 N. 라스바드 더 알아보기

1926년 미국 뉴욕 시에서 폴란드와 러시아 출신의 유대계 부모 밑에서 태어났다. 1945년 컬럼비아대학교 수학과를 졸업하고, 1956년 동 대학교에서 경제학 박사 학위를 받았다. 1950년대 초반 뉴욕대학교 스턴경영대학원에 다니며 미제스의 강의를 들었다. 윌리엄 볼커 재단William Volker Fund의 후원을 받아 10년 동안 미제스의 《인간 행동》을 알기 쉽게 해설한 《인간 경제 국가》를 썼다.

1966~1996년까지 브루클린 폴리테크닉에서 학생들을 부담없이 가르치며, 민간 지식인으로 자유롭게 활동했다. 자유주의연구센터와 미제스연구소를 설립했고, 《오스트리아 경제학 계간 저널Quarterly Journal of Austrian Economics》을 창간했다. 1970~1980년대 자유당 활동에 열성적이었으나, 얼마 후 자유당이 지역 및 언론계 엘리트들에게 장악당했다는 느낌을 받았다고 한다. 자유주의 경제학과 사회 보수주의를 결합해 '고전자유지상주의'를 만들어, 소외된 백인 근로 계층 사이에서 반향을 일으켰다. 전쟁과 공격적인 대외정책에 반대했으며, 제2차 세계대전 때문에 '군산 복합체'가 발달하면서 미국 정부가 더 큰 권력을 얻게 되었다고 생각했다. 강압적이라는 이유로 인권운동과 인권법 제정에 반대했고 학교의 흑백 분리 폐지는 국가의 관할이 아니라고 보았다. 평등주의가 '자연계 질서에 위배'된다고 생각해 어떤 종류의 평등주의든지 반대했다. 《권력과 시장Power and Market》, 《미국의 대공황(America's Great Depression)》, 《새로운 자유를 찾아서For a New Liberty》, 《자유의 윤리The Ethics of Liberty》 같은 저서를 통해 경제가 중앙은행 같은 국가 기관 없이도 존재할 수 있다는 주장을 펼치다 1995년 세상을 떠났다.

Book 39

'현대 경제학 아버지'의
시대를 뛰어넘는 경제학 교과서

폴 A. 새뮤얼슨과
윌리엄 노드하우스의
《새뮤얼슨의 경제학》

폴 앤서니 새뮤얼슨 Paul Anthony Samuelson
20세기 미국의 경제학자로 '현대 경제학의 아버지'라 불리며 1970년 제2회 노벨경제
학상을 수상했다(미국인으로서는 최초다). 신고전파 경제학에 케인스 경제학을 접
목시켜 '신고전학파 종합 이론'이라는 학문 체계를 완성했다.

스티븐 J. 더브너 Stephen J. Dubner
현대 미국의 경제학자로 미국경제학회장을 역임했다. 기술 진보가 경제 성장에 미치
는 영향을 규명한 '내생적 성장' 이론으로 2018년 노벨경제학상을 수상했다.

폴 새뮤얼슨은 "내가 국가의 경제학 교과서를 쓸 수만 있다면 누
가 국가의 법조문을 쓰거나 고급 논문을 쓰는지 알 바가 아니다"
라고 말했다. 1948년, 30대 초반에 처음《새뮤얼슨의 경제학》
을 출간한 당시, 새뮤얼슨은 이미 10년 차 경력에 경제학에 수학
적 정밀성을 적용한 학자로 명성을 떨치고 있었다. 학자라면 누
구나 자신의 저서가 자기 학문의 기본 교과서로 자리매김하기를

원하겠지만, 새뮤얼슨도 60년 후인 90대에 제19판(2009)의 서문을 쓰리라고는 상상 못했을 것이다. 현재 이 책은 전 세계 40개 언어로 출간되어 400만 부 이상이 팔렸다. 이 같은 인기 비결은 무엇일까?

먼저 케인스 이론을 들 수 있다. 고전파 경제학 이론에 목매는 노교수들과 케인스에 고무된 소장파 교수들 간의 학문적 분열을 상징적으로 드러낸《새뮤얼슨의 경제학》은 케인스학파를 소개한 첫 번째 교과서는 아니지만, 케인스학파를 소개한 교과서로는 미국에서 처음으로 영향력을 발휘한 책이다.

경제를 시장의 힘에 맡겨두기보다 적극적으로 개입해 운영할 수 있다는 가능성에 비중을 두었기 때문에 보수파는 이 책을 좌파 또는 사회주의 서적이라고 공격했다. 그러나 거시경제학의 중요성을 강조한 시각은 제2차 세계대전 이후의 시대정신을 반영한 것뿐이었다. 새뮤얼슨이 보기에 전쟁 기간 동안 정부가 경제 운영에 큰 역할을 담당했으며, 대공황에 뒤이어 루스벨트의 뉴딜정책으로 정부의 역할이 커진 직후 전쟁이 발생했다면 최소 규모의 '시장 국가'는 허상에 불과했다.

그다음 읽기 편하고 재미있다는 것이다. 이 책은 대부분의 교과서와 달리 딱딱하지 않다. 자조적인 유머도 담고 있고, 냉소적인 인용구도 담고 있으며, (결코 쉽다고는 할 수 없지만) 수학 공식이 적당히 포함되어 경제학 교과서의 본이 되었다.

여기에 그치지 않고 시대에 맞춰 끊임없이 내용이 보완돼왔기에 여전히 긴 생명력을 가지고 사랑받고 있는 것일 테다. 1985년 판부터는 예일대학교의 교수였던 윌리엄 노드하우스도 집필에 참여했다. 환경 경제학자인 노드하우스는 공해, 기후변화, 탄소 배출권 거래 체제 등의 항목을 담당하며 이 책에 현대적인 정서를 불어넣었다.

⑤   **이념을 초월한 책**

새뮤얼슨은 제19판이 출간될 때 '중도주의자의 선언'이란 제목의 서문을 썼다. 그가 생각하기에 중도주의자는 '엄격한 시장 규율과 정부의 공정한 감독이 결합된 경제'를 지향한다.

새뮤얼슨과 노드하우스는 2008년의 세계 금융 위기 직후에도 '나태하고도 어리석은 자유지상주의' 때문에 금융시장과 주택시장에 대한 느슨한 규제가 강화되지 않아 전 세계가 경제 재난 직전까지 내몰렸다고 확신했다.

중도주의적 접근법은 이념과는 무관하고 근거에 초점을 둔다면서, 지난 20년간 경제에 일어난 사건만 보더라도 규제되지 않은 자본주의와 계획경제 모두 번영으로 가는 길이 되지 못한다고 주장한다. 경제가 하이에크-프리드먼의 노선대로 운영되었다면 복지제도, 최저 임금, 국립공원, 환경 오염과 지구 온난화에 대한 규제같이 세계 각국의 시민 '대다수'가 찬성한 정책이 시행될 수 없었으리고도 지적한다.

저자들에 따르면, 사람들이 원하는 것은 어느 정도 사회적인 목표를 달성하는 데 필요한 법치와 시장에서 경쟁할 수 있을 정도의 자유다. 시장체제는 생산자들에게 손익의 형태로 피드백을 제공한다. 기업은 이윤을 추구함으로써 사람들이 원하거나 필요로 하는 상품을 더 많이 생산하고, 그에 따라 사회의 자원이 효율적으로 분배된다. 그러나 효율이라는 '보이지 않는 손'은 시장 자체가 열려 있고 제대로 기능할 때만 작동한다. 시장에 결함이 있으면 환경 오염이나 독점 같은 부정적인 외부 효과까지 발생한다. 완전 경쟁은 존재하더라도 희귀하다.

⑤ 새뮤얼슨의 경제학: 신고전학파 종합 이론

새뮤얼슨은 1958년의 제4판에서 처음으로 '신고전학파 종합 이론'이란 용어를 사용하면서 더 이상 경제학이 케인스주의나 그 반대 주의로 딱 잘라 나뉘지 않는다고 말한다. 케인스 이론이 주류 경제학의 일부가 되었다는 것이다. 고전학파의 주장과 달리 자유방임 경제에는 투자와 고용의 균형을 바로잡는 자동 메커니즘이 존재하지 않았으며, 균형이 이뤄졌다고 하더라도 그것은 순전히 운이 좋았을 뿐이라고 주장한다. 민간 부문이 지출하지 않을 때는 정부가 지출할 필요가 있으며, 중앙은행은 금리를 조절하고 책정하며 최종 대출자 역할을 해 인플레이션율을 낮게 유지해야 한다고 강조한다.

이후에 나온 개정판은 국가의 역할에 대해 조금 더 신중한 입장을 취한다. 새뮤얼슨과 노드하우스는 경기 침체기에는 적자 재정이 괜찮지만 평상시에는 투자와 성장에 심각한 악영향을 끼친다고 지적한다. 정부가 특정 연도에 적자 재정을 운영하면 군사, 교육, 복지, 보건의료 지출을 위해 돈을 빌려야 하므로 그렇지 않아도 산더미 같은 장기 채무가 한층 더 늘어나 이후 세대의 상환 부담이 커진다는 것이다.

미국 정부는 독립 이후 200년 동안 대부분 균형 예산을 유지했지만 냉전 기간에는 사회 지출과 군비 지출을 사상 최대치로 끌어올렸고, 레이건과 부시 대통령 시절의 세금 감면으로 정부의 적자가 가중되었다. 저자들은 2009년에 미국 정부의 적자가 제2차 세계대전 이후에 GDP 대비 가장 큰 규모인 20억 달러에 달했다고 지적한다.

정부 지출을 늘리거나 세율을 낮추는 식의 재정정책이 단기 지출과 투자를 활성화하고 미활용 사회 자원의 사용을 증진하는 것은 분명하다. 그러나 중앙은행이 재정 지출에 따른 인플레이션을 잡기 위해 단행하는 금리 인상과 금융시장이 가하는 환율 압박 때문에 그 효과는 상쇄되곤 한다. 따라서 정부의 개입은 자기 파괴적일 때가 많다는 것이 저자들의 주장이다.

거시경제학에 대해 어떠한 입장을 취하느냐는 정부의 경제 운영을 신뢰하느냐 여부로 정해진다. '신고전학파 종합 이론'은 시장의 실패가 (적어도 단기간은) 되풀이되어 자본주의 경제에 큰 타격을 주기도 하는 한편, 시장이 자원의 최적 활용, 생산성 개선, 부의 증대 측면에서 탁월함을 발휘한다는 것을 인정한다. 새뮤얼슨은 '최전방'인 통화정책이 대부분 경기 순환 주기에 맞춰 조절됨으로써 경제 안정성을 유지한다는 결론을 내린다.

그럼에도 2008년 세계 금융 위기 직후에 저금리 정책만으로는 미국 경제에 활력을 불어넣지 못했으리라고 확신한다. 의회가 저금리만으로는 충분치 않다는 것을 인정했기 때문에 부양책에 찬성표를 던졌으며 유동성 위기를 방지하기 위한 은행 구제를 승인했다는 것이다. 저자들은 현대 자본주의의 궁전에서 뒷방으로 추방되어 오랫동안 망각된 듯 보였던 케인스에게 집사의 제복을 입혀 궁전의 정돈을 맡겨야 한 적이 한두 번이 아니라고 주장한다.

⑤ **성장과 정부**

두 저자는 거시경제학의 목표가 안정성이 아니라 근로자당 생산량을 끌어올려 생활 수준의 개선을 달성하는 것이라고 강조한다. 그런데 어떻게 해야 성장이 일어날까? 저자들은 성장의 '네 바퀴'를 인적 자본, 천연자원, 자본, 기술 역량과 혁신으로 본다.

신고전학파 성장 모형에 따르면 신기술을 활용하지 않고 맨 처음과 같은 형태의 공장을 더 짓거나 같은 방식으로 경작하는 농장의 숫자를 늘리는 것으로 '장기적인 안정 상태'에 진입한다. 경제 규모는 커질지 몰라도 생활수준은 개선되지 않는다. 생산성과 임금을 끌어올리기 위해서는 자본의 심화capital deepening, 1인당 자본량과 생산량이 증가하는 현상)와 기술 변화가 동시에 이루어져야 한다.

그렇다면 어떤 나라는 신기술을 발명하고 적용하는 선두에 서는 반면에 어떤 나라는 뒤처지는 까닭은 무엇일까? 새뮤얼슨은 경쟁 때문이라고 말한다. 치열한 경쟁이 존재하면 기업이 시대를 선도해야만 생존하고 번영할 수 있다. 다시 말해, 신기술을 개발하거나 적용하여 생산성을 증대해야 한다.

성장은 보수주의자나 자유주의자의 믿음처럼 단순히 '기업을 방해하지 않는 것'만으로는 이루어지지 않는다. 시장이 지닌 현실적인 결함을 감안해 국가의 역할이 무엇인지 파악하는 데서 비롯된다. '신성장 이론'은 기술이 저절로 이루어지지 않으며 민간 시장의 힘, 제도, 공공정책이 결합된 환경에서만 경제 전반을 이롭게 한다고 지적한다.

기업은 발명으로 큰 이윤을 거둘 수 있지만, 기업이 모든 비용을 부담하는 것은 비경제적이며 정부의 연구 기금 제공과 특허권과 저작권을 비롯한 지적 재산권의 성립 없이는 대부분의 혁신과 연구가 추진될 수 없었을 것이다. 케인스가 말한 '기업의 정신'이 도처에 존재하지만, 성장과 생산성 유지가 뿌리내리려면 반드시 좋은 정부라는 토양이 필요하다.

📖 함께읽으면좋은책 존 메이너드 케인스의 《고용, 이자, 화폐에 관한 일반 이론》, 앨프레드 마셜의 《경제학 원리》

💲📈 폴 A. 새뮤얼슨과 윌리엄 노드하우스 더 알아보기

폴 A. 새뮤얼슨은 1915년 미국 인디애나 개리에서 폴란드 출신 유대계 부모 밑에서 태어났다. 가족과 함께 시카고로 이주한 새뮤얼슨은 열여섯 살에 시카고대학교에 입학해 밀턴 프리드먼과 조지 스티글러 등과 같이 수업을 들었다. 1936년에 석사학위를, 1941년에 하버드대학교에서 박사학위를 받았다. 하버드대에서 조지프 슘페터와 케인스학파인 앨빈 한센의 지도를 받았다. 1940년 매사추세츠공과대학교의 조교수로 임명되어 죽을 때까지 재직했다.

1947년 데이비드 웰즈 상을 받은(1941) 박사논문을 바탕으로 《경제 분석의 기초 Foundation of Economic Analysis》를 출간했다. 같은 해 미국경제학회로부터 40세 미만의 뛰어난 경제학자에게 수여되는 존 베이츠 클라크 메달을 받았다. 미국 재무부, 연준은행, 대통령 등에 자문을 했으며, 1960년 대통령 선거 이후 존 F. 케네디를 하이아니스 포트의 해변에서 지도한 것으로도 유명하다. 대중과 소통하려는 열망이 강해 1966~1981년까지 《뉴스위크》에 칼럼을 기고했다. 1970년 두 번째 노벨경제학상을 미국인 최초로 수상했다. 아이가 셋 있는 상황에서 삼둥이가 태어나자 돈이 필요해 《새뮤얼스의 경제학》을 썼다고 한다. 2009년에 세상을 떠났다.

윌리엄 노드하우스는 1941년 미국 뉴멕시코주 앨버커키의 독일 유대계 집안에서 태어났다. 1963년 예일대학교 경제학과를 졸업하고 1967년 매사추세츠공과대학교에서 경제학 박사학위를 받았다. 박사학위 취득 후 바로 예일대학교 조교수가 되었고, 현재까지 교수로 재직 중이다. 1977~1979년 카터 대통령 행정부의 경제자문과 2014~2015년 보스턴연방준비은행의 의장 및 미국경제학회 회장을 역임했다. 2018년 노벨경제학상을 수상했다.

Book 40

거대주의와 물질주의에 맞선
'작고 소박한 것'의 가치

E. F. 슈마허의 《작은 것이 아름답다》

에른스트 프리드리히 슈마허 Ernst Friedrich Schumacher

독일 출신 20세기 영국의 경제학자이자 통계학자, 환경운동가다. 최소 자원으로 최대 행복을 얻는 '불교경제학'을 창시했다. 대표작 《작은 것이 아름답다》는 책을 넘어 한 시대를 풍미하는 문장이 되어 40년이 넘도록 호평받고 있다. 《타임》은 이 책을 두고 '한 권의 생태학적 바이블'이라고 일컬었으며 《로고스》는 '20세기를 만든 책 100'에 선정했다.

헨리 포드의 조립 라인이 완성된 20세기 초반부터 1970년까지, 산업이 비약적으로 발전해 '생산 문제'가 해결되었다는 말이 나왔다. 합리적인 비용으로 대량 생산이 가능해졌기에 늘어만 가는 세계 인구의 수요를 충족하기에 충분해 보였다. E. F. 슈마허는 이 같은 표면적인 성공의 근간에는 인간이 자연과 무관한 외부의 존재며, 천연자원 사용에는 비용이 들지 않는다는 믿음이 깔려 있었다고 지적한다.

세계 경제학 필독서 50 **445**

우리가 '생산 문제'를 해결했다고 생각한 바로 그 순간, 예기치 못한 사상 초유의 상황을 마주했다. 바로 환경 오염과 질적 저하였다. 이 새로운 문제는 천연자원이 '소득'이라는 착각에서 비롯되었다. 천연자원은 급속도로 고갈되는 자본이다. 슈마허는 이를 '자신이 생산하지 않는 물건은 값이 나가지 않는 것으로 취급하는 인간의 성향' 때문에 벌어진 일이라고 한다. 즉, 우리는 직접 생산한 것이 아니면 공짜로 생각한다. 슈마허는 1973년에 출간한《작은 것이 아름답다》에서 이처럼 잘못된 추론이 우리의 미래를 위협한다며, 농업과 공업, 사회에 조용한 혁명이 일어나야 한다고 주장했다.

사실 젊은 시절의 슈마허는 자신이 배운 경제학 내용을 그대로 받아들였고, 영국과 독일의 전후 재건 사업에 참여하기도 했다. 그러다 마흔 직전에 급진주의자가 되어 '더 많은 부가 쌓인다면 다른 모든 것이 제자리를 찾아갈 것'이란 생각이 허구임을 밝히겠다는 사명을 품었다. 이 책을 쓰던 당시 미국 인구는 세계 인구의 6퍼센트에 불과했지만, 전 세계 1차 자원의 40퍼센트를 사용하고 있었다. 슈마허는 '성장' 추구가 언제부터 도를 넘게 되었는지 의문을 품었다.

슈마허의 기존 에세이를 모은《작은 것이 아름답다》는 초반 반응이 미미했지만 세계 빈곤, 생태계, 대안 에너지 활용, 자율적인 지속 가능성 증대 등에 관심을 품게 된 중산층의 실행에 따라

입소문을 타고 점차 인기를 얻었다. 초기 환경 운동의 상징이자 지금까지도 생태학 바이블로 평가받고 있는 이 책은 현재 수백만 부 이상이 판매되었다.

⑤   **한층 더 영속적인 번영을 위해**

케인스는 풍요의 시대가 다가와 인간이 삶의 정신적 측면에 좀 더 초점을 맞출 수 있게 되리라 예측했다. 반면에 슈마허는 인간이 풍요로움을 추구하는 한 생산과 소비에 끝이 없으리라 추론했다. 슈마허는 탐욕과 시기심이 현대 자본주의의 결정적인 특징이라고 주장한다. 소비 증가로 인해 자기 욕구를 충족하지 못하는 인간은 이기적이고 심지어는 반사회적인 수단에 의지한다는 것이다. 부유한데도 무수한 사회 문제가 생겨나고 GDP의 증가로 사회의 진정한 상태를 설명할 수 없는 것도 이 때문이다. 사실 부유함이란 기술 발전뿐만 아니라 억압, 불평등, 자원 착취의 지표일지도 모른다.

슈마허는 대안으로 '영속성'을 제시한다. 영속성을 추구하는 사회 및 경제가 지구의 자원과 인간의 욕구를 충분히 인식한 상태로 진화하기에 훨씬 더 유연하고 오래 지속된다. "대지는 모든 사람의 요구를 충족하기에는 충분하지만 모든 사람의 탐욕을 충족하기에는 충분하지 않다"는 간디의 말이 영속성을 압축적으로 설명한다.

슈마허는 경제학이 인간의 문명에서 너무도 중요해진 바람에 다른 모든 것을 가려버린다고 주장한다. 무엇이든 '비경제적'이라는 낙인이 찍히면 어리석은 행위라는 프레임이 씌워진다. 이윤이 나오는지 여부만이 중요시되는 것처럼 보인다. 그런데 슈마허가 보기에 이러한 인식 때문에 이윤이 사회 전반에 반드시 이익이 되지 않으며, 오히려 손해를 끼칠 수도 있다는 사실이 은폐된다. 제너럴 모터스에 좋은 것이 미국에는 좋지 않을 수도 있다.

'경제성'만 판단하는 사람들은 단기적 성과에만 치중하며, 깨끗한 공기와 물, 좋은 토양과 같이 생산에 필요한 여러 투입 요소가 '공짜'라고 단정한다. 환경에 치명적이라 해도 경제적인 행위로 간주될 수 있는 반면에, 환경 보호에 신경 쓴 행위라 해도 '비경제적'이라는 낙인이 찍힐 수 있다.

슈마허는 모든 재화와 서비스를 구매자와 판매자 간의 시장 거래 대상으로 격하하는 것도 문제라고 보았다. 구매자는 가격이 적절한지 따질 뿐 제품이 어떻게 생산되는지에는 관심이 없다. 슈마허는 시장이 '사회의 겉모습'에 불과하며, 사회의 밑에 빙산처럼 깔려 있는 '자연적·사회적 사실'을 설명해주지 못한다는 통찰을 발휘한다. 그는 "시장은 개인주의와 무책임성이 제도화된 형태"라고 말한다.

그가 만들어낸 '메타경제학meta-economics'은 재화와 서비스가 자연이라는 맥락 안에서 만들어내는 질적 영향을 연구하는 학문이다. 슈마허에 따르면, 경제학자들은 인간이 만든 재화인지 자연이 제공한 재화인지 구분하지 않으며 재화가 손쉽게 대체될 수 있는지 (아니면 오늘날의 표현대로 '지속 가능한' 사용이 가능한지) 여부도 따지지 않고 '재화'라는 말을 한다.

💲 ## 불교경제학

불교 국가는 자국이 영적 유산과 현대 경제학을 결합할 수 있다고 생각하겠지만, 슈마허는 불교 국가가 독자적인 유형의 경제학을 개발하는 편이 한층 더 합리적이지 않겠느냐 질문한다.

현대 경제학자들은 '노동'이 노동을 제공하는 인간과 별개 단위라고 생각한다. 그들은 노동은 필요악이며 생산의 투입 요소에 불과하다고 본다. 이에 인간의 노동 부담을 줄일 수 있는 방법은 무엇이든 바람직한 것으로 간주된다. 한 예가 효율성을 위해 가장 간단한 단위로 작업을 세분화 하는 노동 분업이다. 그런데 불교에서는 노동에 세 가지 목적이 있다고 본다. 인간의 역량 개발, 자기중심주의 극복, 삶을 개선할 재화와 서비스 창출이다.

이러한 교훈을 받아들이면 사람들이 판매용 제품을 만들기 위해 지루하고 긴장되며 무의미한 일을 하는 것이 합당하지 않음을 깨닫게 된다. 제품이 생산하는 사람보다 중요해서는 안 되기 때문이다. 여가를 누리기 위해 일한다는 개념 역시 불교의 관점에서는 이질적이다. 불교는 삶을 전체로 여기지 부분으로 나누지 않기 때문이다. 슈마허는 불교도가 "문명의 본질을 욕망의 증식이 아니라 인간 본성의 순화에서 찾는다"고 고찰한다. 근로자가 의미 있는 일에 종사해 기량과 잠재력을 활용하고 개발함으로써 인간성이 형성된다면, 기계를 사용하는 것은 비합리적이다. 실업이 인간에게 재앙인 까닭은 소득 감소뿐만 아니라 인간 발전에 필수 불가결한 훈련의 기회를 앗아가 버리기 때문이다. 노동은 질서와 의미를 부여한다.

불교경제학은 '최소한의 소비로 최대한 충족감'을 얻는 것을 목표로 한다. 무엇이 생산되든 어떤 면에서 인간의 발전에 기여하게 마련이다. 슈마허는 이러한 생각이 매우 합리적이라고 감탄한다. 반대로 가장 많이 소비한 사람을 가장 부유한 사람으로 간주하는 등 국가 경제를 소비 측면에서 평가하는 것은 극도로 비합리적이라고 비판한다.

불교경제학의 특징은 '단순성과 비폭력성'이다. 자급자족 공동체에서 살아가는 사람들은 국제 무역에 의탁해 살아가지 않기 때문에 대규모 분쟁을 일으키거나 휘말릴 가능성이 적다. 현지 자원으로 현지인의 요구에 맞춰 물건을 만드는 것이 합리적이다. 반면에 외국산 수입품에 의존하는 생산은 독창적이지 않으며 실패로 끝난다. 불교에서는 스스로를 수십억 개의 지각 있는 존재 중 하나로 간주한다. 이 모든 존재는 다 함께 생태계에 의존하여 살아간다. 따라서 이득을 얻기 위해 이러한 생태계의 일부를 함부로 이용하는 행위는 비정상적이다.

슈마허는 우리가 현대의 산업 성장과 농촌의 정체라는 양자택일의 상황에 직면했다고 말한다. 그러나 '물질주의적인 경솔함과 전통적인 고착 상태' 사이에 중도가 존재하며 그처럼 '올바른 생활수단'을 찾기 위해서는 두뇌를 활용해야 한다고 말한다.

💲   적정 기술

〈인간의 얼굴을 한 기술Technology with a human face〉이란 챕터에서 슈마허는 자본 집약적인 '기술 이전'이 개도국의 GDP 증가에 기여할 정도로 효과를 거두었지만, 신산업 관련 일자리와 투자를 통해 이득을 본 도시 엘리트와 퇴보한 농촌 빈곤층으로 구성된 이중 사회를 만들어냈다고 지적한다. 그는 자본 집약적인 기술을 '중간 기술'로 대체하자고 제안한다. 그가 말하는 중간 기술이란 인간의 잠재력을 파괴하지 않고 실현시켜주는 기술이다. 이러한 '자립 기술'이나 '인간의 기술'은 거대 규모의 산업 생산과는 대조적으로 지역적 활용이 가능하고, 한정된 전력이나 연료를 사용하며, 사회적·문화적 규범에 부합하고, 큰 공장과 기반 시설의 필요성을 없앴다. 이제 중간 기술은 '적정 기술'이란 말로 한 발 더 나아가 '지속 가능한 발전' 범주 안에 들어간다.

슈마허의 이론은 가내 수공업 국가에 대한 간디의 구상과 일

맥상통한다. 전 세계적으로 산업 자본주의가 무자비한 행진을 이어가는 가운데 슈마허와 간디의 이론은 독특하게 느껴진다. 그렇지만 경제력과 군사력이 비례한다는 슈마허의 지적에는 일리가 있다. 그는 어떤 국가가 경제력을 탐욕스럽게 추구하지 않으면 다른 나라와 자원을 두고 싸우거나 자국의 번영을 위해 천연자원을 망가뜨릴 필요가 없기 때문에 전쟁의 원인이 사라진다고 본다. 슈마허가 보기에 느린 발전은 더 높은 수준의 사회 복지와 평화를 얻기 위해 치러야 할 대가다.

⑤   시대가 흘러도 강력한 울림

슈마허는 유기농, 식품의 이동 거리 단축, 수공예로 대표되는 생활방식을 예견했다. 이는 현재 대량 소비와 에너지 집약적인 생활 방식의 대안으로 떠오르고 있다. 이처럼 그는 시대를 앞서갔지만, 오늘날 독자가 보기에도 《작은 것이 아름답다》는 여러모로 이상주의적이다. 슈마허는 '적정 기술'로 빈곤층을 도와야 한다고 했지만, 개도국 입장에서 적정 기술은 가난한 사람들을 위한 열등한 기술을 완곡하게 표현한 말이다. 대부분의 국가는 선진국의 산업 규모와 기술을 모방하고 싶어 한다. 게다가 슈마허는 기술을 통해 기존 자원을 한층 더 효율적으로 활용할 수 있다거나 부가 증가하면 가족 규모가 줄어든다는 사실을 인지하지 못했다. 해외 이민이나 도시 이주가 낙후된 시골에만 머무른다면 얻지 못할 기회를 제공한다는 사실도 알지 못했다.

　그럼에도 이 책으로 인해 환경 문제에 대한 인식이 크게 증대되었다.《작은 것이 아름답다》는 윤리적인 소비자의 출현을 예고했다. 이들은 저가 의류가 방글라데시 노동 착취 공장의 생산물이거나 값싼 스마트폰이 중국인 근로자들이 최소한의 생계 임금을 받은 덕분에 가능한 결과물이라는 사실에 소리 높여 항의하는 사람들이다. 인간의 정의와 환경의 건강이 서로 연관되어 있으며 단순한 경제를 추구하면 덜 폭력적인 세상이 온다는 그의 생각은 여전히 강력한 힘을 발휘한다.

함께 읽으면 좋은 책 다이앤 코일의《GDP 사용설명서》, 엘리너 오스트롬의《엘리너 오스트롬, 공유의 비극을 넘어》, 칼 폴라니의《거대한 전환》, 소스타인 베블런의《유한계급론》

$1. E. F. 슈마허 더 알아보기

1911년 독일 본에서 정치경제학 교수인 아버지 아래 태어났다. 본과 베를린에서 학업을 마치고 1930년에 로즈장학금을 받고 옥스퍼드대학교에 진학했다. 이후 컬럼비아대학교에서 경제학 박사학위를 받고 스물두 살 나이에 교수가 되었다. 1943년 국제 결제 메커니즘을 주제로《이코노미카Economica》에 논문을 기고해 케인스의 관심을 받았다. 영국의 복지제도를 설계한 윌리엄 베버리지를 멘토로 삼았다. 1945년 영국 국적을 취득하고, 전후 독일 재건을 담당한 영국의 통제위원회에서 4년간 일했다. 1950년 영국의 석탄 공사에 입사하여 20년간 근무했다. 1955년 경제 자문관으로 미얀마를 방문, 몇 달간 머물면서 불교 경제학이라는 개념을 고안했다. 이외에도 인도와 잠비아의 개발 고문을 지냈다. 주요 저서로는《당혹한 이들을 위한 안내서》,《자발적 가난》등이 있다. 1977년 세상을 떠났다.

Book 41-50

마르크스 경제학을 재해석하며
정립된 '창조적 파괴'

조지프 슘페터의
《자본주의 사회주의
민주주의》

조지프 슘페터 Joseph Schumpeter

오스트리아 출신의 미국의 경제학자로 존 메이너드 케인스와 함께 20세기 경제학의
양대 산맥으로 평가받는다. 존 케네스 갤브레이스가 "20세기의 가장 세련된 보수주
의자"라 칭하기도 했다. 베르너 좀바르트가 창시한 '창조적 파괴' 개념을 확립한 인물
로도 유명하다. 기업가가 혁신을 이끌며, 기술 혁신이 자본주의를 이끈다고 보았다.

세상을 떠난 지 70년이 넘었지만, 조지프 슘페터의 명성은 여전
하다. 슘페터는 자본주의의 '역동성'이란 개념으로 주목받았다.
지금은 매우 당연하지만, 당시만 해도 매우 새로운 개념이었다.
슘페터에 따르면 자본주의는 가격 메커니즘을 바탕으로 투입과
산출을 반복하는 기계에 그치지 않고, 경제 관련자들의 주도에
따라 끊임없이 이동하고 변화하는 과정이다. 그는 자본주의가
계획경제와는 달리 비선형적인 특징이 있기에 예측이 불가능함

을 알려준다. 자본주의는 수십억 명이나 되는 사람들의 개별적인 생각과 행위를 포괄한다. 따라서 우리는 어떤 산업이 차세대 주요 산업으로 떠오를지, 어떤 제품이 차세대 히트작이 될지, 언제 또 경기 불황이 닥칠지 예견할 수 없다.

계획경제에서는 예상치 못한 성공이 바로잡아야 할 변칙성으로 간주된다. 자본주의에서는 기업가들이 소소한 성과를 토대로 핵심적인 신생 기업이나 산업을 일군다. 자본주의는 새로운 것에 초점을 맞춘다. 자본주의가 이토록 승승장구하고 역동적인 까닭은 많은 투자가 이뤄졌더라도 낡은 기술과 공정을 폐기하는 일에 거리낌이 없기 때문이다. 이것이 바로 그 유명한 '창조적 파괴'다. 창조적 파괴는 슘페터가 1942년에 출간한《자본주의 사회주의 민주주의》로 인해 널리 알려졌다. 이 책에서 그는 마르크스 이론을 비판하며 베르너 좀바르트가 처음 말한 창조적 파괴란 개념을 정립하고, 이를 통해 자본주의의 본질을 밝히고 미래를 조망했다. 물론 창조적 파괴를 다룬 분량은 생각보다 적고(전체 분량의 10분의 1도 안 된다), 결국 자본주의는 종식되고 기술 관료 사회주의로 대체되리란 예언도 포함하고 있어 모순되는 지점도 있다.

💲 　　　　　　　**자본주의의 본질: 창조적 파괴와 독점 욕구**
슘페터는 자본주의가 '유기적인 과정'으로서 획일적이지 않은 움직임을 보인다고 논평한다. 그것은 주기적으로 발전하지 않고, 자원을 불균등하고 불완전하게 활용하기 때문에 자본주의 기업가들은 시장의 문제와 간극을 해소하는 일에 적극적으로 관여할 수밖에 없다. 이는 고전파 경제학에서 보는 균형 상태와 완벽한 체제와는 거리가 멀다. 예를 들어, 50년 전 일반 근로자들의 봉급으로 살 수 있었던 물품들을 살펴보면 그동안 상대적으로 물가가 크게 하락했다는 사실에 놀라게 된다.

슘페터는 자본주의가 경이로운 성공을 거둔 원인이 (고전학파의 견해처럼) 경쟁보다 대기업의 독점 욕구라면서, 독점이 사람들의 생활 수준을 높였다고 주장한다. 독점을 원동력으로 보는 까닭은, 신생 기업이 충족되지 않거나 미처 파악하지 못한 제품 또는 서비스의 수요를 갑자기 채움으로써 순식간에 성장하는 경우가 있을 뿐만 아니라, 기업이 자본주의 사회에 몰아치는 '창조적 파괴의 영속적인 돌풍'에 휩쓸려 사라지지 않으려면 스스로를 끊임없이 재창조해야 한다고 보기 때문이다. 슘페터는 자본주의의 본질적인 의미가 기존 구조와 기업을 운영하는 방식에 있지 않고 '기존 구조와 기업을 창조하고 파괴'하는 과정에 있다고 말한다.

고전파 경제학자들은 우리가 완전 경쟁 상태에 놓여 있으며, 독점은 예외적인 상황이라고 가정한다. 그러나 슘페터는 모든 기업이나 기업가가 가격 책정이나 제품 차별화를 통해 소규모라도 독점 기업이 되려고 애쓰는 것은 그러한 노력의 보상이라고 말한다. 자본주의에서 독점은 비정상적인 상태가 아니라 목표라는 것이다.

고전학파 이론에 따르면, 거래 제한이나 독점 관행은 무조건 나쁜 행위며 국가의 가능한 생산량을 감소시킨다. 슘페터는 그러한 주장은 희망 사항일 뿐이라고 지적한다. 특허와 지적 재산 보호 등을 통한 경쟁 제한과 독점 관행 덕분에 기업과 산업이 충분한 잠재력을 발휘할 수 있는 것이 현실이다.

슘페터에 의하면 투자 회수를 위해 경쟁 기업을 방해하거나 인수 판단을 내리는 것은 자연스러운 일이다. 기업은 언젠가 다른 기업이 출현해 기존 산업 판도를 뒤집을 신기술을 제시할 날이 온다는 것을 잘 알고 있다. 그렇다고 모든 형태의 경쟁 제한이나 독점 관행이 바람직하다는 의미는 아니다. 슘페터는 카르텔(cartel, 기업 연합)이 특정 산업이나 경제를 오랫동안 지배하면 해당 산업이나 경제가 크게 훼손될 수 있다고 말한다. 슘페터가 말하고자 하는 바는 독점이 유기적으로 발생하고 더 나은 제품을 만들어 다수에게 보급하는 경우에는 경제에 득이 될 수 있으며, 특히 완전 경쟁체제보다 이롭다는 것이다.

독점 이론은 완전 경쟁 상황과 비교해 독점일 때의 가격이 항상 더 높고 산출량이 항상 더 적다고 주장하지만, 슘페터는 이러한 주장이 대부분 사실이 아니라고 말한다. 독점 기업은 규모가 더 크고 이윤도 더 많이 내므로 경쟁체제의 기업에 비해 우월한 생산 수단을 개발하며 공급업체와의 관계에서 더 뛰어난 협상 능력을 발휘할 수 있기 때문이다. 이러한 장점 덕분에 경쟁 시장에 비해 더 많은 제품을 더 낮은 가격에 제공할 수 있다. 슘페터에 따르면 기업이 독점적인 지위를 얻으면 멀지 않은 미래의 시장 격변으로부터 보호받을 수 있으며 장기적인 계획을 세울 수 있다는 점에서 유리하다.

슘페터는 좌우간 자본주의에서 진정한 독점(제품이나 원료의 판매자가 하나인 경우)이란 매우 희귀하며, 경제의 총생산량에 부정적인 영향을 끼칠 정도로 오래 지속되지 못한다고 고찰한다. 따라서 "무분별한 '트러스트 해체trust busting'나 거래 제한에 해당하는 것의 무조건적인 처벌이 이롭다는 보편적인 근거는 없다"고 말한다. 나아가 "특히 제조업에서 독점적인 위치는 기대어 쉴 수 있는 쿠션의 역할을 하지 못한다. 얻을 때와 마찬가지로 기민함과 활력을 발휘해야만 독점적인 위치를 유지할 수 있다"고 지적한다.

⑤ **자본주의 문명**

슘페터는 자본주의의 힘을 분석하고 난 직후에 갑자기 태도를 바꾸어 책의 나머지 부분을 자본주의의 결함 지적에 할애한다. 그가 판단하기에 자본주의의 결함은 치명적이다.

그는 책의 초반부에서 자본주의가 평범한 근로자의 생활 수준을 크게 향상시켰음에도 호감을 사기 어려운 체제라고 말한다. 자본주의는 합리적이고 실용적인 체제지만, 몇백 년에 걸친 봉건적이고 부족적인 사회체제를 무너뜨렸다. 경제적으로 결점이 있다고 해도 개인에게 진정한 삶의 의미와 설 자리를 제공하던 사회체제를 빼앗아간 것이다. 자본주의의 무자비한 논리는 비인간적이며, 끊임없는 변화는 불안정성을 만들어낸다. 이는 다시 사회의 혼란을 초래한다. 사회의 원자화와 개인화는 결혼제도와 부르주아 가정에 균열을 일으킨다.

슘페터는 자본주의에 대한 적의를 드러내는 계층은 마르크스의 희망처럼 근로자가 아니라 자본주의가 도덕적으로 해롭다고 본 중산층 지식인이라고 말한다. 이는 교육의 보편화로 까다로운 지식 노동의 필요에 비해 너무 많은 사람이 교육을 받은 탓도 있다며, 교육받은 사람들이 자신의 잠재력을 실현하지 못하면 자본주의체제에 등을 돌린다는 것이다.

💲 자본주의의 미래

〈무너지는 장벽〉이라는 챕터에서 슘페터는 사람들의 기본적인 물질적 욕구가 대부분 충족되는 시대를 예언한다. 이러한 시대의 기업가는 아무 할 일이 없다. 슘페터가 보기에 이때 영리한 사람이라면 사업이 아니라 다른 활동으로 방향을 전환할 것이다.

이때 발전의 원동력은 과거처럼 개인의 천재성이 아니라 실험실에서 새로운 미래를 창조하는 팀워크다. 슘페터는 이럴 때 혁신이 일상화되고 경제 발전이 '탈개인화 및 자동화'하는 양상을 보인다고 주장한다. 위원회와 실험실이 개인의 행위를 대체하는 한편, 대기업이 개성적인 기업가들과 그들이 세운 소규모 기업을 흡수해버린다는 것이다.

슘페터는 경제 발전이 자동화되면 경제 성장 속도가 원기 왕성한 자본주의 시대의 수준을 유지하지 못하리라 보았다. 그렇다고 대공황과 그에 이은 정부 친화적인 시기가 자본주의 종말의 전조는 아니었지만, 이 시기에 '활력의 영구적인 손실'이 일어났다고 주정한다. 슘페터에 따르면, 불확실성과 리스크를 줄이고 싶어 하는 인간의 바람과 정치인의 개입을 감안할 때 자본주의 국가가 관료화되고 그 편익이 한층 더 균등하게 배분되는 것은 당연한 일이다.

슘페터는 주식 소유 사회의 출현으로 수백만 명의 소액 주주가 기업의 직접적인 경영권과 자산 통제 권한을 대체하려고 드는 상황이 탐탁지 않게 여겼다. 소유권이 분산되고 물리적인 성격을 탈피하면 소유주 개개인이 더 이상 자기 공장이나 사업체를 보호하고 키우려고 열과 성을 다하지 않으며, 대신 개성 없는 기관과 관리자들에 의해 운영된다. 이들은 한층 더 폭넓은 사회적인 편익을 실현하기 위해 정부와 협력한다.

슈페터는 자본주의 국가가 혁명 대신 관료화와 국유화의 확대 과정을 겪을 것이라고 내다 보았다. 불평등과 더불어 지속적인 경기 호황과 불황 주기가 빚어내는 불안정성은 복지제도와 사회 보호의 확대로 이어질 것이다. 이처럼 세계가 진정 국면을 맞이하면 자본주의의 원동력인 기업가가 뒷전으로 물러나고, 그가 하던 일이 대기업의 몫이 된다.

💲 과연 자본주의는 종말을 맞이할까

자본주의가 종말을 맞이하고 그 원동력인 기업가가 몰락하리라는 슈페터의 예언은 적중했을까? 대기업이 제2차 세계대전 이후 시대를 장악했다고 주장할 수도 있겠지만, 그와 동시에 마르크스와 슈페터의 예언대로 자본주의는 상당한 속도로 쉴 새 없이 새로운 산업을 창조하고 또 파괴하고 있다.

아마존, 페이스북, 구글을 보자. 기존 기업의 개발실이 아니라 개인의 두뇌에서 탄생한 곳들이다. 자본주의는 여전히 판도의 변화를 허용하며, 가까운 미래에 큰 재산을 얻을 수 있다는 전망이 보이면 사람들은 제품과 서비스를 창조하겠다는 동기를 품고, 이에 따라 완전히 새로운 시장이 창출된다. 기술 관료 사회주의가 요구하는 '국가에 대한 봉사 정신'만 동기로 작용한다면 이같은 성과가 나타날지 의심스럽다.

슈페터는 기업이 개인 자본가의 소유에서 벗어나 거대 기관이나 수백만 명의 주주에게로 넘어가면 자본주의의 생명이 다할 것이라고 믿었지만, 그런 일은 아직 일어나지 않았다. 우선 수많은 행동주의 투자자가 기업이 자신들에게 더 많은 권리를 부여하거나 아니면 분할되어야 한다고 촉구하고 있다. 더욱이 대기업은 연기금 같은 조직에 큰 지분을 보유하면 장기간 미래를 위해 투자할 수 있다.

자신이 잘사는 일에만 치중하는 사람들이 늘어나는 상황에서 기업의 관료화는 소유와 경영의 주체가 같은 기업의 비합리적인 행위와 실수를 방지할 수 있다. 슘페터는 규제받지 않고 약육강식을 조장하며 막대한 부와 사회적 불평등을 동시에 초래하는 자본주의와 사회적 이상향을 약속하지만 성장 동력인 기업가를 말살하는 검열된 형태의 자본주의라는 선택지를 제안했다.

우리는 경험을 통해 자본주의가 황금알을 낳는 거위(개인의 기업가 정신과 혁신)를 죽이지 않는 방향과 창조적 파괴의 영향을 개선하는 방향 사이에서 적절한 균형점을 찾는 행위임을 잘 알고 있다. 어찌 되었든 부유한 나라의 국민은 산업에도 수명이 있으며, 어떠한 일자리도 보장되지 않는다는 사실을 인식해야 한다. 불안정성은 번영의 대가다.

함께 읽으면 좋은 책 윌리엄 보몰의 《혁신적인 기업가 정신의 미시 이론》, 피터 F. 드러커의 《미래사회를 이끌어가는 기업가 정신》, 카를 마르크스의 《자본론》, 루트비히 폰 미제스의 《인간 행동》, 아인 랜드의 《자본주의의 이상》

💲 조지프 슘페터 더 알아보기

1883년 오스트리아-헝가리 제국의 영토였던 트리시(현재는 체코의 트르제슈티)에서 태어났다. 직물 공장 운영자이던 아버지는 그가 네 살 때 세상을 떠났다. 10대 시절, 어머니가 귀족 가문의 출신과 재혼함으로써 신분이 상승한 덕에 귀족 자제들만 들어갈 수 있는 테레지아눔에 입학했다. 1900년 테레지아눔을 졸업하고 빈 대학교에 입학, 법학과 경제학을 공부했다. 이때 그에게 가장 큰 영향을 준 경제학자 오이겐 폰 뵘-바베르크를 만났다. 1906년 동 대학교에서 박사학위를 취득하고, 그 후 몇 년간 《경제발전의 이론》을 비롯한 몇 권의 책을 출판했으며 그라츠 대학의 교수로 임용되었다.

황제 지지파였지만 제1차 세계대전 말미에 제국이 붕괴된 후 새로 들어선 사회민주당 정부로부터 재무장관직을 제안받았다. 하지만 경제난과 다른 관료들의 따돌림으로 6개월 만에 사임했다. 이어서 비더만 은행의 총재로 취임했지만 1924년 경제 공황으로 인해 은행은 파산하고, 자신도 상당한 자산을 잃었다. 1925년에 본 대학교의 교수가 되어 안식을 찾았으며, 1920년대 후반에 하버드대학교로부터 강연 요청을 받았다. 1932년 나치당이 집권하자 미국으로 망명했고, 1939년 시민권을 취득했다. 루스벨트 대통령의 뉴딜정책을 강력하게 비판했으며, 스탈린이 히틀러보다도 더 위험하다고 경고하고 나서 나치 동조자라는 혐의로 FBI의 수사를 받았다(기소는 되지 않았다). 1950년 세 번째 아내이며 경제사학자인 엘리자베스 부디 슘페터의 도움을 받아 《경제 분석의 역사》를 탈고하던 시기에 세상을 떠났다.

Book 42

기근에 관한 의미 있는
사례 연구이자 중요한 이론적 관점
아마르티아 센의
《빈곤과 기근》

아마르티아 쿠마 센 Amartya Kumar Sen

현대 인도의 경제학자로 후생경제학의 대가이자 아시아 최초의 노벨경제학상 수상자다(1998). 빈곤과 기아에 시달리는 인도의 현실을 바탕으로 빈곤과 불평등, 기아 문제, 인간 복지 등을 집중적으로 파고들어 '경제학자의 양심', '경제학계의 마더 테레사'로 불린다. 프랑스의 레지옹 도뇌르 훈장과 미국 인문학 훈장을 비롯해 여러 국가로부터 다양한 훈장을 받았다.

경제학자 대다수는 생활과 생계 수단에 영향을 주는 분야를 연구하지만, 아마르티아 센은 다르다. 그의 연구 분야는 기근, 빈곤, 식량 공급이다. 1943년 벵골의 대기근을 직접 목격한 것이 큰 영향을 주었다. 1970년대까지도, 사람들은 기근이 맬서스의 이론대로 식량 생산에 비해 너무 많은 인구 때문에 발생한다고 믿었다. 식량 공급 속도가 인구 증가 속도를 따르지 못하리란 예측도 있었다. 센은 이러한 예측에 의혹을 품었다. 그리고 연구 끝에 식량 접근성이 소득, 정치, 식량 공급 간의 관계에 따라 결정되며, 기근은 단순히 식량이 부족해서가 아니라 이러한 관계가 깨질 때 발생할 가능성이 높다는 견해에 도달하게 되었다.

1981년에 출간된 센의 《빈곤과 기근Poverty and Famines》은 바로 이러한 연구 결과를 담은 것이다. 벵골의 대기근이란 실제 사례를 바탕으로, 센은 기근이 "식량 생산 부족으로 일어난 게 아니라 낮은 임금과 도시 지역의 곡물 가격 상승으로 벌어졌다"고 주장한다. 이러한 센의 이론은 기근을 바라보는 방식에 영향을 주었으며, 정책 입안자와 국제기구가 식량 생산보다 식량 안보라는 거시적 관점을 가질 수 있도록 도왔다.

$ **기근과 식량 공급**

센에 따르면 1970년대와 1980년대 초반까지만 해도 세계 식량 공급이 인구 증가세를 따라가지 못할지도 모른다는 우려가 컸다. 이 같은 우려는 현실이 되지 않았지만, 그렇다고 기근이 사라진 것은 아니었다. 실제로 식량 공급이 감소하지도 않았는데 참혹한 기근이 발생했다. 센은 인구 대비 식량 비율이라는 척도가 수세기에 걸친 착각의 산물이라고 지적한다. 식량이 얼마나 많은지보다 식량 공급 확보가 더 중요하다는 말이다. 우리가 식량 공급을 논의할 때 초점은 농·축·수산물 분야다. 반면 기아를 논할 때는 개인이나 집단의 농·축·수산물 관계를 포함한 식량 소유권이 초점이 된다.

센이 고안한 '수급 관계entitlement relations'는 사회적·법적 규칙에 따라 개인에게 특정 자원을 소유하거나 교환하거나 이용할 수 있도록 허용하는 권리를 뜻한다. 세상엔 수많은 식량이 있지만 개인이 그러한 식량을 입수하지 못할 이유 역시 무수히 많다. 임금이 갑자기 하락하고 기본 식료품 가격이 급등하면 시장에 식료품 유통이 잘 되어도 배고픔을 겪을 수 있다. (가뭄이나 홍수 같은) 어려운 시기에 농업 노동자는 일자리를 찾지 못할 가능성이 있지만, (소유한 농지는 없어도 자신이 경작한 농작물을 가져갈 수 있는) 소작농이나 소농민은 최소한 굶지는 않는다. 하지만 미용사는 손님이 갑자기 줄어들면 소득이 크게 감소하고, 식량 공급이 줄지 않아도 배고플 수 있다. 제화공 역시 손님이 줄어들거나 가죽 공급이 끊어지면 굶주릴 수 있다. 이렇게 보면 기아는 식량 공급이 아니라 식량 수급에 실패했을 때의 현상이다.

💲 **1943년 뱅골 대기근**

1943년에 뱅골 지방을 강타한 대기근은 정부 조사 결과(당시 뱅골은 영국령 인도 영토였다) 사망자가 150만 명에 달하는 것으로 집계되었다. 하지만 사람들은 실제 사망자가 최소한 두 배는 되리라 생각했다. 공식 보고서에 의하면 기근은 사이클론, 폭풍해일, 곰팡이 포자 감염 등으로 평소를 밑도는 수확량 때문에 발생했다. 기존에는 버마산 쌀을 수입해 식량 부족분을 메웠으나 일본의 버마 점령으로 쌀 공급이 끊긴 탓도 있었다.

당시 캘커타(지금의 콜카타)는 벵골의 중심 도시로서 전략적 요충지였기 때문에 외딴 지역과는 상황이 달랐다. 콜카타의 상공회의소는 정부와 협력해 모든 공장 근로자에게 충분한 식량을 공급하는 계획을 시행했고, 그에 따라 식량 생산이 꾸준히 유지되었다. 정부 직원과 철도 및 항만 근로자 역시 식량 공급을 보장받았다. 게다가 무상 식량 배급 제도가 마련되어 있어 수천 명의 농촌 인구가 캘커타까지 걸어서 왔다. 그럼에도 캘커타 거리에서 '극빈자' 시신이 흔하게 보였다. 풍작 덕분에 기근은 끝났지만, 수십만 명이 기아와 기근이 유발한 질병으로 이미 목숨을 잃고 난 뒤였다. 센은 1943년 벵골 대기근이 식량 부족으로 발생했다는 공식 원인을 반박한다. 오히려 이때의 식량 공급량은 (현지 비축량과 수입산 밀과 쌀의 물량을 감안할 때) 기근이 일어나지 않은 1941년보다 13퍼센트 더 많았다는 사실을 밝혀냈다. 그렇다면 무슨 일이 일어났던 것일까?

센은 1939~1943년까지 각 해의 임금 비교 지표와 식량 가격표를 제시한다. 지표에 따르면 이 기간에 평균 임금은 소폭 인상되었다. 같은 시기 곡물 가격은 네 배 정도 증가했다. (정부 직원과 공장 근로자라는) 특정 집단에 대한 식량 보급으로 말미암아 식량 가격이 나머지 인구 집단이 감당하기 너무 높은 수준으로 올랐다. 우유, 수산물, 미용 서비스 등을 구매할 여력이 있는 사람들이 사라졌기 때문에 이들 생산자는 수요 급감을 겪었다. 이들은 농촌 노동자와 마찬가지로 기본 식료품을 구할 수 없는 처지가 되었다. 이 때문에 훗날 곡물 수확량이 사상 최고치를 기록했음이 밝혀진 1943년 수많은 사람이 식량 부족으로 죽은 것이다.

센은 이를 두고 "공공 지출 확대에서 비롯된 강력한 인플레이션 압력이 만들어낸 '호황기 기근'"이라고 말한다. 영국의 인도 내 제국주의정책을 비판하던 애국주의 진영은 그 부당함에 초점을 맞추었다. 영국 정부는 선적 방식을 바꾸어서라도 식량 수입을 늘리는 비상 조치를 시행하자는 인도 총독의 적절한 조언을 받아들이려 하지 않았다. 센은 "사실 총독이 이용 가능한 식량 공급량은 제대로 추산했지만 기근의 원인을 완전히 잘못 짚었다고 볼 수 있다"는 결론을 내렸다.

⑤ **1974년 방글라데시 기근**

이로부터 약 30년 후, 홍수로 인해 인도와 방글라데시 유역의 브라마푸트라강이 범람했다. 쌀 가격이 천정부지로 치솟았고, 민간 단체와 정부 기관이 곳곳에 식량 배급소인 랑가르 카나langar khana를 세워 방글라데시 인구의 6퍼센트에 달하는 400여만 명에게 식료품 및 구호품을 지급했다. 범람한 강물이 잦아들고 쌀 가격이 하락할 때쯤 랑가르 카나도 철수했다.

방글라데시 정부는 기아 사망자 수를 2만 6,000명으로 집계했으나 실제로는 이보다 더 많았을 것이다. 능력껏 구호품을 제공하기는 했지만, 방글라데시 정부가 비축해둔 식량을 좀 더 잘 활용했더라면 수많은 생명을 살릴 수 있었을 것이다. 공교롭게도 당시 방글라데시 정부는 식량 안보와 관련해 아슬아슬한 처지였다. 쿠바와의 무역을 고집했기 때문에 미국으로부터 더 이상 원조를 받지 못했다. 정부의 자금 부족으로 미국의 곡물 회사와 체결한 두 건의 대규모 수입 계약도 무산되었다. 결국 방글라데시 정부는 미국의 뜻에 굴복해 쿠바와의 무역을 중단했다. 미국의 식량 원조가 재개되었지만 이미 수많은 사망자가 생긴 뒤였다.

센은 방글라데시 역시 기근이 난 1974년 기존보다 더 많은 식량을 확보하고 있었다고 말한다. 따라서 개발경제학에서 말하는 식량 가용량 감소(Food Availability Decline, FAD) 기근에 해당되지 않는다고 주장한다. 그는 강물 범람 전에도 수요와 화폐 공급 같은 거시 경제 요인 때문에 쌀 가격이 급등하고 있었다고 지적한다. "식량 수급률이 랑푸르와 실레트에서 58퍼센트, 미멘싱에서 70퍼센트 하락했으며, 이처럼 확보할 수 있는 쌀이 줄어듦에 따라 노동자들은 기아와 죽음으로 바짝 내몰렸다."

방글라데시 기근 역시도 노동 수요나 노동 가격이 갑자기 떨어졌을 때 특정 집단이 기아에 노출될 가능성이 크다는 점을 나타낸다. 센은 빈곤 관련 통계를 볼 때 큰 주의를 기울여야 한다고 말한다. '빈곤층'을 획일적인 집단으로 간주해서는 안 된다는 것이다. 한 예로 1960년대 후반부터 1970년대 중반 사이 빈곤 선 아래로 사는 방글라데시 국민의 숫자는 감소했지만 '극심한 빈곤'에 해당하는(즉, 열량 섭취 권장량의 80퍼센트를 충족 못하는 정도의 소득을 버는) 사람의 숫자는 오히려 급증했다.

💲 시장과 민주주의의 기근 방지 기능

역사적으로 필수 식량이 1974년의 방글라데시같이 기근에 시달리는 지역에서 수출된 사례가 많았다. 이를 두고 센은 그리 놀랄 일이 아니라고 말한다. "시장 수요는 생리적인 필요나 심리적인 욕구가 아니라 거래와 수급 관계에 근거한 선택을 반영하기 때문이다." 특정 지역의 거주민이 굶주리기는커녕 쓸 돈이 있다면 시장이 고난을 겪고 있는 지역의 식량을 그들에게 판매하지 않을 이유가 어디 있느냐는 것이다. 시장 논리에 따르면 지극히 합리적인 행위다.

지금은 기이한 조치로 보이지만 19세기 영국령 인도 같은 지역에서는 시장 논리에 맡겨두면 기근을 끝낼 수 있다는 믿음이 굳건했다. 심지어 직접적으로 원조한 관료들은 징계를 받기도 했다. 1865~1866년의 오리사 기근 당시에 행정 당국은 민간 거래가 식량을 합리적 가격에 공급하는 식으로 개입했는데도 기근이 끝나지 않았다는 사실을 놀랍게 받아들였다. (구매자가 없어) 돈을 벌지 못할 것 같다고 판단하면 상인이 굳이 시장에 물건을 공급하려 들지 않을 텐데 말이다. 센은 소득이나 구매력보다 더 중요한 요소는 수급에 대한 심층 탐구라고 말한다. 특정 노동자나 지역의 구매력이 여러 이유로 갑자기 고갈되는 사례를 보면, 기근 가능성이 평소 생각하는 것보다 훨씬 크다는 사실을 알 수 있다는 것이다.

뒤이은 베스트셀러 《자유로서의 발전》(1999)에서 센이 주장하듯이, 민주주의는 실용적인 기근 대책을 마련할 수 있다. 기근이 일어나면 선거에 패배할 위험이 늘어나는 건 둘째 치고, 먼저 국민이 생필품을 살 수 있을 정도의 최저 임금을 보장하는 사회 보험 프로그램을 줄기차게 요구하게 마련이기 때문이다. 반면 독재 국가에서는 이념이나 행정이 식량이 부족하다는 사실에 우선한다. 이는 영국령 인도의 경우에도 적용되었다. 인도 총독부는 벵골의 기근보다 전략적 긴급 과제가 중요했기에 선적 패턴까지 바꾸면서 쌀 수입량을 늘리는 일에 적극적이지 않았다. 이와 대조적으로 영국령 인도가 1947년에 독립을 쟁취하고 민주주의 국가가 된 이후로 인도 아대륙은 기근을 겪지 않았다. 센에 따르면 민주주의 사회에서는 기근을 방지할 수 있는 수단이 한 가지 더 있는데, 바로 언론의 자유다. 자유가 없으면 언론이 실상을 알리고 경종을 울리기 어렵다. 국제 망신이라는 이유로 정부

가 기근을 은폐할 가능성도 높다. 실제로 북한에서는 '기근'이라
는 단어만 입에 올려도 감옥으로 끌려갈 수 있다.

센은 식량 안보를 시장이나 국가에 맡겨두어서는 안 된다고
주장한다. 민주주의 사회만이 정부에 압력을 가하여 정부가 군
사적·전략적 목표보다 국민의 복지를 우선시하도록 할 수 있다
는 것이다. 그렇다고 민주주의 국가에는 기근이 절대 발생하지
않는다는 이야기는 아니다(에티오피아는 민주화 이후에도 기근으로 타
격을 받았다). 다만 센의 말대로 기근이 생길 위험이 줄어든다.

⑤   **식량 안보의 중요성**

식량 부족의 영향을 과소평가한 센의 접근법이 타당하지 않다고
비판하는 사람들도 있다. 때로 가뭄이나 홍수, 정치 위기나 전쟁
등의 이유로 기근이 발생하기도 한다. 게다가 《빈곤과 기근》 출
간 이후로 분쟁이 기근의 원인이 되는 경우도 잦다. 기후 변화로
원래 살던 땅을 떠나 난민이 되는 경우도 있다. 일각에서는 토지
개혁이 가장 근본적인 기근 및 빈곤 퇴치 방법이라고 주장한다
(46장 데소토의 주장을 참고하라). 자유시장, 자유무역, 자본 접근성
이 필수라고 주장하는 사람도 있다.

어떤 비판이 따르든, 센의 연구 덕에 기근은 연구 분야의 하나
로 성장했다. 개발경제학 역시 상당 부분 센의 연구에서 비롯되
었다. 식량의 절대적인 양보다는 식량 안보가 더 중요하다는 센

의 주장은 이제 영양 결핍과도 이어진다. 세계기아교육서비스 World Hunger Education Service에 따르면, 1990~2014년간 영양 결핍에 시달리는 사람이 42퍼센트 감소했다고 한다. 실제로 아프리카와 아시아 농민들은 기계화와 수확량 증산 기술에 힘입어 생산성을 끌어올리고 있다. 매우 환영할 일이지만, 그것만으로는 문제의 절반밖에 해결할 수 없다. 정책이 형편없거나 사람들의 소득이 줄어들어도 식량 확보 및 구매가 어려워질 수 있다. 어쨌든 식량 안보를 중요시하는, 정치적으로 안정된 나라에서는 결핍 때문에 사람들의 목숨이 위험해지는 일은 없다.

함께 읽으면 좋은 책 토머스 맬서스의《인구론》, 담비사 모요의《죽은 원조》, 줄리언 사이먼의《궁극적 자원 2》

💲 아마르티아 센 더 알아보기

1933년 영국령 인도 벵골의 마니칸지에서 태어났다. 캘커타의 프레지던시대학에서 철학과 경제학을 전공했으며, 케임브리지대학교에서 석사와 박사 학위를 받았다. 케임브리지 재학 시절에 불완전 경쟁 이론을 주장하고 확립한 이탈리아의 경제학자 피에로 스라파와 영국의 경제학자 조앤 로빈슨의 지도를 받았다. 1956년 인도로 귀국, 콜카타 자다브푸르대학교에 경제학과를 개설했다. 1963~1971년까지 델리경제학교에 있다가 이후 런던정치경제대학교와 옥스퍼드대학교의 교수를 지냈다. 현재는 하버드대학교 교수로 경제학과 철학을 가르치고 있다. 1998년 아시아인으로는 처음 노벨경제학상을 수상했다. 1999년에는 인도의 최고 시민 훈장인 바라트 라트나를, 2013년에는 프랑스의 레지옹 도뇌르 훈장을 받았다.

Book 43

주식시장과 주택시장에
거품이 계속 생기는 이유

로버트 쉴러의
《비이성적 과열》

로버트 제임스 쉴러 Robert James Shiller

현대 미국의 경제학자로 리처드 탈러와 더불어 행동경제학을 금융에 접목한 선구자
이자 금융 분야 세계 최고의 권위자 중 한 명이다. 2000년 닷컴버블 사태를 예측하며
세계적 학자로 떠올랐고, 2007년 서브프라임 모기지 사태를 예견하면서 다시 한번
주목받았다. 2013년 시카고대학교의 유진 파마, 피터 핸슨 교수와 함께 노벨경제학
상을 수상했다.

1995~2000년간 미국의 S&P 500 주가지수는 놀라운 상승세
를 보였다. 그런 상황에서 2000년 초반 예일대학교 경제학과 로
버트 쉴러가 새 책 출간에 맞춰 강연과 라디오 인터뷰를 시작했
다. 그런데 현재 시장 가격이 잘못되어 있으며 오래 지속되지 않
으리라 말을 모든 투자자가 믿지 않고 안일하게 받아들이는 모
습에 쉴러는 깜짝 놀랐다.

　돌이켜보면《비이성적 과열》의 출간은 딱 알맞은 때 이루어

졌다. 2000년 3월은 평균적으로 주가가 기업 이익의 44배에 달했을 정도로 주식시장이 최고점을 찍었었다. 하지만 그해 말 기술주는 급락하고, 2003년 3월에는 시장이 반토막 났다. 쉴러에 따르면, 이렇게 시장이 폭락할 때 투자자 대부분이 '기진맥진'하여 시장을 이탈하고, 그 결과 주가가 중장기적으로 하락하기 쉽다고 여긴다. 그런데 2005년까지 PER은 다시 25 정도로 상승해 역사적 평균치인 16을 한참 넘어섰다. 주택시장 또한 과열되고 있었다.

이러한 과열의 근거가 될 만한 객관적 펀더멘털(fundamental, 경제 상황을 가늠하게 하는 주요 거시 경제 지표), 예를 들어 기업 이익이 빠른 속도로 증가하거나 주택이 부족해지는 일은 없었다. 쉴러에 따르면 주가가 상승세를 유지한 까닭은 기대감이나 믿음 때문이라고 한다. 사람들은 시장이 폭락과 조정을 거치더라도 다시 상승하게 마련이라고 믿는다는 것이다. 언론 매체와 투자 전문가들은 일반인들에게 인플레이션을 따라잡으려면 저축에 안주하기보다는 고수익 투자로 전환해야 한다고 설득한다.

2000년 초판에서는 주식시장을, 2005년 2판에서는 주택시장까지 다룬 《비이성적 과열》은 2015년 나온 3판에 채권시장을 포함시켰다(한국어판은 2판 기준). 이 책을 통해 쉴러가 하고픈 말은 경제와 시장이 객관적 실체가 아니라 수백만 명의 심리가 만들어낸 창조물이라는 것이다. 이 책의 제목인 '비이성적 과열'은 원래 1996년 앨런 그린스펀이 연준 의장이던 시절 거침없이 오르는 미국의 주가를 두고 한 말로, 이 발언 직후 미국 주가는 20퍼센트나 폭락했다. 통설대로라면 시장이 하락한 까닭은 그린스펀이 통화 긴축을 암시한 탓이었겠지만, 쉴러는 보다 근본적인 원인이 작용했다고 본다. 상승장에서 사람들이 객관적인 가치 외에 심리적인 요소를 인지했기 때문이라는 것이다.

⑤   **주식에 대한 믿음**

쉴러는 1990년대 후반과 2000년대 주식시장 활황을 통해 주식 붐의 전반적인 특성을 분석한다. 그는 질문한다. 주가를 끌어올리는 것은 강력한 펀더멘털인가, 아니면 '현 상황의 진실을 외면하는 투자자의 희망 사항'이 반영된 결과인가. 그의 목표는 현재 가격에 모든 가능한 정보가 반영되어 있다는 '효율적 시장 가설'이 잘못되었음을 입증하는 것이었다. 쉴러는 이 이론이 시장이 효율적이라는 잘못된 정보를 전달하며, 거품과 호황의 원인을 제대로 규명하지 못한다고 지적한다.

사람들이 높은 가격에 주식을 사는 이유는 이해하기 쉽다. 가격이 계속 상승하면 전문가들은 연구를 통해 가격과 가치가 거의 일치한다는 결과를 내놓는다. 상승세의 타당성이 입증된 것이다. 그러나 이 같은 연구는 대부분 허술하기 짝이 없고, "찻잎을 보고 점치는 행위나 다를 바 없으며", 일반 투자자들은 언론의 선동에 쉽게 넘어가고 그 와중에 신중한 의견은 묻힌다는 것이 쉴러의 주장이다. 그는 증권사와 뮤추얼펀드의 홍보 때문에 예나 지금이나 주식이 장기적으로 가장 뛰어난 성과를 보이는 자산 유형이란 주장도 널리 확산되어 있다고 지적한다.

1994~1999년간 다우존스 산업평균 지수는 3,600에서 11,000으로 약 세 배가량 뛰어올랐다. 반면에 같은 기간 동안 1인당 소득과 GDP 상승 폭은 30퍼센트에 불과했다. 쉴러는 이때가 "미국 역사상 가장 강력한 강세장"이라고 말한다. 2000년 시장이 폭락하자 밀레니엄 호황의 실체가 밀레니엄 거품이라는 사실이 드러났음에도 가격이 다시 역사적 평균치를 웃돌기 시작한 까닭은 주식이 장기적으로 가장 뛰어난 자산 유형이라는 믿음을 사람들이 신앙처럼 품고 있었기 때문이라고 주장한다.

주식시장 폭락은 생각보다 훨씬 후유증이 오래간다. 이것이 쉴러의 중요한 통찰이다. 한 예로 주식시장은 1901년에 정점을 찍고 나서 20년간 하락했다가 강세장이 시작된 1920년대 다시 상승했다. 그러다 1929년 대폭락 이후에는 대공황이 사실상 제2차 세계대전 때까지 지속되었을 뿐만 아니라 1958년까지 S&P 종합지수가 1929년 수준을 회복하지 못했다. 물론 1960~1966년에는 시장이 호황을 누렸지만, 기나긴 약세장이 뒤따르면서 시장은 1992년에서야 1966년 수준을 회복했다. 보통의 투자자가 1966년 이후 15년간 주식시장을 이탈하지 않았다면 돈을 날

렸을 것이다. 쉴러는 심지어 같은 투자자가 (1986년까지) 20년간 주식시장에 머물러 있었다 해도 (인플레이션율을 보정하면) 수익이 1.9퍼센트에 불과할 것이라고 지적한다.

쉴러는 PER과 10년 수익률을 비교한 그래프를 통해 PER에 비해 주가가 높을수록 그다음 10년 수익률이 좋지 못하다는 것을 보여준다(2000년 당시 그는 향후 15년간 "주식시장의 전망이 밝지 않다"는 선견지명을 보였다). 반대로 PER 대비 주가가 낮을수록 그다음 10년 수익률이 높게 나타났다. 쉴러는 "싸게 사서 비싸게 팔라"는 진리는 주식시장의 광풍 속에서 사라진다고 말한다. 신기술이 출현이나 인구통계학적 추세에 의해 정상치보다 높은 가격이 정당화되는 '새 시대'가 열린다고 믿을 때 이런 일이 생긴다는 것이다. 그는 이 시점에서는 주식시장이 더 이상 펀더멘털을 반영하지 않고 투자한 사람들의 심리를 반영한다면서 일종의 자기 충족적 예언이 작용하는 셈이라고 말한다. 따라서 주가지수가 도달한 새로운 고점을 기업의 '성취'로 보기보다는 투자자들의 현재 심리를 고스란히 반영한 산물로 간주해야 한다고 주장한다.

⑤   **주식의 과대평가**

가설대로 시장이 대체로 효율적이라면 '거품'은 존재하지 말아야 한다. 이론대로라면 "금융 자산은 항상 공개된 정보를 반영하여 정확한 가격으로 책정되게 마련이다". 그런데 쉴러에 의하면 인터넷 주식 열풍이 불 당시 기술주의 '잠재 가치에 대한 일반인들의 과도한 기대'가 시장 가격에 반영되어 있었다고 한다. 예를 들어, 1999년 이토이즈eToys라는 온라인 장난감 업체는 손해를 보고 있었음에도 앞 주자이며 400배 더 많은 매출에 3억 7,600만 달러의 이윤을 거둔 토이저러스ToysRUs보다 더 높은 주가를 기록했다. 쉴러는 특정 주식이 그처럼 터무니없이 과대평가될 수 있다면 전체 주식시장 역시 과대평가될 수 있다고 추론한다.

그런데 어떤 주식이 장기적으로 과대평가되는지 알 도리가 있을까? 주식 투자 전략가인 제레미 시걸은 IBM과 맥도널드 같은 유행주가 1970년대에는 분명 고평가되어 있었지만, 투자자가 1973~1974년의 하락세를 견뎌내고 1996년까지 그대로 그 주식을 보유했다면 S&P 500 지수에 맞먹는 수익률을 냈으리라는 연구 보고를 통해 고평가된 주식이 무엇인지 판별하기란 어렵다고 주장했다. 시걸의 주장이 옳을지 몰라도, 대부분의 사람은 주식을 그토록 오래 갖고 있지 못하며 손실을 감수하고 팔아버릴 것이라고 쉴러는 말한다.

주가 상승은 늘 이익이나 배당 증가에서 비롯된다는 것이 전통적이고 합리적인 견해다. 쉴러는 이를 뒷받침하는 근거가 없다고 주장할 뿐만 아니라 "주가는 분명 그 자체만의 생명을 지닌다"고 단언한다. 실제 발생한 이익이 반영된다고 하기에는 너무나 변덕스럽게 움직인다면서 다른 요소가 작용하는 것이 분명하다고 말한다.

⑤ 　　　　　　　　　　　　　　　　　　　**군중의 현명함과 어리석음**

쉴러는 인간의 생각이 대부분 "계량화가 불가능하지만 서술과 합리화의 형태를 띤다"고 설명한다. 시장이라는 맥락 안에서 정보는 폭포처럼 쏟아지고 피드백 메커니즘의 작용으로 정확하든 말든 정보가 자체적으로 만들어지고 퍼진다. 주가가 높으면 사람들은 다른 투자자들이 잘못 판단할 리 없다고 믿어버리는 경향이 있다. 이들은 자신의 조사 결과와 판단력을 활용하려 하지 않고 군중을 신뢰한다.

쉴러는 거품을 '일종의 심리적 전염병'으로 정의하며, 이러한 전염병의 증상으로 안일한 태도를 든다. 개개인은 주가 급등을 우려하더라도 지배적인 정서는 "주가가 절대 하락할 리 없다고 믿지는 않지만 하락할 수도 있다는 의견에 대체로 신경 쓰지 않는다". 이러한 판단 착오가 "가장 똑똑한 사람에게까지 전염될 수 있다"는 것이 쉴러의 생각이다. 더 나아가 자만심, 세밀한 조사 부족, 타인의 판단력에 대한 과신이 '눈먼 사람이 눈먼 사람을 인도'하는 상황으로 이어지고, 곧 재난이 뒤따른다고 지적한다.

《비이성적 과열》의 초판은 주식 거품에 초점을 맞추었지만, 2005년 2판에는 1998~2006년 사이 미국의 집값 폭등 사례를 포함시켰다. 주식 붐 때와 마찬가지로 이때 일반인들 사이에는 부동산으로 부자가 될 수 있다는 믿음이 퍼져 있었다. 그런데 기간을 1929년부터 2013년까지로 넓게 잡으면, 집값 상승 폭은 이 기간 동안 연편균 2퍼센트대에 그쳐 실질 소득 상승 폭에 미치지 못했다. 게다가 지난 100년간 미국의 주택 가격은 연평균 0.7~1.0퍼센트 상승하는 데 그쳤다. 우리 할머니가 1998년에 1만 6,000달러를 주고 산 집이 2004년에 19만 달러에 팔렸다고 하면 엄청나게 상승한 듯 보이지만, 인플레이션율을 보정하면 상승 폭이 그리 크지 않음을 알 수 있다. 쉴러는 주식으로 부자가 될 수 있다는 믿음과 마찬가지로 부동산으로 부자가 될 수 있다는 통설이 틀렸다고 말한다.

쉴러는 보험사들을 상대로 '주택지분보험home equity insurance'을 출시하라고 촉구해왔다. 부동산 시장이 급락할 경우 가입자들에게 보험금을 제공하면 사람들이 주택의 현재 가치에 덜 휘둘리게 된다는 생각에서다. 더 나아가 시카고 거래소에 부동산 시장 붕괴 대비책을 제공하기 위해 주택 선물 시장을 개설했다.

⑤ 　　　　　　　주식과 부동산 열풍, 자본주의의 이면

자본주의의 정상적인 일면으로 보이는 주식과 부동산 열풍을 분석해야 하는 이유는 무엇일까? 쉴러는 이러한 열풍이 기반 시설,

교육, 사회 보험 등 사회적·인적 자원 구축에 투입되어야 할 재원을 쓸어가기 때문이라고 설명한다. 예금자나 기부금을 적립한 대학 또는 기금 투자로 미래를 대비해야 하는 자선 단체라면 현재 가격이 대충이라도 현실에 부합하는지, 아니면 투자 시 모아둔 자금을 날릴 가능성은 없는지 파악할 필요가 있다.

노년과 미래를 연금이나 저축이 아닌 부동산 같은 자산에 의존하는 사람이 많아질수록 위험에 노출된 공산이 커진다. 물론 일반인도 불시에 막대한 이득을 얻을 수 있다(런던의 주택 소유자들은 2010~2016년간 소유 주택 가치가 평균적으로 두 배 상승한 것을 경험했다). 그러나 종이 자산paper wealth[18]은 예기치 못하게 어마어마한 폭으로 하락할 수도 있다. 그러면 결과적으로 자산 보유자가 타격을 입는다.

실제로 쉴러는 저축할 필요가 없다는 사고방식이 주식과 부동산 열풍의 악영향 중 하나라고 말한다. 2007년 미국 전역의 저축률은 소득의 2.9퍼센트에 불과한 수준으로 떨어졌다. 그로부터 2년이 흘러 금융 위기가 한창이던 때 사람들의 자산은 크게 줄어들었지만 저축률은 8.1퍼센트로 치솟았다. 결국 저축을 완충제로 삼겠다는 옛 생각이 부활해 가치를 발휘했다. 쉴러는 한층 더 보수적인 투자 전략이 바람직하지 못한 결과에 대비할 수 있는 방법이라며, 지금 당장 그러한 전략으로 회귀해야 한다고 주장한다.

함께 읽으면 좋은 책 존 케네스 갤브레이스의《대폭락 1929》, 마이클 루이스의《빅 숏》, 리처드 탈러의《행동경제학》

$ 로버트 쉴러 더 알아보기

1946년 미국 디트로이트에서 태어났다. 칼라마주대학과 미시건대학교를 거쳐 1972년 매사추세츠공과대학교에서 경제학 박사학위를 받았다. 1982년부터 예일대학교에서 학생들을 가르치기 시작했다. 현재 예일대학교 교수이자 예일경영대학원 국제금융연구소의 선임 연구원이다.

1991년 미국의 경제학자 칼 E. 케이스와 함께 케이스-쉴러지수Case-Shiller Index라는 전국주택가격변동지수index of national house price changes를 개발했다. 오늘날에도 널리 활용되는 지표로 S&P가 발표한다. 2013년 '자산 가격의 실증 분석'으로 경제학에 기여한 공로를 인정받아 시카고대학교 교수들인 유진 파마, 피터 한슨과 함께 노벨경제학상을 수상했다. 1991년부터 리처드 탈러와 공동으로 미국경제연구소National Bureau of Economic Research에서 행동경제학 워크숍을 진행해오고 있다.

주요 저서로는 《내러티브 경제학》, 《버블 경제학》, 《야성적 충동》(조지 애커로프 공저), 《피싱의 경제학》 등이 있다.

Book 44

진정 인구 증가가 자원 부족과
환경 문제를 불러오는가
줄리언 사이먼의
《궁극적 자원 2》

줄리언 링컨 사이먼 Julian Lincoln Simon

20세기 미국의 경제학자로 인구, 천연자원, 이민에 관한 연구로 유명하다. 1980년 생물학자 파울 에를리히와 5개 자원의 10년 후 가격을 두고 내기를 한 것으로 유명하다. 결국 가격 하락을 예측한 사이먼이 승리했다. 1981년 자원 부족을 둘러싼 통념을 비판한 《궁극적 자원The Ultimate Resource》을 펴내며 학계의 주목을 받았다.

경영대학원 교수이자 경제학자였던 줄리언 사이먼도 처음에는 인구 폭발에 제동을 걸어야 한다는 맬서스의 이론을 받아들였다. 재화와 서비스의 생산 속도가 인구 증가 속도를 따라잡지 못해 자원 부족으로 시장 가격이 상승하고 사람들이 굶주리는 것은 물론 환경이 파괴된다고 생각한 것이다. 그런데 사이먼은 인구경제학을 깊이 공부할수록 맬서스의 경고가 실현될 가능성이 거의 없을뿐더러 인구 증가와 더불어 생활 수준까지 꾸준히 향상하고 있다는 사실을 발견했다. 이러한 '번영'이 과연 환경에 악영향을 미치고 자원 고갈을 유발할까?

사이먼은 현재의 환경 수준이 150년 전보다 훨씬 더 좋다는 사실에 주목했다. 150년 전만 해도 도시는 석탄 연소로 발생하는 스모그에 뒤덮여 있었고, 잘사는 나라조차 집과 하수도 시설이 연결되어 있지 않았으며, 갖가지 질병으로 죽는 사람이 많았다. 더욱이 사이먼은 인구 증가가 자원을 고갈시킨다는 통념까지 거부했다. 상대적으로 자유로운 시장을 가진 국가라면 가격 신호가 인간의 창의력과 결합되어 충분한 재화가 공급될 수 있다는 것이다. 이제까지 항상 그래왔고, 지금 시대도 예외는 아니라고 그는 말한다.

1981년에 출간된《궁극적 자원》은 이러한 사이먼의 학술적 연구를 대중적으로 풀어낸 책이다. 기존 이론을 뒤집는 주장으로 학계의 주목을 받았는데, 폴 에를리히의《인구 폭탄The Population Bomb》(1968)이라든가 게리 하딘의 '공유지의 비극' 등 인구 증가를 둘러싼 문제로 '인구 조절론'이 득세하고 있었기 때문이다. 그만큼 사이먼의 주장은 이례적이었다. 이후 그는 15년간 쌓인 예시와 데이터를 추가해 1996년 개정판인《궁극적 자원 2》를 내놓았다. 그러니 더 완성도가 있는 개정판을 더 추천한다.

논쟁적인데다 일부 대목에서는 사이먼의 추론이 극단적으로 느껴지지만, 그의 주장을 반박하기란 쉽지 않다. 하이에크는 사이먼에게 보내는 편지에서 이 책이 자신의 오랜 주장에 대한 실증적 근거를 제시했다면서 "정책에 크나큰 영향을 미칠 매우 중요한 저서"라고 평가했다.

그렇다고 사이먼이 독불장군은 아니었다. 그는 자신이 기술만능주의자가 아니라면서 자연의 무한한 풍요로움을 확신하지 않는다고 말했다. 그의 주장은 인류가 진보에 필요한 자원을 항상 충분히 확보해왔고, 시간이 흐름에 따라 새로운 수요와 기술이 나타나므로 필요한 자원의 양이 변화한다는 것이다. 무엇보다 '자원 고갈'처럼 실현되지도 않은 명분 때문에 인간의 정신('궁극적 자원')을 속박해서는 안 된다.

⑤ **인간은 골칫거리가 아니라 해결책이다**

1969년에 사이먼은 저소득 국가의 출산율을 낮추기 위한 프로젝트를 논의하기 위해 미국 국제개발처United States Agency for International Development의 워싱턴 사무소를 방문했는데, 마침 근처에 이오지마 전투[19] 승전 기념비의 표지판이 있었다. 그때 전장에서 유대교 군목이 한 말이 떠올랐다. "우리가 여기 묻은 전사자 중에 얼마나 많은 사람이 모차르트나 미켈란젤로, 아인슈타인처럼 될 수 있었을까?"

순간 사이먼은 자신이 남들에게 자식을 덜 낳으라고 간섭할 권리가 있는지 회의를 느꼈다. 아이가 모차르트나 아인슈타인처럼 되지 않는다고 해도, 스스로의 삶을 향유하며 가족에게 큰 기쁨을 주고 공동체에 기여할 것이 분명했다. 사이먼은 공동체에 사람이 늘어날수록 문제가 발생하리라는 점은 인정했지만, 그러한 문제를 해결할 지적 능력과 지식 역시 추가된다고 생각했다.

사이먼은 맬서스식 비관적 전망이 지배적인 상황에서 '인구 증가가 수명 연장과 더불어 물질적인 승리'일지도 모른다고 생각하기 시작했다. 지구의 인구 증가는 경제 성장과 맞물려 일어났으며, 경제 성장 덕에 늘어난 수십억 인구를 먹이고 입히고 재울 수단이 마련되었을 뿐만 아니라 사람들은 건강하게 장수하는 삶을 누리게 되었다. 가끔씩 발생하는 기근, 전쟁, 경제 공황으로도 이러한 사실은 사라지지 않았다.

⑤   **계속해서 생산되는 자원**

천연자원이 고갈되지 않는다는 사이먼의 주장은 알려지자마자 큰 파장을 일으켰고, 오늘날에도 자원 희소성을 주장하는 사람들에게는 충격적이다. 환경 오염이 전반적으로 증가하기보다는 대부분의 지역에서 감소하는 추세라는 주장도 마찬가지다.

사이먼이 이 책을 쓰던 당시 농업 용지 부족이 임박했다는 절망적인 기사가 언론 지면에 가득했다. 도시가 확장되고 난개발되면서 농업 용지를 장악했다는 것이다. 이에 사이먼은 경작할 땅의 면적이 줄어드는 것보다는 생산성이 증가하고 있는 것에 초점을 맞춰야 한다고 지적한다. 인구 증가로 농업 용지의 총면적은 줄어들었지만, 그 까닭은 같은 땅에서 더 많은 수확량이 나왔기 때문이라는 것이다.

새로운 관개 기술이 등장하면서 더 적은 물로 더 많은 식량을 생산할 수 있게 되었고, (양어장이나 육우 사육장 같은 곳에서) 식량 생산이 한층 더 집약적으로 이루어져 자원의 효율적인 사용이 가능해졌다. 사이먼은 수경 재배, 대규모 온실, 고수확 작물, 유전자 변형 식품, 가뭄 저항성 작물, 농기구의 발전 덕분에 세계 인구가 증가한다고 해도 식량이 저렴한 가격에 풍족하게 공급될 것이라고 예견했다. 이렇게 되면 예상치 못한 결과도 나타나는데, 삼림과 미개간지가 그대로 유지되어 휴양할 장소가 늘어나고 종의 보존이 용이해진다는 것이다. 그뿐만 아니라 인구가 증가하더라도 도시에 살고 싶어 하는 사람이 점점 많아지고 있기에 시골의 인구 밀도는 줄어들 것이라고 주장한다. 그가 보기에 땅이 부족해지는 일은 있을 수 없으며, 그저 특정 지역의 값비싼 땅이 부족해질 뿐이다.

사이먼은 천연자원에 있어서 '환경 수용력'이란 것이 존재하지 않는다고 주장한다. 토끼를 우리에 가둬두면 그 안의 풀을 다 먹어치운 다음 굶어 죽겠지만, 인간은 다르다고 본다. 인간은 어떤 자원이 감소한다는 판단이 들면 다른 자원을 찾아내려고 하

거나 기존 자원을 한층 더 효율적으로 활용할 방법을 모색하게
마련이라는 것이다.

역사를 통틀어 보면 사실상 모든 천연자원이 장기간에 걸쳐
임금 대비 저렴해진다는 것을 알 수 있다. 인구 증가로 인해 새로
운 에너지 공급원 개발이 가속화되기 때문이다. 과거에는 고래
기름으로 불을 밝혔지만, 높은 가격과 수급의 어려움이 현대의
동력원이 된 원유의 발견과 채굴로 눈을 돌리게 했다. 그러나 지
난 20년간은 원유 확보 문제와 가격의 불확실성이 셰일가스를
추출하는 '수압파쇄법' 개발을 유도해냈다. 이 덕분에 값싸고 무
한정한 에너지 공급이 보장되었다.

경제학자들은 어떤 종류든 공산품이 부족해지면 기업이 수요
충족을 위해 곧바로 공급에 나서기 때문에 부족 상태가 오래가
지 않는다고 말하지만 우리는 구리, 알루미늄, 원유 같은 원자재
에 대해서는 다르게 생각한다. 이 같은 원자재의 가격이 치솟으
면 '자원 부족 시대가 임박'했다고 여긴다. 이에 사이먼은 '기존
매장량'을 발표한다든가 특정 원자재의 '고갈' 시점을 예측하는
것은 허튼짓이라고 말한다. 어느 한도까지는 기존 매장량을 측
정할 수 있겠지만, 기술 덕분에 언제든 새로운 매장량을 추출할
수 있게 되리라는 것이다.

사실 어떤 것이든 소비에 따라 비축량이 증가한다. 인간의 창
의력은 항상 더 나은 방법을 찾아내기 때문에 원자재가 '고갈'되

는 시점은 의미가 없다. 예를 들어, 구리는 한때 채굴되었지만 지금은 상당량이 재활용을 통해 공급된다. 한 노인은 사이먼에게 "어릴 때부터 석유가 금세 고갈되리라는 이야기를 듣고 살았다"면서 자원 부족에 대한 뉴스를 비판했다고 한다. 신기하지만 기존 매장량은 항상 수요를 앞지른다.

⑤ 　　　　　　　　　　　　　　　　　사이먼과 에를리히의 내기

에를리히의《인구 폭탄》은 "모든 인류를 먹여 살리기 위한 투쟁은 끝났다. 1970년대에 세계는 기근을 겪을 것이며 수억 명이 굶어 죽을 것이다"라는 문구로 시작된다. 에를리히는 더 나아가 "나는 인도의 상황을 잘 아는 사람 중에서 인도가 1971년까지 식량 자급자족을 달성하리라 생각하는 사람을 본 적이 없다"고 단언한다.

　사이먼은 이처럼 요란한 우려를 접하고는 한 가지 꾀를 냈다. 《사회과학 계간지Social Science Quarterly》1980년 9월호를 통해 에를리히에게 내기를 제안한 것이다. 일련의 원자재 가격이 10년 후에 어떻게 될지 보자며, 자신은 하락 쪽에 걸겠다고 말이다. 에를리히는 이를 받아들였고, 이기기 위해 가격 상승 가능성이 큰 구리, 크롬, 니켈, 주석, 텅스텐 다섯 금속을 골라 각기 200달러어치씩 샀다.

　결과는 어땠을까? 10년간 세계 인구가 80억 명으로 증가했음

에도 1990년 9월까지 모든 금속의 가격이 하락했다. 그중 일부는 하락 폭이 컸다. 다음 달 에를리히는 우편으로 사이먼에게 수표를 보냈다. 사이먼은 운도 좋았지만, 어느 시대든 장기간에 걸친 공식 통계를 살펴보면 자기 생각이 옳음을 알 수 있다고 말했다.

⑤   인간의 정신과 자원에는 한계가 없다

사이먼은 세상을 떠나기 1년 전 《와이어드》와의 인터뷰(1997년 2월호 〈재앙을 물리친 자The Doomslayer〉)에서 "자원은 땅이나 공기가 아니라 사람들의 머릿속에서 나온다. 경제적 측면에서 인간의 정신은 손이나 입만큼, 어쩌면 그보다 더 중요하다"고 말했다. 인간의 정신에는 한계가 없으므로 자원도 마찬가지라는 이야기다. 비관론으로 먹고사는 이들에게는 불편한 진실이었다. 이를 두고 사이먼은 이렇게 말했다. "반드시 일어나야만 하는 일을 이론적으로 분석하는 사람들과 역사적으로 오랫동안 실제로 일어난 일을 실증적으로 분석하는 나의 차이점이다."

사이먼은 삶의 물리적 조건과 생활 수준이 계속해서 향상할 것이며 "100~200년 안에 모든 국가와 인류 대부분이 오늘날의 서구권에 맞먹거나 그보다 더 높은 생활 수준을 누리게 될 것"이라 진단한다. 그럼에도 "생활 상태가 갈수록 나빠진다고 생각하고 주장하는 사람들은 여전히 많을 것"이라고 덧붙인다.

함께 읽으면 좋은 책 게리 베커의 《인적 자본》, 밀턴 프리드먼의 《밀턴 프리드먼 자본주의와 자유》, 로버트 J. 고든의 《미국의 성장은 끝났는가》, 프리드리히 A. 하이에크의 〈사회지식의 활용〉, 토머스 맬서스의 《인구론》, E. F. 슈마허의 《작은 것이 아름답다》, 아마르티아 센의 《빈곤과 기근》

$ 줄리언 사이먼 더 알아보기

1932년 미국 뉴저지의 뉴어크에서 태어났다. 하버드대학교에서 실험심리학을 전공하고 1953년 졸업했다. 이후 3년 동안 미 해군에 복무했다. 제대 후 시카고대학교에 진학해 1959년에는 경영학 석사학위를, 1961년에는 경영경제학 박사학위를 취득했다. 1963~1969년까지 일리노이대학교 어바나-샴페인 캠퍼스에서 마케팅과 광고학을 가르치다가 경제학과 경영학 담당 교수로 임용되었다.

인구경제학, 이민정책, 항공경제학 분야에서 다양한 글을 남겼다. 항공사에 초과 예약이 발생하면 자발적으로 탑승을 포기하는 고객에게 금전적 보상이나 항공 마일리지를 제공하는 아이디어도 냈다. 1938년 메릴랜드대학교 경영학과 교수가 되어 1998년 세상을 떠날 때까지 재직했다. 자유시장을 옹호하는 카토연구소의 선임 연구원이기도 했다.

다른 저서로는 《풍요로운 지구The Resourceful Earth》는 《인구 증가와 경제 성장 이론Theory of Population and Economic Growth》, 《빈국의 인구와 개발 Population and Development in Poor Countries》, 《인류의 상태The State of Humanity》 등이 있다.

Book 45

경제학의 체계를 최초로 세운,
사회과학 최고의 고전
애덤 스미스의
《국부론》

애덤 스미스 Adam Smith

18세기 스코틀랜드의 경제학자이자 철학자로 '경제학의 아버지'라 불린다. 경제활동의 자유를 허용하는 것 자체가 도덕의 한 형태라고 하며 자본주의와 자유무역에 대한 이론적 토대를 제공했다. 그 '보이지 않는 손'이란 유명한 문구도《국부론》에서 유래했다. 국가의 부의 본질과 원천을 탐구한 이 책은 최초의 근대적인 경제학 저서로 평가되고 있다.

18세기는 아직 '자본주의'와 '경제학'이라는 용어가 탄생하기 전이었다. 경제 문제가 정치적·사회적 맥락에서 다뤄졌기 때문에 당시에는 '정치경제학'이란 용어가 사용되었다. 이런 상황에서 애덤 스미스는 처음으로 경제학을 정치학, 철학, 법학, 윤리학과는 별개로 독자적인 학문 분야로 여겼고, 그의 대표작《국부론》은 새로운 학문 분야 성립에 기여했다.

1776년, 스미스가 50대에 이르러서야 발표한《국부론》은 38

만 단어로 이루어진 두 권짜리 책으로 완성하는 데만 꼬박 10년이 걸렸다. 유럽이 최초의 산업 시대에 들어서고 사회적 대격변이 진행 중이던 시절에 나온 이 책은 역사적 사실을 기초로 한다. 이를테면 13세기 잉글랜드의 밀·맥주·보리 생산, 영주와 국왕이 징수하는 소작료의 종류, 스페인의 남미 정복 이후에 순은의 가격이 떨어진 과정, 정부가 소금·가죽·비누·양초에 공정한 세금을 부과하는 방법 등을 상세히 설명한다. 그렇다고 지루한 책은 아니다. 격식에 얽매이지 않은 문체로 지배층의 어리석음과 부패한 기득권이 미치는 악영향을 거침없이 비판하는 내용은 놀랍도록 흡인력이 있다. 실제로 이 책은 베스트셀러가 되면서 스미스에게 부와 명예를 동시에 안겨주었다.

책의 제목대로 '국가의 부'를 다루긴 하지만 단순히 거기에 그친다고 생각하면 오산이다. 5편 32장으로 구성된 이 책은 오늘날 고전파 경제학의 이론으로 불리는 내용을 담고 있다. 간단히 말해 자기 이익을 위해 행동하는 것이 생산성 향상과 국가의 부를 불러온다는 것이다('보이지 않는 손'). 따라서 여기서 말한 '국가'는 국민을 뜻하며, 스미스는 아무리 유능한 정부라고 해도 독자적으로 부를 창출하려 들지 말고 국민의 재능에 맡겨야 한다고 주장했다.

정부의 역할에 대한 스미스의 간결하고 상식적인 묘사는 오랜 세월이 흘렀어도 여전히 유효하다. 스미스의 예측대로 커지고 비대해진 정부는 고유 영역이 아닌 분야에까지 진출하고 있으며, 그 때문에 조만간 국민의 형편이 어려워질 것이다. 대부분의 정부는 일자리 창출을 위해 특정 산업에 보조금을 제공하는 과정에서 '승자를 선택'하는 능력이 있다고 자부하지만, 스미스는 그러한 투자 때문에 자원을 최적으로 배분하려는 사회 본연의 기능이 변질되는 경향이 있다고 경고한다. 200년이 넘어서도 《국부론》은 여전히 국가 번영의 든든한 처방전 역할을 하고 있는 것이다.

⑤ 사리사욕의 효과

《국부론》은 스미스가 그 시대에 새로이 출현한 산업 자본주의를 소개하는 책인 만큼 그가 탐욕과 사리사욕을 옹호했다는 선입견을 낳았다. 그러나 그가 17년 앞서 발표한 《도덕감정론》은 사회가 사리사욕뿐만 아니라 양심과 타인에 대한 연민 같은 도덕적 힘에 의해 결속력을 유지한다는 내용으로 《국부론》과는 판이하게 다른 책이었다.

《국부론》에서 스미스는 사리사욕이 전반적으로 긍정적인 효과를 내기 때문에 인간이 거기에 휘둘리는지 마는지는 중요하지 않다고 말한다. 스미스에 따르면 자유시장의 '보이지 않는 손'이, 개개인이 최선의 이익을 얻을 수 있게 행동하도록 유도함으로써 공동체 전체의 이익을 높인다. 그렇다고 탐욕스럽고 부정한 행동을 하라는 이야기는 아니다. 각 경제 주체가 자기 자신이나 가족을 위해 정직하게 노동하고 삶을 개선하면 자원의 효율적인 활용이 이뤄진다는 뜻이다. 개인에게 이 같은 행동을 허용하는 사회라면 소유한 자원을 최대한 활용하게 마련이며, 오랫동안 번영할 수 있다고 스미스는 말한다. "우리가 저녁 식사를 할 수 있는 것은 푸줏간 주인, 양조업자, 제빵사의 자비심 때문이 아니라 그들의 이익 추구심 때문이다."

$ **전문화를 통한 부의 축적**

스미스가 《국부론》의 첫 부분에 노동이라는 주제를 다룬 것은 결코 우연이 아니다. 그는 어떤 나라가 얼마만큼 부유해지는지는 '노동할 때 발휘되는 숙련도와 기량, 판단력'에 달려 있다고 믿는다. 그뿐만 아니라 유용한 작업에 종사하는 인구의 비중도 중요하다고 본다.

스미스는 부유한 나라에는 일하지 않는 사람이 많다고 하더라도 사회 전반적으로 사람들의 요구가 대부분 충족된다고 말한다. 가난한 나라보다 '노동 분업'이 훨씬 더 철저하게 이뤄지기 때문이다. 능력에 따라 각자에게 가장 잘할 수 있는 작업을 분배해주면 효율이 크게 늘고 공정을 바꾸지 않아도 되어서 시간이 절약된다.

그런데 스미스에 따르면 노동 분업의 원칙은 물리적인 생산에만 적용되지 않는다. 선진 사회에서는 일반적인 직업뿐만 아니라 철학이나 새로운 발상 역시 공동체의 '사업'으로 공존한다. 그는 전문화가 이뤄지면 "각 개인은 자신의 독자적인 영역에서 더 큰 전문성을 쌓게 되고, 전체적으로 더 많은 작업이 이루어지며, 그에 따라 지식의 양이 크게 증가한다"고 본다. 스미스에 따르면, 제대로 운영되는 사회에서는 노동 분업이 '보편적인 부유함 universal opulence'으로 이어져 가장 지위가 낮은 노동자조차 자신의 요구를 충족할 수 있다.

스미스는 그 시대 스코틀랜드 산악지대 주민들을 예로 든다. 그들은 도시와 멀리 떨어진 곳에 살기 때문에 스스로 '푸줏간 주인, 양조업자, 제빵사'가 되어야 했다. 이와 대조적으로 발전한 공동체에서는 모든 개인이 사실상 상인이 된다. 직업적인 전문성을 발휘해야 하므로 자신에게 필요한 모든 것을 직접 만들 시간이 없기 때문이다. 이들은 대신 자신이 생산하는 초과분을 팔아야 한다(제화공에게 필요한 구두는 몇 켤레에 불과하지만 그는 수백 켤레가 넘게 만든다). 그렇게 얻은 돈으로 필요하거나 원하는 물건을 산다.

도시 규모가 클수록 노동 인력의 전문화도 확대되며 재화와 서비스의 거래도 더 활발해진다. 대도시가 부유한 까닭은 정신적 노동과 육체적 노동의 분업이 한층 더 뚜렷하게 이루어지기 때문이다.

가치를 결정하는 요소

스미스에 따르면, 물건의 가치를 결정하는 요소는 그 물건의 생산에 들어간 노동의 양이다. 이는 곧 구매자가 물건을 구매함에 따라 절약할 수 있는 노동의 양이다. 효용이 매우 큰 물건을 제공하는 사람은 부자가 된다. 이들 덕분에 다른 사람들이 그러한 물품을 직접 제작하지 않아도 되니 노동력이 절약되기 때문이다. 물품 생산에 개입되는 수고와 재능은 그 물건의 가치를 결정짓는 중요 요소가 된다.

스미스는 "이러한 상황에서 노동의 전체 생산물이 항상 노동자의 소유가 되지는 않는다. 노동자는 대부분 자신을 고용한 자본가와 생산물을 나누어야 한다"고 지적한다. 이처럼 노동력을 투입하지도 않고 생산에도 크게 관여하지 않는 사람이 노동 생산물의 큰 몫을 차지하는 것은 마르크스가 지적한 자본주의의 문제점과도 일맥상통한다. 그러나 스미스는 애당초 자본 제공 없이는 노동자가 임금을 받을 수 없기에 이러한 상황을 공정하다고 보았다.

국가가 부유해지는 방법

스미스에 의하면, 국가는 다음과 같이 부유해질 수 있다. 우선 국민이 번 돈을 성실하게 저축하는 것이다. 그가 보기에 '자본 증가의 직접적인 원인은 근면이 아니라 절약'이다. 낭비하는 자는 '공공의 적'인 반면에 절약하는 사회 구성원은 '공공의 은인'이라고 단언한다. 다음으로 저축이 생산 목적으로 투자되는 것이다. 그러면 유용한 분야의 고용인이 자연스럽게 늘어난다.

절약·투자·고용으로 요약되는 국부 창출 공식이 너무 뻔한 것 아니냐고 할 수도 있지만, 스미스의 시대에는 그렇지 않았다. 무역이나 전쟁을 통해 금과 은 같은 귀금속의 비축량을 늘려야 한다는 중상주의적 관점이 지배적이었다. 이와 대조적으로 스미스의 제안은 절약, 근면, 자기 일에 충실한 태도 같은 프로테스탄트 윤리를 토대로 삼은 중산층 지향적인 것이었다.

스미스는 오늘날 'GDP'라 불리는 것의 총 가치가 토지에서 얻는 지대, 노동으로 얻는 임금, 자본 수익 세 가지로 이뤄진다고 말한다(한마디로 생산 요소들이다). 복잡한 경제에서 이 세 가지 요소의 각각의 수준이 다른 요소에 영향을 끼친다. 다시 말해 임금이 오르면 지대가 오르고, 자본 수익이 감소하면 임금과 지대도 내려간다는 뜻이다.

💲 무역을 통한 국부 창출

국가가 부유해질 수 있는 또 다른 방법으로 무역이 있다. 스미스는 과거 가장 크게 번성한 문화권은 모두 무역 국가였으며, 대부분 해상 무역에 종사했다고 설명한다. 무역하는 나라는 자국에 없는 원자재를 사들여 제품을 만들 수 있다. 제품은 원자재보다 비싸며 다른 나라에 판매해 큰 이윤을 남길 수 있다. 따라서 나라가 보다 부유해진다.

스미스의 견해는 프랑스 중농주의의 영향을 받은 것으로서 무역이 항상 거래 당사자들에게 이롭다는 것이다. 중상주의에서는 무역을 다른 나라의 것을 빼앗아 자국의 이익을 추구하는 식의 전쟁으로 간주했지만, 스미스는 기본적으로 국가의 부는 재화와 돈이 유통되고 거래될 때 증가한다고 여겼다. 피렌체 같은 중세 유럽 도시는 그러한 원리를 이해하였기에 주변 농촌 지역뿐만 아니라 '지구의 가장 외딴 변방'과의 거래를 통해 막대한 부를 축적했다. 반면에 근시안적으로 국경 안에만 머물러 있던 도시와 국가는 몰락했다.

💲 해서는 안 될 행위: 약탈, 전쟁, 사치

돈 모으지 않고 사치하는 사람은 재정적으로 큰 대가를 치른다. 스미스는 국가 역시 마찬가지로 공관 건설, 요란한 행사, 불필요한 전쟁에 거액을 지출하는 것은 재앙을 자초하는 행위라고 지적한다. 토지나 산업을 개발할 생각은 하지 않고 다른 나라를 약탈하여 부를 축적할 수 있다고 믿는 국가 역시 큰 화를 입는다.

스미스는 스페인 사람들을 신대륙으로 이끈 것은 '황금에 대한 신성한 갈망'이었지만, 결론적으로 황금은 스페인의 장기적인 번영에 도움을 주지 못했다고 지적한다. 더 나아가 국가가 잘

사는 방법은 멋진 전리품을 노리고 약탈하기보다는 자국의 자원을 꾸준히 개발하고 무역을 통해 잉여 자원을 팔아 값비싼 제품의 생산에 필요한 원료를 구매해오는 것이라고 주장한다.

스미스는 (동인도 회사처럼) 정부로부터 위임받은 권한을 이용해 내부 구성원의 사재를 불린다는 이유로 독점 무역 회사를 부정적으로 바라보았다. 제국주의와 식민화 정책도 탐탁지 않게 여겼다.《국부론》에서도 영국이 아메리카 대륙에서 자발적으로 철수할 것을 주장했다. 그는 영국의 통치자들이 아메리카 대륙의 황금 노다지를 꿈꾸며 식민지화했지만, 사실 아메리카 대륙은 '금광 추정 지역'에 불과하다고 말한다. 금광 채굴을 위해 영국의 납세자가 치른 비용이 그 값어치를 훌쩍 뛰어넘었다면서 지금이야말로 영국이 거창한 포부를 포기해야 할 때라고 촉구한다.

⑤ **자연적 자유**

스미스의 위대한 이론 중에는 '자연적 자유natural liberty'도 있다. 그는 통치자가 국민의 발전을 방해할 수도 도울 수도 있다면서, 대부분 경우 국민에게 간섭하지 않고 기본적인 치안과 질서를 유지해 국민과 기업이 번창할 수 있도록 돕는다고 말한다.

스미스는 관료주의에 대한 불만이 최고조에 달한 시기에 이 책을 집필했다. 당시 영국의 관료 집단은 세금, 관세, 물품세 등

독단적인 법규를 통해 국민에게서 뽑아낼 수 있는 최대한도의 돈을 뽑아내려고 했다. 《국부론》이 크게 성공을 거둔 까닭도 정부의 간섭이 최소화된 상태에서 국민이 자유롭게 자신의 경제적 이익을 추구해야 한다는 주장이 담겨 있었기 때문이다. 스미스는 정부가 다음과 같은 세 가지 의무만 담당하면 된다고 주장한다.

· 사회를 '다른 독립된 사회의 폭력과 침략'으로부터 보호할 것
· 사회 구성원을 '다른 구성원의 불의나 억압'으로부터 보호하고, 그에 적합한 사법 체계를 확립할 것
· 개인이 맡기에는 너무 많은 비용이 드는, 사회 전체를 이롭게 할 공공사업과 공공 기관을 건립하고 유지할 것

이 모든 의무를 이행할 비용은 세금을 통해 마련해야 한다. 다만 사회 전반이 아니라 일부에게만 도움이 될 경우에는 민간 자금이나 그 혜택을 입을 사용자들의 세금으로 해야 한다(예를 들어 도로 통행료). 스미스는 모든 사람이 읽고 쓰고 기본적인 계산을 할 수 있어야 한다며 기초 교육 제도의 창설을 지지했지만, 교육의 혜택을 가장 많이 입는 사람들이 기꺼이 그 비용을 치러야 한다고도 주장했다.

함께읽으면좋은책 밀턴 프리드먼의《밀턴 프리드먼 자본주의와 자유》, 아인 랜드의 《자본주의의 이상》, 데이비드 리카도의《정치경제학과 과세의 원리에 대하여》, 막스 베버의《프로테스탄트 윤리와 자본주의 정신》

애덤 스미스 더 알아보기

1723년 스코틀랜드 커콜디에서 태어났다. 세관 관리였던 아버지는 그가 태어나기 6개월 전 세상을 떠났다. 열다섯 살에 글래스고대학교에 진학해 도덕철학을 공부했으며, 이후 옥스퍼드대학교에 입학했다. 1748년 에든버러대학교에서 공개 강의를 했고, 1751년 글래스고대학교의 논리학(나중에는 도덕철학) 학과장으로 임용되었다. 1763년 교수직을 사임하고는 스코틀랜드의 청년 귀족이던 버클루 공작의 가정 교사가 되었다. 두 사람은 유럽 전역을 여행하며 프랑스의 정치가 튀르고, 프랑스의 철학자 엘베시우스, 프랑스의 경제학자 케네 등의 지식인을 만났다. 스코틀랜드로 돌아온 후 이후 10년간은《국부론》집필에 매달렸다. 1778년 아버지의 뒤를 이어 에딘버러의 세관 위원으로 임명되었다. 평생 독신으로 살았으며, 1790년에 세상을 떠났다. 거액의 유산 대부분을 자선 단체에 남겼다.

Book 46

자본주의는 왜 서구에서만 성공하고 다른 곳에서는 실패하는가

에르난도 데소토의 《자본의 미스터리》

에르난도 데소토 Hernando De Soto

현대 페루의 경제학자로 세계무역기구에서 활동했으며, 알베르토 후지모리 전 페루 대통령의 경제 자문역을 맡아 경제 개혁 작업에도 참여했다. 노벨경제학상 후보로 여러 번 올랐다. 개발도상국의 경제 발전을 촉진하는 싱크탱크인 자유민주주의연구소 Institute for Liberty and Democracy 소장이다. 2004년 《타임》 선정 '세계에서 가장 영향력 있는 100인'에 뽑혔다.

베를린 장벽이 무너지고 공산권 국가 대다수가 자본주의로 돌아선 지 10년이 지났을 때, 개발경제학자 에르난도 데소토는 당혹감을 나타냈다. 자본주의가 '승리'하고 미국의 주가가 아찔할 정도로 치솟으면서 자본주의 모델은 부 창출 역량을 만천하에 과시하고 있었지만, 다수의 가난한 국가 입장에서 그것은 고통스러운 약을 삼키는 것과 다를 바 없었다. 자유무역, 세계화, 민영화는 약속과 달리 이들 나라에 안정과 번영을 가져다주지 못했다. 선진 세계의 논객들은 기업가 정신의 부재나 식민지 경험으로 인한 심리적 압박감 등의 문화적 요소를 원인으로 꼽았지만, 페루의 떠들썩한 시장에서 자라난 데소토의 생각은 달랐다. 그는 가난한 나라 사람들이 부자 나라의 사람보다 사업 수완이 더 뛰어나다는 사실을 알고 있었다. 그가 보기에 가난한 나라에도 기업가 정신은 있었고, 시장은 사방에 널려 있었다. 따라서 그건 문제가 되지 않았다. 그보다는 자본주의의 근본 요소인 '자본'이 없다는 것이 문제였다.

2000년 출간한 데소토의 《자본의 미스터리》는 바로 이러한 내용을 담고 있다. 원서의 부제인 '자본주의는 왜 서구에서만 승리하고 다른 곳에서는 실패하는가Why Capitalism Triumphs in the West and Fails Everywhere Else'만 봐도 이 책이 전하고자 하는 바를 알 수 있다. 데소토는 가난한 나라가 자본주의체제의 모든 특징과 '종이 집게부터 원자로'까지 모든 기술을 베낄 수 있어도, 자본을 창출하지 못하면 노동이 생산성을 발휘하지 못하고 부가 창출될 수 없다고 지적한다. 자본의 '미스터리'는 자본이 단순히 저축이나 화폐가 아니라 법과 제도의 산물이라는 사실에서 비롯된다.

⑤   **자본의 개념**

데소토는 전 세계 가난한 나라 대다수가 "자본주의를 성공시키기 위해 필요한 자산을 이미 보유하고 있다"고 말한다. 최빈국 국민도 저축을 한다. 실제로 개도국의 민간 저축액은 해외 원조와 외국인 투자를 합한 금액을 앞선다. 예를 들어, 아이티 국민은 200년 전 프랑스로부터 독립한 이후로 받은 외국인 투자 총액보다 150배 많은 자산을 보유하고 있다. 그런데 이러한 자산에는 문제가 있다. 부자 나라에서는 집 소유권이 정식 문서로 보증되지만, 가난한 나라에서는 그렇지 않다. 농장에선 농작물을 수확하지만 땅문서가 없다. 회사는 법인 형태가 아니며, 산업은 자금 조달이 어렵다. 자산은 서로 신뢰할 수 있는 소집단 안에서만 거래되며, 대부분의 경우 대출 담보로 설정되지도 못한다.

소유권이 제대로 문서화되면 자산은 "그 물리적 실체와는 별도로 또 하나의 보이지 않는 삶을 영위한다"고 데소토는 말한다. 한 예로 미국 창업가의 가장 큰 자금원은 주택담보대출이다. 집처럼 문서화가 잘된 자산은 소유주의 신용 이력을 명확하게 보여주며 개인을 한층 더 폭넓은 경제에 연계해준다. 주택담보대출이 있거나 기업에 지분이 있는 사람은 그 모든 권한 덕에 체제의 일부가 된다.

데소토는 소유권이 명시되지 않은 자산은 유동화나 담보화가 불가능하므로 '죽은 자본'과 다름없다고 단언한다. 자본주의의 역사는 합자 회사부터 정크 본드junk bond(신용등급이 낮은 기업이 발행하는 고위험·고수익 채권)와 주택저당증권에 이르기까지 가치를 명시할 수 있는 수단을 계속해서 찾아내고 그러한 수단을 통해 자산의 잠재력을 이끌어내는 과정이었다. 데소토는 부자 나라가 가난한 나라와 다른 점은 '보이지 않는 자산을 보이는 자산으로 전환하는 능력'이라고 주장한다. 애덤 스미스와 리카도는 저축이 국부의 원천이라고 했지만, 그것도 저축이 공식적인 자산으로서 손쉽게 거래되고 가치가 투명하게 공개될 수 있을 때의 이야기다.

💲　　　　　　　　　　　　　법적체제를 벗어난 세계의 자산

데소토와 연구진은 남미의 재산 소유권 연구를 시작할 때, 남미에서는 소유권 등기나 사업체 설립이 비교적 용이하다고 알고 있었다. 하지만 실상은 달랐다. 이들은 페루에서 주택 소유권을 공식적으로 인정받기까지 6년 7개월을 기다려야 했고, 수십 곳의 관공서를 드나들며 728단계의 절차를 밟아야 했다. 농경지인 땅에 집짓고 승인 받을 때도 마찬가지였다. "그러니 사람들이 불법으로 집을 지을 수밖에 없지 않겠어?" 이들이 내린 결론이었다.

개도국에서는 수백만 명이 무허가 노점과 상점, 사무실, 공장에서 일하거나 법망 밖에 있는 버스와 택시를 운행한다. 합법적인 활동이 오히려 예외적이다. 아이티에서는 도시 거주민의 68퍼센트, 농촌 거주민의 97퍼센트가 소유주를 알 수 없는 집에 산다. 이집트에서는 각기 92퍼센트, 83퍼센트다. 데소토는 "결과적으로 대부분의 사람이 소유한 자산은 상업적·경제적 측면에

서 외부로 드러나지 않는다"고 말한다. 그런데 이 모든 무허가 주택의 총 가치가 합법적인 주택의 총 가치를 능가한다. 주변부 경제가 아니라 주류 경제에서 일어나는 일이다.

데소토와 연구진은 개도국과 구 공산권 국가에서 도시 부동산의 85퍼센트, 농촌 부동산의 절반 정도가 '죽은 자본'이라고 추산했다. 그 가치 총액은 선진국의 주요 증권 거래소에 상장된 기업 전부의 자산 총액과 맞먹으며, 제3세계에 유입된 외국인 직접 투자 총액의 20배에 달한다. 언론 매체가 소개하는 가난하고 절망적인 모습만 보면 거액의 자금이 돌아다니는 개도국의 현실을 알아차리기 어렵다. 그런 만큼 개도국 입장에서는 선진국으로부터 기부금, 원조, 차관을 제공받기보다는 선진국의 영향력에 힘입어 기존 자산의 소유권 공식화를 앞당기는 편이 훨씬 더 유익할 것이다.

⑤ **체제의 가치**

애덤 스미스가 보기에 자본은 노동의 양이었고, 고정된 상태로 있다가 나중에 실현될 수 있는 자산이었다. 자본은 단순히 돈이 아니라 생산성이 응축된 산물이었다. 마르크스도 자본의 추상적인 특징을 인정했다. 마르크스는 완성된 탁자는 제 기능을 하면서도 시장 가치를 지닌 상품이 된다면서, 물질적인 사물은 만들어진 목적에 맞는 실체와 가치의 상징물로 이중의 삶을 영위한다고 지적했다. 그런데 이 둘은 아주 중요한 사실, 즉 자산의 소유권이 합법적인 절차에 따라 누구나 확인할 수 있도록 정확히 기록되어야만 그 가치를 인정받을 수 있다는 사실은 간과하다시피 했다.

부유한 나라가 자국의 부를 가장 확실하게 창출하는 기반이 합법적인 재산 시스템이라는 사실을 다른 나라에 알려주지 않는 까닭이 무엇일까? 데소토는 이들 나라에서는 소유권의 공식적인 특징이 당연하게 여겨지기 때문이라고 답한다. 이들 나라에서는 소유권이 법규에 명시되어 있으며 제도의 보호를 받는다. 그런데 미국이 모든 주에서 인정받는 통합형 국가 재산 시스템을 수립하기까지는 100년 정도가 걸렸다. 독일은 13세기부터 재산 등기소가 있었지만 1896년에야 제대로 된 국가 시스템이 갖춰졌다. 스위스는 각 주에 걸쳐져 있는 여러 개의 재산 등기소를 국가 시스템으로 통합하기 위해 엄청난 노력을 기울인 끝에 20세기 초반에야 목표를 달성할 수 있었다.

합법적이고 국가적인 재산 시스템은 낡고 폐쇄적이며 가족과 공동체의 암묵적인 자산 소유 관행을 끝장냈고, 한층 더 광범위하고 표준화된 자산 시장을 형성했다. 그 덕분에 자산의 잠재 수익률을 파악하기가 훨씬 더 용이해져 투자가 활성화되었다. 이때부터 국민의 재산권이 관습이나 현지의 규약이 아닌 법으로 보장되기 시작했다.

1800년대 미국에서는 농지를 무단으로 점거한 농민들이 땅의 소유권을 쥐고자 투쟁했고, 광부들도 권리를 주장하고 나섰다. 소유권과 관련된 법규가 도시마다 달랐기 때문에 가능한 일이었다. 데소토는 어느 나라나 일정한 시점에 이르면 강도, 사기꾼, 무단 점거자가 더 이상 나쁜 놈이 아니라 소규모 기업가로 대접받는 한편, 부유층과 마찬가지로 재산권을 주장할 수 있는 권리를 부여받는다고 말한다. 나아가 그러한 시점을 넘어서면 엘리트 계층뿐 아니라 국민 대다수가 자신의 소유물로 자본을 창출할 수 있기에 부가 좀 더 균등하게 배분된다고 주장한다.

이웃만이 내가 살고 있는 땅이 내 소유인지 확인해줄 수 있는 것과 국가의 등기 문서를 통해 내 땅의 소유권을 명시할 수 있는 환경 사이에는 크나큰 차이가 있다. 후자의 경우는 노동의 성과가 한층 더 광범위한 국가 네트워크와 시장 안에서 인정 및 교환되며, 판매되고 담보로 활용될 수 있다. 데소토는 기술이나 그 외의 생산 요소보다는 합법적인 재산 시스템이 현대적인 시장과 자본주의체제의 발전을 이끌었다고 주장한다.

💲 다리를 넘어서

데소토에 따르면, 소유권 개념은 근본적으로 누가 무엇을 어떤 이유로 소유하고 있는지에 관한 사람들의 합의를 바탕으로 형성된 사회 계약이다. 이처럼 비공식적인 사회 계약은 대부분 정부와 무관하게 진화하며, 대개 위에서 강요하는 법규에 비해 현지에서 더 큰 정당성을 갖는다. 그러나 자산 소유권을 공식적으로 인정받으려면 다리를 건너 기존의 준합법적인 규약을 탈피해 공식적인 법규로 이행해야 한다. 그러나 건너편 사람들이 이미 사회적으로 인정받은 우리의 소유물을 그대로 인정하고 뒷받침해주지 않는 한 우리가 다리를 건너갈 리 만무하다.

재산권이 공식적으로 문서화되면 건축업자, 건설사, 은행, 보험사가 참여할 수 있는 광범위한 시장이 형성된다. 게다가 공식적으로 등기된 주택은 청구받은 전기 요금을 납부해야 할 법적 책임이 있으므로 전력 회사가 전기를 공급해준다. 그 결과 전력 회사의 장기적인 투자가 가능해진다. 정부는 의료와 교육 서비스 제공과 관련된 의사결정과 세금 징수에 활용할 데이터베이스 구축으로, 필요한 가정에 집중적으로 서비스할 수 있다.

대부분의 사람은 체제에 속할 때의 장점이 단점보다 크다는 사실을 알기 때문에 체제의 일부가 되고 싶어 한다고 데소토는 주장한다. 세금과 정부의 간섭을 회피하기 위해 법의 테두리를 벗어난 경제가 형성된다는 통념이 허구라는 것이다. 공식적인 재산 소유권을 가진 사람이 많아질수록 국민이 스스로를 '공동 주권자'로 여기며, 타인의 소유권을 존중하는 분위기가 형성돼 법과 질서가 강화된다. 게다가 사회 불안이 사라지고 현재에 만족하는 보수주의가 자리 잡는다. 모든 선진국이 걸어온 길이다.

개도국과 과거 공산권 국가에서 자본주의가 제대로 작동하지 않은 이유는 무엇일까? 데소토가 찾은 답은 그곳 사람들이 자본주의를 '가난한 나라와 분리되어 종 모양의 항아리 안에서 살아가는 서구권과 소수 특권층의 배만 불리는 차별적 체제이자 비밀 클럽'이라 생각하기 때문이다. 자본주의를 도입해도 가난한 사람이 자기 공동체 밖에서 자산을 거래하지 못한 채 분리된 세상에서 살아가야 하는 이중 사회가 형성된다면, 외국 자본과 다국적 기업에 경제를 개방해봤자 아무 소용없는 것이다.

오늘날 데소토의 주장은 블록체인 등장으로 더욱 주목받고 있다. 정부의 개입 없이 운영 가능하고 오류가 없는 재산권 일람표를 만들 수 있다는 기대감 때문이다. 더욱이 정부의 소유권 증서를 얻는 것보다 훨씬 더 적은 비용이 든다. 블록체인은 재산권이 법 적용을 받기 이전에 구성원이 사회적 합의를 기반으로 하여 아래로부터 형성되는 계약이라는 데소토의 주장에 힘을 싣는다.

밀턴 프리드먼을 비롯한 자유시장 경제학자의 영향을 받은 데소토의 연구는 이념적으로 편향되어 있으며, 정말로 가난한 사람들은 간과한 채 법의 규제를 받지 않으면서도 부유한 재산 소유주의 이익을 도모하는 한편, 공동체의 효율적인 토지 사용 관행을 흐트러뜨린다는 비난을 받아왔다. 이에 대해 데소토는 10년 동안의 현장 연구를 토대로 어느 곳에서 살든 사람의 생각은 대체로 동일하다는 답을 내놓는다. 모두가 공식적으로 인정된 자본을 소유하고 싶어 하며, 그러한 자본을 더 밝은 미래를 실현해줄 열쇠로 생각한다는 것이다. 데소토는 2016년 《포춘》에 기고한 글을 통해 세계 인구 가운데 (자신의 재산에 대해 합법적인 소유권을 지니지 못한) 50억 명이 탈피하고자 하는 것도 바로 그렇게 지역적이고 관습적인 협정이라고 언급했다.

함께 읽으면 좋은 책 밀턴 프리드먼의 《밀턴 프리드먼 자본주의와 자유》, 토마 피케티의 《21세기 자본》

에르난도 데소토 더 알아보기

1941년 페루 아레키파에서 외교관의 아들로 태어났다. 1948년 페루에서 군사 쿠데타가 일어나자 아버지를 따라 유럽으로 이주했다. 제네바국제학교를 졸업하고 국제연구대학원에서 공부했다. 대학원을 마치고 다양한 국제기구에서 일하다가 1979년 페루로 돌아와 광산 기업을 운영하는 한편, 자유민주주의연구소를 설립했다. 페루의 알베르토 후지모리 대통령에게 토지 개혁에 대한 자문을 제공한 결과 카카오 농가들이 토지 소유권을 얻는 한편, 지금은 사라진 공산주의 테러 집단 센데로 루미노소Sandero Lumminoso(빛나는 길)의 돈줄을 막았다. 이집트의 호스니 무바라크 대통령에게도 자문을 제공했으며 아이티, 멕시코, 엘살바도르, 남아프리카 공화국에서도 활약했다. 최근 몇 년간은 자본주의 국가가 한층 더 강력한 재산권을 법제화하면 테러 집단을 물리칠 수 있다는 주장과 아랍의 봄을 부채질한 세력이 자기 자본을 보호할 수 없는 현실에 불만을 품은 기업가들이라는 주장을 내놓고 있다. 프랑스 경제학자 토마 피케티를 강하게 비판했는데, 피케티의 불평등 연구가 개도국 대다수의 활력소 역할을 하는 비공식 경제를 간과했다는 이유에서다.

Book 47

무엇이 경제적,
사회적 불평등을 유발하는가

토마스 소웰의
《차별과 격차》

토마스 소웰 Thomas Sowell

현대 미국의 경제학자로 시카고학파에 속하며 가장 영향력 있는 흑인 보수주의자 중한 명이다. 지식 저널리스트로서 고전 및 마르크스 경제학은 물론이고 인종과 민족, 교육, 의사결정 등 다양한 주제로 활발하게 저술 활동을 펼쳐왔다. 현재 스탠퍼드대학교후버연구소의 선임 연구원이다. 2002년 미국 인문학 메달을 받았으며, 2003년 브래들리상을 수상했다.

'사회 정의'는 이의가 제기되거나 도전을 받아본 적이 거의 없는용어 가운데 하나다. 듣기 좋은 만큼 유익하다고 생각하기 쉽지만, 토마스 소웰은 2018년 펴낸 《차별과 격차》를 통해 사회 정의를 둘러싼 통념과 허구를 파헤친다. 사회 정의란 말에는 어떤사람이 다른 사람보다 더 뛰어난 실력을 발휘하면 다른 사람은운 나쁘게 차별당했으리란 믿음이 깔려 있다. 더 나아가 사회·경제적인 성공이 개인의 능력 때문이 아니라고 한다면 정부가 성공한 사람의 이익을 재분배할 명분이 생긴다.

아프리카계 미국인이지만, 소웰은 미국 흑인의 권리를 옹호한다고 말하는 사람들의 사고방식을 비판한다. 빈곤의 원인으로 가정의 해체보다 정부의 지출 부족을 먼저 꼽는 것은 아무에게도 도움이 되지 않는다고 주장한다. 인종주의와 노예제도의 잔재만 탓하고 개인의 책임을 거론하지 않으면 아무도 도울 수 없다는 것이다. 소웰은 흔히 말하는 '사회적 비전'이 좋은 의도에서 비롯되었다고 해도 의도와는 정반대의 결과를 낳는다고 지적한다.

소웰은 기본적인 성공의 원칙을 제시하며, (훌륭한 경제학자라면 으레 그러하듯이) 사람이든 국가든 발전할 수 있는 비결을 합리적으로 파악하는 방법을 제안한다. 그는 성공을 연구하고 성공한 사람에게서 얻은 교훈을 실천하는 것이 법적으로 모든 종류의 차별을 철폐하고 공평한 경쟁의 장을 만들려고 시도하는 것보다 훨씬 더 유익하다고 설득한다.

💲 **성공의 본질**

역사를 통틀어 극심한 부의 불평등 속에서 인간은 자신의 위치를 정당화하거나 사회 변화를 일으킬 구실을 모색해왔다. '가진 자'에게는 나머지가 열등해 보이고, '가지지 못한 자'는 자신이 부자와 권력자에게 착취당한 희생자라 여겨진다. 소웰은 사람이나 집단, 국가가 성공하거나 실패하는 데는 여러 이유가 있다고 말한다. 특정 활동이 성공하려면 고유한 요건이 충족되어야 한다는 것이다. 실패를 무조건 차별이나 기회 차단의 탓으로 돌리는 것은 잘못된 생각이다. 가진 것이 가장 많은 개인이나 집단일지라도 성공의 요건이나 자질을 갖추지 못하면 실패할 수 있다. 대부분 성공의 요건 다섯 가지 중에 두세 가지만 갖추었고, 네 가지를 갖춘 사람도 많긴 하지만 다섯 가지 요건을 모두 갖춘 사람은 여덟 명 중 한 명이다. 적잖은 비율 같지만, 실제로는 실패 확률이 8분의 7이나 된다는 이야기다.

소웰은 스탠퍼드대학교의 심리학 교수 루이스 터먼이 상위 1퍼센트의 IQ를 보유한 1,470명의 인생 경로를 장기 추적한 결과를 소개한다. 이들은 10배에 달하는 큰 성공 격차를 보였다(즉, 일부는 자기 분야의 스타가 된 반면에 고등학교만 간신히 졸업한 사람도 있었다). 연구 대상 기준인 140에 미치지 못하여 연구에서 배제된 사람 중 두 명은 노벨상을 받았다(반면에 연구 대상 중에는 노벨상 수상자가 없었다). 고지능만으로는 성공을 기대할 수 없다. 연구 대상중 지능이 높고 성공한 사람은 중산층 이상에 책이 많은 가정에서 자라났으며 (터먼의 시대에는 매우 희귀했을) 대졸자 부모를 두었다. 지능이 높은데 가장 덜 성공한 사람들의 상당수는 부모가 학업 중퇴자였다. 타고난 지능과 도움이 되는 가정환경이 있어야만 성공 가능성이 급격히 올라갔다.

우주 비행사와 정상급 클래식 음악 작곡가 중에는 첫째와 외동이 매우 많다고 한다. 어째서일까? 첫째나 외동이 유전적으로 우월해서가 아니라 그들에게 더 많은 관심과 돈, 노력이 집중되기 때문이다. 특히 중산층 가정의 자녀는 자라면서 훨씬 더 많은 단어를 접하며 말과 글을 배울 때도 다른 환경의 아이들보다 많은 관심을 받는다고 한다.

중산층 아이들의 운이 좋다는 말뜻이 '사회'가 다른 아이들을 차별한다는 의미는 아니다. 미국 대법원은 인종이나 성별에 따라 '성과 차이'가 난타는 통계를 감안해 차별을 주장하는 사람들에게 승소 판결을 내리고 있다. 통계만 보면 특정 정책이 차별적이라 성과 차이로 이어지는 것처럼 보인다. 그러나 소웰은 그러한 성과 차이가 차별을 입증한다기보다는 성공 패턴이 왜곡되어 있는 현상을 보여줄 뿐이라고 말한다.

소웰에 따르면, 좌우를 막론하고 사람들은 현실적이지 않은 성공을 기대한다. 그들은 사회적 장벽을 없애면 기울어진 성공의 운동장이 없어지리라 믿는다. 하지만 성공 확률에 대한 착각은 "이념 활동, 정치 개혁 운동, 사법부의 판단을 유도한다". 실제로 모든 사회가 이런 착각을 밑바탕으로 구축되었을 수도 있다.

⑤   **한 가지 원인만을 내세우는 해석의 위험성**

20세기 초반만 해도 경제적·사회적 성과를 좌우하는 요소는 차별이 아니라 유전자였다. 대학에는 우생학 관련 강좌가 수백 개나 있었다. 소웰은 "오늘날에는 대다수 학문 기관에 성과 차이의 원인이 차별이라고 가르치는 강의뿐만 아니라 전담 학과까지 개설되어 있다"고 지적한다. 조지 버나드 쇼, 윈스턴 처칠, 네빌 체임벌린 등 수많은 저명인사가 우생학을 사회 계급과 성취의 차이를 제대로 설명해주는 학문이라고 생각했다.

소웰은 우생학과 차별 이론 모두 경제적·사회적 성과의 차이를 "한 가지 원인으로만 설명한다"고 비판한다. 단일 원인에 의한 해석이 신뢰도를 확보하려면 검증 가능한 가설이 되어야 하며, 그렇지 않으면 어떤 일이 벌어지는지는 역사가 보여준다는 것이다.

히틀러는 '열등 민족'을 제거해야 한다는 자신의 생각을 검증해보려 하지 않았다. 자서전 《나의 투쟁》에서도 추측만 가능하다. 볼셰비키도 러시아에 공산주의를 도입하는 과정에서 가난이 '착취' 때문이라는 생각을 검증하지 않았다. 마르크스가 《자본론》에서 소개한 가설을 통째로 받아들였다. 그러나 유대인 학살로도 독일 국민의 삶은 나아지지 않았으며, 자본을 소유한 '착취자'를 제거했음에도 러시아의 생활 수준은 개선되지 않았다.

오늘날에는 인종 차별을 없애면 모두 공평한 결과를 얻으리라는 믿음이 자리를 차지하고 있지만, 그런 일은 일어나지 않을 것이며, 결국 차별 역시 설득력이 떨어지는 단일 원인이라는 사실이 밝혀질 것이다.

520

요즘 자주 거론되는 사회적 비전은 개인과 집단이 비슷하다는 가설을 바탕으로 평등과 다양성을 추구한다. 이는 현실과 맞지 않는 개념이다. 인간이 기존 상황에 얽매이는 일이 드물다는 사실을 놓치고 있는 것이다. 사회적 비전보다 더 중요한 것은 정부의 큰 도움 없이도 기존 상황을 바꾸려는 의지나 욕구다. 강제적인 '기회로의 이동' 프로그램보다 더 강력한 수단은 (소수 민족이나 이민 공동체의 사례가 입증했듯이) 이미 존재하는 강점의 활용이다.

특정 집단이 어떤 시도로 성공한다고 해서 다른 집단이 차별받는 것은 아니다. 그저 어떤 일을 최초로 시도하는 집단이 그 일을 더 잘하는 경향이 있는데, 여기에는 대부분 역사적인 원인이 있다. 독일인은 수납장 제조 기술을 미국에 소개했고, 유대인은 의류 제조 기술을 들여왔다. 이들은 미국으로 이주해온 이후 자연스레 같은 분야에서 승승장구했지만, 그렇다고 다른 집단의 성공을 방해하지는 않았다.

소웰은 "어떤 차이를 유발하는 원인이 이 같은 차이를 보여주는 통계의 수집 장소에 존재한다는 암묵적 믿음이 문제"라고 말한다. 예를 들어, '실리콘밸리에 여성 비율이 지나치게 낮은 까닭이 실리콘밸리에서 일어나는 일 때문'이라고 보는 식이다. 그러나 기술기업의 중역들이 성차별주의자도 인종차별주의자도 아닐 가능성이 크다. 그보다는 여학생에게 첨단 기술 관련 과목을 충분히 가르치지 않는 학교들이 많거나 여학생들이 다른 과목에 더 큰 흥미를 보이기 때문일 수 있다. 아니면 육아 시설의 부족이 여성 진급에 차질을 빚기도 한다.

사회적 비전에는 개인이 자기 성과에 대해 도덕적인 책임을 질 필요가 없다는 생각도 깔려 있다. 원인을 항상 외부로 돌리는 것이다. 인구 구조와 지리와 같은 중립적인 원인이 작용했을 수도 있는 분야에서 과소 대표성underrepresentation을 '유리천장'이나 '은밀한 인종주의' 탓으로 돌리기란 너무 쉽다. 하지만 인간은 도덕적 분노를 선호하기에 인종주의, 성차별주의, 착취 같은 요소에 비중을 더 크게 두는 경향이 있다고 한다.

차별의 실체

소웰은 두 가지 종류의 차별이 있다고 말한다. '차별 1'은 경험적 증거를 토대로 한다. 예를 들어, 위험하다고 알려진 곳에 한밤중에는 가지 않는 것이다. '차별 2'는 자의적인 반감이나 편견에 의한 것이다. 예를 들어, 특정 지역 주민의 대출 상환 능력에 대한 불신 때문에 지역 전체를 '대출 불가 지역'으로 설정하는 등의 정책을 유발하는 것들이다. '차별 2'는 대개 생각이 짧아서 생기며 잘못된 경우가 많다. 우리는 대체로 '차별 2'에 반대한다.

인간은 남들과 되는 대로 어울리지 않는다. 자신과 비슷한 사람과 교류하고, 비슷한 사람 속에서 살아감으로써 '자발적으로 구별' 짓는다. 이민자는 익숙함이나 편안함을 느끼기 위해 또는 사회적·경제적 도움을 기대하기에 도시나 동네에 모여 사는 경향이 있다. 이민자들은 다른 인종이나 민족 집단을 노골적으로 차별하기보다는 그들과의 사회적 교류에 따른 손실을 최소화하고 이득을 극대화하는 경향이 있다. 이것이 '차별 1'이다.

　교육적인 선택에서 자발적인 분류self-sorting는 정부의 법령보다 훨씬 더 효과적이다. 이는 미국의 흑인 가정으로 하여금 자녀가 말썽을 피우거나 난폭한 동급생의 방해를 받을 일이 적은 학교를 선택할 수 있게 한다. 그런데 백인들은 흑인 공동체의 자발적인 분류를 중요하게 생각하지 않는다. 오히려 정부가 ('기회로의 이동' 같은 프로그램을 통해 저소득 지구의 학생들을 중산층 지구 학교에 배정하는 식으로) 분류를 해제할 때 바람직하지 않은 통계가 나온다. 사회학술지《미국 사회학 저널American Journal of Sociology》에 실린 논문에 따르면, 이 같은 정책의 결과로 읽기와 수학 성적이 좋아지지도, 행동 문제가 개선되지도 않았다고 한다. 경제학술지《계간 경제학 저널Quarterly Journal of Economics》에 발표된 연구에서도 '기회로의 이동' 프로그램이 사용자의 고용, 소득, 복지 수당 활용에 긍정적인 영향을 끼치지 않았다는 결과가 나왔다. 가정에 의한 자발적인 분류는 대부분 타당한 근거가 있는 반면에 정부의 정책은 미숙하며 이념에 좌우되는 경향이 있다.

불편한 사실

1. 현재 미국 흑인이 가난한 가장 큰 원인은 인종주의 때문이다.

2. 인종주의는 노예제, 흑백 분리, 거주지 차별, 직장 내 차별의 잔재다.

불편한 사실 정보 몇 가지가 없다고 가정하면, 위 두 명제는 언뜻 논리적으로 보인다. 사실 1994년 이후로 흑인 부부의 빈곤율은 내내 10퍼센트 미만을 유지하고 있다. 이는 전체 흑인 인구의 빈곤율을 크게 밑도는 비율이며, 심지어 최근 몇 년간은 전체 백인 인구의 빈곤율이 흑인 부부의 빈곤율을 웃돌고 있다. 한 예로 2016년 한 해 동안의 흑인, 백인, 흑인 부부의 빈곤율은 각각 22퍼센트, 11퍼센트, 7.5퍼센트였다.

이러한 통계를 보면 인종주의가 미국 흑인의 가난의 주요 원인이 아님을 알 수 있다. 그보다는 가족 구조와 결혼 여부가 중요한 원인으로 보이지만 사회 정의를 외치는 운동가들은 이 같은 사실을 외면한다. 도서관 출입증이 있고 집에 책이 많은 흑인 가정의 자녀는 그렇지 않은 흑인 가정의 자녀보다 훨씬 더 성적이 좋다.

결혼과 도서관 출입증은 그 자체만으로는 개인의 발전이나 성공 원인이 아니며, 성공한 사람들이 남들과 어떻게 다른지를 보여주는 지표에 지나지 않는다. 이외에도 제비뽑기를 통해 자녀를 한층 더 엄격하고 학구적인 차터스쿨charter school[20]에 입학시키는 것도 성공에 기여하는 지표로 꼽힌다.

소웰은 인종 차별이 없으면 모든 사회 집단이 동등한 자격을 갖게 되리란 신념에 대해 이렇게 반박한다. 흑인 공동체의 범죄율이 20세기 전반보다 후반에 훨씬 더 높았다는 것이다. 20세기 후반은 흑인의 지위 개선을 목표로 한 각종 법규 및 정책이 등장한 때였다. 이는 사회적 성과에는 많은 요소가 작용하며, 수많은 흑인이 정부 프로그램과 상관없이 성공한 이유를 찾는 것이 더 유익함을 시사한다. 소웰은 미국의 KIPP[21]나 차터스쿨처럼 가정 환경과 상관없이 학생들에게 높은 기준을 요구하는 혁신 학교를 성공 사례로 꼽는다. 둘 모두 비이념적이고 사실에 토대를 둔 삶을 변화시키는 수단이라는 것이다.

사회 정의의 패러다임에는 사회의 특정 집단이 '특권'을 누리며, 이러한 특권이 편향된 법률과 환경의 결과물이라는 믿음이 깔려 있다. 그러나 소웰은 애초에 특권이라는 것이 '박탈'의 산물일 수 있다고 주장한다. 박탈이 노력에 박차를 가한다는 것이다. 후발 집단이 현지인보다 더 큰 성공을 거두곤 하는 것도 박탈의 경험 덕분이다. 예를 들어 말레이시아의 화교는 다수며, 우선적인 기회와 우대 조치를 받아온 말레이인보다 더 성공적인 삶을 꾸려왔다. 플로리다의 쿠바 난민, 뉴욕으로 이주한 복건성 출신의 화교, 실리콘밸리에 정착한 인도 아대륙 출신의 이민자들도 여기에 포함된다.

⑤

소웰은 미국과 영국의 범죄율과 폭력 발생률이 20세기 후반보다 사람들이 훨씬 가난하던 20세기 전반에 더 낮게 나타났다면서 범죄의 원인이 가난이라는 통념도 반박한다. 그가 보기에 이러한 변화가 일어난 까닭은 모든 사람이 평등하며 가난의 원인이 (인종주의나 착취 같은) 외부 요인 때문이라고 주장하는 사회적 비전 개념이 등장하고 자리 잡으면서 법률과 질서에 대한 인식이 바뀌었기 때문이다.

소웰은 복지제도 시행 이후, 심지어 복지제도로 저소득층의 생활 수준이 높아지고 나서도 사회 병리 현상이 급증했다고 지적한다. 모든 문제를 '제도적 인종주의' 탓으로 돌리면 낮은 성과, 가족의 해체, 무법 상태가 용납된다. 아무도 굶주리거나 살 곳 또는 벌이가 없어서는 안 된다는 생각은 고결하지만, 결과도 따져봐야 한다. 사회적 비전이라는 개념이 자리 잡으면서 가정은 역할이 축소되고 사회나 국가의 역할은 커졌다. 특히 가족 구성원들의 의무가 일방적인 보조금으로, 대가는커녕 체면을 차리지 않아도 되는 법적 권한이나 혜택으로 대체되었다.

소웰은 말한다. "'권한'이 만연해지면서 타인이 생산한 것을 소유할 '자격'이 있다는 인식이 생겨나는 한편 의무감은 축소되고 있다." 이러한 패러다임이 '책임감과 삶의 목적'을 잃은 사람들을 양산해냈다. 최저 생계의 보장으로 만족감을 느끼는 시민보다 베푸는 국가에 불만을 품고 자기보다 남들이 더 많이 누리는 것의 부당함에 집착하는 시민만 늘어나고 있는 것이다.

소웰은 오늘 태어난 사람에게 수백 년 전 조상이 한 일을 책임지라고 하는 것은 타당하지 않다고 생각한다. 평등을 강요함으로써 과거의 잘못을 바로잡으려는 숭고한 사회적 비전을 뒤로하고, 지금 당장 개인과 집단의 성공 비결을 배우는 일에 에너지를 써야 한다고 주장한다.

함께 읽으면 좋은 책 게리 베커의 《인적 자본》, 밀턴 프리드먼의 《밀턴 프리드먼 자본주의와 자유》

$ 토마스 소웰 더 알아보기

1930년 미국 노스캐롤라이나 개스토니아에서 태어났다. 가사 도우미인 어머니의 형편이 좋지 않아서 고모네 가족에게 맡겨졌다. 여덟 살 되던 해 가족을 따라 뉴욕의 할렘가로 이주했다. 뛰어난 머리 덕에 우등생들만 받는 스타이브샌트고등학교에 합격했으나, 경제적 형편과 가족 문제 등으로 학교와 집을 떠나야만 했다. 해병대에 징집되어 종군 사진사로 훈련받았고, 이 덕분에 한국전쟁 때 전투원으로 투입되지 않았다. 제대 후 하워드대학교에서 야간 강좌를 들었다. 곧이어 하버드대학교에 합격해 1958년 경제학과를 졸업하고, 이후 컬럼비아대학교에서 석사학위를 받았다. 20대 때 마르크스주의에 끌렸지만, 미국 노동부에서 잠깐 근무하면서 자유시장 경제학으로 방향을 전환했다. 이후 하워드 및 코넬 대학교에서 강의를 시작했다. 1968년 시카고대학교에서 경제학 박사학위를 받았다. 럿거스, 브랜다이스, 앰허스트 대학교와 캘리포니아대학교 로스앤젤레스 캠퍼스 등에서 교수와 연구원을 지냈다. 1980년부터 스탠퍼드대 후버연구소의 선임 연구원으로 활동해왔다. 레이건 행정부 당시 교육부 장관 자리를 제안받았지만 거절했다.

Book 48

호모 이코노미쿠스가
비합리적인 행동을 하는 까닭
리처드 탈러의
《행동경제학》

리처드 탈러 Richard H. Thaler

현대 미국의 경제학자로 행동경제학의 개척자다. 행동경제학을 쉽고 명쾌하게 전달하는 저술 활동으로 유명하며 《넛지》(캐스 선스타인 공저) 같은 세계적인 베스트셀러를 탄생시키기도 했다. 2017년 개인의 의사결정에 대한 경제적 분석과 심리적 가정을 결합시킨 공로로 노벨경제학상을 수상했다.

리처드 탈러는 경제학과 교수로 임용된 지 얼마 되지 않았을 때 여느 교수와 마찬가지로 100점 만점의 시험 문제를 출제했다. 학생들의 평균 점수는 평소보다 다소 낮은 72점이었고, 이에 학생들은 시험이 너무 어려웠다고 항의했다. 탈러는 학생들의 불만을 잠재울 만한 묘안을 떠올렸다. 그다음 시험을 137점 만점으로 조정한 것이다. 왜 137점이었을까? 그러면 평균 점수가 90점대로 올라갈 터였다. 이러한 탈러의 예상은 적중했다.

탈러의 예상은 인간은 합리적이라는 정통 경제학의 이론에 위배되는 것이지만, 이는 학생들이 어리석어서가 아니다. 탈러는 단순히 인간이기 때문에 그런 것이라고 설명한다. 경제학 분야와 그 모형은 탈러가 '이콘Econ'이라고 부르는 호모 이코노미쿠스라는 가상의 존재에 기반을 두고 있다. 이콘은 항상 합리적인 반면 인간은 '잘못된 행동'을 저지른다. 이처럼 잘못된 경제학 모형에서 벗어난 행동 때문에 경제학자의 예측은 빗나가게 마련이다. 2008년 금융 위기도 경제학 모형대로라면 절대로 일어날 수 없는 일이었다. 불행한 점은 경제학자들이 공공정책 입안 과정에서 큰 발언권을 얻는다는 사실이다.

인간의 잘못된 행동은 행동경제학 형성에 기여했으며, 인간의 비합리성에 대한 탈러의 연구는 경제학의 고지식한 '이론 맹목성theory blindness'이 지닌 문제점을 밝혀냈다. 탈러의 연구는 1970년대 심리학자인 대니얼 카너먼과 에이모스 트버스키의 1974년 논문(잠시 후 소개할)을 바탕으로 한다. 경제학과 심리학의 교류가 활발하지 않은 당시 탈러는 두 사람과 친분을 쌓고 함께 연구하기 위해 노력했다. 덕분에 탈러 역시 행동경제학의 핵심 인물로 자리매김하게 되었다.

2015년에 출간된 탈러의 《행동경제학》은 탈러의 40년 행동경제학 연구를 집대성한 책으로 대니얼 카너먼은 물론이고 로버트 쉴러, 말콤 글래드웰 등 수많은 명사가 찬사를 보냈다. 경제학과 심리학은 여전히 자체적인 관심사와 견해를 고수하며 사일로 silo[22] 형태로 남아 있지만, 그럼에도 경제학은 심리학을 접목해 가장 큰 성과를 얻은 학문으로 꼽힌다. 탈러는 그 중심에 있는 학 자로, 공로를 인정받아 2017년 노벨경제학상을 수상했다.

⑤ **합리적이지 않은 인간**

탈러는 경력 초기에 합리적 선택 이론에 어긋나는 인간 행동을 (본인과 주의 사람들의 사례를 참고해) 목록화하기 시작했다.

- 상점에서 본 캐시미어 스웨터가 마음에 들지만, 그만큼의 지출을 감당 할 형편이 아니기에 구매하지는 않았다. 그러다 아내에게서 같은 스웨 터를 크리스마스 선물로 받고 기뻐한다. 부부는 자금을 공동으로 관리 하며 두 사람 모두 달리 돈이 나올 곳이 없다.
- 나는 시계 기능이 있는 45달러짜리 라디오를 10달러 더 싸기 사기 위해 기꺼이 10분 더 운전할 수 있다. 그런데 495달러짜리 텔레비전을 10달 러 더 싸게 판매하는 매장에는 갈 생각이 없다. 똑같이 10달러를 절약할 수 있는데 왜 그럴까?
- 탈러는 후배 경제학자 몇 명을 저녁에 초대했고, 그들이 식전에 나온 캐 슈너트를 눈 깜짝할 새 먹어치우는 것을 보았다. 손님들이 캐슈너트를 다 먹어치우면 다음 음식을 남길까 봐 얼른 캐슈너트 그릇을 치웠다. 손 님들도 다행으로 생각했다.

정통 경제학의 주장대로라면 사람들은 가능한 한 다양한 선택지가 있는 상황을 좋아한다. 그런데 탈러의 손님들은 왜 캐슈너트 그릇을 치우자 좋아했을까? 정통 경제학자들은 인간의 의지가 부족하다는 사실을 인정하지 못하지만, 인간은 나약한 존재이므로 의도적으로 선택지의 가짓수를 줄이려고 한다. 애덤 스미스도 《도덕 감정론》에서 "10년 뒤에 누릴 수 있는 쾌락은 지금 당장 누릴 수 있는 쾌락에 비해 우리의 흥미를 자극하지 못한다"는 말로 인간의 자기 통제 문제에 대한 통찰력을 보여주었다.

이탈리아 출신의 미국 경제학자 프랑코 모딜리아니는 '생애 주기 가설'을 제시했다. 인간은 자신이 평생 얼마나 돈을 벌 수 있을지 가늠한 다음 개별 생애 주기에 따른 지출 계획을 세운다는 것이다. 탈러가 이 가설을 소개하자 심리학자들은 현실에서 그렇게 하는 사람이 몇이나 되겠냐며 웃음을 터뜨렸다.

모딜리아니 같은 경제학자의 이론은 사람들이 매우 똑똑하고 자제력이 강하며 먼 미래까지 대비한다는 전제를 깔고 있다. 그러나 탈러 같은 행동경제학자는 인간이 근시안적이며 나중에 얻을 수 있는 이익보다 현재의 만족감을 더 중요시하며 수십 년 이후에 대해 별로 생각하지 않는다고 상정한다. 경제학은 단일하고 통일된 자아를 당연시 하지만 심리학은 오랫동안 우리 안에 여러 자아가 있으며 그러한 자아끼리 충돌하는 경우가 많다는 이론을 배제하지 않았다. 적어도 프로이드의 이드id와 에고ego

부터 카너먼의 '빠른' 생각과 '느린' 생각에 이르기까지 통제 위치의 다양성을 인정해왔다.

⑤ 비합리적인 가치 판단

탈러는 카너먼과 트버스키가 1974년 《사이언스》에 발표한 〈불확실성에 따른 판단: 휴리스틱과 편향Judgment Under Uncertainty: Heuristics and Biases〉을 읽고 인생이 바뀌었다고 말한다. 이 논문의 기본 논지는 인간은 지적 능력에 한계가 있어서 '휴리스틱' 같은 단순한 경험 법칙을 토대로 판단하고 의사결정을 내린다는 것이다. 예를 들어, 미국인에게 드루브Dhruv가 흔한 이름이냐고 질문하면 그렇지 않기에 '아니'란 대답을 들을 가능성이 크다. 하지만 인도에서는 흔한 이름이고, 인도의 인구수를 생각하면 전 세계적으로 흔한 이름일 수 있다. 이처럼 우리는 인간 특유의 사고방식으로 인해 충분히 예측 가능한 오류를 저지른다. 이는 탈러에게 큰 깨달음을 주었다.

경제학에서는 인간이 저지르는 판단 오류가 개인 특유의 문제에 불과하며, 인간의 행동과 시장이 근본적으로 합리적이라고 가정한다. 탈러는 "경제학자는 모든 사람이 고도로 경제적이라는 가설을 토대로 구체적인 예측을 내놓으면 문제에 휘밀리게 된다"고 말한다. 예를 들어, 과학자들의 연구 결과로 비료를 덜 사용하는 농민이 더 많은 수익을 낸다는 사실이 밝혀졌다고 치

자. 이때 경제학자는 이 연구 결과를 농민에게 공개하고, 농민 스스로의 이익을 위해 그러한 조언을 따르도록 유도하는 것이 최선이라고 믿는다. 그런데 여기에는 수많은 농민이 익숙하다는 이유로 기존 방식을 그대로 유지할 수도 있다는 사실이 배제되어 있다. 또는 우리가 정부 관계자고 국민에게 더 많은 돈을 연금에 넣도록 유도해야 한다고 가정해보자. 이때 우리는 지금 저축해 미래에 목돈을 손에 쥐는 일이 얼마나 이로운지 국민에게 알려야 한다. 그러나 이 같은 접근은 헛수고로 끝날 수 있다. 인간은 미래보다 현재에 가치를 두는 편향성이 있으며 (이를테면 직장에서 상당 금액의 연금이 자동 적립되도록 의무화하는 식으로) '넌지시 유도'되거나 강요받지 않으면 미래에 필요한 돈을 충분히 저축하지 않을 가능성이 크기 때문이다.

이외에도 인간이 부의 절대치보다 부의 상대적 효용, 즉 부의 변화에 더 치중한다는 두 사람의 연구도 탈러에게 충격을 주었다. 인간은 이익으로 얻는 만족감보다 손실에 따른 고통을 더 크게 느낀다는 점에서 합리적이지 않다는 것이다. 이러한 손실 회피 성향 때문에 우리는 수익이 신통치 않은 주식을 처리하고 전망 좋은 주식을 새로 매입하는 것이 합리적인데도 기존 주식을 그대로 보유하는 잘못된 판단을 내리곤 한다. 이처럼 미래에 소유할 수 있는 것보다 이미 소유한 것을 더 가치 있게 생각하는 현상을 탈러는 '소유 효과'라고 일컬었다.

심리 계좌와 비합리적 소비

틸러의 연구는 '심리 계좌'에 집중되는데, 심리 계좌란 비합리적 소비를 이끄는 기제다. 상환해야 할 신용카드 대금이나 대출이 있을 때는 예금을 빼서 빚을 갚는 편이 합리적이다. 예금 금리가 대출 금리보다 훨씬 더 높기 때문이다. 하지만 인간은 임대료, 대금, 저축 같은 심리 계좌를 완고하게 유지하려 들며 돈의 대체 가능성(다른 용도로 사용할 수 있음)을 망각한 듯 행동한다.

이러한 비합리성은 도박 행위에서 두드러지게 나타난다. 우리는 블랙잭으로 날린 돈을 '우리 돈'이라고 생각하지만 딴 돈은 '도박장의 돈'으로 여긴다. 따라서 딴 돈보다 잃은 돈에 더 큰 가치를 둔다. 돈을 잃기 싫어 어떻게든 본전을 되찾으려 하지만, 그날 딴 돈은 잃더라도 개의치 않는 경향이 있다. 그런데 카지노에서 딴 돈이나 일해서 번 돈이나 똑같이 물건을 살 수 있지 않은가.

이미 사용해서 회수할 수 없는 돈을 경제학자들은 '매몰 비용'이라고 칭한다. 지출이든 투자든 매몰 비용으로 이득을 얻을 수 있는지 따져봐야 별 소용이 없다. 이미 과거에 이뤄진 지출이기 때문이다. 그러나 현실의 사람들은 그처럼 생각하지 않는다. 탈러는 실내 테니스클럽 회원비로 1,000달러를 지불한 빈스의 사례를 든다. 빈스는 회원이 된 지 몇 달 후 팔꿈치에 통증을 느끼기 시작했으나 고통을 참으며 3개월 더 테니스를 쳤다. 회원비를 '날리기' 싫었기 때문이다.

경제학자들이 '매몰 비용 오류'로 부르는 현상은 그보다 더 심각한 효과를 유발한다. 일각에서는 미국이 베트남 전쟁을 이어간 까닭을 너무 많은 자금과 인력을 투입했고, 모든 것이 '무용지물'로 끝날 것을 두려워한 탓이라 분석한다. 코스트코나 아마존 등은 우리가 매몰 비용에 연연한다는 점을 이용해 회원 가입을 유도한다. 연회비 99달러를 내고 프라임 회원이 된 사람은 아마존을 더 많이 이용할 가능성이 크다. '본전을 뽑아야 한다'는 심리 때문이다.

탈러는 소비자 심리에 대한 자신의 연구도 소개한다. 슈퍼마켓이 '매일 시행하는 염가 판매'가 실패하는 까닭은 소비자가 구매할 때마다 시시하게 몇 푼씩 절약하는 것보다는 할인 행사나 쿠폰 사용 등을 통해 헐값으로 구매하는 것에서 더 큰 만족을 느끼기 때문이라는 것이다. 근본적으로 '거래 효용'을 얻고자 하는 심리 때문이다.

우리는 현명한 소비를 하거나 운 좋게 무엇인가를 구매함으로써 심리적 보상을 얻으려고 한다. 날마다 염가 판매를 하는 유통업체도 적립금을 주거나 더 싼 곳이 있다면 환급해주는 등의 다양한 방식으로 거래 효용을 제공한다. 부자들도 월마트와 코스트코에서 쇼핑한다. 인간이라면 누구나 거래 효용을 통해 쾌감을 느끼기 때문이다. 합리적으로 생각하면 별 이득이 되지 않는데도 그렇게 한다.

최적화를 이끄는 힘

경제학은 인간이 정부의 간섭이 없으면 자기의 삶과 자원에 대해 최적의 선택을 내린다는 가설을 바탕으로 한다. 그런데 비만을 예로 들어 생각해보자. 사람들이 원해서 비만이 된다고 생각하는가? 패스트푸드 식당 같은 주변 환경의 영향은 없을까? 연구에 따르면, 사람들은 휴대전화 설정부터 직장의 퇴직 연금 적립 계획에 이르기까지 정해진 기본 선택지를 고수하는 경향이 있다고 한다. 탈러는 관성의 힘은 크지만, 관성에도 장점이 있으며 정책 입안자들이 관성을 잘 이용하면 개인과 사회에 긍정적인 결과를 만들어낼 수 있다고 생각한다.

　역사를 돌이켜보면 수많은 조직과 정부가 '그 사람의 이익을 위해서'란 핑계로 타인의 선택을 좌지우지하려고 했고, 그로 인해 무시무시한 결과를 낳았다. 탈러는 개입주의의 위험성을 인정하면서도 자신의 사고방식은 '자유주의적 개입주의libertarian paternalism'라고 설명한다. 정부는 특정한 정책적 목표를 달성하기 위해 이미 유인책을 제공하고 있지만 유인책이 항상 성공하는 것은 아니다. 탈러는 유인책에 '은근한 개입(nudge, 넛지)'을 결합하면 노후의 행복보다 현재의 즐거움에 더 집중하는 인간 본연의 인지 편형을 줄일 수 있다고 주장한다. 이를테면 신입 사원에게 가장 유리한 연금 적립 선택지를 가장 먼저 제시하는 식이다. 탈러가 제안하는 접근법은 같은 사람이 더 많은 정보를 얻으면 다른 선택을 할 수 있다는 전제를 바탕으로 한다.

탈러의 이론은 영국 정책 전문가들의 관심을 끌었다. 실제로 영국의 데이비드 캐머런 총리는 2010년에 행동분석팀 Behavioral Insights Team을 신설했다. 얼마 지나지 않아 '넛지 부서'로 불리게 된 이 팀은 여러 정부 부처의 정책 시행을 도와 자기 팀 신설에 들어간 비용의 열 배 정도를 절감하는 것을 목표로 삼았다. 넛지 부서가 처음 한 일은 세금 체납자들에게 나머지 국민 '대다수'가 세금을 기한 내에 냈으며, "여러분은 세금을 체납한 극소수에 속한다"는 내용을 전달하는 것이었다. 그러자 일정 기간 내에 세금을 납부한 사람이 5퍼센트 증가했다. 그 금액은 900만 파운드에 달했다. 한두 줄짜리 공문치고는 나쁘지 않은 성과였다. 이외에도 정부가 법원 과징금 체납자에게 문자 메시지를 보냈을 때 납부 건수가 크게 증가한 사례나 운전면허 갱신자에게 장기 기증 여부를 무조건 선택하게 함으로써 장기 이식 수술에 제공되는 장기가 늘어난 사례가 있다.

영국의 넛지 부서는 성과를 입증한 이후에 민영화되었고, 현재는 영국 공공 기관에 서비스를 제공하고 있다. 호주의 뉴사우스웨일스 정부에도 비슷한 형태의 조직이 있으며, 미국 오바마 행정부도 사회과학 및 행동과학 팀을 신설한 바 있다. 전 세계 130여 개국이 공공정책에 행동과학을 적용하는 중이다.

행동경제학은 이제 경제학의 본격적인 세부 분야가 되었다.

결과적으로 합리성만을 상정한 모형들은 수세에 몰렸다. 그러나 탈러는 모든 경제학자가 인간의 행동을 경제학 연구에 통합하는 날이 오면 '행동경제학'이란 분야가 필요 없어질 것이라면서, "모든 경제학 분야가 자기 분야에 필요한 만큼 행동주의를 받아들이게 될 것이기 때문이다"라고 말한다.

함께 읽으면 좋은 책 스티븐 더브너와 스티븐 레빗의 《괴짜 경제학》, 마이클 루이스의 《빅 숏》, 로버트 쉴러의 《비이성적 과열》

리처드 탈러 더 알아보기

1945년 미국 뉴저지의 이스트 오렌지에서 태어났다. 1967년 케이스웨스턴리저브대학교를 졸업한 후 1970년 로체스터대학교에서 석사학위를, 1974년 로체스터대학교에서 박사학위를 받았다. 현재 시카고대학교 부스경영대학원의 행동과학 및 경제학과 교수다. 2017년 '제한적인 합리성, 사회적 편향성, 자제력 부족' 같은 인간의 특성이 어떻게 '개인의 경제적 의사결정과 시장의 결과에 영향을 미치는지' 연구한 공로를 인정받아 노벨경제학상을 수상했다. 저서로는 《승자의 저주》, 《똑똑한 사람들의 멍청한 선택》, 《넛지》(캐스 R. 선스타인 공저) 등이 있다.

Book 49

기존의 수요 공급 이론에 반하는
과시적 소비의 탄생

소스타인 베블런의
《유한계급론》

소스타인 번드 베블런 Thorstein Bunde Veblen

노르웨이 이주민 출신으로 19~20세기 미국의 사회학자 겸 경제학자로 사람이 만든
제도가 경제 행위에 미치는 영향을 분석한 '제도주의 경제학'의 선구자다. 일부 계층의
과시적 소비 심리로 인해 가격이 올라도 수요가 줄지 않는 현상, 일명 '베블런 효과'로
유명하다.

우리는 왜 더 많이 일하고, 더 나은 직업을 찾고, 사업을 시도하
는 것일까? 소스타인 베블런은 이런 추구가 생존이 아닌 사회적
열망 때문이라고 믿었다. 자국의 문화가 고귀한 개인주의의 정
점을 보여준다고 믿은 다른 미국인들과 달리, 베블런은 미국 사
회가 기본적으로 '야만적'이라고 생각했다. 베블런은 1899년에
펴낸 그의 대표적인 화제작이자 명저《유한계급론》을 통해서 야
만인은 "잘 발달된 약탈적 생활 체계를 갖추고 있으며 … 지위를

예민하게 의식한다"고 밝혔다.

배블런은 이 책을 통해 소비지상주의에 젖은 미국과 자신의 출신지인 노르웨이 농촌을 비교 분석하고는 미국의 과도한 소비 본능이 어디에서 비롯되었는지 고찰한다. 그는 미국 대중이 일하지 않고 소비만 하는 과거의 유한계급을 본받으려고 한다면서, 과시적이고 세속적인 가치를 추구하는 본능이 사회에 널리 퍼졌다고 지적한다. 오늘날의 소비문화는 수많은 사람이 부유층의 생활 양식과 습성을 모방하면서 생겨났다. 베블런은 '과시적 소비'란 개념을 소개하며, 이를 음식이나 주거지에 대한 욕구보다 '더 높거나 영적인 욕구'라고 설명한다.

이처럼 단순한 설명은 당연히 미국 사회에 불쾌감을 안겨주었지만, 오히려 그런 까닭에 화제를 모으고 큰 성공을 거두었다. 베블런은 자신의 책을 사회학적 고찰을 접목한 경제학서라고 생각했다. 문체가 장황하고 산만하며 도표나 사실 정보 등을 포함하진 않았지만, 흥미롭다. 이 책에서 그가 제시한 자본주의의 중요한 동력이 자만심과 시기심이라는 관점은 인간의 합리성을 전제로 하는 고전파 경제학과는 대비된다.

⑤   **일하지 않는 자의 품격: 과시적 여가**

베블런은 고대 이후 육체 노동은 고차원적인 생각을 방해한다고 간주되어온 반면에, 일하지 않는 삶은 "모든 문명인의 눈으로 볼 때 아름답고 사람의 품격을 높여주는 것으로 인식되어왔다"고 고찰한다. 그가 보기에 '여가'는 게으름과 다르며, '시간의 비생산적인 소비'에 해당한다. 유한계급에 속한 사람도 매우 바쁠 수는 있지만, 그 사람의 활동은 생계유지나 금전적 이득을 목적으로 하지 않는다.

유한계급의 성취는 예술, 역사, 음악에 대한 지식처럼 관념적인 유형이거나 그와 정반대로 사냥, 전쟁, 스포츠 같은 분야의 기량으로 가늠된다. 예나 지금이나 인간 사회에서 가장 큰 존경을 받아온 지위는, 소유자에게 압도적인 권력과 물리적 힘, 동물이든 인간이든 생명을 앗아갈 수 있는 권한을 부여한다.

과거에는 지위가 높은 계층이 전쟁에 참여했고, 승리하면 약탈한 전리품을 독차지했다. 전리품은 생산적인 노력과 작업의 산물보다 훨씬 더 높은 가치를 인정받았다. 사냥도 기량과 용기를 입증하는 활동이라는 이유로 대접받았다. 반면에 고된 노력을 통해 생존에 필요한 식량을 생산하는 가축 사육은 정반대의 취급을 받았다.

베블런에 따르면, 더 낮은 계층이 밥벌이할 동안 유한계급은 예의범절을 익히는 데 시간을 투자한다. 그는 "교양을 쌓으려면 시간, 전념, 비용이 필요하다"면서 "교양의 변함없는 검증 수단은 비생산적인 활동에 상당한 시간을 명백하게 허비했느냐다"라고 말한다.

⑤   내가 살 수 있는 물건의 가치가 곧 나의 가치: 과시적 소비

베블런은 식품, 음료, 의류, 주거지, 교통 수단 등의 측면에서 '최고'를 이용하는 것이 부와 명예의 징표라고 설명한다. '최고'의 지식은 남들이 일하는 동안에 취향을 훌륭히 연마했다는 증거다. 값비싼 선물과 오락도 과시적 소비의 중요한 형태다. 이를 통해 자신이 중요하지 않은 일에도 돈과 에너지를 쓸 수 있는 사람임을 내보일 수 있기 때문이다.

접대는 자발적인 행위가 아니라 특정 계층의 구성원으로서 지켜야 할 의무의 일부며, 부의 징표인 예의범절을 과시할 기회이기도 하다. 경제적으로 부양해야 할 사람의 수 역시 부와 지위의 중요한 상징물이다. 특히 일하지 않는 아내가 핵심 지표다. 실제로 자신의 아내에게 부유층의 자선 행사, 예술 단체, 자녀의 사립학교 활동 등으로 하루를 보내는 식의 명예를 안겨주기 위해 발에 땀 나도록 일하는 남편들이 있다. 이러한 장식용 아내는 '남편이 생산하는 재화의 격식 있는 소비자'가 된다. 아내가 필요 이상의 아름답고 큰 집을 얻어 과하게 꾸미는 것은 베블런이 표현한 '낭비된 노력의 법칙The Law of Wasted Effort'을 보여준다. 불필요한 일에 자원을 사용하는 것이 높은 지위의 상징이라는 말이다.

베블런은 초기 사회에서는 과시적 여가가 부의 가장 확실한 징표지만, 사회가 발전할수록 재화의 과시적 소비가 이를 대체한다고 보았다. 자기나 자기 가족을 알지 못하는 다수에게 노출되기 때문이다. 이러한 상황에서 가장 간단하게 지위를 판별하는 방법은 불필요한 재화와 자원을 얼마나 과시할 수 있느냐다. 우리는 의류, 자동차, 휴가, 오락, 주거지 등을 통해 타인과 무언의 소통을 나눈다.

베블렌은 재산 수준이 비슷한 도시 가정과 농촌 가정을 비교했다. 도시 가정은 사회적 지위를 드러내기 위해 농촌 가정보다 더 많은 돈을 의복에 지출해야 한다. 그렇지 않으면 '사회적 계층을 상실'할 각오를 해야 한다. 농촌 가정의 명성은 편의 시설 여부 및 은행 예금액에 달려 있으며, 작은 지역 사회에서는 이러한 정보가 금세 퍼진다. 농촌에서는 저축액이 '재산 과시 수단으로 더 적절'한 반면, 도시에서는 타인의 재산 상황을 알 수 없으니 의류와 고급 식당 이용으로 그 사람의 형편을 짐작하는 셈이다.

사람들은 필요성보다 자기 생각에 합당하다고 생각하는 지위를 드러내기 위해 더 많은 돈을 지출한다. 자녀를 많이 낳아서 자기가 속해 있다고 믿는 계층의 기준에 부합하는 삶을 살지 못할 바에야 자녀를 덜 낳아서 높은 생활 수준을 유지하려고 한다. 베블렌의 예리한 고찰 중 하나는 (학자, 언론인, 성직자처럼) '학술적 활동'에 관여하는 계층이 스스로를 우월한 지위에 있다고 생각하지만, 자신이 주로 교류하는 계층만큼 돈을 많이 벌지는 못한다는 것이다. 그 결과, 이들은 자신이 사회의 웬만한 계층보다 우위에 있다는 사실을 입증하기 위해 소득의 상당 부분을 (사립학교

학비나 해외 휴가 비용과 같은) 과시적 소비에 지출하며 무리해서라도 지속적으로 지위를 과시하려고 한다.

⑤   재화와 유행의 의미

베블런은 기계 생산 제품이 수제품보다 대체로 기능과 형태가 잘 조합되어 있다며 수백만 개를 생산하려면 그럴 수밖에 없다고 설명한다. 그러나 우리는 실용성이 떨어지더라도 수제품을 높이 평가한다. 수제품을 쓰면 남들과 차별화된 듯한 느낌이 들기 때문이다. 영국의 공예가 윌리엄 모리스 등이 벌인 '장인 정신으로의 회귀return to craftsmanship'는 사실 실용적이지 못한 수공예품을 구매할 여유가 있으며, 누구나 살 수 있는 물건은 거들떠보지 않을 만큼 부유한 사람들을 되살아나게 했다. '낭비적인', 즉 부를 과시하는 방법은 시대에 따라 변한다. 사치품조차 대량 생산으로 저렴해진 시대에는 최고의 디자이너와 공예 장인에게 맞춤형 제품을 주문할 수 있는 사람만이 진짜 부자로 여겨진다. 부자에게 중요한 것은 실용성이 아닌 독특함이다.

베블런은 '우리의 의복'이 "본래의 목적을 효과적으로 수행하기 위해서는 단순히 비싸기만 해서는 안 되며, 그 의복을 착용한 사람이 생산 노동에 전혀 종사하지 않는다는 사실을 모든 사람에게 뚜렷이 드러내야 한다"고 말한다. 화려한 의복, 실크해트, 광택이 나는 구두를 착용한 사람은 옷차림으로 자신이 생계를 위해

돈 벌 필요가 없음을 나타낸다. 성가실 정도로 긴 드레스나 치렁 치렁한 머리는 활동에 지장을 주지만, 이런 차림은 그 여성이 어떤 노동도 할 필요가 없는 사람임을 보여준다. 유행의 사회적 목적은 새로운 인기 품목을 살 수 있을 정도로 부유함을 과시하는 데 있다. 유행 없는 세상을 상상하기 어렵다면, 지위를 과시하기 위한 소비가 사회를 어떻게 움직이는지 이해하기 시작한 것이다.

💲 　　　　　　　　　교육과 종교도 과시의 수단이 된다

베블런은 교육을 다룬 대목에서는 전통적인 학문 분야가 실용적인 분야에 비해 높은 권위를 인정받는다고 설명한다. 예를 들어, 고전에 박식하면 실용적이거나 금전적 이득이 없는 공부를 할 수 있을 만큼 부유하다는 것을 과시할 수 있다. 요즘에는 라틴어나 고대 그리스어를 구사하는 사람은 거의 없다. 그런 만큼 라틴어 문구를 즉석에서 인용할 수 있는 능력은 남들보다 생활 수준이 높다는 것을 보여준다.

　베블렌은 오늘날 신흥 부유층이 교수와 대학에 기금을 제공하는 방식으로 명성을 올리고자 하는 것도 이러한 행위를 통해 수준 높고 훌륭한 사람들과 교류할 수 있다는 계산 때문이라고 말한다. 실제로 학습적인 측면에서 더 나은 선택지가 있다고 하더라도 우리는 자녀가 아이비리그나 옥스브리지에 가기를 원한다. 유한계급과의 인맥 때문이다. 명문 대학은 단순히 교육을 받는 것을 넘어 사교계의 출입증이라고 여겨진다.

베블렌은 종교 역시 '과시적 소비의 추상적인 형태'에 불과하며 어떤 사람의 종교적 행태를 보면 그 사람의 계층을 알 수 있다고 이야기한다. 교회에 십일조를 내는 행위 자체가 과시적 여가의 일종이라는 것이다. 더 나아가 '성지, 사원, 교회, 제의, 제물, 성체, 축일 의복을 비롯한 종교적 의례 용품'의 소비도 실용성이 없으므로 '과시적인 낭비'의 대표적인 사례라고 지적한다. 베블렌의 주장에 따르면, 아낌없이 교회 건축 헌금을 내는 까닭도 무엇인가 기여하고 있다는 기분을 느낄 수 있을뿐더러 자기 가족이 사회라는 산의 꼭대기에 올랐음을 과시할 수 있기 때문이다.

⑤ 　　　　　　　우리에게 만족감을 주는 것은
베블렌이 생각하기에 유한계급은 다른 사회 계층의 본보기가 된다는 점에서 연구 가치가 있는 대상이다. 그러나 그는 사람이 자기보다 약간 더 우위에 있는 계층의 영향은 받더라도, 그보다 한참 위 또는 아래에 있는 계층의 영향은 덜 받는 경향이 있다는 것도 인정한다. 지난 30년 동안의 심리학 연구로도 이러한 사실이 입증되었다. 만족감은 절대적인 부보다 우리가 친구, 이웃, 동료에 비해 얼마나 부유한지에 좌우된다. 우리가 주변 지인에 뒤처지지 않을 뿐만 아니라 더 잘 나갈 때 만족한다는 것이다.

농장에서 자라난 베블렌은 농촌과 도시의 지위가 다른 기준으로 나누어진다는 사실에 주목했다. 농촌에서는 땅을 많이 소유하면 높은 사회적 지위를 누릴 수 있다. 넓은 땅은 작업 효율과 생산성의 측면에서도 선호되는 것은 물론 땅값으로 인해 호화롭게 살 수 있기 때문이다. 환경 문제와 자원 활용에 대한 관심으로 인해 오늘날에는 부를 요란하게 과시하는 행위가 비난당하기도 한다. 그러나 지위에 대한 인간의 욕망은 시대를 초월하며 앞으로도 경제를 추진하고 형성하는 요소로 작용할 것이다. 지위에 대한 욕망은 인간의 내재된 본능이기 때문이다.

함께 읽으면 좋은 책 디드러 낸슨 매클로스키의 《부르주아의 평등》, 리처드 탈러의 《행동경제학》, 막스 베버의 《프로텐스탄트 윤리와 자본주의 정신》

소스타인 베블런 더 알아보기

1857년 미국 위스콘신에서 노르웨이 이민자 출신 부모 아래 태어나 11명의 형제와 함께 농장에서 성장했다. 부모는 베블런을 미네소타의 칼턴대학에 보낼 정도로 형편이 넉넉했다. 1880년 칼턴대학 졸업 후 존스홉킨스대학교에 진학해 찰스 샌더스 교수 밑에서 철학을 전공하고, 예일대학교에서 철학 박사학위를 받았다. 교회와 대학이 밀접하게 연관된 시대에 무신론자라 교수직을 얻지 못하고 이민자란 이유로 취업난을 겪었다. 몇 년간 고향의 농장에서 지내다 1891년 코넬대학교에서 경제학 석사학위를 받고, 이후 시카고대학교의 연구 강사가 되었다. 《유한계급론》의 성공으로 스탠퍼드대학교의 조교수가 되었지만, 논란의 여지가 있는 이론과 복잡한 여자 문제 때문에 학교를 그만두어야 했다. 미주리대학교 경제학과에서 몇 년 동안 강의하다가 제1차 세계대전 이후 평화 재건 계획을 수립하는 일에 참여했다. 1919년 다른 학자들과 함께 진보적인 사회과학대학 뉴스쿨을 창립했으며, 1926년까지 밀접하게 관여했다. 1929년 캘리포니아에서 세상을 떠났다.

Book 50

청교도의 윤리에서 찾아낸
근대 자본주의의 토대

막스 베버의
《프로테스탄트 윤리와
자본주의 정신》

막스 베버 Max Weber

19~20세기 독일의 경제학자이며 사회학자, 철학자다. 마르크스와 더불어 가장 영향력 있는 독일 학자로 법학, 정치학, 경제학, 사회학, 종교학 등 많은 분야에서 뛰어난 업적을 남겼다. 주관적 가치 판단을 배제한 사회과학 방법론을 제시 후대에 큰 영향을 미쳤다. 이윤을 적극 추구하는 개신교 윤리가 자본주의를 낳았다고 주장했다.

막스 베버는 종교 또는 정치 영역에서의 신념 및 행위가 역사에 미치는 영향에 흥미를 느꼈다. 특히 종교가 어째서 부의 수준을 결정짓는 중요한 요소로 보이는가에 매료되었다. 베버는 당시 독일의 고숙련 근로자와 관리자는 물론이고 기업가와 자본가 대부분이 개신교도라는 사실에 주목했다. 개신교도는 가톨릭교도보다 교육적 성과도 높았다. 이에 대한 전통적인 해석은 16~17세기에 독일의 특정 도시와 지역이 가톨릭교회의 지배에서 벗어나며 삶을 옭아매던 억압에서 벗어나 자유롭게 경제적 이익을 추구하고 부유해졌다는 것이었다.

그런데 베버는 가톨릭교회가 도덕적·사회적 규범 측면에서 너무 느슨해 부르주아 중산층이 가톨릭교회에 등을 돌렸다고 분석했다. 실제로 시민들은 개신교회의 통제를 환영했고, 교회는 이들의 태도와 행동을 엄격하게 단속하게 되었다. 베버는 독일, 네덜란드, 제네바, 스코틀랜드의 부유층 및 미국으로 이주한 청교도 집단이 왜 그러한 방향으로 나아갔는지 의문을 품었다. 자유와 번영은 정말로 종교적 통제가 강력할 때 찾아오는 것일까?

《프로테스탄트 윤리와 자본주의 정신》은 이러한 베버의 연구가 담긴 결과물이다. 원래는 1904~1905년 잡지에 연재된 글로, 1920년에 한 권의 책으로 묶여 나왔다. 서구의 근대 자본주의의 발생과 근본정신은 16세기에 발흥한 개신교의 윤리에 있다고 주장하는 이 책은 출간과 동시에 화제를 모았으며, 지금도 자본주의 이해에 꼭 필요한 책으로 손꼽힌다. 1998년에 국제사회학회는 이 책을 '20세기 명저 10' 중 4위로 선정했다.

❺   **자본주의 정신**

베버는 이 책의 초반부에서 자본주의 '정신'이라는 개념이 거창한 감이 있다고 인정하며 고대 중국, 인도, 바빌로니아는 물론 고대 그리스와 로마에도 일종의 자본주의가 있었지만, 이러한 자본주의에는 무역과 거래를 제외하면 자본주의의 특징이 될 만한 에토스(ethos, 어떤 이념의 고유한 기풍이나 관습)가 없었다고 한다.

베버에 따르면, 근대 자본주의가 출현하고 나서야 도덕적 정당성과 경제활동을 연결 짓는 윤리 의식이 자라나기 시작했다고 한다. 개신교도는 가톨릭교도에 비해 뚜렷한 목적의식을 지닌 채로 부를 추구할 뿐만 아니라 '경제적 합리주의를 지향하는 특유의 성향'을 보여주었다. 다시 말해, 개신교도는 편안한 삶보다는 이윤 추구에 경제활동의 초점을 맞추는 경향이 있었다. (과거에는 물질적인 욕구가 경제활동의 원동력이었지만) 근대 개신교도들은 물질적인 욕구 충족에서 만족감을 느끼기보다는 생산성 개선과 효율적인 자원 활용을 통한 '부 창출'에서 만족감을 느꼈다. 자본가들은 모든 욕구가 충족되고 난 한참 후에도 쉬지 않고 이윤 자체를 목적이자 더 심오한 목표의 상징으로 삼아 이윤 증대를 지속적으로 추구했다.

베버는 기독교 외의 종교도 연구했고, 그러한 종교와 경제학의 연관성을 분석했다. 예를 들어, 힌두교의 카스트 제도는 사람들의 직업적·사회적 이동을 허용하지 않으므로 자본주의 발전에 큰 방해물이라고 여긴다. 힌두교의 영적 윤리는 세속을 초월하는 것으로, 이는 가톨릭교회가 경건한 사람들을 바깥세상의 죄와 유혹에서 구제하기 위해 수도원 및 수녀원을 설립한 것과 다르지 않다. 반대로 개신교 윤리는 하느님을 따르되 속세에 충실한 삶을 사는 것이다.

일과 사업을 통한 영적 에너지 표출은 개신교도들에게 크나큰 경제적 우위를 가져다주었다. 개신교도는 이윤 추구가 성스러운 삶에 비하면 열등한 활동이라는 훈계를 듣기는커녕 자신의 직업을 통해 성스러운 삶을 살 수 있었다. 자본주의 기업은 단순한 경제적 조직 체계를 초월하여 신의 입김이 깃든 생활 영역으로 발전했다.

⑤ 개신 교도의 차별성

베버는 신중하게도 개신교도의 신학이 본질적으로 우월하다는 식의 말은 하지 않는다. 그보다는 개신교 초기에 탄생한 종파-칼뱅파, 감리교, 경건주의, 침례교, 퀘이커-가 신앙을 통해 삶과 직업에 대한 전반적인 가치관을 정립했기에 개신교도가 근대 자본주의에 각별히 뛰어난 적응력을 보였다고 진단한다. 개신교가 자본주의에 가져다준 특징은 다음과 같다.

· 발전 정신

· 고된 일 자체를 즐기는 태도

· 질서정연함, 정확성, 정직성

· 사교활동, 쓸데없는 잡담, 수면, 성관계, 사치로 인한 시간 허비를 비난하는 태도("낭비하는 매시간이 하느님의 영광을 위한 노동의 손실로 이어

진다")

- 자아(감정과 신체)의 완전한 통제와 즉흥적인 쾌락 회피
- 이윤을 위해 자원의 가장 생산적인 활용에 집중하는 태도(칼뱅파 신학자 리처드 백스터 왈, "너는 육욕과 죄악을 위해서가 아니라 하느님을 위해서라면 부자가 되기 위해 노동해도 좋다")
- 소명에 대한 믿음 또는 '속세의 활동으로 신앙 입증'

베버는 칼뱅파 신학자 대다수가 가톨릭 금욕주의자와 마찬가지로 부를 경멸하지만, 이들의 글을 자세히 살펴보면 사실은 부를 향유하고 그로 인해 육체적인 유혹에 빠지는 행태를 경멸하는 것임을 알 수 있다고 지적한다. 이들은 끊임없는 활동이 육체적인 유혹을 몰아낸다는 이유로 노동을 신성한 행위로 간주했다. 이들이 보기에 노동이 영적 에너지를 표현하는 수단이 될 수 있다면 구원의 수단도 될 수 있었다.

그렇게 개신교 초기 자본가들의 고유한 특징이 생겨났다. 이들은 사업에 집중한 결과 큰 성공을 거두었으나, 성공의 과실을 향유하지 않으려고 애썼다. 가톨릭교도들은 사업과 부 창출에 일말의 죄책감을 느꼈으나, 청교도 종파들은 양심의 가책 없이 믿을 만하고 신용 있다는 평판을 얻었으며 붙임성 있는 태도로 사업에 임했다. 베버는 "이처럼 강력한 신앙심과 사업적 재능의 결합이 막대한 재산을 수없이 축적한 토대가 되었다"고 설명한다.

베버는 소명 의식이 종교 개혁과 더불어 탄생했다고 주장한다. 마르틴 루터가 소명을 거론하긴 했지만, 소명을 삶의 중심축으로 삼은 이들은 청교도들이었다고 말한다. 소명은 칼뱅의 '운명 소명설'과 연관이 있는 개념이다.

칼뱅에 따르면 살아 있는 동안에는 스스로가 하느님으로부터 '선택된 자'인지 아닌지, 다시 말해 영생을 누릴지 영원히 지옥 불에 타게 될지 알 수 없다. 따라서 청교도들은 선택된 자처럼 행동해야 했다. 자제력을 무한히 발휘하여 흠잡을 데 없고 질서정연한 삶을 영위해야 했다는 것이다. 이들은 직업적인 성공이 선택된 자임을 보여주는 증거라고 믿었다.

아이러니하게도 이 비합리적이고 영적인 개념이 매우 합리적인 유형의 경제활동을 낳은 것이다. 소명의 가장 두드러진 영향력은 소비 자제와 '절약에 대한 금욕주의적 강박'이었다. 베버가 말한 대로 "인간은 하느님의 은총으로 얻은 재화의 수탁자에 불과하다. 우화 속의 하인처럼 자신에게 위탁된 돈을 한 푼까지 제대로 관리해야 한다. 하느님의 영광이 아니라 자신의 쾌락에 부합하는 목적에 돈을 쓰는 것은 최소한으로 잡아도 위험한 일이다". 결과적으로 자본이 해방되어 체계적으로 투자되었고 부자들은 한층 더 부유해졌다.

오늘날 우리는 소비지상주의 사회에 대해 한탄하곤 한다. 그렇지만 자본주의의 본질은 소비와 지출에 대한 광적인 추구가 아니라, 자원의 적절한 활용을 통한 부의 창출에 있다. 이 사실을 떠올리기 위해서라도 《프로테스탄트 윤리와 자본주의 정신》을 읽어볼 필요가 있다.

다만 베버는 근대 자본주의체제가 종교적인 원동력을 잃어가고 있다고도 말했다. 소명 의식을 느낀 사람에게는 근대 자본주의가 자신의 잠재력을 빠짐없이 발휘할 수 있는 체제지만, 그렇지 않은 사람에게는 삭막하고 억압적이기까지 한 체제로 느껴질 수 있다. 예나 지금이나 부와 명성을 가져다주면 그 직업의 본질에는 관심을 두지 않는 사람과, 자신의 직업이 본질적으로 의미 있다는 확신을 얻어야만 하는 사람 사이에는 큰 차이가 있다. 베버는 소명 의식이 있으면 삶의 영적인 측면과 경제적인 측면을 조화롭게 추구할 수 있다고 말했다.

이 책은 종교에 의한 성격적 측면이 부 창출에 어떤 역할을 하는지 보여준다. 하지만 특정 종교인이 아니더라도 이 같은 성격적 특성을 개발할 수 있다. 경제가 발전한 곳이라면 찾아볼 수 있는데, 지난 30년간 눈부신 경제 성장을 달성한 아시아 지역은 개신교도의 숫자가 적지만, 근면하고 양심적인 국민은 충실하고 자제력이 강하던 17세기 독일 시민과 많은 공통점이 있다.

함께 읽으면 좋은 책 피터 F. 드러커의《미래사회를 이끌어가는 기업가 정신》, 애덤 스미스의《국부론》, 소스타인 베블런의《유한계급론》

막스 베버 더 알아보기

1864년 당시 프로이센의 영토이던 독일의 에어푸르트에서 7남매 중 맏이로 태어났다. 아버지는 진보적인 정치인이자 관료로 아마포 생산으로 부자가 된 집안 출신이었고, 어머니는 독실한 칼뱅파 교인이었다. 1882년 하이델베르크대학교 법학과에 입학했으나, 얼마 지나지 않아 군에 입대해 의무 군 복무를 마쳤다. 그 후 베를린대학교로 옮겨 로마의 농업 역사를 다룬 논문으로 박사학위를 받았다. 역사, 경제학, 철학에 걸친 폭넓은 관심사와 독일 정치에 대한 과감한 지적으로 당대를 주름잡는 지식인이 되었지만, 1896년 아버지가 세상을 떠나자 우울증을 겪었다.

《프로테스탄트 윤리와 자본주의 정신》은 그가 오랜 침체기에서 벗어나서 쓴 첫 책이다. 원래 사회과학 학술지 《사회과학과 사회정책학Archiv für Sozialwissenschaft und Sozialpolitik》에 발표되었던 것으로, 1920년에 한 권의 책으로 묶이고 난 후 1930년에 영역본이 나왔다. 또 다른 저서로는《사회학의 기초 개념》,《카리스마적 지배》,《행정의 공개성과 정치 지도자 선출》,《경제와 사회》,《소명으로서의 정치》등이 있다.

제1차 세계대전이 끝난 후 독일의 새로운 헌법 제정에 도움을 주었고, 독일 민주당의 창립에 중요한 역할을 했다. 1920년 세상을 떠났는데, 1926년 페미니스트이자 사회학자였던 아내 마리안네 베버가 남편의 전기를 발표하여 찬사를 받았다.

또 다른 경제학 명저 50

1. 케네스 애로Kenneth Arrow의 《사회적 선택과 개인의 가치관Social Choice and Individual Values》

사회 선택 이론에 관한 기념비적인 책이다. 이 책에서 애로는 경제학이 개인의 선택을 설명할 수는 있으나 집단의 성과나 권력이 개입된 성과는 설명할 수 없다고 주장한다. 이러한 '불가능 정리'는 정부의 합법성, 복지경제학, 개인의 사회적 위치에 대해 수많은 의문을 제시한다.

2. 댄 애리얼리의 《상식 밖의 경제학》

매사추세츠공과대학교의 행동경제학자 애리얼리 교수는 인간은 대체로 비합리적으로 선택하는 경향이 있다면서 합리적 존재라는 정통 경제학의 가정에 이의를 제기한다.

3. 월터 배젓의 《롬바드가: 금융시장의 설명Lombard Street: A Description of the Money Market》

영국의 경제학자이자 저널리스트였던 배젓이 영국의 오버엔드 거니 은행 Overend Gurney bank의 붕괴에 대한 대응책을 제시한 책이다. 이 책에서 그는 신용 경색 사태가 발생하면 중앙은행이 최종 대출자 역할을 해야 하므로 중앙은행이 반드시 존재해야 한다고 주장한다.

4. 아비지트 배너지와 에스테르 뒤플로의 《가난한 사람이 더 합리적이다》

원래 '전 세계 빈곤을 퇴치하기 위한 실험적 접근A Radical Rethinking of the Way to Fight Global Poverty'이란 부제가 달린 이 책은 개발경제 패러다임을 탈피하여 가난한 사람들이 어떻게 살고 어떤 유인책이 가장 합리적으로 이들을 가난에서 구제할 수 있을지를 미시적으로 분석한다.

5. 에드워드 뱁티스트Edward E. Baptist의 《절반은 알지 못하는 이야기The Half Has Never Been Told》

노예제가 쇠망기의 전근대적인 제도라는 통념을 반박하는 책이다. 힐먼상 수상작인 이 책은 경제학을 비롯한 다양한 학문의 최신 연구를 토대로 미국이 독립 초기에 혁신적인 경영 기법을 도입한 덕분에 그 후 80년에 걸쳐 노예제를 확대했으며, 그처럼 '추악한 비밀'이 미국의 근대화와 번영을 낳았다고 주장한다.

6. 밴 S. 버냉키의 《대공황에 관한 소논문집Essays on the Great Depression》

2008년 세계 금융 위기가 닥치기 직전까지 연준 의장을 역임한 벤 버냉키의 학술 논문집이다. 버냉키는 잘못된 정책 때문에 빚어진 대공황이 어떻게 해서 거시경제학의 중요성을 각인시켰는지를 다룬다.

7. 피터 L. 번스타인의 《리스크》

금융의 역사가 곧 리스크 분석과 확률의 역사라고 말하는 책이다.

8. 제임스 뷰캐넌James M. Buchanan과 고든 털럭Gordon Tullock의 《국민 합의의 분석The Calculus of Consent》

모든 인간이 합리적이고 자기 이익의 극대화를 추구하듯이 정치인도 예외는 아니라고 주장을 담고 있는 책이다. 민주주의 정치에는 공익 추구가 확립되어있지 않으며 단순히 다양한 집단 사이의 합의만이 존재한다는 것이다. 따라서 민주주의 정부가 부패하고 독재로 변질될 가능성이 있고, 이에 정치적 절차에 민간을 개입시키기는 식으로 균형을 잡아야 번영과 안정성을 달성할 수 있다고 본다.

9. 리처트 캉티용Richard Cantillon의 《일반 상업 본질 소론Essai sur la Nature du Commerce en Général》

애덤 스미스보다 앞서 경제가 어떠한 원리로 움직이는지 고찰한 책이다.

10. 폴 콜리어의 《빈곤의 경제학》

옥스퍼드대학교 경제학과 콜리어 교수의 책으로, 세계에서 가장 소득이 낮은 사람들은 어떻게 살고 있으며 어떤 이유로 뒤처지게 되었는지 분석한다.

11. 레이 달리오의 《변화하는 세계질서》

미국의 거물 투자자인 달리오는 이 책에서 지난 수백 년에 걸쳐 각국 경제를 움직여온 '경제의 빅 사이클'을 소개하며, 현재 미국의 지위가 과도한 채무와 불평등 심화 때문에 흔들리고 있다고 주장한다.

12. 배리 아이켄그린의 《거울의 방Hall of Mirrors》

지난 100년 동안 일어난 두 가지 큰 경제 위기의 공통점을 말한다.

13. 토머스 프리드먼의 《렉서스와 올리브나무》

베스트셀러이제 스테디셀러인 이 책은 세계화가 미국의 패권과 전 세계의 디즈니화와 관련 있다는 생각을 반박한다. 세계화의 진실은 훨씬 더 복잡하며, 국제관계의 새로운 패러다임과 개인의 힘이 상대적으로 강력해진 현상이 세계화를 불러왔다고 주장한다.

14. 데이비드 그레이버의 《부채, 첫 5,000년 역사》

경제인류학자인 그레이버는 인류 역사에서 부채가 화폐와 물물교환보다 먼저 발생했으며, 인간 사회와 권력을 이해하기 위해서는 부채를 먼저 이해해야 한다고 주장한다. 고대 그리스의 부채 탕감을 비롯한 금융 개혁이 미친 영향과 부채가 현대 정치·경제에서 담당하는 역할을 조명한다.

15. 존 힉스John Hicks《가치와 자본Value and Capital》

20세기 가장 큰 영향력을 끼친 경제학 중 한 사람인 영국의 힉스가 일반평형 이론을 소개한 책으로, 오늘날까지도 거시경제학 관련 필독서로 꼽힌다.

16. 니콜라이 콘드라티예프Nikolai Kondratiev의《주요 경기 순환 주기The Major Economic Cycles》

러시아의 경제학자인 콘드라티예프는 경제가 혁신과 기술에 의해 확장, 정체, 후퇴의 형태로 40~60년 단위의 긴 파동으로 움직인다고 주장한다.

17. 찰스 P. 킨들버거의《대공황의 세계 1929-1939》

대공황의 원인이 제1차 세계대전으로 거슬러 올라간다는 주장을 담고 있는 이 책은 뛰어난 세계적, 역사적 관점 덕분에 대공황을 다룬 명저 중 하나로 꼽힌다.

18. 프랭크 하이너먼 나이트의《위험과 불확실성 및 이윤》

리스크는 측정할 수 있으므로 보험으로 대비할 수 있으며, 불확실성은 측정이 불가능하지만 "이윤은 사물의 본질적이고 절대적인 예측 불가능성에서 비롯된다"고 주장하는 책이다. 나이트는 프리드먼, 스티글러, 뷰캐넌과 더불어 시카고학파의 초기 일원이었다.

19. 폴 크루그먼의《폴 크루그먼 새로운 미래를 말하다》

제2차 세계대전 종전 직후의 경제 성장 방식에 대한 합의가 이념 때문에 깨지고 말았다는 내용을 담고 있다.

20. 사이먼 쿠즈네츠의 《현대의 경제 성장: 속도, 구조, 전개 Economic Growth: Rate, Structure, Spread》

쿠즈네츠의 실증적인 접근법은 최초의 GDP 측정에 기여했다. GDP를 정확히 산출할 수 있게 된 각국 정부는 한층 더 지혜로운 의사결정을 내릴 수 있었다. 아울러 쿠즈네츠는 비교경제 연구를 통해 저소득국의 성장이 경제 불평등 심화로 이어지는 반면에, 고소득국의 성장은 불평등을 완화하는 경향이 있다는 것을 규명해냈다. '쿠즈네츠 파동' 이론도 소개하는데, 이는 인구통계학적 원인 때문에 수요가 증가하거나 감소함에 따라 경제가 성장하거나 침체에 빠지는 20~30년 단위의 주기를 뜻한다.

21. 데이비드 랜즈의 《국가의 부와 빈곤》

하버드대학교의 교수인 랜즈는 국가의 번영이 문화적 원인과 관련이 있다는 주장을 내놓는다. 재레드 다이아몬드가 《총, 균, 쇠》에서 말한 '지리학적 우연'과는 반대되는 주장이다.

22. 앵거스 매디슨 Angus Maddison의 《세계 경제 The World Economy》

저명한 경제사학자 매디슨은 지난 1000년 동안의 경제 성장, 소득, 인구를 돌이켜 보면서 번영이 비교적 최근의 현상이라는 것을 설명한다.

23. 버나드 맨더빌의 《꿀벌의 우화》

산업혁명 이전의 경제학자 맨더빌은 이 책에서 탐욕과 사치 같은 '개인의 악덕'이 더 많은 지출을 유발하여 경제를 지속적으로 성장시키므로 '공공의 이익'으로 이어진다는 주장을 내놓아 그 당시 사회를 충격에 빠뜨렸다. 그는 지출이 저축보다 더 이롭다고 말한다.

24. 카를 멩거의 《경제학의 원리 Principles of Economics》

애덤 스미스와 리카도는 재화의 가치가 생산에 들어간 노력의 가치에서 나온다고 보았다. 그러나 멩거는 가치가 소비자의 주관적 판단에 좌우된다고 주장한다. 경제학의 세계는 수많은 생각과 선호도로 구성되므로 사는 사람과 파는 사람의 흥정에 따라 가격이 결정되며 객관적 가치 같은 것은 없다는 것이다. 멩거는 한계효용이론의 형성에도 기여했다.

25. 존 스튜어트 밀의 《정치경제학 원리》

1930년대까지 경제정책의 길잡이 역할을 한 책으로, 밀은 정치학적 글에 썼던 입장을 반영하듯이 경제체제가 정치적으로 형성되는 구조물이므로 국가의 이익에 맞게 운영되어야 한다고 주장한다.

26. 프랑코 모딜리아니 Franco Modigliani의 《저축의 생애 주기 가설 The Life-Cycle Hypothesis of Saving》

모딜리아니는 인간이 합리적이며, 일하는 동안에 더 많은 돈을 저축하므로 은퇴한 후에도 비슷한 소득을 얻는다고 주장한다.

27. 엔리코 모레티의 《직업의 지리학》

캘리포니아대학교 로스앤젤레스 캠퍼스 경제학과 모레티 교수는 미국 도시의 변화상에 대한 연구를 토대로 도시의 성패는 혁신과 창의력의 중심지가 되느냐에 달려 있다고 본다. 더 나아가 똑똑한 사람들이 많이 모인 '두뇌 중심지'가 청년층과 교육받은 사람에게 이득이 될 뿐만 아니라 이들을 위한 수많은 서비스 일자리를 창출한다고 주장한다.

28. 토마스 먼 Thomas Mun의 《잉글랜드와 동인도 간 무역에 관한 담론 A

Discourse of Trade from England unto the East Indies》
먼은 정부의 경제정책이 무역 흑자를 끌어올릴 수 있는 방향으로 짜여야 한다는 중상주의의 학문적 근거를 마련했다. 그는 어떤 나라가 부유하고 강해지려면 수입산 물품보다 더 큰 가치가 나가는 물건을 수출해야 한다고 주장한다.

29. 군나르 뮈르달의《경제개발이론의 정치적 요소Gunnar Myrdal The Political Element in the Development of Economic Theory》
스웨덴의 경제학자이자 노벨경제학상 수상자, 그의 이름을 딴 경제학상도 제정된 뮈르달은 현대 복지제도의 학문적 근거를 제시했다.

30. 존 폰 노이만의《게임이론과 경제적 행동Theory of Games and Economic Behaviour》
수학자인 폰 노이만의 게임이론을 소개하고, 경제적 시사점을 다룬 책이다.

31. 더글러스 C. 노스의《제도·제도변화·경제적 성과》
노스는 애쓰모글루와 로빈슨의《국가는 왜 실패하는가》가 나오기 한참 전에 정치제도와 경제제도가 국가 경제의 방향을 좌우하는 유인을 만들어낸다는 것을 밝혀냈다.

32. 빌프레도 파레토의《정치경제학 지침서Manual of Political Economy》
파레토는 소득과 부의 재분배를 본격적으로 연구한 최초의 경제학자로 어느 나라에나 적용될 만한 패턴을 발견해냈다. 소수의 국민이 국가 자산의 절반을 소유하고 부자의 정치적 발언권이 크다는 점을 감안하면, 이러한 상황이 변하기 어렵고 고착화된다는 것이다. 파레토는 다른 사람에게 손실을 입히지 않고서는 내가 이득을 얻을 수 없다는 '파레토 효율'을 고안한 것으로도 유명하다.

33. 빌 필립스의《실업과 임금 변화율의 관계The Relationship Between Unemployment and the Rate of Change of Money Wages》

뉴질랜드 경제학자인 필립스는 '필립스 곡선'을 통해 고인플레와 저실업률, 저인플레와 고실업률 사이에 상관관계가 있다고 주장했다. 1970년대의 장기 침체 당시에 고인플레와 저실업률이 동시에 나타나면서 그의 이론이 유효한지 의문이 제기되었다.

34. 아서 세실 피구의《복지 경제학The Economics of Welfare》

케임브리지대학교 교수를 역임한 현대 공공재정학의 창시자인 피구는 정부의 경제 개입이 합당하다는 근거를 제시한다.

35. 케이트 레이워스의《도넛 경제학》

영국의 개발경제학자 레이워스는 국가가 국민에게 (식량, 주거, 의료, 교육 등) 생활에 필요한 요소를 제공하는 것과 지구 자원을 보호하는 것 사이의 '달콤한 부분'을 지향해야 한다고 주장한다.

36. 프랑수아 케네의《경제표》

중농주의의 대표적 경제학자였던 케네는 국가의 부가 통치자의 부나 무역을 통해 축적한 금은에서 비롯된다는 중상주의와는 대조적으로 농업 생산에서 비롯된다고 주장한다.

37. 로버트 라이시의《로버트 라이시의 자본주의를 구하라》

클린턴 행정부에서 노동부 장관을 역임한 라이시는 노동과 보상 사이의 연관성이 희박해진 현재의 경제 발전에 대해 유권자의 냉소주의가 팽배해 있으며, 정치판이 특수 이익 집단에 유리한 방향으로 짜여 있다고 주장한다. 그가 보기에 중요한 것은 정부 규모의 확대나 축소라든가 자유시장과 사회주의의 대결이 아니라 정부가 사회 구성원 모두를 대변할 수 있느냐의 여부다.

38. 케네스 로고프와 카르멘 라인하트의 《이번엔 다르다》

역사적 관점으로 공황, 폭락, 국채부도, 금융 위기를 상세히 파헤친 책으로 2008~2009년의 대침체를 조망하며 인간 본성에 대한 훌륭한 연구 결과를 제시한다. 인간은 금세 망각하는 존재이므로 똑같은 경제적 실수를 되풀이한다는 것이다.

39. 조앤 로빈슨Joan Robinson의 《자본의 축적Accumulation of Capital》

1950~1960년대 미국 경제학자들 사이 자본의 정의 논쟁을 주도한 케임브리지 대학교 경제학과 교수였던 로빈슨의 책으로, 개발경제에서 나타나는 문제를 처리하는 데 필요한 기본 이론을 소개한다.

40. 장 바티스트 세의 《정치경제학 개론A Treatise on Political Economy》

강력한 규제가 이루어졌던 시대에 자유무역과 경제 규제 철폐를 적극적으로 주장하고, '기업인entrepreneur'이란 말을 고안해낸 세의 책이다. 재화의 공급이 저절로 수요를 창출한다는 '세의 법칙'을 소개한다.

41. 마셜 샬린스Marshall Sahlins의 《석기시대 경제학Stone Age Economics》

구석기 시대에 수렵 채집을 하며 살아가던 인류의 삶이 위험하고 혹독했다는 생각에 반기를 드는 책이다. 산업혁명 이후 인류가 끊임없이 노동해야 하는 상황에 비하면 당시의 삶은 오히려 적당한 노동으로 풍요로운 생활을 누리는, 자연과 조화를 이루는 방식이었다고 설명한다.

42. 토마스 셸링의《미시동기와 거시행동》

개인의 사소한 행동과 선택이 궁극적으로는 '티핑 포인트'로 이어져 큰 변화를 만들어낸다는 내용을 담고 있다.

43. 안드레이 슐라이퍼의《비효율적 시장Inefficient Markets》

하버드대학교 경제학과 슐라이퍼 교수는 행동 금융 연구를 통해 효율적 시장 가설에 수많은 결함이 있다는 것을 설명한다.

44. 로버트 스키델스키의《케인스: 거장의 귀환Keynes: Return of the Master》

케인스 연구가인 스키델스키는 세계 경제가 통화주의와 자유시장을 토대로 한 브레턴우즈 체제를 대체한 '워싱턴 합의'하에서보다 케인스가 주창한 브레턴우즈 체제(1951~1973년) 때 더 높은 성장을 보였다고 고찰한다.

45. 로버트 솔로의《성장이론Growth Theory: An Exposition》

경제 성장의 원리를 본격적으로 규명한 최초의 경제학자 중 하나인 솔로의 주장을 담은 책이다. 그는 경제 성장에서 기술 발달의 역할이 크다고 본다.

46. 앤드루 로스 소킨의《대마불사》

리먼 브라더스의 파산을 유발한 사건들과 관료 및 금융인들이 금융 붕괴를 막기 위해 필사적으로 취한 조치를 하나하나 자세히 묘사한 책이다.

47. 조지 스티글러의《가격이론Theory of Price》

재화와 서비스의 가격 책정에 규제를 가하지 않을 때 경제가 성장할 수 있다는 것을 설명한 책이다.

48. R. H. 토니R. H. Tawney《**종교와 자본주의의 출현**Religion and the Rise of Capitalism》

경제사학자 토니는 베버의 '프로테스탄트 윤리' 이론에 대해 타당성 있는 비판을 내놓는 등 종교와 자본주의 관계를 객관적으로 고찰한다.

49. 니컬러스 웝숏의《케인스 하이에크》

상반된 견해를 지닌 두 경제학자, 케인스와 하이에크가 어떻게 해서 20세기 경제학을 형성했는지 살펴보는 책으로 베스트셀러가 되었다. 세계 금융 위기를 통해 우리는 두 학자가 각기 제시한 선택지에 다시 한번 직면하게 되었다.

50. 매릴린 웨링 Marilyn Waring의《**여성의 가치를 인정한다면**If Women Counted》

뉴질랜드의 정치인이었던 웨링은 이 책으로 페미니즘 경제학이라는 새 분야를 만들어냈다. 웨링의 주장에 따르면 여성의 가사 노동, 자녀 양육, 간병 같은 일들이 국민 계정에서 의도적으로 배제되어 여성의 경제 기여도를 평가절하하는 결과에 이른다. 더 나아가 세상은 천연자원을 '착취'할 때만이 그 가치를 인정한다고 주장한다.

50권 명저 출간순 목록

애덤 스미스의 《국부론》(1778)

토마스 맬서스의 《인구론》(1798)

데이비드 리카도의 《정치경제학과 과세의 원리에 대하여》(1817)

카를 마르크스의 《자본론》(1867)

헨리 조지의 《진보와 빈곤》(1879)

앨프레드 마셜의 《경제학 원리》(1890)

소스타인 베블런의 《유한계급론》(1899)

막스 베버의 《프로테스탄트 윤리와 자본주의 정신》(1904)

존 메이너드 케인스의 《고용, 이자, 화폐에 관한 일반 이론》(1936)

루트비히 폰 미제스의 《인간 행동》(1940)

조지프 슘페터의 《자본주의 사회주의 민주주의》(1942)

칼 폴라니의 《거대한 전환》(1944)

프리드리히 A. 하이에크의 〈사회지식의 활용〉(1945)

헨리 해즐릿의 《보이는 경제학 안 보이는 경제학》(1946)

폴 A. 새뮤얼슨의 《경제학》(1948)

벤저민 그레이엄의 《현명한 투자자》(1949)

존 케네스 갤브레이스의 《대폭락 1929》(1955)

밀턴 프리드먼의 《밀턴 프리드먼 자본주의와 자유》(1962)

게리 베커의 《인적 자본》(1964)

머레이 N. 라스바드의 《국가의 해부》(1965)

아인 랜드의 《자본주의의 이상》(1966)

제인 제이콥스의 《도시의 경제》(1968)

앨버트 O. 허시먼의 《떠날 것인가, 남을 것인가》(1970)

E.F. 슈마허의 《작은 것이 아름답다》(1973)

아마르티아 센의 《빈곤과 기근》(1981)

피터 드러커의 《미래사회를 이끌어가는 기업가 정신》(1985)

하이먼 민스키의 《불안정한 경제의 안정화》(1986)

엘리너 오스트롬의 《엘리너 오스트롬, 공유의 비극을 넘어》(1990)

마이클 포터의 《국가 경쟁우위》(1990)

로널드 코스의 《기업과 시장 그리고 법률》(1990)

줄리언 사이먼의 《궁극적 자원 2》(1997)

로버트 쉴러의 《비이성적 과열》(2000)

에르난도 데소토의 《자본의 미스터리》(2003)

스티브 레빗과 스티븐 더브너의 《괴짜 경제학》(2006)

나오미 클라인의 《자본주의는 어떻게 재난을 먹고 괴물이 되는가》(2007)

니얼 퍼거슨의 《금융의 지배》(2008)

리아콰트 아메드의 《금융의 제왕》(2009)

담비사 모요의 《죽은 원조》(2010)

윌리엄 보몰의 《혁신적인 기업가 정신의 미시 이론》(2010)

마이클 루이스의 《빅 숏》(2011)

대니 로드릭의 《자본주의 새 판 짜기》(2011)

장하준의 《그들이 말하지 않는 23가지》(2012

다이앤 코일의 《GDP 사용설명서》(2014)

토마 피케티의 《21세기 자본》(2014)

리처드 탈러의 《행동경제학》(2015)

로버트 고든의 《미국의 성장은 끝났는가》(2016)

디드러 낸슨 매클로스키의 《부르주아의 평등》(2016)

사이페딘 아모스의 《달러는 왜 비트코인을 싫어하는가》(2018)

토마스 소웰의 《차별과 격차》(2019)

스테파니 켈튼의 《적자의 본질》(2020)

자본주의 정신: 우리가 사는 체제의 철학 사상
《밀턴 프리드먼 자본주의와 자유》《보이는 경제학 안 보이는 경제학》〈사회지식의 활용〉《부르주아의 평등》《자본론》《인간 행동》《거대한 전환》《자본주의의 이상》《국가의 해부》《자본주의 사회주의 민주주의》《궁극적 자원 2》《국부론》《유한계급론》《프로테스탄트 윤리와 자본주의 정신》

성장과 발전: 한층 더 풍요로운 세상을 위한 조언
《혁신적인 기업가 정신의 미시 이론》《인적 자본》《그들이 말하지 않는 23가지》《미래사회를 이끌어가는 기업가 정신》《미국의 성장은 끝났는가》《도시의 경제》《인구론》《죽은 원조》《국가 경쟁우위》《정치경제학과 과세의 원리에 대하여》《작은 것이 아름답다》《자본의 미스터리》

화폐와 금융의 모험: 호황, 불황, 성장 둔화
《금융의 제왕》《달러는 왜 비트코인을 싫어하는가》《금융의 지배》《대폭락 1929》《현명한 투자자》《빅 숏》《불안정한 경제의 안정화》《비이성적 과열》

정부와 시장 그리고 경제: 소비자와 생산자 이상의 시민
《기업과 시장 그리고 법률》《GDP 사용설명서》《진보와 빈곤》《적자의 본질》《고용, 이자, 화폐에 관한 일반 이론》《자본주의는 어떻게 재난을 먹고 괴물이 되는가》《경제학 원리》《21세기 자본》《자본주의 새 판 짜기》《경제학》《빈곤과 기근》《차별과 격차》

행동경제학: 현실 세계에 맞는 경제학
《떠날 것인가 남을 것인가》《괴짜 경제학》《엘리너 오스트롬, 공유의 비극을 넘어》《행동경제학》

미주

1 '아름다운 시절'을 뜻하는 프랑스어로 유럽사의 한 시대를 일컫는다.
2 과잉 투자와 과소 투자 등과 같이 현재의 통화량에 적합하지 않은 투자를 일컫는 용어로 오스트리아의 경기 순환 이론에서 비롯되었다.
3 네덜란드와 벨기에를 뜻한다.
4 돈만 잔뜩 들어간 실패작을 뜻하는 표현이다.
5 제2차 세계대전으로 타격을 입은 동맹국에 대한 미국의 재정 원조.
6 안전 자산 대비 추가 수익률.
7 자산을 조사하여 일정 자산 미만인 사람에게는 기여금을 받지 않고 세금으로 충당하는 형태.
8 영국의 경제학자인 윌리엄 베버리지가 정부의 위촉을 받아 사회보장에 관한 문제를 조사 및 연구한 보고서
9 소비의 확대를 주장하는 운동.
10 18세기 초 영국 남해 회사의 주가를 둘러싸고 벌어진 투기 사건.
11 65세 이상의 노인과 장애인을 대상으로 한 건강보험.
12 저소득층을 대상으로 한 건강보험.
13 인터넷에서 입소문을 타서 개인투자자들의 주목받는 주식.
14 주택 가격에서 기존 대출을 뺀 잔액을 말한다.
15 19세기 말, 미국 경제가 급성장하고 배금주의가 판치던 시기를 말한다.
16 아름다운 시대라는 뜻으로 19세기 말~20세기 초 프랑스 및 유럽이 다방면으로 번성한 시기를 말한다.
17 인종, 종교, 성별 등의 정체성으로 나뉜 집단이 자기 집단의 권리를 요구하는 일에 주력하는 정치를 뜻한다.
18 실질 자산과 달리 현재 가치의 변동에 좌우되며 당장 손에 넣을 수 없는 자산.
19 제2차 세계대전 때 일본 이오지마에서 벌어졌던 전투 중 하나.
20 세금으로 운영되지만 사립학교처럼 자율성을 띤 미국의 공립학교.
21 Knowledge Is Power Program. 아는 것이 힘이라는 취지에 따라 빈민가 가정을 교육하는 학교.
22 본래는 원통형 곡물 창고를 뜻하지만, 경영학 및 경제학에서는 이기주의에 젖어 타 분야와 교류하지 않는 조직을 뜻한다.

옮긴이 서정아

이화여자대학교 영어영문학과를 졸업한 후 외국계 금융기관에서 근무했으며, 이화여자대학교
통역번역대학원에서 석사학위를 받았다. 현재 엔터스코리아 소속 번역가로 활동 중이다. 옮긴 책으로는
《존 보글 가치투자의 원칙》,《리스크의 과학》,《증거의 오류》,《엘리트 세습》,《은행이 멈추는 날》등이 있다.

세계 경제학 필독서 50

초판 1쇄 발행 2023년 5월 29일

지은이 톰 버틀러 보던
옮긴이 서정아
펴낸이 정덕식, 김재현

디자인 Design IF
경영지원 임효순

펴낸곳 (주)센시오
출판등록 2009년 10월 14일 제300-2009-126호
주소 서울특별시 마포구 성암로 189, 1711호
전화 02-734-0981
팩스 02-333-0081
메일 sensio@sensiobook.com

ISBN 979-11-6657-105-3 (03320)

소중한 원고를 기다립니다. sensio@sensiobook.com